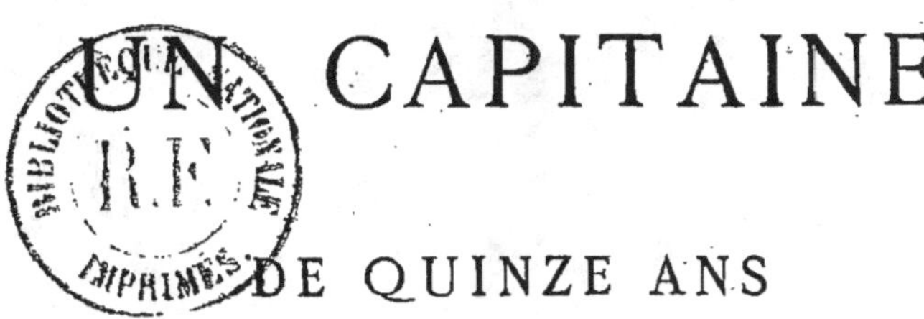

UN CAPITAINE

DE QUINZE ANS

— LES VOYAGES EXTRAORDINAIRES —

— J. HETZEL, ÉDITEUR —

LES VOYAGES EXTRAORDINAIRES

UN CAPITAINE DE QUINZE ANS

PAR

JULES VERNE

DESSINS PAR H. MEYER, GRAVURES PAR CH. BARBANT

COLLECTION HETZEL

18, RUE JACOB. — PARIS (VIe)

TABLE DES MATIÈRES

PREMIÈRE PARTIE

DEUXIÈME PARTIE.

UN CAPITAINE DE QUINZE ANS

PREMIÈRE PARTIE

CHAPITRE PREMIER

LE BRICK-GOELETTE « PILGRIM. »

Le 2 février 1873, le brick-goëlette *Pilgrim* se trouvait par 43° 57′ de latitude sud, et par 165° 19′ de longitude ouest du méridien de Greenwich.

Ce bâtiment, de quatre cents tonneaux, armé à San-Francisco pour la grande pêche des mers australes, appartenait à James-W. Weldon, riche armateur californien, qui en avait confié, depuis plusieurs années, le commandement au capitaine Hull.

Le *Pilgrim* était l'un des plus petits, mais l'un des meilleurs navires de cette flottille, que James-W. Weldon envoyait, chaque saison, aussi bien au delà du détroit de Behring, jusqu'aux mers boréales, que sur les parages de la Tasmanie ou du cap Horn, jusqu'à l'Océan antarctique. Il marchait supérieurement. Son gréement, très-maniable, lui permettait de s'aventurer, avec peu d'hommes, en vue des impénétrables banquises de l'hémisphère austral. Le capitaine Hull savait se « débrouiller », comme disent les matelots, au milieu de ces glaces qui, pendant l'été, dérivent par le travers de la Nouvelle-Zélande ou du cap de Bonne-Espérance, sous une latitude beaucoup plus basse que celle qu'elles atteignent dans les mers septentrionales du globe. Il est vrai qu'il ne s'agissait là que d'ice-bergs de faible dimension, déjà usés par les chocs, rongés par les eaux chaudes, et dont le plus grand nombre va fondre dans le Pacifique ou l'Atlantique.

Sous les ordres du capitaine Hull, bon marin, et aussi l'un des plus habiles harponneurs de la flottille, se trouvait un équipage composé de cinq matelots et d'un novice. C'était peu pour cette pêche de la baleine, qui exige un personnel assez nombreux. Il faut du monde, aussi bien pour la manœuvre des embarcations d'attaque que pour le dépeçage des animaux capturés. Mais, à l'exemple de certains armateurs, James-W. Weldon trouvait beaucoup plus économique de n'embarquer à San-Francisco que le nombre de matelots nécessaires à la conduite du bâtiment. La Nouvelle-Zélande ne manquait point de harponneurs, marins de toutes nationalités, déserteurs ou autres, qui cherchaient à se louer pour la saison et faisaient habilement le métier de pêcheurs. La période utile une fois achevée, on les payait, on les débarquait, et ils attendaient que les baleiniers de l'année suivante vinssent réclamer leurs services. Il y avait, à cette méthode, meilleur emploi des marins disponibles, et plus grand profit à retirer de leur coopération.

Ainsi avait-on agi à bord du *Pilgrim*.

Le brick-goëlette venait de faire sa saison sur la limite du cercle polaire antarctique. Mais il n'avait pas son plein de barils d'huile, de fanons bruts et de fanons coupés. A cette époque déjà, la pêche devenait difficile. Les cétacés, pourchassés à l'excès, se faisaient rares. La baleine franche, qui porte le nom de « Nord-caper » dans l'Océan boréal, et celui de « Sulpher-boltone » dans les mers du Sud, tendait à disparaître. Les pêcheurs avaient dû se rejeter sur le « fin-back » ou jubarte, gigantesque mammifère, dont les attaques ne sont pas sans danger.

C'est ce qu'avait fait le capitaine Hull pendant cette campagne, mais, à son prochain voyage, il comptait bien s'élever plus haut en latitude, et, s'il le fallait, aller jusqu'en vue de ces terres Clarie et Adélie, dont la découverte, contestée par l'Américain Wilkes, appartient définitivement à l'illustre commandant de l'*Astrolabe* et de la *Zélée*, au Français Dumont d'Urville.

En somme, la saison n'avait pas été heureuse pour le *Pilgrim*. Au commencement de janvier, c'est-à-dire vers le milieu de l'été austral, et bien que l'époque du retour ne fût pas encore venue pour les baleiniers, le capitaine Hull avait été contraint d'abandonner les lieux de pêche. Son équipage de renfort, — un ramassis d'assez tristes sujets, — lui « chercha des raisons », comme on dit, et il dut songer à s'en séparer.

Le *Pilgrim* mit donc le cap au nord-ouest, sur les terres de la Nouvelle-Zélande, dont il eut connaissance le 15 janvier. Il arriva à Waitemata, port d'Auckland, situé au fond du golfe de Chouraki, sur la côte est de l'île septentrionale, et il débarqua les pêcheurs qui avaient été engagés pour la saison.

L'équipage n'était pas content. Il manquait au moins deux cents barils d'huile au chargement du *Pilgrim*. Jamais on n'avait fait plus mauvaise pêche. Le capitaine Hull rentrait donc avec le désappointement d'un chasseur émérite, qui, pour la première fois, revient bredouille, — ou à peu près. Son amour-propre, très-surexcité, était en jeu, et il ne pardonnait pas à ces gueux dont l'insubordination avait compromis les résultats de sa campagne.

Ce fut en vain qu'on essaya de recruter à Auckland un nouvel équipage de pêche. Tous les marins disponibles étaient embarqués sur les autres navires baleiniers. Il fallut donc renoncer à l'espoir de compléter le chargement du *Pilgrim*, et le capitaine Hull se disposait à quitter définitivement Auckland, lorsqu'une demande de passage lui fut faite, à laquelle il ne pouvait refuser d'acquiescer.

Mrs. Weldon, femme de l'armateur du *Pilgrim*, son jeune fils Jack, âgé de cinq ans, et l'un de ses parents, qu'on appelait le cousin Bénédict, se trouvaient alors à Auckland. James-W. Weldon, que ses opérations de commerce obligeaient quelquefois à visiter la Nouvelle-Zélande, les y avait amenés tous trois, et comptait bien les reconduire à San-Francisco.

Mais, au moment où toute la famille allait partir, le petit Jack tomba assez grièvement malade, et son père, impérieusement réclamé par ses affaires, dut quitter Auckland, en y laissant sa femme, son fils et le cousin Bénédict

Trois mois s'étaient écoulés, — trois longs mois de séparation, qui furent extrêmement pénibles pour Mrs. Weldon. Cependant, son jeune enfant se rétablit, et elle était en mesure de pouvoir partir, lorsqu'on lui signala l'arrivée du *Pilgrim*.

Or, à cette époque, pour retourner à San-Francisco, Mrs. Weldon se trouvait dans la nécessité d'aller chercher en Australie l'un des bâtiments de la Compagnie transocéanique du « Golden Age », qui font le service de Melbourne à l'isthme de Panama par Papéiti. Puis, une fois rendue à Panama, il lui faudrait attendre le départ du steamer américain, qui établit une communication régulière entre l'isthme et la Californie. De là, des retards, des transbordements, toujours désagréables pour une femme et un enfant. Ce fut à ce moment que le *Pilgrim* vint en relâche à Auckland. Elle n'hésita pas et demanda au capitaine Hull de la prendre à son bord pour la reconduire à San-Francisco, elle, son fils, le cousin Bénédict et Nan, une vieille négresse qui la servait depuis son enfance. Trois milles lieues marines à faire sur un navire à voiles! mais le bâtiment du capitaine Hull était si proprement tenu, et la saison si belle encore des deux côtés de l'Équateur! Le capitaine Hull accepta, et mit aussitôt sa propre chambre à la disposition de sa passagère. Il voulait que, pendant une traversée qui pouvait durer de quarante à cinquante jours, Mrs. Weldon fût installée aussi bien que possible à bord du baleinier.

Il y avait donc certains avantages pour Mrs. Weldon à faire la traversée dans ces conditions. Le seul désavantage, c'était que cette traversée serait nécessairement allongée par suite de cette circonstance que le *Pilgrim* devait aller opérer son déchargement à Valparaiso, au Chili. Cela fait, il n'aurait plus qu'à remonter la côte américaine, avec des vents de terre qui rendent ces parages fort agréables.

Mrs. Weldon était, d'ailleurs, une femme courageuse, que la mer n'effrayait pas. Agée de trente ans alors, d'une santé robuste, ayant l'habitude des voyages de long-cours, pour avoir partagé avec son mari les fatigues de plusieurs traversées, elle ne redoutait pas les chances plus ou moins aléatoires d'un embarquement à bord d'un navire de médiocre tonnage. Elle connaissait le capitaine Hull pour un excellent marin, en qui James-W. Weldon avait toute confiance. Le *Pilgrim* était un bâtiment solide, bon marcheur, bien coté dans la flottille des baleiniers américains. L'occasion se présentait. Il fallait en profiter. Mrs. Weldon en profita.

Le cousin Bénédict, — cela va sans dire, — devait l'accompagner.

Ce cousin était un brave homme, âgé de cinquante ans environ. Mais, malgré sa cinquantaine, il n'eût pas été prudent de le laisser sortir seul. Long plutôt que grand, étroit plutôt que maigre, la figure osseuse, le crâne énorme et très-chevelu, on reconnaissait dans toute son interminable personne un de ces dignes savants à lunettes d'or, êtres inoffensifs et bons, destinés à rester toute leur vie de grands enfants et à finir très-vieux, comme des centenaires qui mourraient en nourrice.

« Cousin Bénédict, » — c'est ainsi qu'on l'appelait invariablement, même en dehors de la famille, et, en vérité, il était bien de ces bonnes gens qui ont l'air d'être les cousins nés de tout le monde, — cousin Bénédict, toujours gêné de ses longs bras et de ses longues jambes, eût été absolument incapable de se tirer seul d'affaire, même dans les circonstances les plus ordinaires de la vie. Il n'était pas gênant, oh! non, mais plutôt embarrassant pour les autres et embarrassé pour lui même. Facile à vivre, d'ailleurs, s'accommodant de tout, oubliant de boire ou de manger, si on ne lui apportait pas à manger ou à boire, insensible au froid comme au chaud, il semblait moins appartenir au règne animal qu'au règne végétal. Qu'on se figure un arbre bien inutile, sans fruits et presque sans feuilles, incapable de nourrir ou d'abriter, mais qui aurait un bon cœur.

Tel était cousin Bénédict. Il eût bien volontiers rendu service aux gens, si, dirait M. Prudhomme, il eût été capable d'en rendre!

Enfin, on l'aimait pour sa faiblesse même. Mrs. Weldon le regardait comme son enfant, — un grand frère aîné de son petit Jack.

Il convient d'ajouter ici que cousin Bénédict n'était, cependant, ni désœuvré ni inoccupé. C'était, au contraire, un travailleur. Son unique passion, l'histoire naturelle, l'absorbait tout entier.

Dire « l'histoire naturelle », c'est beaucoup dire.

On sait que les diverses parties dont se compose cette science sont la zoologie, la botanique, la minéralogie et la géologie.

Or, cousin Bénédict n'était, à aucun degré, ni botaniste, ni minéralogiste, ni géologue.

Était-il donc un zoologiste dans l'entière acception du mot, quelque chose comme une sorte de Cuvier du Nouveau-Monde, décomposant l'animal par l'analyse ou le recomposant par la synthèse, un de ces profonds connaisseurs, versés dans l'étude des quatre types auxquels la science moderne rapporte toute l'animalité, vertébrés, mollusques, articulés et rayonnés? De ces quatre divisions, le naïf mais studieux savant avait-il observé les diverses classes et fouillé les ordres, les familles, les tribus, les genres, les espèces, les variétés qui les distinguent?

Non.

Cousin Bénédict s'était-il livré à l'étude des vertébrés, mammifères, oiseaux, reptiles et poissons?

Point.

Étaient-ce les mollusques, depuis les céphalopodes jusqu'aux bryozoaires, qui avaient eu sa préférence, et la malacologie n'avait-elle plus de secrets pour lui?

Pas davantage..

C'étaient donc les rayonnés, échinodermes, acalèphes, polypes, entozoaires, spongiaires et infusoires, sur lesquels il avait si longtemps brûlé l'huile de sa lampe de travail?

Il faut bien avouer que ce n'étaient pas les rayonnés.

Or, comme il ne reste plus à citer en zoologie que la division des articulés, il va de soi que c'est sur cette division que s'était exercée l'unique passion du cousin Bénédict.

Oui, et encore convient-il de préciser.

L'embranchement des articulés compte six classes : les insectes, les myriapodes, les arachnides, les crustacés, les cirrhopodes, les annélides.

Or, cousin Bénédict, scientifiquement parlant, n'eût pas su distinguer un ver de terre d'une sangsue médicinale, un perce-pied d'un gland de mer, une araignée domestique d'un faux scorpion, une crevette d'une ranine, un iule d'un scolopendre.

Mais alors qu'était cousin Bénédict?

Un simple entomologiste, rien de plus.

A cela, on répondra sans doute que, dans son acception étymologique, l'entomologie est la partie des sciences naturelles qui comprend tous les articulés. C'est vrai, d'une façon générale; mais la coutume s'est établie de ne donner à ce mot qu'un sens plus restreint. On ne l'applique donc qu'à l'étude proprement dite des insectes, c'est-à-dire « tous les animaux articulés dont le corps, composé d'anneaux placés bout à bout, forme trois segments distincts, qui possèdent trois paires de pattes, ce qui leur a valu le nom d'hexapodes. »

Or, comme cousin Bénédict s'était restreint à l'étude des articulés de cette classe, il n'était qu'un simple entomologiste.

Mais, qu'on ne s'y trompe pas! Dans cette classe des insectes, on ne compte pas moins de dix ordres : les orthoptères[1], les névroptères[2], les hyménoptères[3],

1. Types : sauterelles, grillons, etc.

2. Types : fourmis-lions, libellules.

3. Types : abeilles, guêpes, fourmis.

les lépidoptères[1], les hémiptères[2], les coléoptères[3], les diptères[4], les rhipiptères[5], les parasites[6] et les thysanoures[7]. Or, dans certains de ces ordres, les coléoptères, par exemple, on a reconnu trente mille espèces et soixante mille dans les diptères, les sujets d'étude ne manquent donc pas, et on conviendra qu'il y a là de quoi occuper un homme seul.

Ainsi, la vie du cousin Bénédict était entièrement et uniquement consacrée à l'entomologie.

A cette science, il donnait toutes ses heures, — toutes sans exception, même les heures du sommeil, puisqu'il rêvait invariablement « hexapodes ». Ce qu'il portait d'épingles piquées aux manches et au collet de son habit, au fond de son chapeau et aux parements de son gilet, ne saurait se compter. Lorsque le cousin Bénédict revenait de quelque scientifique promenade, son précieux couvre-chef, particulièrement, n'était plus qu'une boîte d'histoire naturelle, étant hérissé intérieurement et extérieurement d'insectes transpercés.

Et maintenant, tout aura été dit sur cet original, lorsqu'on saura que c'était par passion entomologique qu'il avait accompagné Mr. et Mrs. Weldon à la Nouvelle-Zélande. Là, sa collection s'était enrichie de quelques sujets rares, et on comprendra qu'il eût hâte de revenir les classer dans les casiers de son cabinet de San-Francisco.

Donc, puisque Mrs. Weldon et son enfant retournaient en Amérique par le *Pilgrim*, rien de plus naturel que cousin Bénédict les accompagnât pendant cette traversée.

Mais ce n'était pas sur lui que Mrs. Weldon devrait compter si elle se trouvait jamais dans quelque situation critique. Très-heureusement, il ne s'agissait que d'un voyage facile à exécuter pendant la belle saison, et à bord d'un bâtiment dont le capitaine méritait toute sa confiance.

Pendant les trois jours de relâche du *Pilgrim* à Waitemata, Mrs. Weldon fit ses préparatifs, en grande hâte, car elle ne voulait pas retarder le départ du brick-goëlette. Les domestiques indigènes qui la servaient à son habitation

1. Types : papillons, etc.
2. Types : cigales, pucerons, puces, etc.
3. Types : hannetons, vers luisants, etc.
4. Types : cousins, moustiques, mouches.
5. Types : stylops.
6. Types : acarus, etc.
7. Types : lépismes, podures, etc.

A cette science il donnait toutes ses heures. (Page 7.)

d'Auckland furent congédiés, et, le 22 janvier, elle s'embarqua à bord du *Pilgrim*, n'emmenant que son fils Jack, le cousin Benédict et Nan, sa vieille négresse.

Le cousin Bénédict emportait dans une boîte spéciale toute sa collection d'insectes. Dans cette collection figuraient, entre autres, quelques échantillons de ces nouveaux staphylins, sortes de coléoptères carnassiers, dont les yeux sont placés au-dessus de la tête, et qui jusqu'alors semblaient être particuliers à la Nouvelle-Calédonie. On lui avait bien recommandé une certaine araignée venimeuse, le « katipo » des Maoris, dont la morsure est souvent mortelle pour les indigènes. Mais une araignée n'appartient pas à l'ordre des insectes proprement dits, elle a sa place dans celui des arachnides, et, par suite, était sans

C'était un homme taciturne. (Page 12.)

prix aux yeux du cousin Bénédict. Aussi l'avait-il dédaignée, et le plus beau joyau de sa collection était-il un remarquable staphylin néo-zélandais.

Il va sans dire que cousin Bénédict, en payant une forte prime, avait fait assurer sa cargaison, qui lui semblait bien autrement précieuse que tout le chargement d'huile et de fanons arrimé dans la cale du *Pilgrim*.

Au moment de l'appareillage, lorsque Mrs. Weldon et ses compagnons de voyage se trouvèrent sur le pont du brick-goëlette, le capitaine Hull s'approcha de sa passagère.

« Il est bien entendu, mistress Weldon, lui dit-il, que si vous prenez passage à bord du *Pilgrim*, c'est sous votre propre responsabilité.

— Pourquoi me faites-vous cette observation, monsieur Hull? demanda Mrs. Weldon.

— Parce que je n'ai pas reçu d'ordre de votre mari à cet égard, et qu'à tout prendre un brick-goëlette ne peut vous offrir les garanties de bonne traversée d'un paquebot spécialement destiné au transport des voyageurs.

— Si mon mari était ici, répondit Mrs. Weldon, pensez-vous, monsieur Hull, qu'il hésiterait à s'embarquer sur le *Pilgrim*, en compagnie de sa femme et de son enfant?

— Non, mistress Weldon, il n'hésiterait pas, dit le capitaine Hull, non, certes! pas plus que je n'hésiterais moi-même! Le *Pilgrim* est un bon navire, après tout, bien qu'il n'ait fait qu'une triste campagne de pêche, et j'en suis sûr, autant qu'un marin peut l'être du bâtiment qu'il commande depuis plusieurs années. Ce que j'en dis, mistress Weldon, c'est pour mettre ma responsabilité à couvert, et pour vous répéter que vous ne trouverez pas à bord le confort auquel vous êtes habituée.

— Puisque ce n'est qu'une question de confort, monsieur Hull, répondit Mrs. Weldon, cela ne saurait m'arrêter. Je ne suis pas de ces passagères difficiles, qui se plaignent incessamment de l'étroitesse des cabines ou de l'insuffisance de la table. »

Puis, Mrs. Weldon, après avoir regardé pendant quelques instants son petit Jack, dont elle tenait la main :

« Partons, monsieur Hull! » dit-elle.

Les ordres furent donnés d'appareiller aussitôt, les voiles s'orientèrent, et le *Pilgrim*, manœuvant de manière à dégolfer par le plus court, mit le cap sur la côte américaine.

Mais, trois jours après son départ, le brick-goëlette, contrarié par de fortes brises de l'est, fut obligé de prendre bâbord amures pour s'élever dans le vent. Aussi, à la date du 2 février, le capitaine Hull se trouvait-il encore par une latitude plus haute qu'il n'aurait voulu, et dans la situation d'un marin qui chercherait plutôt à doubler le cap Horn qu'à rallier par le plus court le nouveau continent.

CHAPITRE II

DICK SAND.

Cependant, la mer était belle, et, sauf les retards, la navigation s'opérait dans des conditions très-supportables.

Mrs. Weldon avait été installée à bord du *Pilgrim* aussi confortablement que possible. Ni dunette, ni roufle n'occupaient l'arrière du pont. Aucune cabine de poupe n'avait donc pu recevoir la passagère. Elle dut se contenter de la chambre du capitaine Hull, située sur l'arrière, et qui constituait son modeste logement de marin. Et encore avait-il fallu que le capitaine insistât pour la lui faire accepter. Là, dans cet étroit logement, s'était installée Mrs. Weldon, avec son enfant et la vieille Nan. C'est là qu'elle prenait ses repas, en compagnie du capitaine et du cousin Bénédict, pour lequel on avait établi une sorte de chambre en abord.

Quant au commandant du *Pilgrim*, il s'était casé dans une cabine du poste de l'équipage, cabine qui eût été occupée par le second, s'il y avait eu un second à bord. Mais le brick-goëlette naviguait, on le sait, dans des conditions qui avaient permis d'économiser les services d'un second officier.

Les hommes du *Pilgrim*, bons et solides marins, se montraient très-unis par la communauté d'idées et d'habitudes. Cette saison de pêche était la quatrième qu'ils faisaient ensemble. Tous Américains de l'Ouest, ils se connaissaient de longue date, et appartenaient au même littoral de l'État de Californie.

Ces braves gens se montraient fort prévenants envers Mrs. Weldon, la femme de leur armateur, pour lequel ils professaient un dévouement sans bornes. Il faut dire que, largement intéressés dans les bénéfices du navire, ils avaient navigué jusqu'alors avec grand profit. Si, en raison de leur petit nombre, ils ne s'épargnaient pas à la peine, c'est que tout travail accroissait leurs avantages dans le règlement des comptes qui terminait chaque saison. Cette fois, il est vrai, le profit serait presque nul, et cela les faisait justement maugréer contre ces coquins de la Nouvelle-Zélande.

Un homme à bord, seul, entre tous, n'était pas d'origine américaine. Portugais de naissance, mais parlant l'anglais couramment, il se nommait Negoro, et remplissait les modestes fonctions de cuisinier du brick-goëlette.

Le cuisinier du *Pilgrim* ayant déserté à Auckland, ce Negoro, alors sans emploi, s'était offert pour le remplacer. C'était un homme taciturne, très-peu communicatif, qui se tenait à l'écart, mais faisait convenablement son métier. En l'engageant, le capitaine Hull semblait avoir eu la main assez heureuse, et, depuis son embarquement, le maître-coq n'avait mérité aucun reproche.

Cependant, le capitaine Hull regrettait de ne pas avoir eu le temps de se renseigner suffisamment sur son passé. Sa figure, ou plutôt son regard, ne lui allait qu'à moitié, et quand il s'agit de faire entrer un inconnu dans la vie du bord, si restreinte, si intime, on ne devrait rien négliger pour s'assurer de ses antécédents.

Negoro pouvait avoir quarante ans. Maigre, nerveux, de taille moyenne, très-brun de poil, un peu basané de peau, il devait être robuste. Avait-il reçu quelque instruction? Oui, cela se voyait à certaines observations qui lui échappaient quelquefois. D'ailleurs, il ne parlait jamais de son passé, il ne disait mot de sa famille. D'où il venait, où il avait vécu, on ne pouvait le deviner. Quel serait son avenir? on ne le savait pas davantage. Il annonçait seulement l'intention de débarquer à Valparaiso. C'était certainement un homme singulier. En tout cas, il ne paraissait pas qu'il fût marin. Il semblait même être plus étranger aux choses de la marine que ne l'est un maître-coq, dont une partie de l'existence s'est passée sur mer.

Cependant, quant à être incommodé par le roulis ou le tangage du navire, comme des gens qui n'ont jamais navigué, il ne l'était aucunement, et c'est quelque chose pour un cuisinier de bord.

En somme, on le voyait peu. Pendant le jour, il demeurait le plus ordinairement confiné dans son étroite cuisine, devant le fourneau de fonte qui en occupait la plus grande place. La nuit venue, le fourneau éteint, Negoro regagnait la « cabane » qui lui était réservée au fond du poste de l'équipage. Puis, il se couchait aussitôt et s'endormait.

Il a été dit ci-dessus que l'équipage du *Pilgrim* se composait de cinq matelots et d'un novice.

Ce jeune novice, âgé de quinze ans, était enfant de père et mère inconnus. Ce pauvre être, abandonné dès sa naissance, avait été recueilli par la charité publique et élevé par elle.

Dick Sand, — ainsi se nommait-il, — devait être originaire de l'État de New-York, et sans doute de la capitale de cet État.

Si le nom de Dick, — abréviatif de celui de Richard, — avait été donné au petit orphelin, c'est que ce nom était celui du charitable passant qui l'avait recueilli, deux ou trois heures après sa naissance. Quant au nom de Sand, il lui fut attribué en souvenir de l'endroit où il avait été trouvé, c'est-à-dire sur cette pointe de Sandy-Hook [1], qui forme l'entrée du port de New-York, à l'embouchure de l'Hudson.

Dick Sand, lorsqu'il aurait atteint toute sa croissance, ne devait pas dépasser la taille moyenne, mais il était fortement constitué. On ne pouvait douter qu'il ne fût d'origine anglo-saxonne. Il était brun, cependant, avec des yeux bleus dont le cristallin brillait d'un feu ardent. Son métier de marin l'avait déjà convenablement préparé aux luttes de la vie. Sa physionomie intelligente respirait l'énergie. Ce n'était pas celle d'un audacieux, c'était celle d'un « oseur ». Souvent on cite ces trois mots d'un vers inachevé de Virgile :

Audaces fortuna juvat...

mais on les cite incorrectement. Le poëte a dit :

Audentes fortuna juvat...

C'est aux oseurs, non aux audacieux, que sourit presque toujours la fortune. L'audacieux peut être irréfléchi. L'oseur pense d'abord, agit ensuite. Là est la nuance.

Dick Sand était *audens*. A quinze ans, il savait déjà prendre un parti, et exécuter jusqu'au bout ce qu'avait décidé son esprit résolu. Son air, à la fois vif et sérieux, attirait l'attention. Il ne se dissipait pas en paroles ou en gestes, comme le font ordinairement les garçons de son âge. De bonne heure, à une époque de la vie où on ne discute guère les problèmes de l'existence, il avait envisagé en face sa condition misérable, et il s'était promis de « se faire » lui-même.

Et il s'était fait, — étant déjà presque un homme à l'âge où d'autres ne sont encore que des enfants.

En même temps, très-leste, très-habile à tous les exercices physiques, Dick Sand était de ces êtres privilégiés, dont on peut dire qu'ils sont nés avec deux pieds gauches et deux mains droites. De cette façon, ils font tout de la bonne main et partent toujours du bon pied.

La charité publique, on l'a dit, avait élevé le petit orphelin. Il avait été mis

[1] « Sand » signifie « sable », en anglais.

d'abord dans une de ces maisons d'enfants, où il y a toujours, en Amérique, une place pour les petits abandonnés. Puis, à quatre ans, Dick apprenait à lire, à écrire, à compter dans une de ces écoles de l'État de New-York, que les souscriptions charitables entretiennent si généreusement.

A huit ans, le goût de la mer, que Dick avait de naissance, le faisait embarquer comme mousse sur un long-courrier des mers du Sud. Là, il apprenait le métier de marin, et comme on doit l'apprendre, dès le plus bas âge. Peu à peu, il s'instruisit sous la direction d'officiers qui s'intéressaient à ce petit bonhomme. Aussi, le mousse ne devait-il pas tarder à devenir novice, en attendant mieux, sans doute. L'enfant qui comprend, dès le début, que le travail est la loi de la vie, celui qui sait, de bonne heure, que son pain ne se gagnera qu'à la sueur de son front, — précepte de la Bible qui est la règle de l'humanité, — celui-là est probablement prédestiné aux grandes choses, car il aura un jour, avec la volonté, la force de les accomplir.

Ce fut lorsqu'il était mousse à bord d'un navire de commerce, que Dick Sand fut remarqué par le capitaine Hull. Ce brave marin prit aussitôt en amitié ce brave et jeune garçon, et il le fit connaître plus tard à son armateur James-W. Weldon. Celui-ci ressentit un vif intérêt pour cet orphelin, dont il compléta l'éducation à San-Francisco, et il le fit élever dans la religion catholique, à laquelle sa famille appartenait.

Pendant le cours de ses études, Dick Sand se passionna plus particulièrement pour la géographie, pour les voyages, en attendant qu'il eût l'âge d'apprendre la partie des mathématiques qui se rapporte à la navigation. Puis, à cette portion théorique de son instruction, il ne négligea point de joindre la pratique. Ce fut comme novice qu'il put s'embarquer pour la première fois sur le *Pilgrim*. Un bon marin doit connaître la grande pêche aussi bien que la grande navigation. C'est une bonne préparation à toutes les éventualités que comporte la carrière maritime. D'ailleurs, Dick Sand partait sur un navire de James-W. Weldon, son bienfaiteur, commandé par son protecteur, le capitaine Hull. Il se trouvait donc dans les conditions les plus favorables.

Dire jusqu'où son dévouement aurait été pour la famille Weldon, à laquelle il devait tout, cela est superflu. Mieux vaut laisser parler les faits. Mais on comprendra combien le jeune novice fut heureux, lorsqu'il apprit que Mrs. Weldon allait prendre passage à bord du *Pilgrim*. Mrs. Weldon, pendant quelques années, avait été une mère pour lui, et, en Jack, il voyait un petit frère, tout en tenant compte de sa situation vis-à-vis du fils du riche armateur. Mais, — ses protecteurs le savaient bien, — ce bon grain qu'ils avaient semé était tombé dans une terre généreuse. Sous la séve de son sang, le cœur de l'orphelin se gonflait de reconnaissance, et, s'il fallait donner un jour sa vie pour ceux qui lui avaient appris à s'instruire et à aimer Dieu, le jeune novice n'hésiterait pas à le faire. En somme, n'avoir que quinze ans, mais agir et penser comme à trente, c'était tout Dick Sand.

Mrs. Weldon savait ce que valait son protégé. Elle pouvait sans aucune inquiétude lui confier le petit Jack. Dick Sand chérissait cet enfant, qui, se sentant aimé de ce « grand frère », le recherchait. Pendant ces longues heures de loisir qui sont fréquentes dans une traversée, lorsque la mer est belle, quand les voiles bien établies n'exigent aucune manœuvre, Dick et Jack étaient presque toujours ensemble. Le jeune novice montrait au petit garçon tout ce qui, dans son métier, pouvait lui paraître amusant. C'était sans crainte que Mrs. Weldon voyait Jack, en compagnie de Dick Sand, s'élancer sur les haubans, grimper à la hune du mât de misaine ou aux barres du mât de perroquet, et redescendre comme une flèche le long des galhaubans. Dick Sand le précédait ou le suivait toujours, prêt à le soutenir et à le retenir, si ses bras de cinq ans faiblissaient pendant ces exercices. Tout cela profitait au petit Jack, que la maladie avait pâli quelque peu; mais les couleurs lui revenaient vite à bord du *Pilgrim*, grâce à cette gymnastique quotidienne et aux fortifiantes brises de la mer.

Les choses allaient donc ainsi. La traversée s'accomplissait dans ces conditions, et, n'eût été le temps peu favorable, ni les passagers, ni l'équipage du *Pilgrim* n'auraient eu à se plaindre.

Cependant, cette persistance des vents d'est ne laissait pas de préoccuper le capitaine Hull. Il ne parvenait pas à mettre le navire en bonne route. Plus tard, près du tropique du Capricorne, il craignait de trouver des calmes qui le contrarieraient encore, sans parler du courant équatorial, qui le rejetterait irrésistiblement dans l'ouest. Il s'inquiétait donc, pour Mrs. Weldon surtout, de retards dont il n'était cependant pas responsable. Aussi, s'il rencontrait sur sa route quelque transatlantique faisant route vers l'Amérique, pensait il déjà à conseiller à sa passagère de s'y embarquer. Malheureusement, il était retenu dans des latitudes trop élevées pour croiser un steamer courant vers Panama, et, à cette époque, d'ailleurs, les communications à travers le Pacifique entre l'Australie et le Nouveau-Monde n'étaient pas aussi fréquentes qu'elles le sont devenues depuis.

Il fallait donc laisser aller les choses à la grâce de Dieu, et il semblait que rien ne dût troubler cette traversée monotone, lorsqu'un premier incident se produi-

Dick et Jack étaient presque toujours ensemble. (Page 15.)

sit, précisément dans cette journée du 2 février, sur la latitude et la longitude indiquées au commencement de cette histoire.

Dick Sand et Jack, vers neuf heures du matin, par un temps très-clair, s'étaient installés sur les barres du mât de perroquet. De là, ils dominaient tout le navire et une portion de l'Océan dans un large rayon. En arrière, le périmètre de l'horizon n'était coupé à leurs yeux que par le grand mât, portant brigantine et flèche. Ce phare leur cachait une partie de la mer et du ciel. En avant, ils voyaient s'allonger sur les flots le beaupré, avec ses trois focs, qui, bordés au plus près, se tendaient comme trois grandes ailes inégales. Au-dessous s'arrondissait la misaine, et au-dessus, le petit hunier et

Le chien connaissait-il et reconnaissait-il donc le maître-coq ? (Page 22.)

le petit perroquet, dont la ralingue tremblotait sous l'échappée de la brise. Le brick-goëlette courait donc bâbord amures et serrait le vent le plus possible.

Dick Sand expliquait à Jack comment le *Pilgrim*, bien lesté, bien équilibré dans toutes ses parties, ne pouvait pas chavirer, bien qu'il donnât une bande assez forte sur tribord, lorsque le petit garçon l'interrompit.

« Qu'ai-je donc vu là ? dit-il.

— Vous voyez quelque chose, Jack? demanda Dick Sand, qui se dressa tout debout sur les barres.

— Oui, là ! » répondit le petit Jack, en montrant un point de la mer, dans cet intervalle que les étais de grand foc et de clin-foc laissaient libre.

Dick Sand regarda attentivement le point indiqué, et aussitôt, d'une voix forte, il cria :

« Une épave, au vent à nous, par tribord devant ! »

CHAPITRE III

L'ÉPAVE.

Au cri poussé par Dick Sand, tout l'équipage fut sur pied. Les hommes qui n'étaient pas de quart montèrent sur le pont. Le capitaine Hull, quittant sa cabine, se dirigea vers l'avant.

Mrs. Weldon, Nan, l'indifférent cousin Bénédict lui-même, vinrent s'accouder sur la lisse de tribord, de manière à bien voir l'épave signalée par le jeune novice.

Seul, Negoro n'abandonna pas la cabane qui lui servait de cuisine, et de tout l'équipage, comme toujours, il fut le seul que la rencontre d'une épave ne parut pas intéresser.

Tous regardaient alors avec attention l'objet flottant, que les lames berçaient à trois milles du *Pilgrim*.

« Eh ! qu'est-ce que cela pourrait bien être ? disait un matelot.

— Quelque radeau abandonné ! répondait un autre.

— Peut-être se trouve-t-il sur ce radeau de malheureux naufragés? dit Mrs. Weldon.

— Nous le saurons, répondit le capitaine Hull. Mais cette épave n'est pas un radeau. C'est une coque renversée sur le flanc...

— Eh ! ne serait-ce pas plutôt quelque animal marin, quelque mammifère de grande taille ? fit observer cousin Bénédict.

— Je ne le pense pas, répondit le novice.

— A ton idée, qu'est-ce donc, Dick? demanda Mrs. Weldon.

— Une coque renversée, ainsi que l'a dit le capitaine, mistress Weldon. Il semble même que je vois sa carène de cuivre briller au soleil.

— Oui... en effet... » répondit le capitaine Hull.

Puis, s'adressant au timonier :

« La barre au vent, Bolton. Laisse porter d'un quart, de manière à accoster l'épave.

— Oui, monsieur, répondit le timonier.

— Mais, reprit cousin Bénédict, j'en suis pour ce que j'ai dit. C'est positivement un animal !

— Alors ce serait un cétacé en cuivre, répondit le capitaine Hull, car, positivement aussi, je le vois reluire au soleil !

— En tout cas, cousin Bénédict, ajouta Mrs. Weldon, vous nous accorderez bien que ce cétacé serait mort, car, il est certain, qu'il en fait pas le moindre mouvement !

— Eh ! cousine Weldon, répondit cousin Bénédict, qui s'entêtait, ce ne serait pas la première fois que l'on rencontrerait une baleine dormant à la surface des flots !

— En effet, répondit le capitaine Hull, mais aujourd'hui il ne s'agit pas d'une baleine, mais d'un bâtiment.

— Nous verrons bien, répondit cousin Bénédict, qui eût d'ailleurs donné tous les mammifères des mers arctiques ou antarctiques pour un insecte d'espèce rare.

— Gouverne, Bolton, gouverne ! cria de nouveau le capitaine Hull, et n'aborde pas l'épave. Passe à une encâblure. Si nous ne pouvons faire grand mal à cette coque, elle pourrait nous causer quelque avarie, et je ne me soucie pas d'y heurter les flancs du *Pilgrim*. — Lofe un peu, Bolton, lofe! »

Le cap du *Pilgrim*, qui avait été mis sur l'épave, fut modifié par un léger coup de barre.

Le brick-goëlette se trouvait encore à un mille de la coque chavirée. Les matelots la considéraient avidement. Peut-être renfermait-elle une cargaison de prix qu'il serait possible de transborder sur le *Pilgrim?* On sait que, dans ces sauvetages, le tiers de la valeur appartient aux sauveteurs, et, dans ce cas, si la cargaison n'était pas avariée, les gens de l'équipage, comme on dit, auraient fait « une bonne marée » ! Ce serait une fiche de consolation pour leur pêche incomplète.

Un quart d'heure plus tard, l'épave se trouvait à moins d'un demi-mille du *Pilgrim*.

C'était bien un navire, qui se présentait par le flanc de tribord. Chaviré jusqu'aux bastingages, il donnait une telle bande, qu'il eût été presque impossible de se tenir sur son pont. De sa mâture, on ne voyait plus rien. Aux porte-haubans pendaient seulement quelques bouts de filin brisé, et les chaînes rompues des capes de mouton. Sur la joue de tribord s'ouvrait un large trou entre la membrure et les bordages enfoncés.

« Ce navire a été abordé, s'écria Dick Sand.

— Ce n'est pas douteux, répondit le capitaine Hull, et c'est un miracle qu'il n'ait pas immédiatement coulé.

— S'il y a eu abordage, fit observer Mrs. Weldon, il faut espérer que l'équipage de ce bâtiment aura été recueilli par ceux qui l'ont abordé.

— Il faut l'espérer, mistress Weldon, répondit le capitaine Hull, à moins que cet équipage n'ait cherché refuge sur ses propres chaloupes, après la collision, au cas où le bâtiment abordeur aurait continué sa route, — ce qui se voit, hélas! quelquefois!

— Est-il possible! Ce serait faire preuve d'une bien grande inhumanité, monsieur Hull!

— Oui, mistress Weldon... oui!... et les exemples ne manquent pas! Quant à l'équipage de ce navire, ce qui me ferait croire qu'il l'a plutôt abandonné, c'est que je n'aperçois plus un seul canot, et, à moins que les gens du bord n'aient été recueillis, je penserais plus volontiers qu'ils ont tenté de gagner la terre! Mais, à cette distance du continent américain ou des îles de l'Océanie, il est à craindre qu'ils n'aient pu réussir!

— Peut-être, dit Mrs. Weldon, ne connaîtra-t-on jamais le secret de cette catastrophe! Cependant, il serait possible que quelque homme de l'équipage fût encore à bord!

— Ce n'est pas probable, mistress Weldon, répondit le capitaine Hull. Notre approche serait déjà reconnue, et on nous ferait quelque signal. Mais nous nous en assurerons. — Lofe un peu, Bolton, lofe! » cria le capitaine Hull, en indiquant de la main la route à suivre.

Le *Pilgrim* n'était plus qu'à trois encâblures de l'épave, et on ne pouvait plus douter que cette coque n'eût été complètement abandonnée de tout son équipage.

Mais, en ce moment, Dick Sand fit un geste qui commandait impérieusement le silence.

« Ecoutez! écoutez! » dit-il.

Chacun prêta l'oreille.

« J'entends comme un aboiement! » s'écria Dick Sand.

En effet, un aboiement éloigné retentissait à l'intérieur de la coque. Il y avait certainement là un chien vivant, emprisonné peut-être, car il était possible que les panneaux fussent hermétiquement fermés. Mais on ne pouvait le voir, le pont du bâtiment chaviré n'étant pas encore visible.

« N'y eût-il là qu'un chien, monsieur Hull, dit Mrs. Weldon, nous le sauverons !

— Oui... oui !... s'écria le petit Jack... nous le sauverons !... Je lui donnerai à manger !... Il nous aimera bien... Maman, je vais aller lui chercher un morceau de sucre !...

— Reste, mon enfant, répondit Mrs. Weldon en souriant. Je crois que le pauvre animal doit mourir de faim et qu'il préférera une bonne pâtée à ton morceau de sucre !

— Eh bien, qu'on lui donne ma soupe ! s'écria le petit Jack. Je peux bien m'en passer ! »

A ce moment, les aboiements se faisaient plus distinctement entendre. Trois cents pieds au plus séparaient les deux navires. Presque aussitôt, un chien de grande taille apparut sur les bastingages de tribord et s'y cramponna, en aboyant plus désespérément que jamais.

« Howik, dit le capitaine Hull en se retournant vers le maître d'équipage du *Pilgrim*, mettez en panne, et qu'on amène le petit canot à la mer.

— Tiens bon, mon chien, tiens bon ! » cria le petit Jack à l'animal, qui sembla lui répondre par un aboiement à demi étouffé.

La voilure du *Pilgrim* fut rapidement orientée de manière que le navire demeurât à peu près immobile, à moins d'une demi-encâblure de l'épave.

Le canot fut amené, et le capitaine Hull, Dick Sand, deux matelots s'y embarquèrent aussitôt.

Le chien aboyait toujours. Il essayait de se retenir au bastingage, mais, à chaque instant, il retombait sur le pont. On eût dit que ses aboiements ne s'adressaient plus alors à ceux qui venaient à lui. S'adressaient-ils donc à des matelots ou passagers emprisonnés dans ce navire?

« Y aurait-il donc à bord quelque naufragé qui ait survécu ? » se demanda Mrs. Weldon.

Le canot du *Pilgrim* allait en quelques coups d'avirons atteindre la coque chavirée.

Mais, tout à coup, les allures du chien se modifièrent. A ces premiers aboiements qui invitaient les sauveteurs à venir, succédèrent des aboiements furieux. La plus violente colère excitait le singulier animal.

« Que peut-il donc avoir, ce chien? » dit le capitaine Hull, pendant que le canot tournait l'arrière du bâtiment, afin d'accoster la partie du pont engagée sous l'eau.

Ce que ne pouvait alors observer le capitaine Hull, ce qui ne put pas même être remarqué à bord du *Pilgrim*, c'est que la fureur du chien se manifesta précisément au moment où Negoro, quittant sa cuisine, venait de se diriger vers le gaillard d'avant.

Le chien connaissait-il et reconnaissait-il donc le maître-coq? C'était bien invraisemblable.

Quoi qu'il en fût, après avoir regardé le chien, sans manifester aucune surprise, Negoro, dont les sourcils s'étaient toutefois froncés un instant, rentra dans le poste de l'équipage.

Cependant, le canot avait tourné l'arrière du bâtiment. Son tableau portait ce seul nom : *Waldeck*.

Waldeck, et pas de désignation de port d'attache. Mais aux formes de la coque, à certains détails qu'un marin saisit du premier coup d'œil, le capitaine Hull avait bien reconnu que ce bâtiment était de construction américaine. Son nom le confirmait d'ailleurs. Et, maintenant, cette coque, c'était tout ce qui restait d'un grand brick de cinq cents tonneaux.

A l'avant du *Waldeck*, une large ouverture indiquait la place où le choc s'était produit. Par suite du renversement de la coque, cette ouverture se trouvait alors à cinq ou six pieds au-dessus de l'eau, — ce qui expliquait pourquoi le brick n'avait pas encore sombré.

Sur le pont, que le capitaine Hull voyait dans toute son étendue, il n'y avait personne.

Le chien, ayant quitté le bastingage, venait de se laisser glisser jusqu'au panneau central qui était ouvert, et il aboyait tantôt à l'intérieur, tantôt à l'extérieur.

« Cet animal n'est très-certainement pas seul à bord! fit observer Dick Sand.

— Non, en vérité! » répondit le capitaine Hull.

Le canot longea alors le bastingage de bâbord, qui était à demi engagé. Avec une houle un peu forte, le *Waldeck* eût été certainement submergé en quelques instants.

Le pont du brick avait été balayé d'un bout à l'autre. Il ne restait plus que les tronçons du grand mât et du mât de misaine, tous deux brisés à deux pieds au-dessus de l'étambrai, et qui avaient dû tomber au choc, entraînant haubans, galhaubans et manœuvres. Cependant, aussi loin que la vue pouvait s'étendre, aucune épave ne se montrait autour du *Waldeck*, — ce qui semblait indiquer que la catastrophe remontait déjà à plusieurs jours.

« Si quelques malheureux ont survécu à la collision, dit le capitaine Hull, il est probable que la faim ou la soif les auront achevés, car l'eau a dû gagner la cambuse. Il ne doit plus y avoir à bord que des cadavres!

— Non, s'écria Dick Sand, non! Le chien n'aboierait pas ainsi! Il y a là des êtres vivants! »

En ce moment, l'animal, répondant à l'appel du novice, se laissa glisser à la mer et nagea péniblement vers le canot, car il semblait être épuisé.

On le recueillit, et il se précipita ardemment, non sur un morceau de pain que Dick Sand lui présenta d'abord, mais vers une baille qui contenait un peu d'eau douce.

« Ce pauvre animal meurt de soif! » s'écria Dick Sand.

Le canot chercha alors une place favorable pour accoster plus aisément le *Waldeck*, et, dans ce but, il s'éloigna de quelques brasses. Le chien dut évidemment croire que ses sauveurs ne voulaient pas monter à bord, car il saisit Dick Sand par sa jaquette, et ses lamentables aboiements recommencèrent avec une nouvelle force.

On le comprit. Sa pantomime, son langage étaient aussi clairs qu'eût pu l'être le langage d'un homme. Le canot s'avança aussitôt jusqu'au bossoir de bâbord. Là, les deux matelots l'amarrèrent solidement, pendant que le capitaine Hull et Dick Sand, prenant pied sur le pont en même temps que le chien, se hissaient, non sans peine, jusqu'au panneau qui s'ouvrait entre les tronçons des deux mâts.

Par ce panneau, tous deux s'introduisirent dans la cale.

La cale du *Waldeck*, à demi pleine d'eau, ne renfermait aucune marchandise. Le brick naviguait sur lest, — un lest de sable qui avait glissé à bâbord et qui contribuait à maintenir le navire sur le côté. De ce chef, il n'y avait donc aucun sauvetage à opérer.

« Personne ici ! dit le capitaine Hull.

— Personne, » répondit le novice, après s'être avancé jusqu'à la partie antérieure de la cale.

Mais le chien, qui était sur le pont, aboyait toujours et semblait appeler plus impérieusement l'attention du capitaine.

« Remontons, » dit le capitaine Hull au novice.

Tous deux reparurent sur le pont.

Le chien, courant à eux, chercha à les entraîner vers la dunette.

L'animal nagea péniblement vers le canot. (Page 23.)

Ils le suivirent.

Là, dans le carré, cinq corps, — cinq cadavres sans doute, — étaient couchés sur le plancher.

A la lumière du jour qui pénétrait à flots par la claire-voie, le capitaine Hull reconnut les corps de cinq nègres.

Dick Sand, allant de l'un à l'autre, crut sentir que les infortunés respiraient encore.

« A bord! à bord! » s'écria le capitaine Hull.

Les deux matelots qui gardaient l'embarcation furent appelés et aidèrent à transporter les naufragés hors de la dunette.

Les soins les plus empressés avaient été prodigués aux naufragés. (Page 27.)

Ce ne fut pas sans peine; mais, deux minutes après, les cinq noirs étaient couchés dans le canot, sans qu'aucun d'eux eût seulement conscience de ce que l'on tentait pour le sauver. Quelques gouttes de cordial, puis un peu d'eau fraîche prudemment administrée, pouvaient peut-être les rappeler à la vie.

Le *Pilgrim* se maintenait à une demi-encâblure de l'épave, et le canot l'eut bientôt accosté.

Un cartahut fut envoyé de la grande vergue, et chacun des noirs, enlevé séparément, reposa enfin sur le pont du *Pilgrim*.

Le chien les avait accompagnés.

« Les malheureux! s'écria Mrs. Weldon, en apercevant ces pauvres gens, qui n'étaient plus que des corps inertes.

— Ils vivent, mistress Weldon! Nous les sauverons! Oui! nous les sauverons! s'écria Dick Sand.

— Que leur est-il donc arrivé? demanda cousin Bénédict.

— Attendez qu'ils puissent parler, répondit le capitaine Hull, et ils nous raconteront leur histoire. Mais, avant tout, faisons-leur boire un peu d'eau, à laquelle nous mêlerons quelques gouttes de rhum. »

Puis, se retournant :

« Negoro! » cria-t-il.

A ce nom, le chien se dressa comme s'il eût été en arrêt, le poil hérissé, la gueule ouverte.

Cependant, le cuisinier ne paraissait pas.

« Negoro! » répéta le capitaine Hull.

Le chien donna de nouveau des signes d'une extrême fureur.

Negoro quitta la cuisine.

A peine se fut-il montré sur le pont, que le chien se précipita sur lui et voulut lui sauter à la gorge.

D'un coup du poker dont il s'était armé, le cuisinier repoussa l'animal, que quelques matelots parvinrent à contenir.

« Est-ce que vous connaissez ce chien? demanda le capitaine Hull au maître-coq.

— Moi! répondit Negoro. Je ne l'ai jamais vu!

— Voilà qui est singulier! » murmura Dick Sand.

CHAPITRE IV

LES SURVIVANTS DU « WALDECK. »

La traite se fait encore sur une grande échelle dans toute l'Afrique équinoxiale. Malgré les croisières anglaises et françaises, des navires, chargés d'esclaves, quittent chaque année les côtes d'Angola ou de Mozambique pour transporter des nègres en divers points du monde, et, il faut même le dire, du monde civilisé.

Le capitaine Hull ne l'ignorait pas.

Bien que ces parages ne fussent pas fréquentés d'ordinaire par les négriers, il se demanda si les noirs dont il venait d'opérer le sauvetage n'étaient pas les survivants d'une cargaison d'esclaves, que le *Waldeck* allait vendre à quelque colonie du Pacifique. En tout cas, si cela était, ces noirs redevenaient libres, par le seul fait d'avoir mis le pied à son bord, et il lui tardait de le leur apprendre.

En attendant, les soins les plus empressés avaient été prodigués aux naufragés du *Waldeck*. Mrs. Weldon, aidée de Nan et de Dick Sand, leur avait administré un peu de cette bonne eau fraîche, dont ils devaient être privés depuis plusieurs jours, et cela, avec quelque nourriture, suffit pour les rappeler à la vie.

Le plus vieux de ces noirs, — il pouvait être âgé de soixante ans, — fut bientôt en état de parler, et il put répondre en anglais aux questions qui lui furent adressées.

« Le navire qui vous transportait a été abordé? demanda tout d'abord le capitaine Hull.

— Oui, répondit le vieux noir. Il y a dix jours, notre navire a été abordé pendant une nuit très-sombre. Nous dormions...

— Mais les gens du *Waldeck*, que sont-ils devenus?

— Ils n'étaient déjà plus là, monsieur, lorsque mes compagnons et moi nous sommes montés sur le pont.

— L'équipage a-t-il donc pu sauter à bord du navire qui a rencontré le *Waldeck*? demanda le capitaine Hull.

— Peut-être, et même il faut l'espérer pour lui!

— Et ce navire, après le choc, n'est pas revenu pour vous recueillir?

— Non.

— A-t-il donc sombré lui-même?

— Il n'a pas sombré, répondit le vieux noir en secouant la tête, car nous avons pu le voir fuir dans la nuit. »

Ce fait, qui fut attesté par tous les survivants du *Waldeck*, peut paraître incroyable. Il n'est que trop vrai, cependant, que des capitaines, après quelque terrible collision, due à leur imprudence, ont souvent pris la fuite sans s'inquiéter des infortunés qu'ils avaient mis en perdition, sans essayer de leur porter secours!

Que des cochers en fassent autant et laissent à d'autres, sur la voie publique, le soin de réparer le malheur qu'ils ont causé, cela est déjà condamnable,

Encore est-il que leurs victimes sont assurées de trouver des secours immédiats. Mais, que d'hommes à hommes on s'abandonne ainsi sur mer, c'est à ne pas croire, c'est une honte !

Cependant, le capitaine Hull connaissait plusieurs exemples de pareille inhumanité, et il dut répéter à Mrs. Weldon que de tels faits, si monstrueux qu'ils fussent, n'étaient malheureusement pas rares.

Puis, reprenant :

« D'où venait le *Waldeck?* demanda-t-il.

— De Melbourne.

— Vous n'êtes donc pas des esclaves?...

— Non, monsieur! répondit vivement le vieux noir, qui se redressa de toute sa taille. Nous sommes des sujets de l'État de Pensylvanie, et citoyens de la libre Amérique !

— Mes amis, répondit le capitaine Hull, croyez que vous n'avez pas compromis votre liberté en passant à bord du brick américain le *Pilgrim.* »

En effet, les cinq noirs que transportait le *Waldeck* appartenaient à l'État de Pensylvanie. Le plus vieux, vendu en Afrique comme esclave à l'âge de six ans, puis transporté aux États-Unis, avait été affranchi depuis bien des années déjà par l'acte d'émancipation. Quant à ses compagnons, beaucoup plus jeunes que lui, fils d'esclaves libérés avant leur naissance, ils étaient nés libres, et aucun blanc n'avait jamais eu sur eux un droit de propriété. Ils ne parlaient même pas ce langage « nègre », qui n'emploie pas l'article et ne connaît que l'infinitif des verbes, — langage qui a disparu peu à peu, d'ailleurs, depuis la guerre anti-esclavagiste. Ces noirs avaient donc librement quitté les États-Unis, et ils y retournaient librement.

Ainsi qu'ils l'apprirent au capitaine Hull, ils s'étaient engagés en qualité de travailleurs chez un Anglais, qui possédait une vaste exploitation près de Melbourne, dans l'Australie méridionale. Là, ils avaient passé trois ans, avec grand profit pour eux, et, leur engagement terminé, ils avaient voulu retourner en Amérique.

Ils s'étaient donc embarqués sur le *Waldeck*, payant leur passage comme des passagers ordinaires. Le 5 décembre, ils quittaient Melbourne, et dix-sept jours après, pendant une nuit très-noire, le *Waldeck* avait été abordé par un grand steamer.

Les noirs étaient couchés. Quelques secondes après la collision, qui fut terrible, ils se précipitèrent sur le pont.

Déjà, la mâture du navire était venue en bas, et le *Waldeck* s'était couché sur le flanc ; mais il ne devait pas couler, l'eau n'ayant envahi la cale que dans une proportion insuffisante.

Quant au capitaine et à l'équipage du *Waldeck*, tous avaient disparu, soit que les uns eussent été précipités dans la mer, soit que les autres se fussent accrochés aux agrès du navire abordeur, qui, après le choc, avait fui pour ne plus revenir.

Les cinq noirs étaient restés seuls à bord, sur une coque à demi chavirée, à douze cents milles de toutes terres.

Le plus vieux de ces nègres se nommait Tom. Son âge, aussi bien que son caractère énergique et son expérience souvent mise à l'épreuve pendant une longue vie de travail, en faisaient le chef naturel des compagnons qui s'étaient engagés avec lui.

Les autres noirs étaient des jeunes gens de vingt-cinq à trente ans, qui avaient noms Bat [1], fils du vieux Tom, Austin, Actéon et Hercule, tous quatre bien constitués, vigoureux, et qui auraient valu cher sur les marchés de l'Afrique centrale. Bien qu'ils eussent terriblement souffert, on pouvait aisément reconnaître en eux de magnifiques échantillons de cette forte race, auxquels une éducation liberale, puisée aux nombreuses écoles du Nord-Amérique, avait déjà imprimé son cachet.

Tom et ses compagnons s'étaient donc trouvés seuls sur le *Waldeck*, après la collision, n'ayant aucun moyen de relever cette coque inerte, sans même pouvoir la quitter, puisque les deux embarcations du bord avaient été fracassées dans l'abordage. Ils en étaient réduits à attendre le passage d'un navire, tandis que l'épave dérivait peu à peu sous l'action des courants. Cette action expliquait pourquoi on l'avait rencontrée si en dehors de sa route, car le *Waldeck*, parti de Melbourne, aurait dû se trouver beaucoup plus bas en latitude.

Pendant les dix jours qui s'écoulèrent entre la collision et le moment où le *Pilgrim* arriva en vue du bâtiment naufragé, les cinq noirs s'étaient nourris des quelques aliments qu'ils avaient trouvés dans l'office du carré. Mais, n'ayant pu pénétrer dans la cambuse, que l'eau noyait entièrement, ils n'avaient eu aucun spiritueux pour étancher leur soif, et ils avaient cruellement souffert, les pièces à eau, amarrées sur le pont, ayant été défoncées par le choc. Depuis la veille, Tom et ses compagnons, torturés par la soif, avaient perdu connaissance, et il était temps que le *Pilgrim* arrivât.

1. Bat, abréviatif de Bartholomée.

Tel fut le récit que Tom fit en peu de mots au capitaine Hull. Il n'y avait pas lieu de mettre en doute la véracité du vieux noir. Ses compagnons confirmèrent tout ce qu'il avait dit, et, d'ailleurs, les faits plaidaient pour ces pauvres gens.

Un autre être vivant, sauvé sur l'épave, aurait sans doute parlé avec la même franchise, — s'il eût été doué de la parole.

C'était ce chien, que la vue de Negoro semblait affecter d'une si désagréable façon. Il y avait là quelque antipathie véritablement inexplicable.

Dingo, — tel était le nom de ce chien, — appartenait à cette race de mâtins qui est particulière à la Nouvelle-Hollande. Ce n'était pas en Australie, cependant, que l'avait trouvé le capitaine du *Waldeck*. Deux ans auparavant, Dingo, errant, à demi mort de faim, avait été rencontré sur le littoral ouest de la côte d'Afrique, aux environs de l'embouchure du Congo. Le capitaine du *Waldeck* avait recueilli ce bel animal, qui, resté peu sociable, semblait toujours regretter quelque ancien maître dont il aurait été violemment séparé et qu'il eût été impossible de retrouver dans cette contrée déserte. — S. V., — ces deux lettres, gravées sur son collier, c'était tout ce qui rattachait cet animal à un passé dont on eût vainement cherché le mystère.

Dingo, bête magnifique et robuste, plus grand que les chiens des Pyrénées, était donc un spécimen superbe de cette variété des mâtins de la Nouvelle-Hollande. Lorsqu'il se redressait, rejetant sa tête en arrière, il égalait la taille d'un homme. Son agilité, sa force musculaire avaient dû en faire un de ces animaux qui attaquent sans hésiter jaguars ou panthères, et ne craignent pas de faire face à un ours. De pelage épais, sa longue queue bien fournie et raide comme une queue de lion, fauve foncé dans sa couleur générale, Dingo n'était nuancé qu'au museau de quelques reflets blanchâtres. Cet animal, sous l'influence de la colère, pouvait devenir redoutable, et on comprendra que Negoro ne fût pas satisfait de l'accueil que lui avait fait ce vigoureux échantillon de la race canine.

Cependant, Dingo, s'il n'était pas sociable, n'était pas méchant. Il semblait plutôt être triste. Une observation qui avait été faite par le vieux Tom à bord du *Waldeck*, c'est que ce chien ne semblait pas affectionner les noirs. Il ne cherchait point à leur faire du mal, mais certainement il les fuyait. Peut-être sur cette côte africaine où il errait, avait-il subi quelques mauvais traitements de la part des indigènes. Aussi, bien que Tom et ses compagnons fussent de braves gens, Dingo ne s'était-il jamais porté vers eux. Pendant les dix jours que les naufragés avaient passés sur le *Waldeck*, il s'était tenu à l'écart, se nourrissant on ne sait comment, mais ayant, lui aussi, cruellement souffert de la soif.

Tels étaient donc les survivants de cette épave, que le premier coup de mer allait submerger. Elle n'eût sans doute entraîné que des cadavres dans les profondeurs de l'Océan, si l'arrivée inespérée du *Pilgrim*, retardé lui-même par les calmes et les vents contraires, n'eût permis au capitaine Hull de faire œuvre d'humanité.

Cette œuvre, il n'y avait plus qu'à la compléter en rapatriant les naufragés du *Waldeck*, qui, dans ce naufrage, avaient perdu leurs économies de trois années de travail. C'est ce qui allait être fait. Le *Pilgrim*, après avoir opéré son déchargement à Valparaiso, devait remonter la côte américaine jusqu'à la hauteur du littoral californien. Là, Tom et ses compagnons seraient bien accueillis par James-W. Weldon, — sa généreuse femme leur en donna l'assurance, — et ils seraient pourvus de tout ce qui leur serait nécessaire pour regagner l'État de Pensylvanie.

Ces braves gens, rassurés sur l'avenir, n'eurent donc qu'à remercier Mrs. Weldon et le capitaine Hull. Certainement, ils leur devaient beaucoup, et, quoiqu'ils ne fussent que de pauvres nègres, peut-être ne désespéraient-ils pas de payer un jour cette dette de reconnaissance.

CHAPITRE V

S. V.

Cependant, le *Pilgrim* avait repris sa route, en tâchant de gagner le plus possible dans l'est. Cette regrettable persistance des calmes ne laissait pas de préoccuper le capitaine Hull, — non qu'il s'inquiétât d'une ou deux semaines de retard dans une traversée de la Nouvelle-Zélande à Valparaiso, mais à cause du surcroît de fatigue que ce retard pouvait apporter à sa passagère.

Cependant, Mrs. Weldon ne se plaignait pas et prenait philosophiquement son mal en patience.

Ce jour même, 2 février, vers le soir, l'épave fut perdue de vue.

Le capitaine Hull se préoccupa, en premier lieu, d'installer aussi convenablement que possible Tom et ses compagnons. Le poste d'équipage du *Pilgrim*,

Ce vigoureux nègre valait un palan à lui tout seul. (Page 33.)

disposé sur le pont en forme de roufle, eût été trop petit pour les contenir. On s'arrangea donc de manière à les loger sous le gaillard d'avant. D'ailleurs, ces braves gens, accoutumés aux rudes travaux, ne pouvaient être difficiles, et, par un beau temps, chaud et salubre, ce logement devait leur suffire pendant toute la traversée.

La vie du bord, secouée un instant de sa monotonie par cet incident, reprit donc son cours.

Tom, Austin, Bat, Actéon, Hercule, auraient bien voulu se rendre utiles. Mais, avec ces vents constants, la voilure une fois installée, il n'y avait plus rien à faire. Cependant, lorsqu'il s'agissait d'un virement de bord, le vieux noir et ses

Jack se voyait grand, grand. (Page 34.)

compagnons s'empressaient de donner la main à l'équipage, et il faut avouer que lorsque le colossal Hercule pesait sur quelque manœuvre, on s'en apercevait. Ce vigoureux nègre, haut de six pieds, valait un palan à lui tout seul !

C'était une joie pour le petit Jack de regarder ce géant. Il n'en avait point peur, et quand Hercule le faisait sauter dans ses bras, comme s'il n'eût été qu'un bébé de liége, c'étaient des cris de joie à n'en plus finir.

« Lève-moi bien haut, disait le petit Jack.

— Voilà, monsieur Jack, répondait Hercule.

— Est-ce que je suis bien lourd ?

— Je ne vous sens même pas.

— Eh bien, plus haut encore ! Au bout de ton bras ! »

Et Hercule, tenant les deux petits pieds de l'enfant dans sa large main, le promenait comme fait un gymnaste dans un cirque. Jack se voyait grand, grand, ce qui l'amusait beaucoup. Il essayait même de « faire le lourd », — ce dont le colosse ne s'apercevait même pas.

Dick Sand et Hercule, cela faisait donc deux amis au petit Jack. Il ne tarda pas à s'en faire un troisième.

Ce fut Dingo.

Il a été dit que Dingo était un chien peu sociable. Cela tenait, sans doute, à ce que la société du *Waldeck* ne lui convenait pas. A bord du *Pilgrim,* ce fut tout autre chose. Jack, probablement, sut toucher le cœur du bel animal. Celui ci prit bientôt plaisir à jouer avec le petit garçon, à qui ce jeu plaisait. On reconnut bientôt que Dingo était de ces chiens qui ont un goût particulier pour les enfants. Jack, d'ailleurs, ne lui faisait aucun mal. Son plus grand plaisir était de transformer Dingo en un coursier rapide, et il est permis d'affirmer qu'un cheval de cette espèce est bien supérieur à un quadrupède en carton, même quand celui-ci a des roulettes aux pattes. Jack galopait donc à poil sur le chien, qui se laissait faire volontiers, et, en vérité, Jack ne lui pesait pas plus que la moitié d'un jockey à un cheval de course.

Mais aussi quelle brèche faite chaque jour à la provision de sucre de la cambuse !

Dingo devint bientôt le favori de tout l'équipage. Seul, Negoro continua d'éviter toute rencontre avec l'animal, dont l'antipathie pour lui était toujours aussi vive qu'inexplicable.

Cependant, le petit Jack n'avait point négligé pour Dingo Dick Sand, son ami de vieille date. Tout le temps que ne réclamait pas le service du bord, le novice le passait avec le petit garçon.

Mrs. Weldon, cela va sans dire, voyait toujours cette intimité avec la plus complète satisfaction.

Un jour, le 6 février, elle parlait de Dick Sand au capitaine Hull, et le capitaine faisait le plus grand éloge du jeune novice.

« Ce garçon-là, disait-il à Mrs. Weldon, sera un jour un bon marin, je m'en porte garant ! Il a véritablement l'instinct de la mer, et, par cet instinct, il supplée à ce qu'il ignore encore forcément des choses théoriques du métier. Ce qu'il sait déjà est étonnant, lorsqu'on songe au peu de temps qu'il a eu pour l'apprendre.

— Il faut ajouter, répondit Mrs. Weldon, que c'est aussi un excellent sujet, un garçon sûr, très-supérieur à son âge, et qui n'a jamais mérité un blâme depuis que nous le connaissons.

— Oui, c'est un bon sujet, reprit le capitaine Hull, justement aimé et apprécié de tous !

— Cette campagne terminée, dit Mrs. Weldon, je sais que l'intention de mon mari est de lui faire suivre des cours d'hydrographie, de manière qu'il puisse obtenir plus tard un brevet de capitaine.

— Et monsieur Weldon a raison, répondit le capitaine Hull. Dick Sand fera un jour honneur à la marine américaine.

— Ce pauvre orphelin a commencé douloureusement la vie! ,fit observer Mrs. Weldon. Il a été à dure école !

— Sans doute, mistress Weldon, mais les leçons n'ont pas été perdues pour lui. Il a compris qu'il fallait qu'il se tirât d'affaire en ce monde, et il est en bon chemin.

— Oui, le chemin du devoir!

— Regardez-le maintenant, mistress Weldon, reprit le capitaine Hull. Il est à la barre, l'œil fixé sur le point de la misaine. Pas de distraction de la part de ce jeune novice, aussi pas d'embardée au navire! Dick Sand a déjà la sûreté d'un vieux timonier! Bon début pour un marin! Notre métier, mistress Weldon, est de ceux qu'il faut commencer tout enfant. Qui n'a pas été mousse n'arrivera jamais à faire un marin complet, au moins dans la marine marchande. Il faut que tout devienne leçon, et, par suite, que tout soit en même temps instinctif et raisonné chez l'homme de mer, — la résolution à prendre aussi bien que la manœuvre à exécuter.

— Cependant, capitaine Hull, répondit Mrs. Weldon, les bons officiers ne manquent pas dans la marine de guerre.

— Non, répondit le capitaine Hull, mais, suivant moi, les meilleurs ont presque tous débuté enfants dans la carrière, et, sans parler de Nelson et de quelques autres, les plus mauvais ne sont pas ceux qui ont commencé par être mousses. »

En ce moment, on vit surgir par le capot d'arrière cousin Bénédict, toujours absorbé et aussi peu de ce monde que le sera le prophète Élie, lorsqu'il reviendra sur la terre.

Cousin Bénédict se mit à aller et venir sur le pont, comme une âme en peine, fouillant du regard les interstices des bastingages, furetant sous les cages à poules, promenant sa main entre les coutures du pont, là où le brai s'était écaillé.

« Eh! cousin Bénédict, demanda Mrs. Weldon, vous continuez à vous bien porter?

— Oui... cousine Weldon... je me porte bien, sans doute... mais il me tarde d'être à terre.

— Que cherchez-vous donc ainsi sous ce banc, monsieur Bénédict? demanda le capitaine Hull.

— Des insectes, monsieur! riposta cousin Bénédict. Que voulez-vous que je cherche, sinon des insectes?

— Des insectes! Ma foi, il faut en prendre votre parti, mais ce n'est pas en mer que vous enrichirez votre collection!

— Et pourquoi pas, monsieur? Il n'est pas impossible de trouver à bord quelque échantillon de...

— Cousin Bénédict, dit Mrs. Weldon, maudissez donc alors le capitaine Hull! Son navire est si proprement tenu, que vous reviendriez bredouille de votre chasse! »

Le capitaine Hull se mit à rire.

« Mistress Weldon exagère, répondit-il. Cependant, monsieur Bénédict, je crois que vous perdriez votre temps à fureter dans nos cabines.

— Eh, je le sais bien! s'écria cousin Bénédict en haussant les épaules. J'ai eu beau faire!...

— Mais dans la cale du *Pilgrim*, reprit le capitaine Hull, peut-être trouveriez-vous quelques blattes, sujets peu intéressants d'ailleurs.

— Peu intéressants, ces orthoptères nocturnes qui ont encouru les malédictions de Virgile et d'Horace! riposta cousin Bénédict en se redressant de toute sa taille. Peu intéressants, ces proches parents du « periplaneta orientalis » et du kakerlac américain, qui habitent...

— Qui infestent... dit le capitaine Hull.

— Qui règnent à bord... répliqua fièrement cousin Bénédict.

— Aimable royauté!...

— Eh! vous n'êtes pas entomologiste, monsieur?

— Jamais à mes dépens.

— Allons, cousin Bénédict, dit Mrs. Weldon en souriant, ne nous souhaitez pas d'être dévorés par amour de la science!

— Je ne souhaite rien, cousine Weldon, répondit le fougueux entomologiste, si ce n'est de pouvoir ajouter à ma collection quelque rare sujet qui lui fasse honneur!

— N'êtes-vous donc pas satisfait des conquêtes que vous avez faites à la Nouvelle-Zélande?

— Si vraiment, cousine Weldon. J'ai été assez heureux pour conquérir un de ces nouveaux staphylins qui n'avaient été trouvés jusqu'ici que quelques centaines de milles plus loin, en Nouvelle-Calédonie. »

A ce moment, Dingo, qui jouait avec Jack, s'approcha en gambadant du cousin Bénédict.

« Va-t'en! va-t'en! fit celui-ci en repoussant l'animal.

— Aimer les blattes et détester les chiens! s'écria le capitaine Hull. Oh! monsieur Bénédict!

— Un bon chien pourtant! dit le petit Jack, qui prit dans ses petites mains la grosse tête de Dingo.

— Oui... je ne dis pas non!... répondit cousin Bénédict. Mais que voulez-vous! Ce diable d'animal n'a pas réalisé les espérances que sa rencontre m'avait fait concevoir!

— Eh, grand Dieu! s'écria Mrs. Weldon, espériez-vous donc pouvoir le ranger dans l'ordre des diptères ou des hyménoptères?

— Non, répondit gravement cousin Bénédict. Mais n'est-il pas vrai que ce Dingo, bien qu'il fût de race néo-zélandaise, a été recueilli sur la côte occidentale de l'Afrique?

— Rien n'est plus vrai, répondit Mrs. Weldon, et Tom l'a souvent entendu dire au capitaine du *Waldeck*.

— Eh bien! j'avais pensé... j'avais espéré... que ce chien aurait rapporté quelques spécimens d'hémiptères spéciaux à la faune africaine...

— Bonté du ciel! s'écria Mrs. Weldon.

— Et que peut-être... ajouta cousin Bénédict, quelque puce pénétrante ou irritante... d'espèce nouvelle.

— Entends-tu, Dingo? dit le capitaine Hull. Entends-tu, mon chien? Tu as manqué à tous tes devoirs!

— Mais j'ai eu beau l'épucer... ajouta l'entomologiste avec un accent de vif regret, je n'ai pu trouver un seul insecte...

— Que vous auriez immédiatement et impitoyablement mis à mort, j'espère! s'écria le capitaine Hull.

— Monsieur, répondit sèchement cousin Bénédict, apprenez que sir John Franklin se faisait un scrupule de tuer le moindre insecte, fût-ce un maringouin, dont les attaques sont autrement redoutables que celles d'une puce, et, cependant, vous n'hésiterez pas à en convenir, sir John Franklin était un homme de mer qui en valait bien un autre!

— Certes! dit le capitaine Hull en s'inclinant.

— Et un jour, après avoir été affreusement dévoré par un diptère, il souffla dessus et le renvoya, en lui disant, sans même le tutoyer : « Allez ! Le monde est assez grand pour vous et pour moi ! »

— Ah ! fit le capitaine Hull.

— Oui, monsieur !

— Eh bien, monsieur Bénédict, riposta le capitaine Hull, un autre avait dit cela bien avant sir John Franklin !

— Un autre !

— Oui, et cet autre, c'est l'oncle Tobie.

— Un entomologiste ? demanda vivement cousin Bénédict.

— Non ! L'oncle Tobie de Sterne, et ce digne oncle a précisément prononcé les mêmes paroles en donnant la volée à un moustique qui l'importunait, mais qu'il crut pouvoir tutoyer : « Va, pauvre diable, lui dit-il, le monde est assez grand pour nous contenir toi et moi ! »

— Un brave homme, cet oncle Tobie ! répondit cousin Bénédict. Est-il mort ?

— Je le crois bien, riposta gravement le capitaine Hull, puisqu'il n'a jamais existé ! »

Et chacun de rire, en regardant cousin Bénédict.

Ainsi donc, dans ces conversations et bien d'autres, qui portaient invariablement sur quelque point de la science entomologique dès que cousin Bénédict y prenait part, s'écoulaient les longues heures de cette navigation contrariée. Mer toujours belle, mais vents qui obligeaient le brick-goëlette à tenir le plus près. Le *Pilgrim* ne gagnait que fort peu dans l'est, tant la brise était faible, et il lui tardait d'avoir atteint ces parages où les vents régnants lui seraient plus favorables.

Il faut dire ici que cousin Bénédict avait tenté d'initier le jeune novice aux mystères de l'entomologie. Mais Dick Sand s'était montré assez réfractaire à ces avances. Faute de mieux, le savant s'était rabattu sur les nègres, qui n'y comprenaient rien. Tom, Actéon, Bat et Austin avaient même fini par déserter la classe, et le professeur s'était trouvé réduit au seul Hercule, qui lui semblait avoir quelques dispositions naturelles à distinguer un parasite d'un thysanoure.

Le gigantesque noir vivait donc dans le monde des coléoptères, carnassiers, chasseurs, canonniers, fossoyeurs, cicindelles, carabes, sylphes, taupins, hannetons, cerfs-volants, ténébrions, charançons, coccinelles, étudiant toute la collection du cousin Bénédict, non sans que celui-ci frémît à voir ses frêles échantillons entre les gros doigts d'Hercule, qui avaient la dureté et la force d'un étau. Mais le colossal élève écoutait si docilement les leçons du professeur, que cela valait bien que l'on risquât quelque chose.

Tandis que cousin Bénédict travaillait ainsi, Mrs. Weldon ne laissait pas le petit Jack absolument inoccupé. Elle lui apprenait à lire et à écrire. Quant au calcul, c'était son ami Dick Sand qui lui en inculquait les premiers éléments.

A l'âge de cinq ans, on n'est qu'un petit enfant encore, et l'on s'instruit mieux peut-être par des jeux pratiques que par des leçons théoriques, nécessairement un peu ardues.

Jack apprenait à lire, non dans un abécédaire, mais au moyen de lettres mobiles, imprimées en rouge sur des cubes de bois, qu'il s'amusait à ranger, de manière à former des mots. Quelquefois, Mrs. Weldon prenait ces cubes, composait un mot ; puis, elle les brouillait, et c'était à Jack de les replacer dans l'ordre voulu.

Le petit garçon aimait beaucoup cette manière d'apprendre à lire. Chaque jour, il passait quelques heures, tantôt dans la cabine, tantôt sur le pont, à ranger et à déranger les lettres de son alphabet.

Or, ceci provoqua un jour un incident si extraordinaire, si inattendu, qu'il faut le rapporter avec quelque détail.

C'était dans la matinée du 9 février. Jack, à demi couché sur le pont, s'amusait à former un mot que le vieux Tom devait reconstituer, après que les lettres auraient été brouillées. Tom, la main sur les yeux, pour ne pas tricher, comme il convient, ne devait rien voir et ne voyait rien du travail du petit garçon.

De ces diverses lettres, au nombre d'une cinquantaine, les unes étaient majuscules, les autres minuscules. De plus, quelques-uns de ces cubes portaient un chiffre, ce qui permettait d'apprendre à former les nombres aussi bien qu'à former les mots.

Ces cubes étaient rangés sur le pont, et le petit Jack prenait tantôt l'un, tantôt l'autre, pour composer son mot, — une grosse besogne en vérité.

Or, depuis quelques instants, Dingo tournait autour du jeune enfant, quand, soudain, il s'arrêta. Ses yeux devinrent fixes, sa patte droite se leva, sa queue s'agita convulsivement. Puis, tout à coup, se jetant sur un des cubes de bois, il le saisit dans sa gueule, et il vint le déposer sur le pont à quelques pas de Jack.

Il saisit un autre cube, et il alla le poser près du premier. (Page 40.)

Ce cube portait une lettre majuscule, — la lettre S.

« Dingo! eh bien, Dingo! » s'écria le petit garçon, qui avait craint tout d'abord que son S ne fût avalée par le chien.

Mais Dingo était revenu, et, recommençant le même manége, il saisit un autre cube, et il alla le poser près du premier.

Ce second cube était un V majuscule.

Jack, cette fois, poussa un cri.

A ce cri, Mrs. Weldon, le capitaine Hull et le jeune novice, qui se promenaient sur le pont, accoururent. Le petit Jack leur raconta alors ce qui venait de se passer.

Non sans qu'un geste de menace à l'adresse du chien lui eût échappé. (Page 44.)

Dingo connaissait ses lettres! Dingo savait lire! C'était bien sûr, ça! Jack l'avait vu!

Dick Sand voulut aller reprendre les deux cubes, afin de les rendre à son ami Jack, mais Dingo lui montra les dents.

Cependant, le novice parvint à rentrer en possession des deux cubes, et il les replaça dans le jeu.

Dingo s'élança de nouveau, saisit encore les deux mêmes lettres et les reporta à l'écart. Cette fois, les deux pattes posées dessus, il paraissait décidé à les garder quand même. Quant aux autres lettres de l'alphabet, il ne semblait pas qu'elles existassent pour lui.

« Voilà une chose curieuse ! dit Mrs. Weldon.

— C'est très-singulier, en effet, répondit le capitaine Hull, qui regardait attentivement les deux lettres.

— S. V., — dit Mrs. Weldon.

— S. V., — répéta le capitaine Hull. Mais ce sont précisément les lettres que porte le collier de Dingo ! »

Puis, tout à coup, se retournant vers le vieux noir :

« Tom, demanda-t-il, ne m'avez-vous pas dit que ce chien n'appartenait que depuis peu au capitaine du *Waldeck ?*

— En effet, monsieur, répondit Tom. Dingo n'était à bord que depuis deux ans au plus.

— Et n'avez-vous pas ajouté que le capitaine du *Waldeck* avait recueilli ce chien sur la côte occidentale de l'Afrique?

— Oui, monsieur, aux environs de l'embouchure du Congo. Je l'ai entendu souvent dire au capitaine.

— Ainsi, demanda le capitaine Hull, on n'a jamais su à qui avait appartenu ce chien, ni d'où il venait ?

— Jamais, monsieur. Un chien trouvé, c'est pis qu'un enfant ! Ça n'a pas de papiers, et, de plus, ça ne peut pas s'expliquer. »

Le capitaine Hull s'était tu et réfléchissait.

« Ces deux lettres éveillent-elles donc en vous un souvenir? demanda Mrs. Weldon au capitaine Hull, après l'avoir laissé quelques instants à ses réflexions.

— Oui, mistress Weldon, un souvenir, ou plutôt un rapprochement au moins singulier.

— Lequel ?

— Ces deux lettres pourraient bien avoir un sens et nous fixer sur le sort d'un intrépide voyageur.....

— Que voulez-vous dire? demanda Mrs. Weldon.

— Voici, mistress Weldon. En 1871, — il y a deux ans par conséquent, — un voyageur français partit, sous l'inspiration de la Société de géographie de Paris, avec l'intention d'opérer la traversée de l'Afrique de l'ouest à l'est. Son point de départ était précisément l'embouchure du Congo. Son point d'arrivée devait être autant que possible le cap Deldago, aux bouches de la Rovouma, dont il devait descendre le cours. Or, ce voyageur français se nommait Samuel Vernon.

— Samuel Vernon ! répéta Mrs. Weldon.

— Oui, mistress Weldon, et ses deux noms commencent précisément par ces deux lettres que Dingo a choisies entre toutes, et qui sont gravées sur son collier.

— En effet, répondit Mrs. Weldon. Et ce voyageur?...

— Ce voyageur partit, répondit le capitaine Hull, et l'on n'a plus eu de ses nouvelles depuis son départ.

— Jamais? dit le novice.

— Jamais, répéta le capitaine Hull.

— Qu'en concluez-vous? demanda Mrs. Weldon.

— Que Samuel Vernon n'a évidemment pu atteindre la côte orientale de l'Afrique, soit qu'il ait été fait prisonnier par les indigènes, soit que la mort l'ait frappé en route!

— Et alors ce chien?...

— Ce chien lui aurait appartenu, et plus heureux que son maître, si mon hypothèse est juste, il aurait pu revenir au littoral du Congo, puisque c'est là, à l'époque où ces faits ont dû se passer, qu'il a été recueilli par le capitaine du *Waldeck*.

— Mais, fit observer Mrs. Weldon, savez-vous si ce voyageur français était accompagné d'un chien à son départ? N'est-ce pas une simple supposition de votre part ?

— Ce n'est qu'une simple supposition, en effet, mistress Weldon, répondit le capitaine Hull. Mais ce qui est certain, c'est que Dingo connaît ces deux lettres S et V, qui sont précisément les initiales des deux noms du voyageur français. Maintenant, dans quelles circonstances cet animal aurait-il appris à les distinguer, c'est ce que je ne puis expliquer, mais, je le répète, il les connaît très-certainement, et tenez, il les pousse de sa patte et semble nous inviter à les lire avec lui. »

En effet, on ne pouvait se méprendre à l'intention de Dingo.

« Samuel Vernon était-il donc seul, lorsqu'il a quitté le littoral du Congo? demanda Dick Sand.

— Cela, je l'ignore, répondit le capitaine Hull. Cependant, il est probable qu'il avait dû emmener une escorte d'indigènes. »

En ce moment, Negoro, quittant le poste, se montra sur le pont. Personne ne remarqua d'abord sa présence et ne put observer le singulier regard qu'il lança au chien, lorsqu'il aperçut les deux lettres devant lesquelles celui-ci semblait être en arrêt. Mais Dingo, ayant aperçu le maître-coq, se mit à donner les signes de la plus extrême fureur.

Negoro rentra aussitôt dans le poste de l'équipage, non sans qu'un geste de menace à l'adresse du chien lui eût échappé.

« Il y a là quelque mystère! murmura le capitaine Hull, qui n'avait rien perdu de cette petite scène.

— Mais, monsieur, dit le novice, n'est-il pas très-étonnant qu'un chien puisse reconnaître des lettres de l'alphabet?

— Eh non! s'écria le petit Jack. Maman m'a souvent raconté l'histoire d'un chien qui savait lire et écrire et même jouer aux dominos, comme un vrai maître d'école!

— Mon cher enfant, répondit Mrs. Weldon en souriant, ce chien, qui s'appelait Munito, n'était point un savant comme tu le penses. Si j'en crois ce qui m'a été raconté, il n'aurait pu distinguer l'une de l'autre les lettres qui lui servaient à composer ses mots. Mais son maître, un adroit Américain, ayant remarqué combien Munito avait l'ouïe fine, s'était appliqué à exercer ce sens et à en tirer des effets fort curieux.

— Comment s'y prenait-il, mistress Weldon? demanda Dick Sand, que l'histoire intéressait presque autant que le petit Jack.

— Voici, mon ami. Lorsque Munito devait « travailler » devant le public, des lettres semblables à celles-ci étaient étalées sur une table. Sur cette table, le caniche allait et venait, attendant qu'un mot fût proposé, soit à voix haute, soit à voix basse. Seulement, une condition essentielle, c'était que son maître connût le mot.

— Ainsi, en l'absence de son maître?... dit le novice.

— Le chien n'aurait rien pu faire, répondit Mrs. Weldon, et voici pourquoi. Les lettres étalées sur la table, Munito se promenait à travers cet alphabet. Arrivait-il devant celle des lettres qu'il devait choisir pour former le mot demandé, il s'arrêtait; mais, s'il s'arrêtait, c'est parce qu'il entendait le bruit, imperceptible à tout autre, d'un cure-dent que l'Américain faisait claquer dans sa poche. Ce bruit, c'était pour Munito le signal de prendre la lettre et de venir la ranger dans l'ordre convenu.

— Et voilà tout le secret! s'écria Dick Sand.

— Voilà tout le secret, répondit Mrs. Weldon. C'est très-simple, comme tout ce qui se fait en matière de prestidigitation. En l'absence de l'Américain, Munito n'aurait plus été Munito. Je suis donc étonnée, son maître n'étant pas là, — si toutefois le voyageur Samuel Vernon a jamais été son maître, — que Dingo ait pu reconnaître ces deux lettres.

— En effet, répondit le capitaine Hull, c'est fort étonnant. Mais, remarquez-le bien, il ne s'agit ici que de deux lettres, deux lettres spéciales, et non d'un mot choisi au hasard. Après tout, ce chien qui sonnait à la porte d'un couvent pour s'emparer du plat destiné aux pauvres passants, cet autre qui, chargé, en même temps que l'un de ses semblables, de faire tourner la broche de deux jours l'un, et qui refusait de remplir cet office quand son tour n'était pas venu, ces deux chiens, dis-je, allaient plus loin que Dingo dans ce domaine de l'intelligence, qui est réservé à l'homme. D'ailleurs, nous sommes en présence d'un fait indiscutable. De toutes les lettres de cet alphabet, Dingo n'a choisi que ces deux-ci : S et V. - Les autres, il ne semble même pas les connaître. Il faut donc en conclure que, pour une raison qui nous échappe, son attention a été spécialement attirée sur ces deux lettres.

— Ah ! capitaine Hull, répondit le jeune novice, si Dingo pouvait parler !... Peut-être nous dirait-il ce que signifient ces deux lettres, et pourquoi il a conservé une dent contre notre maître-coq !

— Et quelle dent ! » répondit le capitaine Hull, au moment où Dingo, ouvrant la bouche, montrait ses formidables crocs.

CHAPITRE VI

UNE BALEINE EN VUE.

On le pense bien, ce singulier incident fit plus d'une fois le sujet des conversations qui se tenaient à l'arrière du *Pilgrim* entre Mrs. Weldon, le capitaine Hull et le jeune novice. Celui-ci, plus particulièrement, ressentit une défiance instinctive à l'égard de Negoro, dont la conduite, cependant, ne méritait aucun reproche.

A l'avant, on en causait aussi, mais on n'en tirait pas les mêmes conséquences. Là, dans le poste de l'équipage, Dingo passait tout simplement pour un chien qui savait lire, et peut-être même écrire mieux que plus d'un matelot du bord. Quant à parler, s'il ne le faisait pas, c'est qu'il avait probablement de bonnes raisons pour se taire.

« Mais, un beau jour, dit le timonier Bolton, un beau jour, ce chien-là viendra nous demander où nous avons le cap, si le vent est à l'ouest-nord-ouest-demi-nord, et il faudra bien lui répondre !

— Il y a des animaux qui parlent ! répliqua un autre matelot, des pies, des perroquets ! Eh bien, pourquoi un chien n'en ferait-il pas autant, s'il lui en prenait l'envie ? Il est plus difficile de parler avec un bec qu'avec une bouche !

— Sans doute, répondit le contre-maître Howik. Seulement cela ne s'est jamais vu. »

On aurait bien étonné ces braves gens, en leur disant que cela s'était vu, au contraire, et qu'un certain savant danois possédait un chien qui prononçait distinctement une vingtaine de mots. Mais de là à ce que cet animal comprît ce qu'il disait, il y avait un abîme. Très-évidemment, ce chien, dont la glotte était organisée de manière à pouvoir émettre des sons réguliers, n'attachait pas plus de sens à ses paroles que les perroquets, les geais ou les pies aux leurs. La phrase, chez ces animaux, n'est pas autre chose qu'une sorte de chant ou de cris parlés, empruntés à une langue étrangère dont on n'aurait pas le sens.

Quoi qu'il en soit, Dingo était devenu le héros du bord, — ce dont il ne prenait point acte pour être fier. Plusieurs fois, le capitaine Hull recommença l'expérience. Les cubes de bois de l'alphabet furent replacés devant Dingo, et, invariablement, sans une erreur, sans une hésitation, les deux lettres S et V furent choisies entre toutes par le singulier animal, tandis que les autres n'attirèrent jamais son attention.

Quant au cousin Bénédict, cette expérience fut souvent renouvelée devant lui, sans qu'elle parût l'intéresser.

« Cependant, daigna-t-il dire un jour, il ne faudrait pas croire que les chiens aient seuls le privilége d'être intelligents de cette manière ! D'autres animaux les égalent, rien qu'en suivant leur instinct. Tels les rats, qui abandonnent le navire destiné à sombrer en mer, les castors, qui savent prévoir la crue des eaux et surélèvent leurs digues en conséquence, ces chevaux de Nicomède, de Scanderberg et d'Oppien, dont la douleur fut telle qu'ils moururent à la mort de leurs maîtres, ces ânes, si remarquables par leur mémoire, et tant d'autres bêtes enfin qui ont été l'honneur de l'animalité ! N'a-t-on pas vu de ces oiseaux, merveilleusement dressés, qui écrivent sans faute des mots sous la dictée de leurs professeurs, des cacatois qui comptent aussi bien qu'un calculateur du Bureau des longitudes le nombre de personnes présentes dans un salon ? N'a-t-il pas existé un perroquet, payé cent écus d'or, qui récitait, sans se tromper d'un mot, au cardinal son maître, tout le Symbole des apôtres ? Enfin, le légitime orgueil d'un entomologiste ne doit-il pas s'élever au comble, lorsqu'il voit de simples insectes donner des preuves d'une intelligence supérieure et affirmer éloquemment l'axiome :

In minimis maximus Deus.

ces fourmis qui en remontreraient aux édiles des plus grandes cités, ces argyronètes aquatiques qui fabriquent des cloches à plongeurs, sans avoir jamais appris la mécanique, ces puces qui traînent des carrosses comme de véritables carrossiers, qui font l'exercice aussi bien que des riflemen, qui tirent le canon mieux que les artilleurs brevetés de West-Point[1] ? Non! ce Dingo ne mérite pas tant d'éloges, et s'il est si fort sur l'alphabet, c'est sans doute qu'il appartient à une espèce de mâtins, non encore classée dans la science zoologique, le « canis alphabeticus » de la Nouvelle-Zélande ! »

Malgré ces discours et autres de l'envieux entomologiste, Dingo ne perdit rien de l'estime publique, et continua d'être traité comme un phénomène dans les entretiens du gaillard d'avant.

Toutefois, il est probable que Negoro ne partageait pas l'enthousiasme du bord à l'égard de l'animal. Peut-être le trouvait-il trop intelligent. Quoi qu'il en soit, le chien témoignait toujours la même animosité contre le maître-coq, et, sans doute, il se fût attiré quelque mauvais parti, s'il n'avait été, d'une part, « chien à se défendre », et, de l'autre, protégé par la sympathie de tout l'équipage.

Negoro évitait donc plus que jamais de se trouver en présence de Dingo. Mais Dick Sand n'avait pas été sans observer que, depuis l'incident des deux lettres, l'antipathie réciproque de l'homme et du chien s'était accrue. Cela était vraiment inexplicable.

Le 10 février, le vent du nord-est, qui jusqu'alors avait toujours succédé à ces longues et accablantes accalmies pendant lesquelles s'immobilisait le *Pilgrim,* vint à mollir sensiblement. Le capitaine Hull put donc espérer qu'un changement dans la direction des courants atmosphériques allait se produire. Peut-être le brick-goëlette marcherait-il enfin vent sous vergues. Son départ du port d'Auckland ne datait encore que de dix-neuf jours. Le retard n'était pas très-considérable, et, avec un vent de travers, le *Pilgrim*, bien servi par sa voilure, devait facilement regagner le temps perdu. Mais il fallait attendre quelques jours avant que les brises se fussent franchement établies dans l'ouest.

1. École militaire de l'État de New-York.

Il ne faudrait pas croire que les chiens aient seuls le privilége d'être intelligents. (Page 46.)

Cette partie du Pacifique était toujours déserte. Aucun bâtiment ne se montrait dans ces parages. C'était une latitude véritablement abandonnée des navigateurs. Les baleiniers des mers australes ne se disposaient pas encore à franchir le tropique. Sur le *Pilgrim*, que des circonstances particulières avaient obligé à quitter les lieux de pêche avant la fin de la saison, on ne devait donc pas s'attendre à croiser quelque navire de même destination.

Quant aux paquebots transpacifiques, il a été déjà dit qu'ils ne suivaient pas un parallèle aussi élevé dans leurs traversées entre l'Australie et le continent américain.

Cependant, par cela même que la mer est déserte, il ne faut pas renoncer à

Plus d'une fois Dick Sand donna des preuves de sa merveilleuse adresse. (Page 50.)

l'observer jusqu'aux dernières limites de l'horizon. Si monotone qu'elle puisse paraître aux esprits inattentifs, elle n'en est pas moins infiniment variée pour qui sait la comprendre. Ses plus insaisissables changements charment les imaginations qui ont le sens des poésies de l'Océan. Une herbe marine qui flotte en ondulant, une branche de sargasses dont le léger sillage zèbre la surface des flots, un bout de planche dont on voudrait deviner l'histoire, il n'en faut pas davantage. Devant cet infini, l'esprit n'est plus arrêté par rien. L'imagination se donne libre carrière. Chacune de ces molécules d'eau, que l'évaporation échange continuellement entre la mer et le ciel, renferme, peut-être, le secret de quelque catastrophe! Aussi faut-il envier ceux dont la pensée intime sait interroger les mystères de l'Océan, ces esprits qui s'élèvent de sa mouvante surface jusque dans les hauteurs du ciel.

La vie, d'ailleurs, se manifeste toujours au-dessus comme au-dessous des mers. Les passagers du *Pilgrim* pouvaient voir s'acharner à la poursuite des plus petits poissons des bandes d'oiseaux, de ceux qui fuient avant l'hiver le dur climat des pôles. Et plus d'une fois, Dick Sand, élève sur ce point comme sur d'autres de James W. Weldon, donna des preuves de sa merveilleuse adresse au fusil ou au pistolet, en abbatant quelques-uns de ces rapides volatiles.

C'étaient, ici, des pétrels blancs, là, d'autres pétrels dont les ailes étaient bordées d'un liseré brun. Quelquefois, aussi, passaient des troupes de damiers ou quelques-uns de ces pingouins dont la démarche à terre est à la fois si pesante et si ridicule. Cependant, ainsi que le faisait remarquer le capitaine Hull, ces pingouins, se servant de leurs moignons comme de véritables nageoires, peuvent défier à la nage les poissons les plus rapides, à tel point même que des marins les ont quelquefois confondus avec les bonites.

Plus haut, de gigantesques albatros frappaient l'air à grands coups d'ailes, en déployant une envergure de dix pieds, et venaient ensuite se poser à la surface des eaux, qu'ils fouillaient à coups de bec pour y chercher leur nourriture.

Toutes ces scènes constituaient un spectacle varié, que, seuls, des esprits fermés au charme de la nature eussent trouvé monotone.

Ce jour-là, Mrs. Weldon se promenait à l'arrière du *Pilgrim*, lorsqu'un phénomène assez curieux provoqua son attention. Les eaux de la mer étaient devenues rougeâtres presque subitement. On eût pu croire qu'elles venaient de se teindre de sang, et cette teinte inexplicable s'etendait aussi loin que pouvait se porter le regard.

Dick Sand se trouvait alors avec le petit Jack près de Mrs. Weldon.

« Vois-tu, Dick, dit-elle au jeune novice, cette singulière couleur des eaux du Pacifique? Est-ce qu'elle est due à la présence d'une herbe marine?

— Non, mistress Weldon, répondit Dick Sand, cette teinte est produite par des myriades de myriades de petits crustacés, qui servent habituellement à nourrir les grands mammifères. Les pêcheurs appellent cela, non sans raison, du « manger de baleine ».

— Des crustacés! dit Mrs. Weldon. Mais ils sont si petits qu'on pourrait presque les appeler des insectes de mer. Cousin Bénédict serait peut-être fort enchanté d'en faire collection! »

Et appelant :

« Cousin Bénédict ? » cria-t-elle.

Cousin Bénédict apparut hors du capot, presque en même temps que le capitaine Hull.

« Cousin Bénédict, dit Mrs. Weldon, voyez donc cet immense banc rougeâtre qui s'étend à perte de vue.

— Tiens! dit le capitaine Hull, voilà du manger de baleine! Monsieur Bénédict, une belle occasion pour étudier cette curieuse espèce de crustacés !

— Peuh ! fit l'entomologiste.

— Comment! peuh! s'écria le capitaine. Mais vous n'avez pas le droit de professer une telle indifférence! Ces crustacés forment une des six classes des articulés, si je ne me trompe, et comme tels...

— Peuh! fit encore cousin Bénédict en secouant la tête.

— Par exemple! Je vous trouve passablement dédaigneux pour un entomologiste!

— Entomologiste, soit, répondit cousin Bénédict, mais plus spécialement hexapodiste, capitaine Hull, veuillez ne pas l'oublier!

— En tout cas, répondit le capitaine Hull, que ces crustacés ne vous intéressent pas, soit, mais il en serait autrement, si vous possédiez un estomac de baleine! Quel régal, alors! — Voyez-vous, mistress Weldon, lorsque, nous autres baleiniers, pendant la saison de pêche, nous arrivons en vue d'un banc de ces crustacés, il n'est que temps de préparer nos harpons et nos lignes! Nous sommes certains que le gibier n'est pas loin !

— Est-il possible que d'aussi petites bêtes puissent en nourrir de si grosses? s'écria Jack.

— Eh! mon garçon, répondit le capitaine Hull, des petits grains de semoule, de la farine, de la poussière de fécule, ne font-ils pas de très-bons potages? Oui, et la nature a voulu qu'il en fût ainsi. Lorsqu'une baleine flotte au milieu de ces eaux rouges, sa soupe est servie, elle n'a plus qu'à ouvrir son immense bouche. Des myriades de crustacés y pénètrent, les nombreuses barbes de ces fanons dont le palais de l'animal est garni se tendent comme les filets d'un parc de pêcheurs, rien n'en peut plus sortir, et la masse des crustacés va s'engouffrer dans le vaste estomac de la baleine, tout comme le potage de ton dîner dans le tien.

— Vous pensez bien, Jack, fit observer Dick Sand, que dame baleine ne perd pas son temps à éplucher un à un ces crustacés, comme vous épluchez des crevettes!

— J'ajoute, dit le capitaine Hull, que c'est précisément lorsque l'énorme gourmande est occupée de la sorte, qu'il est plus facile de l'approcher sans exciter sa défiance. C'est donc le moment favorable pour la harponner avec quelque succès. »

A cet instant, et comme pour donner raison au capitaine Hull, la voix d'un matelot se fit entendre à l'avant du navire :

« Une baleine par bâbord devant! »

Le capitaine Hull s'était redressé.

« Une baleine! » s'écria-t-il.

Et son instinct de pêcheur le poussant, il se précipita sur le gaillard du *Pilgrim*.

Mrs. Weldon, Jack, Dick Sand, cousin Bénédict lui-même, le suivirent aussitôt.

En effet, à quatre milles dans le vent, certain bouillonnement indiquait qu'un gros mammifère marin se mouvait au milieu des eaux rouges. Des baleiniers ne pouvaient s'y méprendre.

Mais la distance était trop considérable encore pour qu'il fût possible de reconnaître l'espèce à laquelle ce mammifère appartenait. Ces espèces, en effet, sont assez distinctes.

Était-ce là une de ces baleines franches que recherchent plus particulièrement les pêcheurs des mers du Nord? Ces cétacés, auxquels manque la nageoire dorsale, mais dont la peau recouvre une épaisse couche de lard, peuvent atteindre une longueur de quatre-vingts pieds, bien que la moyenne n'en dépasse pas soixante, et alors un seul de ces monstres fournit jusqu'à cent barils d'huile.

Était-ce, au contraire, un « hump-back », appartenant à l'espèce des baleinoptères, — désignation dont le terminatif aurait au moins dû lui valoir l'estime de l'entomologiste. Ceux-là possèdent des nageoires dorsales, blanches de couleur et longues de la demi-longueur du corps, qui ressemblent à une paire d'ailes, — quelque chose comme une baleine volante?

N'avait-on pas en vue, plus vraisemblablement, un « fin-back », mammifère également connu sous le nom de « jubarte », qui est pourvu d'une nageoire dorsale, et dont la longueur peut égaler celle de la baleine franche?

Le capitaine Hull et son équipage ne pouvaient encore se prononcer, mais ils regardaient l'animal avec plus d'envie encore que d'admiration.

S'il est vrai qu'un horloger ne puisse se trouver dans un salon en présence d'une pendule sans éprouver l'irrésistible besoin de la remonter, combien plus encore le baleinier devant une baleine doit-il être pris de l'impérieux désir de s'en emparer! Les chasseurs de gros gibier sont plus ardents, dit-on, que les chasseurs de petit gibier. Donc, plus l'animal est gros, plus il excite la convoitise! Que doivent ressentir alors des chasseurs d'éléphants et des pêcheurs de baleines? Et puis, il y avait aussi ce désappointement qu'éprouvait tout l'équipage du *Pilgrim* de revenir avec un chargement incomplet!...

Cependant, le capitaine Hull cherchait à reconnaître l'animal qui avait été signalé au large. Il n'était pas très-visible de cette distance. Toutefois, l'œil exercé d'un baleinier ne pouvait se tromper à certains détails plus faciles à relever de loin.

En effet, le jet, c'est-à-dire cette colonne de vapeur et d'eau que la baleine rejette par ses évents, devait attirer l'attention du capitaine Hull et le fixer sur l'espèce à laquelle appartenait ce cétacé.

« Ce n'est point là une baleine franche, s'écria-t-il. Son jet serait à la fois plus élevé et d'un volume moins considérable. D'autre part, si le bruit que fait ce jet en s'échappant pouvait être comparé au bruit éloigné d'une bouche à feu, je serais porté à croire que cette baleine appartient à l'espèce des « humpbacks »; mais il n'en est rien, et, en prêtant l'oreille, on peut s'assurer que ce bruit est d'une nature toute différente. — Quelle est ton opinion à ce sujet, Dick? demanda le capitaine Hull en se retournant vers le novice.

— Je croirais volontiers, capitaine, répondit Dick Sand, que nous avons affaire à une jubarte. Voyez comme ses évents rejettent violemment dans l'air cette colonne de liquide. Ne vous semble-t-il pas aussi, — ce qui me donnerait raison, — que ce jet contient plus d'eau que de vapeur condensée? Et, si je ne me trompe, c'est une particularité spéciale à la jubarte.

— En effet, Dick, répondit le capitaine Hull. Il n'y a plus de doute possible! C'est une jubarte qui flotte à la surface de ces eaux rouges!

— Que c'est beau! s'écria le petit Jack.

— Oui, mon garçon! Et quand on pense que la grosse bête est là, en train de déjeuner, et ne se doute guère que des baleiniers la regardent!

— J'oserais affirmer que c'est une jubarte de grande taille, fit observer Dick Sand.

— Certes, répondit le capitaine Hull, qui se passionnait peu à peu. Je lui donne au moins soixante-dix pieds de longueur!

— Bon! ajouta le maître d'équipage. Il suffirait d'une demi-douzaine de baleines de cette taille pour remplir un navire grand comme le nôtre!

— Oui, cela suffirait! répliqua le capitaine Hull, qui monta sur le beaupré afin de mieux voir.

— Et avec celle-ci, ajouta le maître d'équipage, nous embarquerions en quelques heures la moitié des deux cents barils d'huile qui nous manquent!

— Oui!... en effet... oui!... murmurait le capitaine Hull.

— Cela est vrai, reprit Dick Sand, mais c'est une rude affaire, quelquefois, de s'attaquer à ces énormes jubartes!

— Très-rude, très-rude! répliqua le capitaine Hull. Ces baleinoptères ont des queues formidables, dont il ne faut pas s'approcher sans défiance! La plus solide pirogue ne résisterait pas à un coup bien appliqué. Mais aussi le profit vaut la peine!

— Bah! dit un des matelots, une belle jubarte est tout de même une belle capture!

— Et profitable! répondit un autre.

— Ce serait dommage de ne pas saluer celle-ci au passage! »

Il était évident que ces braves marins s'animaient en regardant la baleine. C'était toute une cargaison de barils d'huile qui flottait à portée de leur main. A les entendre, sans doute, il n'y avait plus qu'à arrimer ces barils dans la cale du *Pilgrim* pour en compléter le chargement!

Quelques-uns des matelots, montés dans les enfléchures des haubans de misaine, poussaient des cris de convoitise. Le capitaine Hull, qui ne parlait plus, se rongeait les ongles. Il y avait là comme un irrésistible aimant qui attirait le *Pilgrim* et tout son équipage.

« Maman, maman! s'écria alors le petit Jack, je voudrais bien avoir la baleine pour voir comment c'est fait!

— Ah! tu veux avoir cette baleine, mon garçon? Eh! pourquoi pas, mes amis? répondit le capitaine Hull, cédant enfin à son secret désir. Les pêcheurs de renfort nous manquent, c'est vrai! mais à nous seuls...

— Oui! oui! crièrent les matelots d'une seule voix.

— Ce ne sera pas la première fois que j'aurai fait le métier de harponneur, ajouta le capitaine Hull, et vous allez voir si je sais encore lancer le harpon!

— Hurrah! hurrah! hurrah! » répondit l'équipage.

CHAPITRE VII

PRÉPARATIFS.

On comprendra que la vue de ce prodigieux mammifère fût faite pour produire une telle surexcitation chez les hommes du *Pilgrim*.

La baleine, qui flottait au milieu des eaux rouges, paraissait énorme. La capturer et compléter ainsi la cargaison, cela était bien tentant! Des pêcheurs pouvaient-ils laisser échapper une occasion pareille?

Cependant, Mrs. Weldon crut devoir demander au capitaine Hull s'il n'y avait aucun danger pour ses hommes et pour lui à attaquer une baleine dans ces conditions.

« Aucun, mistress Weldon, répondit le capitaine Hull. Plus d'une fois, il m'est arrivé de chasser la baleine avec une seule embarcation, et j'ai toujours fini par m'en emparer. Je vous le répète, il n'y a aucun danger pour nous, ni, par conséquent, pour vous-même. »

Mrs. Weldon, rassurée, n'insista pas.

Le capitaine Hull prit aussitôt ses dispositions pour capturer la jubarte. Il savait, par expérience, que la poursuite de ce baleinoptère n'est pas sans offrir quelques difficultés, et il voulait parer à toutes.

Ce qui rendait cette capture moins aisée, c'est que l'équipage du brick-goëlette ne pouvait opérer qu'au moyen d'une seule embarcation, bien que le *Pilgrim* possédât une chaloupe, placée sur son chantier entre le grand mât et le mât de misaine, plus trois baleinières, dont deux étaient suspendues sur les porte-manteaux de bâbord et de tribord, et la troisième à l'arrière, en dehors du couronnement.

Habituellement, ces trois baleinières étaient employées simultanément à la poursuite des cétacés. Mais, pendant la saison de pêche, on le sait, un équipage de renfort, pris aux stations de la Nouvelle-Zélande, venait en aide aux matelots du *Pilgrim*.

Or, dans les circonstances actuelles, le *Pilgrim* ne pouvait fournir que les cinq matelots du bord, c'est-à-dire de quoi armer une seule des baleinières. Utiliser le concours de Tom et de ses compagnons, qui s'étaient tout d'abord

« Ah! tu veux avoir cette baleine! mon garçon? » (Page 54.)

offerts, était impossible. En effet, la manœuvre d'une pirogue de pêche exige des marins très-particulièrement exercés. Un faux coup de barre ou un faux coup d'aviron suffiraient à compromettre le salut de la baleinière pendant l'attaque.

D'autre part, le capitaine Hull ne voulait pas quitter son navire, sans y laisser au moins un homme de l'équipage en qui il eût confiance. Il fallait prévoir toutes les éventualités.

Or, le capitaine Hull, obligé de choisir des marins solides pour armer la baleinière, devait forcément s'en remettre à Dick Sand du soin de garder le *Pilgrim*.

« Veille bien ! » cria une dernière fois le capitaine. (Page 62.)

« Dick, lui dit-il, c'est toi que je charge de rester à bord pendant mon absence, qui sera courte, je l'espère!

— Bien, monsieur, » répondit le jeune novice.

Dick Sand aurait voulu prendre part à cette pêche, qui avait un très-grand attrait pour lui; mais il comprit que, d'une part, les bras d'un homme fait valaient mieux que les siens pour le service de la baleinière, et que, de l'autre, lui seul pouvait remplacer le capitaine Hull. Il se résigna donc.

L'équipage de la baleinière devait se composer des cinq hommes, y compris le maître Howik, qui formaient tout l'équipage du *Pilgrim*. Ces quatre matelots allaient prendre place aux avirons, et Howik tiendrait l'aviron de queue, qui sert à gouverner une embarcation de ce genre. Un simple gouvernail, en effet, n'aurait pas une action assez prompte, et, dans le cas où les avirons de côté seraient mis hors de service, l'aviron de queue, bien manœuvré, peut mettre la baleinière hors de la portée des coups du monstre.

Restait donc le capitaine Hull. Il s'était réservé le poste de harponneur, et, ainsi qu'il l'avait dit, ce ne serait pas son début. C'est lui qui devait d'abord lancer le harpon, puis surveiller le déroulement de la longue ligne fixée à son extrémité, puis enfin achever l'animal à coups de lance, lorsqu'il reviendrait à la surface de l'Océan.

Les baleiniers emploient quelquefois des armes à feu pour ce genre de pêche. Au moyen d'un engin spécial, sorte de petit canon disposé soit à bord du navire, soit sur l'avant de l'embarcation, ils lancent ou un harpon qui entraîne avec lui la corde fixée à son extrémité, ou des balles explosives qui produisent de grands ravages dans le corps de l'animal.

Mais le *Pilgrim* n'était point muni d'appareils de ce genre. Ce sont, d'ailleurs, des engins de haut prix, assez difficiles à manier, et les pêcheurs, peu amis des innovations, semblent préférer l'emploi des armes primitives, dont ils se servent habilement, c'est-à-dire harpon et lance.

C'était donc par les moyens ordinaires, en attaquant la baleine à l'arme blanche, que le capitaine Hull allait tenter de capturer la jubarte, signalée à cinq milles de son navire.

Du reste, le temps devait favoriser cette expédition. La mer, très-calme, était propice aux manœuvres d'une baleinière. Le vent tendait à mollir, et le *Pilgrim* ne dériverait que d'une façon insensible, pendant que son équipage serait occupé au large.

La baleinière de tribord fut donc aussitôt amenée, et les quatre matelots s'y embarquèrent.

Howik leur fit passer deux de ces grands javelots qui servent de harpons, puis deux longues lances à pointes aiguës. A ces armes offensives il ajouta cinq paquets de ces cordes souples et résistantes, que les baleiniers appellent « lignes », et qui mesurent six cents pieds de longueur. Il n'en faut pas moins, car il arrive souvent que ces cordes, attachées bout à bout, ne suffisent pas à la « demande », tant la baleine s'enfonce profondément.

Tels étaient les divers engins qui furent soigneusement disposés à l'avant de l'embarcation.

Howik et les quatre matelots n'attendaient plus que l'ordre de larguer l'amarre.

Une seule place était libre sur l'avant de la baleinière, — celle que devait occuper le capitaine Hull.

Il va de soi que l'équipage du *Pilgrim*, avant de quitter le bord, avait mis le navire en panne. Autrement dit, les vergues étaient brassées de manière que les voiles, contrariant leur action, maintenaient le brick-goëlette à peu près stationnaire.

Au moment d'embarquer, le capitaine Hull jeta un dernier coup d'œil sur son bâtiment. Il s'assura que tout était en ordre, les drisses bien tournées, les voiles convenablement orientées. Puisqu'il laissait le jeune novice à bord pendant une absence qui pouvait durer plusieurs heures, il voulait, avec raison, qu'à moins d'urgence, Dick Sand n'eût pas à exécuter une seule manœuvre.

Au moment de partir, il lui fit ses dernières recommandations.

« Dick, dit-il, je te laisse seul. Veille à tout. Si, par impossible, il devenait nécessaire de remettre le navire en marche, au cas où nous serions entraînés trop loin à la poursuite de cette jubarte, Tom et ses compagnons pourraient parfaitement te venir en aide. En leur indiquant bien ce qu'ils auraient à faire, je suis assuré qu'ils le feraient.

— Oui, capitaine Hull, répondit le vieux Tom, et M. Dick peut compter sur nous.

— Commandez! commandez! s'écria Bat. Nous avons si bonne envie de nous rendre utiles!

— Sur quoi faut-il tirer?... demanda Hercule, en retroussant les larges manches de sa veste.

— Sur rien pour l'instant, répondit Dick Sand en souriant.

— A votre service, reprit le colosse.

— Dick, reprit le capitaine Hull, le temps est beau. Le vent est tombé. Nul indice qu'il se reprenne à fraîchir. Surtout, quoi qu'il arrive, ne mets d'embarcation à la mer et ne quitte pas le navire!

— C'est entendu.

— S'il devenait nécessaire que le *Pilgrim* vînt nous rejoindre, je te ferais signal en hissant un pavillon au bout d'une gaffe.

— Soyez tranquille, capitaine, je ne perdrai pas de vue la baleinière, répondit Dick Sand.

— Bien, mon garçon, répondit le capitaine Hull. Du courage et du sang-froid. Te voilà capitaine en second. Fais honneur à ton grade. Personne n'en a occupé un pareil à ton âge! »

Dick Sand ne répondit pas, mais il rougit en souriant. Le capitaine Hull comprit cette rougeur et ce sourire.

« Le brave garçon, se dit-il, modestie et bonne humeur, en vérité, c'est tout lui! »

Cependant, à ces instantes recommandations, il était visible que, bien qu'il n'y eût aucun danger à le faire, le capitaine Hull ne quittait pas volontiers son navire, même pour quelques heures Mais un irrésistible instinct de pêcheur, surtout le furieux désir de compléter son chargement d'huile et de ne pas rester au-dessous des engagements pris par James-W. Weldon à Valparaiso, tout cela lui disait de tenter l'aventure. D'ailleurs, cette mer si belle se prêtait merveilleusement à la poursuite d'un cétacé. Ni son équipage, ni lui, n'auraient pu résister à pareille tentation. La campagne de pêche serait enfin complète, et cette dernière considération tenait par dessus tout au cœur du capitaine Hull.

Le capitaine Hull se dirigea vers l'échelle.

« Bonne chance! lui dit Mrs. Weldon.

— Merci, mistress Weldon!

— Je vous en prie, ne faites pas trop de mal à la pauvre baleine! cria le petit Jack.

— Non, mon garçon! répondit le capitaine Hull.

— Prenez-la tout doucement, monsieur.

— Oui... avec des gants, petit Jack!

— Quelquefois, fit observer cousin Bénédict, on trouve à récolter des insectes assez curieux sur le dos de ces grands mammifères!

— Eh bien, monsieur Bénédict, répondit en riant le capitaine Hull, vous aurez le droit d'« entomologiser » quand notre jubarte sera le long du *Pilgrim!* »

Puis, se retournant vers Tom :

« Tom, je compte sur vos compagnons et vous, dit-il, pour nous aider à dépecer la baleine, lorsqu'elle sera amarrée à la coque du navire, — ce qui ne tardera pas.

— A votre disposition, monsieur, répondit le vieux noir.

— Bien! répondit le capitaine Hull. — Dick, ces braves gens t'aideront à préparer les barils vides. Pendant notre absence, ils les monteront sur le pont, et, de cette façon, la besogne ira vite au retour.

— Cela sera fait, capitaine. »

Pour ceux qui l'ignorent, il faut dire que la jubarte, une fois morte, devait être remorquée jusqu'au *Pilgrim* et solidement amarrée à son flanc de tribord. Alors les matelots, chaussés de bottes à crampons, s'installeraient sur le dos de l'énorme cétacé et le dépèceraient méthodiquement par bandes parallèles, dirigées de la tête à la queue. Ces bandes seraient ensuite découpées en tranches d'un pied et demi, puis divisées en morceaux, lesquels, après avoir été arrimés dans les barils, seraient envoyés à fond de cale.

Le plus habituellement, le navire baleinier, lorsque la pêche est finie, manœuvre de manière à atterrir aussitôt que possible, afin de terminer ses manipulations. L'équipage descend à terre, et c'est là qu'il procède à la fusion du lard, qui, sous l'action de la chaleur, livre toute sa partie utilisable, c'est-à-dire l'huile [1].

Mais, dans les circonstances actuelles, le capitaine Hull ne pouvait songer à revenir en arrière, pour achever cette opération. Il ne comptait « fondre » ce complément de lard qu'à Valparaiso. D'ailleurs, avec ces vents qui ne pouvaient tarder à haler l'ouest, il espérait avoir connaissance de la côte américaine avant une vingtaine de jours, et ce laps de temps ne pouvait compromettre les résultats de sa pêche.

Le moment était venu de partir. Avant que le *Pilgrim* eût été mis en panne, il s'était un peu rapproché de l'endroit où la jubarte continuait à signaler sa présence par des jets de vapeur et d'eau.

La jubarte nageait toujours, au milieu du vaste champ rouge de crustacés, ouvrant automatiquement sa large bouche et absorbant à chaque gorgée des myriades d'animalcules.

Au dire des connaisseurs du bord, il n'y avait nulle crainte qu'elle songeât à s'échapper. C'était, à n'en pas douter, ce que les pêcheurs appellent une baleine « de combat ».

Le capitaine Hull enjamba les bastingages, et, descendant l'échelle de corde, il atteignit l'avant de la baleinière.

Mrs. Weldon, Jack, cousin Bénédict, Tom et ses compagnons souhaitèrent une dernière fois bonne chance au capitaine.

Dingo lui-même, se dressant sur ses pattes et passant la tête au-dessus de la lisse, sembla vouloir dire adieu à l'équipage.

Puis, tous revinrent à l'avant, afin de ne rien perdre des péripéties si attachantes d'une pareille pêche.

La baleinière déborda, et, sous l'impulsion de ses quatre avirons, vigoureusement maniés, elle commença à s'éloigner du *Pilgrim*.

1. Dans cette opération, le lard de la baleine perd environ un tiers de son poids.

« Veille bien, Dick, veille bien! cria une dernière fois le capitaine Hull au jeune novice.

— Comptez sur moi, monsieur.

— Un œil pour le bâtiment, un œil pour la baleinière, mon garçon! Ne l'oublie pas!

— Cela sera fait, capitaine, » répondit Dick Sand, qui alla se placer près de la barre.

Déjà, la légère embarcation se trouvait à plusieurs centaines de pieds du navire. Le capitaine Hull, debout à l'avant, ne pouvant plus se faire entendre, renouvelait ses recommandations par les gestes les plus expressifs.

C'est alors que Dingo, les pattes toujours appuyées sur la lisse, poussa une sorte d'aboiement lamentable, qui eût défavorablement impressionné des gens quelque peu portés à la superstition.

Cet aboiement fit même tressaillir Mrs. Weldon.

«Dingo, dit-elle, Dingo! C'est ainsi que tu encourages tes amis! Allons, un bel aboiement bien clair, bien joyeux! »

Mais le chien n'aboya plus, et, se laissant retomber sur ses pattes, il vint lentement vers Mrs. Weldon, dont il lécha affectueusement la main.

« Il ne remue pas la queue!... murmura Tom à mi-voix. Mauvais signe! Mauvais signe! »

Mais, presque aussitôt, Dingo se redressa, et un hurlement de colère lui échappa.

Mrs. Weldon se retourna.

Negoro venait de quitter le poste et se dirigeait vers le gaillard d'avant, dans l'intention, sans doute, de suivre du regard, lui aussi, les manœuvres de la baleinière.

Dingo s'élança vers le maître-coq, en proie à la plus vive comme à la plus inexplicable fureur.

Negoro saisit un anspect et se mit en défense.

Le chien allait lui sauter à la gorge.

« Ici, Dingo, ici! » cria Dick Sand, qui, abandonnant un instant son poste d'observation, courut vers l'avant.

Mrs. Weldon, de son côté, cherchait à calmer le chien.

Dingo obéit, non sans répugnance, et revint en grondant sourdement vers le jeune novice.

Negoro n'avait pas prononcé un seul mot, mais sa figure avait pâli un instant. Laissant alors retomber son anspect, il regagna sa cabane.

« Hercule, dit alors Dick Sand, je vous charge spécialement de veiller sur cet homme!

— Je veillerai, » répondit simplement Hercule, dont les deux énormes poings se fermèrent en signe d'assentiment.

Mrs. Weldon et Dick Sand reportèrent alors leurs regards sur la baleinière, qu'enlevaient rapidement ses quatre avirons.

Ce n'était plus qu'un point sur la mer.

CHAPITRE VIII

LA JUBARTE.

Le capitaine Hull, baleinier expérimenté, ne devait rien laisser au hasard. La capture d'une jubarte est chose difficile. Nulle précaution ne doit être négligée. Nulle ne le fut en cette circonstance.

Et tout d'abord, le capitaine Hull manœuvra de manière à accoster la baleine sous le vent, afin qu'aucun bruit ne pût lui déceler l'approche de l'embarcation.

Howik dirigea donc la baleinière suivant la courbe assez allongée que dessinait ce banc rougeâtre au milieu duquel flottait la jubarte. On devait ainsi la tourner.

Le maître d'équipage, préposé à cette manœuvre, était un marin de grand sang-froid, qui inspirait toute confiance au capitaine Hull. Il n'y avait à craindre de lui ni une hésitation, ni une distraction.

« Attention à gouverner, Howik, dit le capitaine Hull. Nous allons essayer de surprendre la jubarte. Ne nous démasquons que lorsque nous serons à portée de la harponner.

— C'est entendu, monsieur, répondit le maître d'équipage. Je vais suivre le contour de ces eaux rougeâtres, de manière à nous tenir toujours sous le vent.

— Bien ! dit le capitaine Hull. — Garçons, le moins de bruit possible en nageant. »

Les avirons, soigneusement garnis de paillets, manœuvraient à la muette.

L'embarcation, adroitement dirigée par le maître d'équipage, avait atteint le

« Je veillerai, » répondit simplement Hercule. (Page 63.)

large banc des crustacés. Les avirons de tribord s'enfonçaient encore dans l'eau verte et limpide, pendant que ceux de bâbord, soulevant le liquide rougeâtre, semblaient ruisseler de gouttelettes de sang.

« Le vin et l'eau! dit l'un des matelots.

— Oui, répondit le capitaine Hull, mais de l'eau qu'on ne peut boire et du vin qu'on ne peut avaler! — Allons, garçons, ne parlons plus, et souquons ferme! »

La baleinière, dirigée par le maître d'équipage, glissait sans bruit à la surface de ces eaux à demi graisseuses, comme si elle eût flotté sur une couche d'huile.

La baleinière se tenait à une encâblure. (Page 66.)

La jubarte ne bougeait pas et ne semblait point avoir encore aperçu l'embarcation, qui décrivait un cercle autour d'elle.

Le capitaine Hull, en faisant ce circuit, s'éloignait nécessairement du *Pilgrim*, que la distance rapetissait peu à peu.

C'est toujours un effet bizarre que cette rapidité avec laquelle les objets diminuent en mer. Il semble qu'on les regarde bientôt par le gros bout d'une lunette. Cette illusion d'optique tient évidemment à ce que les points de comparaison manquent sur ces larges espaces. Il en était ainsi du *Pilgrim*, qui décroissait à vue d'œil et semblait beaucoup plus éloigné déjà qu'il ne l'était réellement.

Une demi-heure après l'avoir quitté, le capitaine Hull et ses compagnons se trouvaient exactement sous le vent de la baleine, de telle sorte que celle-ci occupait un point intermédiaire entre le bâtiment et l'embarcation.

Le moment était donc venu d'approcher en faisant le moins de bruit possible. Il n'était pas impossible qu'on pût accoster l'animal par le flanc et le harponner à bonne portée, avant que son attention eût été éveillée.

« Nagez moins vite, garçons, dit le capitaine Hull à voix basse.

— Il me semble, répondit Howik, que le goujon a senti quelque chose! Il souffle moins violemment qu'il ne faisait tout à l'heure!

— Silence! silence! » répéta le capitaine Hull.

Cinq minutes plus tard, la baleinière se tenait à une encâblure de la jubarte [1].

Le maître d'équipage, debout à l'arrière, manœuvra de manière à se rapprocher du flanc gauche du mammifère, mais en évitant avec le plus grand soin de passer à portée de la formidable queue, dont un seul coup eût suffi à écraser l'embarcation.

A l'avant, le capitaine Hull, les jambes un peu écartées pour mieux assurer son aplomb, tenait l'engin avec lequel il allait porter le premier coup. On pouvait compter sur son adresse pour que ce harpon se fixât dans la masse épaisse qui émergeait des eaux.

Près du capitaine, dans une baille, était lovée la première des cinq lignes, solidement fixée au harpon, et à laquelle on rabouterait successivement les quatre autres, si la baleine plongeait à de grandes profondeurs.

« Y sommes-nous, garçons? murmura le capitaine Hull.

— Oui, répondit Howik, en assurant solidement son aviron dans ses larges mains.

— Accoste! accoste! »

Le maître d'équipage obéit à l'ordre, et la baleinière vint ranger l'animal à moins de dix pieds.

Celui-ci ne se déplaçait plus, et semblait dormir. Les baleines que l'on surprend ainsi pendant leur sommeil offrent une prise plus facile, et il arrive souvent que le premier coup qui leur est porté les frappe mortellement.

« Cette immobilité est assez étonnante! pensa le capitaine Hull. La coquine ne doit pas dormir, et pourtant!... Il y a là quelque chose! »

1. Une encâblure, mesure spéciale à la marine, comprend une longueur de cent vingt brasses, c'est-à-dire deux cents mètres.

C'était aussi la pensée du maître d'équipage, qui cherchait à voir le flanc opposé de l'animal.

Mais ce n'était plus l'instant de réfléchir, c'était celui d'attaquer.

Le capitaine Hull, tenant son harpon par le milieu de la tige, le balança plusieurs fois, afin de mieux assurer la justesse de son coup, pendant qu'il visait le flanc de la jubarte. Puis, il le projeta de toute la vigueur de son bras.

« Arrière, arrière ! » cria-t-il aussitôt.

Et les matelots, sciant avec ensemble, firent rapidement reculer la baleinière, dans l'intention de la mettre prudemment à l'abri des coups de queue du cétacé.

Mais, en ce moment, un cri du maître d'équipage fit comprendre pourquoi la baleine était depuis si longtemps et si extraordinairement immobile à la surface de la mer.

« Un baleineau ! » dit-il.

En effet, la jubarte, après avoir été frappée du harpon, s'était presque entièrement chavirée sur le flanc, découvrant ainsi un baleineau qu'elle était en train d'allaiter.

Cette circonstance, le capitaine Hull le savait bien, devait rendre beaucoup plus difficile la capture de la jubarte. La mère allait évidemment se défendre avec plus de fureur, tant pour elle-même que pour protéger son « petit », — si toutefois on peut appliquer cette épithète à un animal qui ne mesurait pas moins de vingt pieds.

Cependant, ainsi qu'on eût pu le craindre, la jubarte ne se précipita pas immédiatement sur l'embarcation, et il n'y eut pas lieu, afin de prendre la fuite, de couper brusquement la ligne qui la rattachait au harpon. Au contraire, et comme cela arrive la plupart du temps, la baleine, suivie du baleineau, plongea par une ligne très-oblique d'abord ; puis, se relevant d'un bond énorme, elle commença à filer entre deux eaux avec une extrême rapidité.

Mais, avant qu'elle eût fait son premier plongeon, le capitaine Hull et le maître d'équipage, debout tous les deux, avaient eu le temps de la voir, et, par conséquent, de l'estimer à sa juste valeur.

Cette jubarte était, en réalité, un baleinoptère de la plus grande dimension. De la tête à la queue, elle mesurait au moins quatre-vingts pieds. Sa peau, d'un brun jaunâtre, était comme ocellée de nombreuses taches d'un brun plus foncé.

C'eût été vraiment dommage, après une attaque heureuse à son début, d'être dans la nécessité d'abandonner une si riche proie.

La poursuite, ou plutôt le remorquage, avait commencé. La baleinière, dont les avirons avaient été relevés, filait comme une flèche en roulant sur le dos des lames.

Howik la maintenait imperturbablement, malgré ses rapides et effrayantes oscillations.

Le capitaine Hull, l'œil sur sa proie, ne cessait de faire entendre son éternel refrain :

« Veille bien, Howik, veille bien ! »

Et l'on pouvait être assuré que la vigilance du maître d'équipage ne serait pas mise un instant en défaut.

Cependant, comme la baleinière ne fuyait pas à beaucoup près aussi vite que la baleine, la ligne du harpon se déroulait avec une telle vitesse, qu'il était à craindre qu'elle ne prît feu, en se frottant au bordage de la baleinière. Aussi, le capitaine Hull avait-il soin de la tenir mouillée, en remplissant d'eau la baille au fond de laquelle elle était lovée.

Toutefois, la jubarte ne semblait pas devoir s'arrêter dans sa fuite, ni vouloir la modérer. La seconde ligne fut donc amarrée au bout de la première, et elle ne tarda pas à être entraînée avec la même vitesse.

Au bout de cinq minutes, il fallut rabouter la troisième ligne, qui s'engagea sous les eaux.

La jubarte ne s'arrêtait pas. Le harpon n'avait évidemment pas pénétré dans quelque partie vitale de son corps. On pouvait même observer, à l'obliquité plus accusée de la ligne, que l'animal, au lieu de revenir à la surface, s'enfonçait dans des couches plus profondes.

« Diable ! s'écria le capitaine Hull, mais cette coquine-là nous mangera nos cinq lignes !

— Et nous entraînera à bonne distance du *Pilgrim!* répondit le maître d'équipage.

— Il faudra bien, pourtant, qu'elle revienne respirer à la surface ! répondit le capitaine Hull. Ce n'est pas un poisson, et il lui faut sa provision d'air comme à un simple particulier !

— Elle aura retenu sa respiration pour mieux courir ! » dit en riant un des matelots.

En effet, la ligne se déroulait toujours avec une égale vitesse.

A la troisième ligne, il fut bientôt nécessaire de joindre la quatrième, et cela ne se fit pas sans inquiéter quelque peu les matelots touchant leur future part de prise.

« Diable! diable! murmurait le capitaine Hull, je n'ai jamais vu cela! Satanée jubarte! »

Enfin, la cinquième ligne dut être mise dehors, et déjà elle était à demi filée, lorsqu'elle sembla faiblir.

« Bon! bon! s'écria le capitaine Hull. La ligne est moins tendue! La jubarte se fatigue! »

En ce moment, le *Pilgrim* se trouvait à plus de cinq milles sous le vent de la baleinière.

Le capitaine Hull, hissant un pavillon au bout d'une gaffe, lui fit le signal de se rapprocher.

Et presque aussitôt, il put voir que Dick Sand, aidé de Tom et de ses compagnons, commençait à brasser les vergues, de manière à les orienter au plus près du vent.

Mais la brise était faible et mal établie. Elle ne venait que par bouffées de peu de durée. Très-certainement, le *Pilgrim* aurait quelque peine à rejoindre la baleinière, si même il pouvait l'atteindre.

Cependant, ainsi qu'on l'avait prévu, la jubarte était revenue respirer à la surface de l'eau, avec le harpon toujours fixé dans son flanc. Elle restait à peu près immobile alors, semblant attendre son baleineau, que cette course furieuse avait dû distancer.

Le capitaine Hull fit forcer de rames afin de la rejoindre, et bientôt il n'en fut plus qu'à une faible distance.

Deux avirons furent relevés, et deux matelots s'armèrent, ainsi que l'avait fait le capitaine, de longues lances, destinées à frapper l'animal.

Howik manœuvra habilement alors, et se tint prêt à faire évoluer rapidement l'embarcation, pour le cas où la baleine reviendrait brusquement sur elle.

« Attention! cria le capitaine Hull. Pas de coups perdus! Visez bien, garçons! Y sommes-nous, Howik?

— Je suis paré, monsieur, répondit le maître d'équipage, mais une chose me tracasse! C'est que la bête, après avoir fui si rapidement, est bien tranquille à cette heure!

— En effet, Howik, cela me paraît suspect.

— Défions-nous!

— Oui, mais allons de l'avant. »

Le capitaine Hull s'animait de plus en plus.

L'embarcation se rapprocha encore. La jubarte ne faisait que tourner sur place. Son baleineau n'était plus auprès d'elle, et peut-être cherchait-elle à le retrouver.

Soudain, elle fit un mouvement de queue, qui l'éloigna d'une trentaine de pieds.

Allait-elle donc fuir encore, et faudrait-il reprendre cette interminable poursuite à la surface des eaux?

« Attention ! cria le capitaine Hull. La bête va prendre son élan et se précipiter sur nous ! Gouverne, Howik, gouverne ! »

La jubarte, en effet, avait évolué de manière à se présenter de front à la baleinière. Puis, battant violemment la mer de ses énormes nageoires, elle fondit en avant.

Le maître d'équipage, qui s'attendait à ce coup direct, évolua de telle façon que la jubarte passa le long de l'embarcation, mais sans l'atteindre.

Le capitaine Hull et les deux matelots lui portèrent trois vigoureux coups de lance au passage, en cherchant à frapper quelque organe essentiel.

La jubarte s'arrêta, et, rejetant à une grande hauteur deux colonnes d'eau mêlée de sang, elle revint de nouveau sur l'embarcation, bondissant pour ainsi dire, effrayante à voir.

Il fallait que ces marins fussent des pêcheurs déterminés pour ne pas perdre la tête en cette occasion.

Howik évita encore adroitement l'attaque de la jubarte, en lançant l'embarcation de côté.

Trois nouveaux coups, portés à propos, firent encore trois nouvelles blessures à l'animal. Mais, en passant, il frappa si rudement l'eau de sa formidable queue, qu'une lame énorme s'éleva, comme si la mer se fût démontée subitement.

La baleinière faillit chavirer, et, l'eau embarquant par-dessus le bord, elle se remplit à demi.

« Le seau, le seau ! » cria le capitaine Hull.

Les deux matelots, abandonnant leurs avirons, se mirent à vider rapidement la baleinière, pendant que le capitaine coupait la ligne, devenue maintenant inutile.

Non ! l'animal, rendu furieux par la douleur, ne songeait plus à fuir. A son tour, il attaquait, et son agonie menaçait d'être terrible.

Une troisième fois, il se retourna « cap pour cap », eût dit un marin, et il se précipita de nouveau sur l'embarcation.

Mais la baleinière, à demi pleine d'eau, ne pouvait plus manœuvrer avec la même facilité. Dans ces conditions, comment éviterait-elle le choc qui la menaçait ? Si elle ne gouvernait plus, à plus forte raison ne pouvait-elle fuir.

Et d'ailleurs, si vite qu'eût été poussée cette embarcation, la rapide jubarte l'aurait toujours rejointe en quelques bonds. Il n'y avait plus maintenant à attaquer, il y avait à se défendre.

Le capitaine Hull ne s'y méprit point.

La troisième attaque de l'animal ne put être entièrement parée. En passant, il frôla la baleinière de son énorme nageoire dorsale, mais avec tant de force, qu'Howik fut renversé de son banc.

Les trois lances, malheureusement déviées par l'oscillation, manquèrent cette fois leur but.

« Howik ! Howik ! cria le capitaine Hull, qui avait eu lui-même peine à se retenir.

— Présent ! » répondit le maître d'équipage en se relevant.

Mais il s'aperçut alors que, dans sa chute, son aviron de queue s'était cassé par le milieu.

« Un autre aviron ! dit le capitaine Hull.

— C'est fait, » répondit Howik.

A ce moment, un bouillonnement se produisit sous les eaux, à quelques toises seulement de l'embarcation.

Le baleineau venait de reparaître. La jubarte le vit, et elle se précipita vers lui.

Cette circonstance ne pouvait que donner à la lutte un caractère plus terrible. La jubarte allait se battre pour deux.

Le capitaine Hull regarda du côté du *Pilgrim*. Sa main agita frénétiquement la gaffe qui portait le pavillon.

Que pouvait faire Dick Sand qui n'eût été déjà fait au premier signal du capitaine ? Les voiles du *Pilgrim* étaient orientées et le vent commençait à les enfler. Malheureusement, le brick-goëlette ne possédait pas une hélice dont on pût accroître l'action pour marcher plus vite. Lancer une des embarcations à la mer et courir au secours du capitaine avec l'aide des noirs, c'eût été une perte de temps considérable, et, d'ailleurs, le novice avait ordre de ne pas quitter le bord, quoi qu'il arrivât. Cependant, il fit descendre de ses portemanteaux le canot d'arrière qu'il traîna à la remorque, afin que le capitaine et ses compagnons pussent s'y réfugier, si besoin était.

En ce moment, la jubarte, couvrant le baleineau de son corps, était revenue

La baleinière faillit chavirer. (Page 70.)

à la charge. Cette fois, elle évolua de manière à atteindre directement l'embarcation.

« Attention, Howik ! » cria une dernière fois le capitaine Hull.

Mais le maître d'équipage était pour ainsi dire désarmé. Au lieu d'un levier dont la longueur faisait la force, il ne tenait plus à la main qu'un aviron relativement court.

Il essaya de virer de bord.

Ce fut impossible.

Les matelots comprirent qu'ils étaient perdus. Tous se levèrent, poussant un cri terrible, qui fut peut-être entendu du *Pilgrim!*

Elle battit formidablement les eaux troublées. (Page 74.)

Un terrible coup de queue du monstre venait de frapper la baleinière par-dessous.

L'embarcation, projetée dans l'air avec une violence irrésistible, retomba brisée en trois morceaux au milieu des lames furieusement entre-choquées par les bonds de la baleine.

Les infortunés matelots, quoique grièvement blessés, auraient peut-être eu la force de se maintenir encore, soit en nageant, soit en s'accrochant à quelque débris flottant.

C'est même ce que fit le capitaine Hull, que l'on vit un instant hisser le maître d'équipage sur une épave...

Mais la jubarte, au dernier degré de la fureur, se retourna, bondit, peut-être, dans les derniers soubresauts d'une agonie terrible, et, de sa queue, elle battit formidablement les eaux troublées dans lesquelles ces malheureux nageaient encore !

Pendant quelques minutes, on ne vit plus qu'une trombe liquide s'éparpillant en gerbes de tous côtés.

Un quart d'heure après, lorsque Dick Sand, qui, suivi des noirs, s'était précipité dans le canot, eut atteint le théâtre de la catastrophe, tout être vivant avait disparu. Il ne restait plus que quelques débris de la baleinière à la surface des eaux rouges de sang.

CHAPITRE IX

CAPITAINE SAND.

La première impression que ressentirent les passagers du *Pilgrim* devant cette terrible catastrophe fut un mélange de pitié et d'horreur. Ils ne songèrent qu'à cette mort épouvantable du capitaine Hull et des cinq matelots du bord. Cette effroyable scène venait de s'accomplir presque sous leurs yeux, sans qu'ils eussent pu rien faire pour les sauver ! Ils n'avaient pu même arriver à temps pour recueillir l'équipage de la baleinière, leurs malheureux compagnons blessés, mais vivants encore, et pour opposer la coque du *Pilgrim* aux coups formidables de la jubarte ! Le capitaine Hull et ses hommes avaient à jamais disparu.

Lorsque le brick-goëlette fut arrivé sur le lieu du sinistre, Mrs. Weldon tomba à genoux, les mains levées vers le ciel.

« Prions ! » dit la pieuse femme.

A elle se joignit son petit Jack, qui s'agenouilla en pleurant près de sa mère. Le pauvre enfant avait tout compris. Dick Sand, Nan, Tom, les autres noirs se tinrent debout, la tête inclinée. Tous répétèrent la prière que Mrs. Weldon adressa à Dieu en recommandant à sa bonté infinie ceux qui venaient de paraître devant lui.

Puis, Mrs. Weldon, se retournant vers ses compagnons :

« Et maintenant, mes amis, dit-elle, demandons au Ciel force et courage pour nous-mêmes ! »

Oui! ils ne pouvaient trop implorer l'aide de Celui qui peut tout, car leur situation était des plus graves!

Ce navire qui les portait n'avait plus de capitaine pour le commander, plus d'équipage pour le manœuvrer. Il se trouvait au milieu de cet immense océan Pacifique, à des centaines de milles de toutes terres, à la merci des vents et des flots.

Quelle fatalité avait donc amené cette baleine sur le passage du *Pilgrim?* Quelle fatalité plus grande encore avait poussé le malheureux capitaine Hull, si sage d'ordinaire, à tout risquer pour compléter son chargement? Et quelle catastrophe à compter parmi les plus rares des annales de la grande pêche, que celle-ci, qui n'avait pas permis de sauver un seul des matelots de la baleinière!

Oui! c'était une terrible fatalité!

En effet, il n'y avait plus un marin à bord du *Pilgrim!*

Si! Un seul! Dick Sand, et ce n'était qu'un novice, un jeune homme de quinze ans!

Capitaine, maître, matelots, on peut dire que tout l'équipage se résumait maintenant en lui.

A bord se trouvait une passagère, une mère et son fils, dont la présence devait rendre la situation plus difficile encore.

Puis, il y avait aussi quelques noirs, braves gens, courageux et zélés, sans doute, prêts à obéir à qui serait en état de leur commander, mais dépourvus des plus simples notions du métier de marin!

Dick Sand restait immobile, les bras croisés, regardant la place où venait de s'engloutir le capitaine Hull, son protecteur, pour lequel il éprouvait une affection filiale. Puis, ses yeux parcouraient l'horizon, cherchant à découvrir quelque bâtiment auquel il eût demandé aide et assistance, auquel il aurait pu, tout au moins, confier Mrs. Weldon.

Il n'eût pas abandonné pour cela le *Pilgrim*, non, certes! sans avoir tout essayé pour le ramener au port. Mais Mrs. Weldon et son petit garçon eussent été en sûreté. Il n'aurait plus eu à craindre pour ces deux êtres, auxquels il s'était voué corps et âme.

L'Océan était désert. Depuis la disparition de la jubarte, pas un point n'en venait altérer la surface. Tout était ciel et eau autour du *Pilgrim*. Le jeune novice ne savait que trop bien qu'il se trouvait en dehors des routes suivies par les navires de commerce, et que les autres baleiniers naviguaient encore au loin sur les lieux de pêche.

Cependant, il s'agissait d'envisager la situation en face, de voir les choses telles qu'elles étaient. C'est ce que fit Dick Sand, demandant à Dieu, du plus profond de son cœur, aide et secours.

Quelle résolution allait-il prendre ?

En ce moment, Negoro parut sur le pont, qu'il avait quitté après la catastrophe. Ce qu'avait ressenti devant cet irréparable malheur un être aussi énigmatique, nul n'eût pu le dire. Il avait contemplé le désastre sans faire un geste, sans se départir de son mutisme. Son œil en avait avidement saisi tous les détails. Mais si, dans un moment pareil, on eût pu songer à l'observer, on se fût étonné tout au moins que pas un muscle n'eût bougé sur son visage impassible. En tout cas, et comme s'il ne l'eût pas entendu, il n'avait point répondu au pieux appel de Mrs. Weldon, priant pour l'équipage englouti.

Negoro s'avançait vers l'arrière, là même où Dick Sand se tenait immobile. Il s'arrêta à trois pas du novice.

« Vous avez à me parler ? demanda Dick Sand.

— J'ai à parler au capitaine Hull, répondit froidement Negoro, ou, à son défaut, au maître Howik.

— Vous savez bien que tous deux ont péri ! s'écria le novice.

— Qui commande donc à bord maintenant? demanda très-insolemment Negoro.

— Moi, répondit sans hésiter Dick Sand.

— Vous ! fit Negoro, qui haussa les épaules. Un capitaine de quinze ans !

— Un capitaine de quinze ans ! » répondit le novice, en marchant sur le maître-coq.

Celui-ci recula.

« Ne l'oubliez pas ! dit alors Mrs. Weldon. Il n'y a plus qu'un capitaine ici... le capitaine Sand, et il est bon que chacun sache qu'il saura se faire obéir ! »

Negoro s'inclina, murmurant d'un ton ironique quelques mots que l'on ne put entendre, et il retourna à son poste.

On le voit, la résolution de Dick était prise.

Cependant le brick-goëlette, sous l'action de la brise qui commençait à fraîchir, avait déjà dépassé le vaste banc de crustacés.

Dick Sand examina l'état de la voilure. Puis, ses yeux s'abaissèrent sur le pont. Il eut alors ce sentiment que si une effroyable responsabilité lui incombait dans l'avenir, il fallait qu'il fût de force à l'accepter. Il osa regarder ces survivants du *Pilgrim*, dont les yeux étaient fixés sur lui maintenant. Et, lisant dans leurs regards qu'il pouvait compter sur eux, il leur dit en deux mots qu'ils pouvaient à leur tour compter sur lui.

Dick Sand avait fait en toute sincérité son examen de conscience.

S'il était capable de modifier ou d'établir la voilure du brick-goëlette, suivant les circonstances, en employant les bras de Tom et de ses compagnons, il ne possédait évidemment pas encore toutes les connaissances nécessaires pour déterminer son point par le calcul.

Avec quatre ou cinq années de plus, Dick Sand eût connu à fond ce beau et difficile métier de marin ! Il aurait su se servir du sextant, cet instrument, que maniait chaque jour la main du capitaine Hull, et qui lui donnait la hauteur des astres ! Il aurait lu sur le chronomètre l'heure du méridien de Greenvich et en aurait déduit la longitude par l'angle horaire! Le soleil se serait fait son conseiller de chaque jour! La lune, les planètes lui auraient dit : Là, sur ce point de l'Océan, est ton navire! Ce firmament sur lequel les étoiles se meuvent comme les aiguilles d'une horloge parfaite, que nulle secousse ne peut déranger et dont l'exactitude est absolue, ce firmament lui eût appris les heures et les distances ! Par les observations astronomiques, il aurait reconnu, comme le reconnaissait chaque jour son capitaine, l'endroit qu'occupait le *Pilgrim* à un mille près, et la route suivie aussi bien que la route à suivre !

Et maintenant, à l'estime, c'est-à-dire par la route mesurée au loch, relevée au compas et corrigée de la dérive, il devait uniquement demander son chemin.

Cependant, il ne fléchit pas.

Mrs. Weldon avait compris tout ce qui se passait dans le cœur si résolu du jeune novice.

« Merci, Dick, lui dit-elle d'une voix qui ne tremblait pas. Le capitaine Hull n'est plus! Tout son équipage a péri avec lui. Le sort du navire est entre tes mains! Dick, tu sauveras le navire et ceux qu'il porte !

— Oui, mistress Weldon, répondit Dick Sand, oui! je le tenterai, avec l'aide de Dieu !

— Tom et ses compagnons sont de braves gens sur lesquels tu peux absolument faire fond.

— Je le sais, et j'en ferai des marins, et nous manœuvrerons ensemble. Avec beau temps, ce sera facile! Avec mauvais temps... eh bien, avec mauvais temps, nous lutterons et nous vous sauverons encore, mistress Weldon, vous et votre petit Jack, tous ! Oui, je sens que je le ferai... »

Et il répéta :

« Avec l'aide de Dieu!

— Maintenant, Dick, peux-tu savoir quelle est la position du *Pilgrim* ? demanda Mrs. Weldon.

— Facilement, répondit le novice. Je n'ai qu'à consulter la carte du bord, sur laquelle le point a été porté hier par le capitaine Hull.

— Et pourras-tu mettre le navire en bonne direction ?

— Oui, je pourrai mettre le cap à l'est, à peu près sur le point du littoral américain que nous devons accoster.

— Mais, Dick, reprit Mrs. Weldon, tu comprends bien, n'est-ce pas, que cette catastrophe peut et même doit modifier nos premiers projets? Il n'est plus question de conduire le *Pilgrim* à Valparaiso. Le port le plus rapproché de la côte d'Amérique est maintenant son port de destination.

— Sans doute, mistress Weldon, répondit le novice. Aussi, ne craignez rien ! Cette côte américaine qui s'allonge profondément vers le sud, nous ne pouvons manquer de l'atteindre.

— Où est-elle située ? demanda Mrs. Weldon.

— Là, dans cette direction, répondit Dick Sand en montrant du doigt l'est, qu'il releva au moyen de la boussole.

— Eh bien, Dick, que nous atteignions Valparaiso ou tout autre point du littoral, peu importe ! Ce qu'il faut, c'est atterrir.

— Et nous le ferons, mistress Weldon, et je vous débarquerai en lieu sûr, répondit le jeune novice d'une voix ferme. D'ailleurs, en ralliant la terre, je ne renonce pas à l'espoir de rencontrer quelques-uns de ces bâtiments qui font le cabotage sur la côte. Ah ! mistress Weldon, le vent commence à s'établir dans le nord-ouest ! Dieu fasse qu'il tienne ainsi, nous ferons de la route, et bonne route ! Nous filerons grand largue, et toutes nos voiles porteront, depuis la brigantine jusqu'au clin-foc ! »

Dick Sand avait parlé avec la confiance du marin, qui se sent un bon navire sous les pieds, un navire dont il est maître sous toutes les allures. Il allait prendre la barre et appeler ses compagnons pour orienter convenablement les voiles, lorsque Mrs. Weldon lui rappela qu'il devait, avant tout, connaître la position du *Pilgrim*.

C'était, en effet, la première chose à faire. Dick Sand alla prendre, dans la chambre du capitaine, la carte où le point de la veille était indiqué. Il put donc montrer à Mrs. Weldon que le brick-goëlette était par 43° 35′ en latitude, et en longitude par 164° 13′, car, depuis vingt quatre heures, il n'avait pour ainsi dire pas fait de route.

Mrs. Weldon s'était penchée sur cette carte. Elle regardait la teinte brune qui figurait la terre, sur la droite de ce vaste Océan. C'était le littoral de l'Amérique du Sud, immense barrage jeté entre le Pacifique et l'Atlantique, depuis le cap Horn jusqu'aux rivages de la Colombie. A la considérer ainsi, cette carte, qui se développait alors sous ses yeux, sur laquelle tenait un océan tout entier, elle devait donner à penser qu'il serait facile de rapatrier les passagers du *Pilgrim*. C'est une illusion qui se reproduit invariablement pour qui n'est pas familiarisé avec les échelles auxquelles se rapportent les cartes marines. Et, en effet, il semblait à Mrs. Weldon que la terre devait être en vue, comme elle l'était sur ce morceau de papier !

Et cependant, au milieu de cette page blanche, le *Pilgrim*, figuré à l'échelle exacte, aurait été plus petit que le plus microscopique des infusoires ! Ce point mathématique, sans dimensions appréciables, eût paru perdu comme il l'était en réalité dans l'immensité du Pacifique!

Dick Sand, lui, n'avait pas éprouvé la même impression que Mrs. Weldon. Il savait combien la terre était éloignée, et que bien des centaines de milles ne suffisaient pas à en mesurer la distance. Mais son parti était pris : il était devenu un homme sous la responsabilité qui lui incombait.

Le moment était venu d'agir. Il fallait profiter de cette brise de nord-ouest qui fraîchissait. Le vent contraire avait fait place au vent favorable, et quelques nuages, éparpillés au zénith sous la forme cyrrhus, indiquaient qu'il tiendrait au moins pendant un certain temps.

Dick Sand appela Tom et ses compagnons.

« Mes amis, leur dit-il, notre navire n'a plus d'autre équipage que vous. Je ne puis manœuvrer sans votre aide. Vous n'êtes pas marins, mais vous avez de bons bras. Mettez-les donc au service du *Pilgrim*, et nous pourrons le diriger. Il va de notre salut à tous que tout marche bien à bord.

— Monsieur Dick, répondit Tom, mes compagnons et moi, nous sommes vos matelots. La bonne volonté ne nous manquera pas. Tout ce que des hommes peuvent faire, commandés par vous, nous le ferons.

— Bien parlé, vieux Tom, dit Mrs. Weldon.

— Oui, bien parlé, reprit Dick Sand, mais il faut être prudent, et je ne forcerai pas de toile, afin de ne rien compromettre. Un peu moins de vitesse, mais plus de sécurité, c'est ce que nous commandent les circonstances. Je vous indiquerai, mes amis, ce que chacun aura à faire dans la manœuvre. Quant à moi, je resterai au gouvernail tant que la fatigue ne m'obligera pas à l'abandonner. De temps en temps, quelques heures de sommeil suffiront à me remettre. Mais, pendant ces quelques heures, il faudra bien que l'un de vous me remplace.

Mrs. Weldon s'était penchée sur cette carte. (Page 78.)

Tom, je vous indiquerai comment on gouverne au moyen de la boussole. Ce n'est pas difficile, et, avec un peu d'attention, vous apprendrez vite à maintenir le cap du navire en bonne direction.

— Quand vous voudrez, monsieur Dick, répondit le vieux noir.

— Eh bien, répondit le novice, restez près de moi, à la barre, jusqu'à la fin de la journée, et, si la fatigue m'accable, vous pourrez déjà me remplacer pour quelques heures.

— Et moi, dit le petit Jack, est-ce que je ne pourrai pas aider un peu mon ami Dick?

— Oui, cher enfant, répondit Mrs. Weldon, en pressant Jack dans ses bras,

Tous trois tombèrent à la renverse. (Page 84.)

on t'apprendra à gouverner, et je suis sûre que, tant que tu seras à la barre, nous aurons bon vent !

— Bien sûr ! Bien sûr ! mère, je te le promets ! répondit le petit garçon en frappant des mains.

— Oui, dit le jeune novice en souriant, les bons mousses savent conserver le bon vent ! C'est bien connu des vieux marins ! »

Puis, s'adressant à Tom et aux autres noirs :

« Mes amis, leur dit-il, nous allons brasser les vergues grand largue. Vous n'aurez qu'à faire ce que je vous dirai.

— A vos ordres, répondit Tom, à vos ordres, capitaine Sand. »

CHAPITRE X

LES QUATRE JOURS QUI SUIVENT.

Dick Sand était donc le capitaine du *Pilgrim*, et sans perdre un instant, il prit les mesures nécessaires afin de mettre le navire sous toutes voiles.

Il était bien entendu que les passagers ne pouvaient avoir qu'une espérance : celle d'atteindre un port quelconque du littoral américain, sinon Valparaiso. Ce que Dick Sand comptait faire, c'était reconnaître la direction et la vitesse du *Pilgrim*, afin d'en tirer une moyenne. Pour cela, il suffisait de porter chaque jour sur la carte la route obtenue, comme il a été dit, par le loch et la boussole. Il y avait précisément à bord un de ces « patent-lochs », à cadrans et à hélice, qui donnent fort exactement la vitesse pour un temps déterminé. Cet utile instrument, d'un emploi très-facile, pouvait rendre les plus grands services, et les noirs étaient parfaitement aptes à le manœuvrer.

Une seule cause d'erreur subsisterait, — les courants. Pour la combattre, l'estime eût été insuffisante, et les observations astronomiques seules eussent permis de s'en rendre un compte exact. Or, ces observations, le jeune novice était encore hors d'état de les faire.

Dick Sand avait eu un instant la pensée de ramener le *Pilgrim* à la Nouvelle-Zélande. La traversée eût été moins longue, et certainement il l'aurait fait, si le vent, qui avait été contraire jusqu'alors, ne fût devenu favorable. Mieux valait donc se diriger vers l'Amérique.

En effet, le vent avait tourné presque cap pour cap, et maintenant il soufflait du nord-ouest avec une tendance à fraîchir. Il fallait donc en profiter et faire le plus de route possible.

Dick Sand se disposa donc à mettre le *Pilgrim* grand largue.

Dans un brick-goëlette, le mât de misaine porte quatre voiles carrées : la misaine, sur le bas-mât; au-dessus, le hunier, sur le mât d'hune; puis, sur le mât de perroquet, un perroquet et un cacatois.

Le grand mât, au contraire, est moins chargé de voilure. Il ne porte au bas-mât qu'une brigantine, et au-dessus une voile de flèche.

Entre ces deux mâts, sur les étais qui les soutiennent par l'avant, on peut encore établir un triple étage de voiles triangulaires.

Enfin, à l'avant, sur le beaupré et son bout-dehors, s'amurent les trois focs.

Les focs, la brigantine, le flèche, les voiles d'étais sont facilement maniables. Ils peuvent être hissés du pont, sans qu'il soit nécessaire de monter dans la mâture, puisqu'ils ne sont pas serrés sur les vergues au moyen de rabans qu'il faut préalablement larguer.

Au contraire, la manœuvre des voiles du mât de misaine exige une plus grande habitude du métier de marin. Il est nécessaire, en effet, lorsqu'on veut les établir, de grimper par les haubans, soit dans la hune de misaine, soit sur les barres de perroquet, soit au capelage dudit mât, — et cela aussi bien pour les larguer ou les serrer que pour diminuer leur surface en prenant des ris. De là, l'obligation de courir sur les marchepieds, — cordes mobiles tendues au-dessous des vergues, — de travailler d'une main en se tenant de l'autre, manœuvre périlleuse pour qui n'en a pas l'habitude. Les oscillations du roulis et du tangage, très-accrues par la longueur du levier, le battement des voiles sous une brise un peu fraîche, ont vite fait d'envoyer un homme par-dessus le bord. C'était donc une opération véritablement dangereuse pour Tom et ses compagnons.

Très-heureusement, le vent soufflait modérément. La mer n'avait pas encore eu le temps de se faire. Les coups de roulis ou de tangage se maintenaient dans une amplitude modérée.

Lorsque Dick Sand, au signal du capitaine Hull, s'était dirigé vers le théâtre de la catastrophe, le *Pilgrim* ne portait que ses focs, sa brigantine, sa misaine et son hunier. Pour passer de la panne au plus près, le novice n'avait eu qu'à faire servir, c'est-à-dire à contre-brasser le phare de misaine. Les noirs l'avaient facilement aidé dans cette manœuvre.

Il s'agissait donc maintenant d'orienter grand largue, et, pour compléter la voilure, de hisser le perroquet, le cacatois, le flèche et les voiles d'étais.

« Mes amis, dit le novice aux cinq noirs, faites ce que je vais vous commander, et tout ira bien. »

Dick Sand était resté à la roue du gouvernail.

« Allez! cria-t-il. Tom, larguez vivement cette manœuvre !

— Larguez?... dit Tom, qui ne comprenait pas cette expression.

— Oui... défaites-la ! — A vous, Bat... la même chose !... Bon !... Halez... raidissez... Voyons, tirez dessus !

— Comme cela? dit Bat.

— Oui, comme cela. Très bien!... Allons, Hercule... de la vigueur! Un bon coup là. »

Dire : de la vigueur! à Hercule, c'était peut-être imprudent. Le géant, sans s'en douter, donna un coup à tout casser.

« Eh! pas si fort, mon brave! cria Dick Sand en souriant. Vous allez amener la mâture en bas!

— J'ai à peine tiré, répondit Hercule.

— Eh bien, faites semblant seulement! Vous verrez que ça suffira!... Bien, mollissez... larguez... rendez la main!... Amarrez... attachez... comme cela!... Bon!... De l'ensemble! Halez... tirez sur les bras... »

Et tout le phare du mât de misaine, dont les bras de bâbord avaient été mollis, tourna lentement. Le vent, gonflant alors les voiles, imprima une certaine vitesse au navire.

Dick Sand fit alors mollir les écoutes des focs. Puis, il rappela les noirs à l'arrière.

« Voilà qui est fait, mes amis, et bien fait! Occupons-nous maintenant du grand mât. Mais ne cassez rien, Hercule.

— Je tâcherai, » répondit le colosse, sans vouloir s'engager davantage.

Cette seconde manœuvre fut assez facile. L'écoute du gui ayant été larguée en douceur, la brigantine prit le vent plus normalement et ajouta sa puissante action à celle des voiles de l'avant.

Le flèche fut alors établi au-dessus de la brigantine, et, comme il était simplement cargué, il n'y avait qu'à peser sur la drisse, à amurer, puis à border. Mais Hercule pesa si bien, de compte à demi avec son ami Actéon, sans compter le petit Jack qui s'était joint à eux, que la drisse cassa net.

Tous trois tombèrent à la renverse, — sans se faire aucun mal, heureusement. Jack était enchanté!

« Ce n'est rien, ce n'est rien! cria le novice. Rajustez provisoirement les deux bouts, et hissez en douceur! »

C'est ce qui fut fait sous les yeux mêmes de Dick Sand, sans qu'il eût encore quitté la barre. Le *Pilgrim* marchait déjà rapidement, le cap à l'est, et il n'y avait plus qu'à le maintenir dans cette direction. Rien de plus facile, puisque le vent était maniable, et que les embardées n'étaient pas à craindre.

« Bien, mes amis! dit le novice. Vous serez de bons marins avant la fin de la traversée!

— Nous ferons de notre mieux, capitaine Sand, » répondit Tom.

Mrs. Weldon complimenta aussi ces braves gens.

Le petit Jack lui-même reçut sa part d'éloges, car il avait joliment travaillé.

« Je crois même, monsieur Jack, dit Hercule en souriant, que c'est vous qui avez cassé la drisse! Quelle bonne petite poigne vous avez! Sans vous, nous n'aurions rien fait de bon! »

Et le petit Jack, très-fier de lui, secoua vigoureusement la main de son ami Hercule.

L'installation de la voilure du *Pilgrim* n'était pas complète encore. Il lui manquait ces voiles hautes, dont l'action n'est point à dédaigner sous cette allure du grand largue. Perroquet, cacatois, voiles d'étais, le brick-goëlette devait sensiblement gagner à les porter, et Dick Sand résolut de les établir.

Cette manœuvre devait être plus difficile que les autres, non pour les voiles d'étais, qui pouvaient se hisser, s'amurer et se border d'en bas, mais pour les voiles carrées du mât de misaine. Il fallait monter jusqu'aux barres pour les larguer, et Dick Sand, ne voulant exposer personne de son équipage improvisé, s'occupa de le faire lui-même.

Il appela donc Tom, et il le mit à la roue du gouvernail, en lui montrant comment il fallait tenir le bâtiment. Puis, Hercule, Bat, Actéon, Austin étant placés, les uns aux drisses du cacatois, les autres à celles du perroquet, il s'élança dans la mâture. Grimper les enfléchures des haubans de misaine, les hampes de revers, les enfléchures des haubans du mât de hune, atteindre les barres, ce ne fut qu'un jeu pour le jeune novice. En une minute, il était sur le marchepied de la vergue de perroquet, et il larguait les rabans qui tenaient la voile serrée.

Puis, il reprit pied sur les barres, et il grimpa sur la vergue de cacatois, dont il largua rapidement la voile.

Dick Sand avait fini sa besogne, et, saisissant un des galhaubans de tribord, il se laissa glisser jusqu'au pont.

Là, sur ses indications, les deux voiles furent vigoureusement amurées et bordées, puis les deux vergues hissées à bloc. Les voiles d'étais ayant été ensuite établies entre le grand mât et le mât de misaine, la manœuvre se trouva terminée.

Hercule n'avait rien cassé cette fois.

Le *Pilgrim* portait alors toutes les voiles qui composaient son gréement. Sans doute, Dick Sand aurait pu y joindre encore les bonnettes de misaine à bâbord; mais c'était une manœuvre difficile, dans les circonstances actuelles, et, s'il avait fallu les rentrer en cas de grain, on n'aurait pu le faire avec assez de rapidité. Le novice s'en tint donc là.

Tom fut alors relevé de son poste à la roue du gouvernail, que Dick Sand vint reprendre.

La brise fraîchissait. Le *Pilgrim*, donnant une légère bande sur tribord, glissait rapidement à la surface de la mer, en laissant derrière lui un sillage bien plat, qui témoignait de la pureté de ses lignes d'eau.

« Nous voici en bonne route, mistress Weldon, dit alors Dick Sand, et maintenant, que Dieu nous conserve ce vent favorable ! »

Mrs. Weldon serra la main du jeune novice. Puis, fatiguée de toutes les émotions de cette dernière heure, elle regagna sa cabine et tomba dans une sorte d'assoupissement pénible qui n'était pas du sommeil.

Le nouvel équipage resta sur le pont du brick-goëlette, veillant sur le gaillard d'avant, et prêt à obéir aux ordres de Dick Sand, c'est-à-dire à modifier l'orientation des voiles, suivant les variations du vent ; mais, tant que la brise conserverait et cette force et cette direction, il n'y aurait absolument rien à faire.

Pendant tout ce temps, que devenait donc cousin Bénédict ?

Cousin Bénédict s'occupait d'étudier à la loupe un articulé qu'il avait enfin découvert à bord, un simple orthoptère, dont la tête disparaissait sous le prothorax, un insecte aux élytres plates, à l'abdomen arrondi, aux ailes assez longues, qui appartenait à la famille des blattiens et à l'espèce des blattes américaines.

C'était précisément en furetant dans la cuisine de Negoro, qu'il avait fait cette précieuse trouvaille, et au moment où le maître-coq allait impitoyablement écraser ledit insecte. De là, une colère, que Negoro laissa froidement passer, d'ailleurs.

Mais, ce cousin Bénédict, savait-il quel changement s'était produit à bord depuis le moment où le capitaine Hull et ses compagnons avaient commencé cette funeste pêche de la jubarte ? Oui, sans doute. Il était même sur le pont, lorsque le *Pilgrim* arriva en vue des débris de la baleinière. L'équipage du brick-goëlette avait donc péri sous ses yeux.

Prétendre que cette catastrophe ne l'avait pas touché, ce serait accuser son cœur. Cette pitié pour autrui, que tout le monde ressent, il l'avait certainement éprouvée. Il s'était également ému de la situation faite à sa cousine. Il était venu serrer la main de Mrs. Weldon, comme pour lui dire : « N'ayez pas peur ! Je suis là ! Je vous reste ! »

Puis, cousin Bénédict était retourné vers sa cabine, afin de réfléchir, sans doute, aux conséquences de ce désastreux événement, aux mesures énergiques qu'il convenait de prendre !

Mais, sur son chemin, il avait rencontré la blatte en question, et comme sa prétention, — justifiée d'ailleurs contre certains entomologistes, — était de prouver que les blattes du genre phoraspés, remarquables par leurs couleurs, ont des mœurs très-différentes des blattes proprement dites, il s'était mis à l'étude, oubliant et qu'il y avait eu un capitaine Hull à commander le *Pilgrim*, et que cet infortuné venait de périr avec son équipage! La blatte l'absorbait tout entier! Il ne l'admirait pas moins et il en faisait autant de cas que si cet horrible insecte eût été un scarabée d'or.

La vie, à bord, avait donc repris son cours habituel, bien que chacun dût rester longtemps encore sous le coup d'une si poignante et si imprévue catastrophe.

Pendant cette journée, Dick Sand se multiplia, afin que tout fût en place et qu'il pût parer aux moindres éventualités. Les noirs lui obéissaient avec zèle. L'ordre le plus parfait régnait à bord du *Pilgrim*. On pouvait donc espérer que tout irait sans encombre.

De son côté, Negoro ne fit plus aucune autre tentative pour se soustraire à l'autorité de Dick Sand. Il parut l'avoir tacitement reconnue. Occupé, comme toujours, dans son étroite cuisine, on ne le vit pas plus qu'auparavant. D'ailleurs, à la moindre infraction, au premier symptôme d'insoumission, Dick Sand était résolu à l'envoyer à fond de cale pour le reste de la traversée. Sur un signe de lui, Hercule eût empoigné le maître-coq par la peau du cou. Cela n'aurait pas été long. Dans ce cas, Nan, qui savait faire la cuisine, eût remplacé le cuisinier dans ses fonctions. Negoro devait donc se dire qu'il n'était pas indispensable, et, comme on le surveillait de près, il sembla ne vouloir donner aucune prise contre lui.

Le vent, tout en fraîchissant jusqu'au soir, ne nécessita aucun changement dans la voilure du *Pilgrim*. Sa solide mâture, son gréement de fer, qui était en bon état, lui eussent permis de supporter, sous cette allure, même une brise plus forte.

Pendant la nuit, il est souvent d'usage de diminuer de toile, et, particulièrement, de serrer les voiles hautes, flèches, perroquets, cacatois, etc. Cela est prudent, pour le cas où quelque rafale tomberait à bord instantanément. Mais Dick Sand crut pouvoir se dispenser de prendre cette précaution. L'état de l'atmosphère ne laissait rien présager de fâcheux, et d'ailleurs le jeune novice, décidé à passer cette première nuit sur le pont, comptait bien avoir l'œil à tout. Puis, c'était une marche plus rapide, et il lui tardait de se trouver sur des parages moins déserts.

Le petit Jack, très-fier de lui. (Page 85.)

Il a été dit que le loch et la boussole étaient les seuls instruments dont Dick Sand pût se servir, afin d'estimer approximativement le chemin parcouru par le *Pilgrim*.

Pendant cette journée, le novice fit jeter le loch toutes les demi-heures, et il nota les indications fournies par l'instrument.

Quant à la boussole, qui porte aussi le nom de compas, il y en avait deux à bord. L'une était placée dans l'habitacle, sous les yeux de l'homme de barre. Son cadran, éclairé le jour par la lumière diurne, la nuit par deux lampes latérales, indiquait à tout moment quel cap avait le navire, c'est-à-dire la direction qu'il suivait.

Il ne vit donc pas une ombre qui se glissait... (Page 92.

L'autre compas était une boussole renversée, fixée aux barreaux de la cabine qu'occupait autrefois le capitaine Hull. De cette façon, sans quitter sa chambre, il pouvait toujours savoir si la route donnée était exactement suivie, si l'homme de barre, par inhabileté ou négligence, ne laissait pas le bâtiment faire de trop grandes embardées.

D'ailleurs, il n'est pas de navire, employé aux voyages de long-cours, qui ne possède au moins deux boussoles, comme il a deux chronomètres. Il faut que l'on puisse comparer ces instruments entre eux, et, conséquemment, contrôler leurs indications

Le *Pilgrim* était donc suffisamment pourvu sous ce rapport, et Dick Sand recommanda à ses hommes de prendre le plus grand soin des deux compas, qui lui étaient si nécessaires.

Or, malheureusement, pendant la nuit du 12 au 13 février, tandis que le novice était de quart et tenait la roue du gouvernail, un fâcheux accident se produisit. La boussole renversée, qui était fixée par une virole de cuivre au barrotin de la cabine, se détacha et tomba sur le plancher. On ne s'en aperçut que le lendemain.

Comment cette virole vint-elle à manquer? c'était assez inexplicable. Il était possible, cependant, qu'elle fût oxydée, et qu'un coup de tangage ou de roulis l'eût détachée du barrotin. Or, précisément, la mer avait été plus dure pendant la nuit. Quoi qu'il en soit, la boussole s'était cassée de manière à ne pouvoir être réparée.

Dick Sand fut très-contrarié. Il était réduit, désormais, à s'en rapporter uniquement au compas de l'habitacle. Ce bris de la seconde boussole, personne n'en était responsable, bien évidemment, mais il pouvait avoir des conséquences fâcheuses. Le novice prit donc toutes les mesures pour que le second compas fût à l'abri de tout accident.

Jusqu'alors, sauf cela, tout allait bien à bord du *Pilgrim*.

Mrs. Weldon, à voir le calme de Dick Sand, avait repris confiance. Ce n'était pas qu'elle se fût jamais abandonnée au désespoir. Avant tout, elle comptait sur la bonté de Dieu. Aussi, en sincère et pieuse catholique, elle se réconfortait par la prière.

Dick Sand s'était arrangé de manière à rester à la barre pendant la nuit. Il dormait cinq ou six heures, le jour, et cela paraissait lui suffire, puisqu'il ne se sentait pas trop fatigué. Pendant ce temps, Tom ou son fils Bat le remplaçaient à la roue du gouvernail, et, grâce à ses conseils, ils devenaient peu à peu de passables timoniers.

Souvent, Mrs. Weldon et le novice causaient ensemble. Dick Sand prenait volontiers conseil de cette femme intelligente et courageuse. Chaque jour, il lui montrait sur la carte du bord le chemin parcouru, qu'il relevait à l'estime, en tenant uniquement compte de la direction et de la vitesse du navire.

« Voyez, mistress Weldon, lui répétait-il souvent, avec ces vents portants, nous ne pouvons manquer d'atteindre le littoral de l'Amérique méridionale. Je ne voudrais pas l'affirmer, mais je crois bien que, lorsque notre bâtiment arrivera en vue de terre, il ne sera pas loin de Valparaiso ! »

Mrs. Weldon ne pouvait douter que la direction du bâtiment ne fût bonne, favorisée surtout par ces vents de nord-ouest. Mais combien le *Pilgrim* lui semblait être éloigné encore du littoral américain ! Que de dangers, entre lui et la franche terre, à ne compter que ceux qui pouvaient venir d'un changement dans l'état de la mer et du ciel !

Jack, insouciant comme le sont les enfants de son âge, avait repris ses jeux habituels, courant sur le pont, s'amusant avec Dingo. Il trouvait, sans doute, que son ami Dick était moins à lui qu'autrefois, mais sa mère lui avait fait comprendre qu'il fallait laisser le jeune novice tout entier à ses occupations. Le petit Jack s'était rendu à ces raisons et ne dérangeait plus le « capitaine Sand ».

Ainsi se passaient les choses à bord. Les noirs faisaient intelligemment leur besogne et devenaient chaque jour plus pratiques du métier de marin. Tom fut naturellement le maître d'équipage, et c'était bien lui que ses compagnons eussent choisi pour cette fonction. Il commandait le quart, pendant que le novice se reposait, et il avait avec lui son fils Bat et Austin. Actéon et Hercule formaient l'autre quart sous la direction de Dick Sand. De cette façon, tandis que l'un gouvernait, les autres veillaient à l'avant.

Bien que ces parages fussent déserts et qu'un abordage ne fût vraiment pas à craindre, le novice exigeait une surveillance rigoureuse pendant la nuit. Il ne naviguait jamais sans avoir ses feux de position, — un feu vert à tribord, un feu rouge à bâbord, — et, en cela, il agissait sagement.

Toutefois, pendant ces nuits que Dick Sand passait tout entières à la barre, il sentait parfois un irrésistible accablement s'emparer de lui. Sa main gouvernait alors par pur instinct. C'était l'effet d'une fatigue dont il ne voulait pas tenir compte.

Or, il arriva ceci pendant la nuit du 13 au 14 février, c'est que Dick Sand, très-fatigué, dut aller prendre quelques heures de repos, et fut remplacé à la barre par le vieux Tom.

Le ciel était couvert d'épais nuages, qui s'étaient abaissés avec le soir sous l'influence de l'air froid. Il faisait donc très-sombre, et il eût été impossible de distinguer les hautes voiles, perdues dans les ténèbres. Hercule et Actéon étaient de quart sur le gaillard d'avant.

A l'arrière, le feu de l'habitacle ne laissait filtrer qu'une vague lueur, que reflétait doucement la garniture métallique de la roue du gouvernail. Les fanaux, projetant leurs feux latéralement, laissaient le pont du navire dans une obscurité profonde.

Vers trois heures du matin, une sorte de phénomène d'hypnotisme se produisit alors, dont le vieux Tom n'eut même pas conscience. Ses yeux, qui s'étaient trop longtemps fixés sur un point lumineux de l'habitacle, perdirent subitement le sentiment de la vision, et il tomba dans une véritable somnolence anesthésique.

Non-seulement il ne voyait plus, mais on l'eût touché ou pincé fortement, qu'il n'aurait probablement rien senti.

Il ne vit donc pas une ombre qui se glissait sur le pont.

C'était Negoro.

Arrivé à l'arrière, le maître-coq plaça sous l'habitacle un objet assez pesant qu'il tenait à la main.

Puis, après avoir observé un instant le cadran lumineux de la boussole, il se retira sans avoir été vu.

Si, le lendemain, Dick Sand eût aperçu cet objet placé par Negoro sous l'habitacle, il se fût empressé de le retirer.

En effet, c'était un morceau de fer, dont l'influence venait d'altérer les indications du compas. L'aiguille aimantée avait été déviée, et au lieu de marquer le nord magnétique, qui diffère un peu du nord du monde, elle marquait le nord-est. C'était donc une déviation de quatre quarts, autrement dit d'un demi-angle droit.

Tom, presque aussitôt, était revenu de son assoupissement. Ses yeux se portèrent sur le compas... Il crut, il dut croire que le *Pilgrim* n'était pas en bonne direction.

Il donna donc un coup de barre, afin de remettre le cap du navire à l'est... Il le pensait, du moins.

Mais, avec la déviation de l'aiguille, qu'il ne pouvait soupçonner, ce cap, modifié de quatre quarts, fut le sud-est.

Et ainsi, pendant que, sous l'action d'un vent favorable, le *Pilgrim* était censé suivre la direction voulue, il marchait avec une erreur de quarante-cinq degrés dans sa route !

CHAPITRE XI

TEMPÊTE.

Pendant la semaine qui suivit cet événement, du 14 février au 21, aucun incident ne se produisit à bord. Le vent de nord-ouest fraîchissait peu à peu, et le *Pilgrim* filait rapidement, à raison de cent soixante milles en moyenne par vingt-quatre heures. C'était à peu près tout ce qu'on pouvait demander à un bâtiment de cette dimension.

Le brick-goëlette, dans la pensée de Dick Sand, devait donc se rapprocher des parages plus fréquentés par les longs-courriers, qui cherchent à passer d'un hémisphère à l'autre. Le novice espérait toujours rencontrer un de ces bâtiments, et il avait la formelle intention, soit d'y transborder ses passagers, soit de lui emprunter quelques matelots de renfort et peut-être un officier. Mais, bien que la surveillance fût active, aucun navire ne put être signalé, et la mer était toujours déserte.

Cela ne laissait pas d'étonner quelque peu Dick Sand. Il avait traversé plusieurs fois cette partie du Pacifique pendant ses trois campagnes de pêche aux mers australes. Or, par la latitude et la longitude où le mettait son estime, il était rare qu'il ne se montrât pas quelque bâtiment anglais ou américain, remontant du cap Horn vers l'équateur, ou redescendant vers l'extrême pointe de l'Amérique du Sud.

Mais ce que Dick Sand ignorait, ce qu'il ne pouvait même reconnaître, c'est que le *Pilgrim* était déjà plus haut en latitude, c'est-à-dire plus au sud qu'il ne le supposait.

Cela tenait à deux raisons :

La première, c'est que les courants de ces parages, dont le novice ne pouvait qu'imparfaitement estimer la vitesse, avaient contribué, sans qu'il lui fût possible de s'en rendre compte, à rejeter le navire hors de sa route.

La seconde, c'est que la boussole, faussée par la main coupable de Negoro, ne donnait plus que des relèvements inexacts, — relèvements que, depuis la perte du second compas, Dick Sand ne pouvait contrôler. De telle sorte que, croyant et devant croire qu'il faisait l'est, en réalité il faisait le sud-est ! La boussole, elle était toujours sous ses yeux. Le loch, on le jetait régulièrement. Ses deux instruments lui permettaient, dans une certaine mesure, de diriger le *Pilgrim* et d'estimer le nombre de milles parcourus. Mais était-ce donc suffisant?

Cependant, le novice rassurait toujours, et de son mieux, Mrs. Weldon, que les incidents de cette traversée devaient parfois inquiéter.

« Nous arriverons, nous arriverons ! répétait-il. Nous atteindrons la côte américaine, ici ou là, peu importe, en somme, mais nous ne pouvons manquer d'y atterrir !

— Je n'en doute pas, Dick.

— Évidemment, mistress Weldon, j'aurais le cœur plus tranquille, si vous n'étiez pas à bord, si nous n'avions à répondre que de nous, mais...

— Mais si je n'étais pas à bord, répondit Mrs. Weldon, si cousin Bénédict, Jack, Nan et moi, n'avions pas pris passage sur le *Pilgrim*, et si, d'autre part, Tom et ses compagnons n'avaient pas été recueillis en mer, Dick, il n'y aurait plus que deux hommes ici, toi et Negoro!... Que serais-tu devenu, seul avec ce méchant homme, dans lequel tu ne peux avoir confiance? Oui, mon enfant, que serais-tu devenu?

— J'aurais commencé, répondit résolûment Dick Sand, par mettre Negoro hors d'état de nuire.

— Et tu aurais manœuvré seul?

— Oui... seul... avec l'aide de Dieu! »

La fermeté de ces paroles était bien faite pour donner espoir à Mrs. Weldon. Et pourtant, en regardant son petit Jack, bien des fois elle se sentait inquiète! Si la femme ne voulait rien laisser voir de ce qu'éprouvait la mère, elle ne parvenait pas toujours à empêcher quelque secrète angoisse de lui serrer le cœur!

Cependant, si le jeune novice n'était pas assez avancé dans ses études hydrographiques pour faire son point, il possédait un véritable flair de marin, lorsqu'il s'agissait de « sentir le temps ». L'apparence du ciel, d'une part, de l'autre, les indications du baromètre, lui permettaient de se mettre sur ses gardes. Le capitaine Hull, bon météorologiste, lui avait appris à consulter cet instrument, dont les pronostics sont remarquablement sûrs.

Voici, en peu de mots, ce que contiennent les notices relatives à l'observation du baromètre [1] :

1° Lorsque, après une assez longue durée de beau temps, le baromètre commence à baisser d'une manière brusque et continue, la pluie surviendra certainement; mais, si le beau temps a eu une longue durée, le mercure peut baisser deux ou trois jours dans le tube barométrique avant qu'on aperçoive aucun changement dans l'état de l'atmosphère. Alors, plus il s'écoule de temps entre la chute du mercure et l'arrivée de la pluie, plus longue sera la durée du temps pluvieux.

2° Si, au contraire, pendant un temps pluvieux qui a déjà eu une longue durée, le baromètre commence à s'élever lentement et régulièrement, très-certainement le beau temps viendra, et il durera d'autant plus qu'il se sera écoulé un plus long intervalle entre son arrivée et le commencement de la hausse du baromètre.

3° Dans les deux cas qui précèdent, si le changement de temps suit immédia-

1. Résumé du *Dictionnaire illustré* de Vorepierre.

tement le mouvement de la colonne barométrique, ce changement ne durera que très-peu.

4° Si le baromètre monte avec lenteur et d'une façon continue pendant deux ou trois jours ou même davantage, il annonce le beau temps, quand bien même la pluie ne cesserait pas pendant ces trois jours, et *vice versa;* mais, si le baromètre hausse deux jours ou plus pendant la pluie, puis, le beau temps étant survenu, qu'il recommence à baisser, le beau temps durera très-peu, et *vice versa.*

5° Dans le printemps et dans l'automne, une chute brusque du baromètre présage du vent. Dans l'été, si le temps est très-chaud, elle annonce un orage. Dans l'hiver, après une gelée de quelque durée, un rapide abaissement de la colonne barométrique annonce un changement de vent, accompagné de dégel et de pluie; mais une hausse qui survient pendant une gelée ayant déjà duré un certain temps, pronostique de la neige.

6° Les oscillations rapides du baromètre ne doivent jamais être interprétées comme présageant un temps sec ou pluvieux de quelque durée. Ces indications sont données exclusivement par la hausse ou par la baisse, qui s'opère d'une manière lente et continue.

7° Vers la fin de l'automne, si, après un temps pluvieux et venteux prolongé, le baromètre vient à s'élever, cette hausse annonce le passage du vent au nord et l'approche de la gelée.

Telles sont les conséquences générales à tirer des indications de ce précieux instrument.

C'est là ce que savait parfaitement bien Dick Sand, ce qu'il avait constaté lui-même en diverses circonstances de sa vie de marin, ce qui le rendait très apte à se mettre en garde contre toute éventualité.

Or, précisément, vers le 20 février, les oscillations de la colonne barométrique commencèrent à préoccuper le jeune novice, qui les relevait plusieurs fois par jour avec beaucoup de soin. En effet, le baromètre se mit à baisser d'une manière lente et continue, ce qui présageait de la pluie; mais cette pluie ayant tardé à tomber, Dick Sand en conclut que le mauvais temps durerait. C'est ce qui devait arriver.

Mais la pluie, c'était le vent, et en effet, à cette date, la brise fraîchit assez pour que l'air se déplaçât avec une vitesse de soixante pieds à la seconde, soit trente et un milles à l'heure[1].

1. 57 kilomètres 1/2.

Le novice rassurait toujours Mrs. Weldon. (Page 93.)

Dick Sand dut prendre alors quelques précautions pour ne pas compromettre la mâture et la voilure du *Pilgrim*.

Il avait déjà fait serrer le cacatois, le flèche et le clin-foc, et il résolut d'en faire autant du perroquet, puis de prendre deux ris dans le hunier.

Cette dernière opération devait présenter certaines difficultés, avec un équipage peu expérimenté encore. Il n'y avait pas à hésiter, cependant, et personne n'hésita.

Dick Sand, accompagné de Bat et d'Austin, monta dans le gréement du mât de misaine et parvint, non sans peine, à serrer le perroquet. Avec un temps moins menaçant, il aurait laissé les deux vergues sur le mât; mais, prévoyant

Negoro, toujours silencieux... (Page 98.)

qu'il serait probablement obligé de caler ce mât, et peut-être même de le dépasser, il dégréa les deux vergues et les envoya sur le pont. On comprend, en effet, que lorsque le vent devient trop fort, il faut non-seulement diminuer la voilure, mais aussi la mâture. C'est un grand soulagement pour le navire, qui, moins chargé dans le haut, n'est plus aussi fatigué par les coups de roulis et de tangage.

Ce premier travail accompli, — et il demanda deux heures, — Dick Sand et ses compagnons s'occupèrent de réduire la surface du hunier en prenant deux ris. Le *Pilgrim* ne portait pas, comme la plupart des bâtiments modernes, un hunier double, ce qui facilite la manœuvre. Il fallut donc opérer comme autrefois, c'est-à-dire courir sur les marchepieds, ramener à soi une voile battue par le vent et l'amarrer solidement avec ses garcettes. Ce fut difficile, long, périlleux ; mais enfin, le hunier diminué donna moins de prise au vent, et le brick-goëlette fut notablement soulagé.

Dick Sand redescendit avec Bat et Austin. Le *Pilgrim* se trouva alors dans les conditions de navigabilité exigées par cet état de l'atmosphère, auquel on a donné la qualification de « grand frais ».

Pendant les trois jours qui suivirent, 20, 21 et 22 février, la force et la direction du vent ne se modifièrent pas sensiblement. Toutefois, le mercure continuait à baisser dans le tube barométrique, et, dans cette dernière journée, le novice nota qu'il se tenait continuellement au-dessous de vingt-huit pouces sept dixièmes[1].

Nulle apparence, d'ailleurs, que le baromètre se relevât avant quelque temps. L'aspect du ciel était mauvais et extrêmement venteux. En outre, des brumes épaisses le couvraient constamment. Leur couche était même si profonde qu'on n'apercevait plus le soleil, et qu'il eût été difficile de préciser l'endroit de son coucher et de son lever.

Dick Sand commença à s'inquiéter. Il ne quittait plus le pont. Il dormait à peine. Cependant, son énergie morale lui permettait de refouler ses angoisses au plus profond de son cœur.

Le lendemain, 23 février, la brise parut mollir un peu dans la matinée, mais Dick Sand ne s'y fia pas. Il eut raison, car dans l'après-midi le vent refraîchit et la mer devint plus dure.

Vers quatre heures, Negoro, qu'on voyait rarement, quitta le poste et monta sur le gaillard d'avant. Dingo dormait dans quelque coin, sans doute, car il n'aboya pas comme à l'ordinaire.

Negoro, toujours silencieux, resta pendant une demi-heure à observer l'horizon.

De longues lames se succédaient, sans encore s'entre-choquer. Toutefois, elles étaient plus hautes que la force du vent ne le comportait. On devait en conclure qu'il y avait de grands mauvais temps dans l'ouest, à une distance assez rapprochée peut-être, et qu'ils ne tarderaient pas à atteindre ces parages.

Negoro regarda cette vaste étendue de mer, qui était profondément troublée autour du *Pilgrim*. Puis, ses yeux, toujours froids et secs, se dirigèrent vers le ciel.

1. Les baromètres anglais et américains sont cotés par pouces et par lignes. Vingt-huit pouces sept dixièmes égalent 728 millimètres.

L'aspect du ciel était inquiétant. Les vapeurs se déplaçaient avec des vitesses très-différentes. Les nuages de la zone supérieure couraient plus rapidement que ceux des basses couches de l'atmosphère. Il fallait donc prévoir le cas, assez prochain, où ces lourdes masses s'abaisseraient et pourraient changer en tempête, peut-être en ouragan, ce qui n'était encore qu'une brise à l'état de grand frais, c'est-à-dire un déplacement de l'air à raison de quarante-trois milles à l'heure.

Soit que Negoro ne fût pas homme à s'effrayer, soit qu'il ne comprît rien aux menaces du temps, il ne parut pas être impressionné. Cependant, un mauvais sourire parut sur ses lèvres. On eût dit, en fin de compte, que cet état de choses était plutôt fait pour lui plaire que pour lui déplaire. Un instant, il monta sur le beaupré et rampa jusqu'aux liures, afin d'étendre la portée de son regard, comme s'il eût cherché quelque indice à l'horizon. Puis, il redescendit, et tranquillement, sans avoir prononcé un seul mot, sans avoir fait un geste, il regagna le poste de l'équipage.

Cependant, au milieu de toutes ces redoutables conjonctures, il existait une circonstance heureuse, dont chacun devait tenir compte à bord : c'est que ce vent, si violent qu'il fût ou dût devenir, était favorable, et que le *Pilgrim* semblait rallier rapidement la côte américaine. Si même le temps ne tournait pas à la tempête, cette navigation continuerait à se faire sans grand danger, et les véritables périls ne surgiraient que lorsqu'il s'agirait d'atterrir sur un point mal déterminé du littoral.

C'est bien ce que se demandait déjà Dick Sand. Une fois qu'il aurait connaissance de la terre, comment manœuvrerait-il, s'il ne rencontrait pas quelque pilote, quelque pratique de la côte? Au cas où le mauvais temps l'obligerait à chercher un port de refuge, que ferait-il, puisque ce littoral lui était absolument inconnu? Sans doute, il n'avait pas encore à se préoccuper de cette éventualité Cependant, l'heure venue, il y aurait lieu de prendre une détermination. Eh bien, Dick Sand la prendrait.

Pendant les treize jours qui s'écoulèrent du 24 février au 9 mars, l'état de l'atmosphère ne se modifia pas d'une façon sensible. Le ciel était toujours chargé de lourdes brumes. Durant quelques heures, le vent diminuait, puis il se reprenait à souffler avec la même force. Deux ou trois fois, le baromètre remonta, mais son oscillation, comprenant une douzaine de lignes, était trop brusque pour annoncer un changement de temps et un retour à des vents plus maniables. D'ailleurs, la colonne barométrique rebaissait presque aussitôt, et rien ne pouvait faire espérer la fin de ce mauvais temps dans un délai rapproché.

De gros orages éclatèrent aussi, qui inquiétèrent très-sérieusement Dick Sand. Deux ou trois fois la foudre frappa les lames à quelques encâblures du navire seulement. Puis, la pluie tomba à torrents, et il se fit de ces tourbillons de vapeurs à demi condensées qui entourèrent le *Pilgrim* d'un épais brouillard.

Pendant des heures entières, l'homme de vigie n'avait plus aucune vue, et l'on marchait à l'aventure.

Bien que le bâtiment, quoique fortement appuyé sur les lames, fût horriblement secoué, Mrs. Weldon, heureusement, supportait ce roulis et ce tangage sans en être incommodée. Mais son petit garçon fut très-éprouvé, et elle dut lui donner tous ses soins.

Quant au cousin Bénédict, il n'était pas plus malade que les blattes américaines, dont il faisait sa société, et il passait son temps à étudier, comme s'il eût été tranquillement installé dans son cabinet de San-Francisco.

Très-heureusement aussi, Tom et ses compagnons se trouvèrent peu sensibles au mal de mer, et ils purent continuer à venir en aide au jeune novice, — absolument habitué, lui, à tous ces mouvements désordonnés d'un navire qui fuit devant le temps.

Le *Pilgrim* courait rapidement sous cette voilure réduite, et déjà Dick Sand prévoyait qu'il faudrait la réduire encore. Mais il voulait tenir bon, tant qu'il serait possible de le faire sans danger. Suivant son estime, la côte ne devait plus être éloignée. On veillait donc avec soin. Toutefois, le novice ne pouvait guère se fier aux yeux de ses compagnons pour découvrir les premiers indices de la terre. En effet, quelque bonne vue qu'il ait, celui qui n'est pas habitué à interroger les horizons de mer est inhabile à démêler les premiers contours d'une côte, surtout au milieu des brumes. Aussi, Dick Sand dut-il veiller lui-même, et souvent montait-il jusque dans les barres, pour mieux voir. Mais rien n'apparaissait encore du littoral américain.

Ceci l'étonnait, et Mrs. Weldon, à quelques mots qui lui échappèrent, comprit cet étonnement.

C'était le 9 mars. Le novice se tenait à l'avant, tantôt observant la mer et le ciel, tantôt regardant la mâture du *Pilgrim* qui commençait à fatiguer sous la force du vent.

« Tu ne vois rien encore, Dick? lui demanda-t-elle, à un moment où il venait d'abandonner la longue-vue.

— Rien, mistress Weldon, rien, répondit le novice, et, cependant, l'horizon semble se dégager un peu sous ce vent violent qui va fraîchir encore.

— Et, suivant toi, Dick, la côte américaine ne doit pas être éloignée, maintenant?

— Elle ne peut l'être, mistress Weldon, et si quelque chose m'étonne, c'est de ne pas en avoir déjà connaissance!

— Cependant, reprit Mrs. Weldon, le navire a toujours fait bonne route.

— Toujours, depuis que le vent s'est établi dans le nord-ouest, répondit Dick Sand, c'est-à-dire depuis le jour où nous avons perdu notre malheureux capitaine et son équipage! C'était le 10 février. Nous sommes au 9 mars. Il y a donc de cela vingt-sept jours!

— Mais, à cette époque, à quelle distance étions-nous alors de la côte? demanda Mrs. Weldon.

— A quatre mille cinq cents milles environ, mistress Weldon. S'il est des choses sur lesquelles j'ai plus d'un doute, ce chiffre, du moins, je puis le garantir à vingt milles près.

— Et quelle a été la vitesse du navire?

— En moyenne, cent quatre-vingts milles par jour, depuis que le vent a fraîchi, répondit le novice. Aussi, je suis surpris de ne pas être en vue de la terre! Et ce qui est plus extraordinaire encore, c'est que nous ne rencontrons pas même un seul des bâtiments qui fréquentent ordinairement ces parages!

— N'as-tu pu te tromper, Dick, reprit Mrs. Weldon, en estimant la vitesse du *Pilgrim?*

— Non, mistress Weldon. Sur ce point-là, je n'ai pu me tromper. Le loch a été jeté toutes les demi-heures, et j'ai relevé très-exactement ses indications. — Tenez, je vais le faire jeter à nouveau, et vous verrez que nous marchons en ce moment à raison de dix milles à l'heure, ce qui nous donnerait plus de deux cents milles par jour! »

Dick Sand appela Tom et lui donna l'ordre de jeter le loch, — opération à laquelle le vieux noir était maintenant fort habitué.

Le loch, solidement amarré à l'extrémité de la ligne, fut apporté et envoyé dehors.

Vingt-cinq brasses étaient à peine déroulées, lorsque la ligne mollit subitement entre les mains de Tom.

« Ah! monsieur Dick, s'écria-t-il.

— Eh bien, Tom?

— La ligne a cassé!

— Cassé! s'écria Dick Sand! Et le loch est perdu! »

Le vieux Tom montra le bout de la ligne qui était resté dans sa main.

Il n'était que trop vrai. Ce n'était point l'amarrage qui avait manqué. La ligne s'était rompue par son milieu. Et, cependant, cette ligne, c'était du filin de premier brin. Il fallait donc que les torons, au point de rupture, eussent été singulièrement usés ! Ils l'étaient, en effet, et c'est ce que put constater Dick Sand, lorsqu'il eut le bout de la ligne entre les mains ! Mais l'avaient-ils été par l'usage, c'est ce que le novice, devenu défiant, se demanda.

Quoi qu'il en soit, le loch était maintenant perdu, et Dick Sand n'avait plus aucun moyen d'évaluer exactement la vitesse de son navire. Pour tout instrument, il ne possédait plus qu'une boussole, et il ne savait pas que ses indications étaient fausses !

Mrs. Weldon le vit si attristé de cet accident, qu'elle ne voulut pas insister, et, le cœur bien gros, elle se retira dans sa cabine.

Mais si la vitesse du *Pilgrim* et, par suite, le chemin parcouru ne pouvaient plus être estimés, il fut facile de constater que le sillage du navire ne diminuait pas.

En effet, le lendemain 7 février, le baromètre tomba à vingt-huit pouces deux dixièmes [1]. C'était l'annonce d'un de ces coups de vent qui font jusqu'à soixante milles à l'heure.

Il devint urgent de modifier encore une fois l'état de la voilure, afin de ne pas compromettre la sécurité du bâtiment.

Dick Sand résolut d'amener son mât de perroquet et son mât de flèche, et de serrer ses basses voiles, afin de ne plus naviguer que sous son petit foc et son hunier au bas ris.

Il appela Tom et ses compagnons pour l'aider dans cette opération difficile, qui, malheureusement, ne pouvait s'exécuter avec rapidité.

Et cependant, le temps pressait, car la tempête se déchaînait déjà avec violence.

Dick Sand, Austin, Actéon et Bat montèrent dans la mâture, pendant que Tom restait au gouvernail, et Hercule sur le pont, afin de mollir les drisses aussitôt qu'on le lui commanderait.

Après de nombreux efforts, le mât de flèche et le mât de perroquet furent dépassés, non sans que ces braves gens eussent risqué cent fois d'être précipités à la mer, tant les coups de roulis secouaient la mâture. Puis, le hunier ayant été diminué et la misaine serrée, le brick-goëlette ne porta plus que le petit foc et le hunier au bas ris.

1. 716 millimètres.

Bien que sa voilure fût alors extrêmement réduite, le *Pilgrim* n'en continua pas moins de marcher avec une vitesse excessive.

Le 12, le temps prit encore une plus mauvaise apparence. Ce jour-là, dès l'aube, Dick Sand ne vit pas sans effroi le baromètre tomber à vingt-sept pouces neuf dixièmes[1].

C'était une véritable tempête qui se déclarait, et telle que le *Pilgrim* ne pouvait porter même le peu de toile qui lui restait.

Dick Sand, voyant que son hunier allait être déchiré, donna l'ordre de le serrer.

Mais ce fut en vain. Une rafale plus violente s'abattit en ce moment sur le navire et arracha la voile. Austin, qui se trouvait sur la vergue du petit hunier, fut frappé par l'écoute de bâbord. Blessé, mais assez légèrement, il put redescendre sur le pont.

Dick Sand, extrêmement inquiet, n'avait plus qu'une pensée : c'est que le navire, poussé avec une telle furie, allait se briser d'un instant à l'autre, car, suivant son estime, les écueils du littoral ne pouvaient être éloignés. Il retourna donc sur l'avant, mais il ne vit rien qui eût l'apparence d'une terre et revint au gouvernail.

Un instant après, Negoro monta sur le pont. Là, soudain, comme malgré lui, son bras se tendit vers un point de l'horizon. On eût dit qu'il reconnaissait quelque haute terre dans les brumes !...

Encore une fois, il sourit méchamment, et, sans rien dire de ce qu'il avait pu voir, il revint à son poste.

CHAPITRE XII

A L'HORIZON.

A cette date, la tempête prit sa forme la plus terrible, celle de l'ouragan. Le vent avait halé le sud-ouest. L'air se déplaçait avec une vitesse de quatre-vingt-dix milles[2] à l'heure.

C'était bien un ouragan, en effet, un de ces coups de vent terribles, qui jettent à la côte tous les navires d'une rade, et auxquels, même à terre, les construc-

1. 709 millimètres.
2. Environ 166 kilomètres.

Une rafale plus violente s'abattit en ce moment... (Page 103.)

tions les plus solides ne peuvent résister. Tel fut celui qui, le 25 juillet 1825, dévasta la Guadeloupe. Lorsque de lourds canons de vingt-quatre sont enlevés de leurs affûts, que l'on songe à ce que peut devenir un bâtiment qui n'a d'autre point d'appui qu'une mer démontée ! Et cependant, c'est à sa mobilité seule qu'il peut devoir son salut ! Il cède aux poussées du vent, et, pourvu qu'il soit solidement construit, il est en état de braver les plus violents coups de mer. C'était le cas du *Pilgrim*.

Quelques minutes après que le hunier eut été mis en pièces, le petit foc fut emporté à son tour. Dick Sand dut alors renoncer à établir même un tourmentin, petite voile de forte toile, qui aurait rendu le navire plus facile à gouverner.

Le novice tira de sa poche un revolver. (Page 107.)

Le *Pilgrim* courait donc à sec de toile, mais le vent avait prise sur sa coque, sa mâture, son gréement, et il n'en fallait pas plus pour lui imprimer encore une excessive rapidité. Quelquefois même, il semblait émerger des flots, et c'était à croire qu'il les effleurait à peine.

Dans ces conditions, le roulis du navire, ballotté sur les énormes lames que soulevait la tempête, était effrayant. Il y avait à craindre de recevoir quelque monstrueux coup de mer par l'arrière. Ces montagnes d'eau couraient plus vite que le brick-goëlette et menaçaient de le frapper en poupe, s'il ne s'élevait pas assez vite. C'est là un extrême danger pour tout navire qui fuit devant la tempête.

Mais que faire pour parer à cette éventualité? On ne pouvait imprimer au *Pilgrim* une vitesse plus considérable, puisqu'il n'aurait pas conservé le moindre morceau de toile. Il fallait donc essayer de le maintenir autant que possible au moyen du gouvernail, dont l'action était souvent impuissante.

Dick Sand ne quittait plus la barre. Il s'était amarré au milieu du corps, afin de ne pas être emporté par quelque coup de mer. Tom et Bat, attachés aussi, se tenaient prêts à lui venir en aide. Hercule et Actéon, cramponnés aux bittes, veillaient à l'avant.

Quant à Mrs. Weldon, au petit Jack, au cousin Bénédict, à Nan, ils restaient, par ordre du novice, dans les cabines de l'arrière. Mrs. Weldon aurait préféré demeurer sur le pont, mais Dick Sand s'y était opposé formellement, car c'eût été s'exposer sans nécessité.

Tous les panneaux avaient été hermétiquement condamnés. On devait espérer qu'ils résisteraient, au cas où quelque formidable paquet de mer tomberait à bord. Si, par malheur, ils cédaient sous le poids de ces avalanches, le navire pouvait emplir et sombrer. Très-heureusement aussi, l'arrimage avait été fait convenablement, de telle sorte que, malgré la bande effroyable que donnait le brick-goëlette, son chargement ne se déplaçait pas.

Dick Sand avait encore réduit le nombre d'heures qu'il donnait au sommeil. Aussi, Mrs. Weldon en vint-elle à craindre qu'il ne tombât malade. Elle obtint de lui qu'il consentît à prendre quelque repos.

Or, ce fut encore pendant qu'il était couché, dans la nuit du 13 au 14 mars, qu'un nouvel incident se produisit.

Tom et Bat se trouvaient à l'arrière, lorsque Negoro, qui paraissait rarement sur cette partie du pont, s'approcha et sembla même vouloir lier conversation avec eux; mais Tom et son fils ne lui répondirent pas.

Tout d'un coup, dans un violent coup de roulis, Negoro tomba, et il aurait été sans doute jeté à la mer, s'il ne se fût retenu à l'habitacle.

Tom poussa un cri, craignant que la boussole n'eût été cassée.

Dick Sand, dans un instant d'insomnie, entendit ce cri, et, se précipitant hors du poste, il accourut sur l'arrière.

Negoro s'était déjà relevé, mais il tenait dans sa main le morceau de fer qu'il venait d'ôter de dessous l'habitacle, et il le fit disparaître avant que Dick Sand ne l'eût aperçu.

Negoro avait-il donc intérêt à ce que l'aiguille aimantée reprît sa direction vraie? Oui, car ces vents de sud-ouest le servaient maintenant!...

« Qu'y a-t-il? demanda le novice.

— C'est ce cuisinier de malheur qui vient de tomber sur la boussole! » répondit Tom.

A ces mots, Dick Sand, inquiet au plus haut point, se pencha sur l'habitacle... Il était en bon état, et le compas, éclairé par les lampes, reposait toujours sur ses deux cercles concentriques.

Le cœur du jeune novice se desserra. Le bris de l'unique boussole du bord eût été un malheur irréparable.

Mais ce que Dick Sand n'avait pu observer, c'est que, depuis l'enlèvement du morceau de fer, l'aiguille avait repris sa position normale et indiquait exactement le nord magnétique, tel qu'il devait être sous ce méridien.

Toutefois, si l'on ne pouvait rendre Negoro responsable d'une chute qui semblait être involontaire, Dick Sand avait raison de s'étonner qu'il fût, à cette heure, à l'arrière du bâtiment.

« Que faites-vous là ? lui demanda-t-il.

— Ce qui me plaît, répondit Negoro.

— Vous dites!... s'écria Dick Sand, qui ne put retenir un mouvement de colère.

— Je dis, répondit le maître-coq, qu'il n'y a pas de règlement qui défende de se promener sur l'arrière!

— Eh bien, ce règlement, je le fais, répondit Dick Sand, et je vous interdis, à vous, de venir à l'arrière!

— Vraiment! » répondit Negoro.

Cet homme, si maître de lui, fit alors un geste de menace.

Le novice tira de sa poche un revolver, et le dirigeant sur le maître-coq :

« Negoro, dit-il, sachez bien que ce revolver ne me quitte pas, et qu'au premier acte d'insubordination, je vous casserai la tête! »

En ce moment, Negoro se sentit irrésistiblement courbé jusqu'au pont.

C'était Hercule, qui venait simplement de poser sa lourde main sur son épaule.

« Capitaine Sand, dit le géant, voulez-vous que je jette ce coquin par-dessus le bord ? Ça régalera les poissons, qui ne sont pas difficiles!

— Pas encore, » répondit Dick Sand.

Negoro se releva, dès que la main du noir ne pesa plus sur lui. Mais, en passant devant Hercule :

« Nègre maudit, murmura-t-il, tu me le payeras! »

Cependant, le vent venait de changer, ou du moins il semblait avoir sauté de quarante-cinq degrés. Et pourtant, chose singulière, qui frappa le novice, rien dans l'état de la mer n'indiquait ce changement. Le navire avait toujours le même cap, mais le vent et les lames, au lieu de le prendre directement par l'arrière, le frappaient maintenant par la hanche de bâbord, — situation assez dangereuse, qui expose un bâtiment à recevoir de mauvais coups de mer. Aussi Dick Sand fut-il obligé de laisser porter de quatre quarts pour continuer à fuir devant la tempête.

Mais, d'autre part, son attention était éveillée plus que jamais. Il se demandait s'il n'y avait pas quelque rapport entre la chute de Negoro et le bris du premier compas. Qu'était venu faire là le maître-coq ? Est-ce qu'il avait un intérêt quelconque à ce que la seconde boussole fût aussi mise hors de service? Quel aurait pu être cet intérêt ? Cela ne s'expliquait en aucune façon. Negoro ne devait-il pas désirer, comme tous le désiraient, d'accoster le plus tôt possible la côte américaine?

Lorsque Dick Sand parla de cet incident à Mrs. Weldon, celle-ci, bien qu'elle partageât sa méfiance dans une certaine mesure, ne put trouver de motif plausible à ce qui aurait été une criminelle préméditation de la part du maître-coq.

Cependant, par prudence, Negoro fut très-surveillé. Du reste, il tint compte des ordres du novice, et il ne se hasarda plus à venir sur l'arrière du bâtiment, où son service ne l'appelait jamais. D'ailleurs, Dingo y fut installé en permanence, et le cuisinier n'eut garde de l'approcher.

Pendant toute la semaine, la tempête ne diminua pas. Le baromètre baissa encore. Du 14 au 26 mars, il fut impossible de profiter d'une seule accalmie pour installer quelques voiles. Le *Pilgrim* fuyait dans le nord-est avec une vitesse qui ne pouvait être inférieure à deux cents milles par vingt-quatre heures, et la terre ne paraissait pas! Et cependant, cette terre, c'était l'Amérique, qui est jetée comme une immense barrière entre l'Atlantique et le Pacifique, sur une longueur de plus de cent vingt degrés!

Dick Sand se demanda s'il n'était pas fou, s'il avait encore le sentiment du vrai, si, depuis tant de jours, à son insu, il ne courait pas dans une direction fausse! Non! il ne pouvait s'abuser à ce point! Le soleil, bien qu'il ne pût l'apercevoir dans les brumes, se levait toujours devant lui pour se coucher derrière lui! Mais alors, cette terre, avait-elle donc disparu? Cette Amérique, sur laquelle son navire se briserait peut-être, où était-elle, si elle n'était pas là? Que ce fût le continent sud ou le continent nord, — car tout était possible dans ce chaos, — le *Pilgrim* ne pouvait manquer l'un ou l'autre! Que s'était-il passé depuis le début de cette effroyable tempête? Que se passait-il encore, puisque cette côte, qu'elle fût le salut ou la perte, n'apparaissait pas? Dick

Sand devait-il donc supposer qu'il était trompé par sa boussole, dont il ne pouvait plus contrôler les indications, puisque le second compas lui manquait pour faire ce contrôle? En vérité, il eut cette crainte que pouvait justifier l'absence de toute terre!

Aussi, lorsqu'il n'était plus à la barre, Dick Sand ne cessait-il de dévorer la carte des yeux! Mais il avait beau l'interroger, elle ne pouvait lui donner le mot d'une énigme qui, dans la situation que Negoro lui avait faite, était incompréhensible pour lui, comme elle l'eût été pour tout autre!

Ce jour-là, pourtant, 21 février, vers huit heures du matin, il se produisit un incident de la plus haute gravité.

Hercule, de vigie à l'avant, fit entendre ce cri :

« Terre! terre! »

Dick Sand bondit vers le gaillard d'avant. Hercule, qui ne pouvait avoir des yeux de marin, ne se trompait-il pas?

« La terre! s'écria Dick Sand.

— Là, » répondit Hercule, en montrant un point presque imperceptible à l'horizon dans le nord-est.

On s'entendait à peine parler au milieu des mugissements de la mer et du ciel.

« Vous avez vu la terre?... dit le novice.

— Oui, » répondit Hercule en affirmant de la tête.

Et sa main se tendit encore vers bâbord devant.

Le novice regardait... Il ne voyait rien.

A ce moment, Mrs. Weldon, qui avait entendu le cri poussé par Hercule, monta sur le pont, malgré sa promesse de ne point y venir.

« Mistress!... » s'écria Dick Sand.

Mrs. Weldon, ne pouvant se faire entendre, essaya, elle aussi, d'apercevoir cette terre signalée par le noir, et semblait avoir concentré toute sa vie dans ses yeux.

Il faut croire que la main d'Hercule indiquait mal le point de l'horizon qu'il voulait montrer, car ni Mrs. Weldon, ni le novice ne purent rien voir.

Mais, tout à coup, Dick Sand étendit la main à son tour.

« Oui! oui! terre! » dit-il.

Une sorte de sommet venait d'apparaître dans une éclaircie des brumes. Ses yeux de marin ne pouvaient le tromper.

« Enfin! s'écria-t-il, enfin! »

Il se tenait fiévreusement au bastingage. Mrs. Weldon, soutenue par Hercule, ne cessait de regarder cette terre presque inespérée.

La côte, formée par ce haut sommet, se relevait alors à dix milles sous le vent par bâbord. L'éclaircie s'étant complétement faite dans une déchirure des nuages, on la revit plus distinctement. C'était sans doute quelque promontoire du continent américain. Le *Pilgrim*, sans voiles, n'était pas en état de pointer sur lui, mais il ne pouvait manquer d'y atterrir.

Ce ne devait plus être qu'une question de quelques heures. Or, il était huit heures du matin. Donc, bien certainement, avant midi, le *Pilgrim* serait près de la terre.

Sur un signe de Dick Sand, Hercule reconduisit à l'arrière Mrs. Weldon, car elle n'aurait pu résister à la violence du tangage.

Le novice resta un instant encore à l'avant, puis, il revint à la barre, près du vieux Tom.

Il voyait donc enfin cette côte, si tardivement reconnue, si ardemment désirée! mais c'était maintenant avec un sentiment d'épouvante!

En effet, dans les conditions où se trouvait le *Pilgrim*, c'est-à-dire fuyant devant la tempête, la terre sous le vent, c'était l'échouage avec toutes ses terribles éventualités.

Deux heures se passèrent. Le promontoire se montrait alors par le travers du navire.

A ce moment, on vit Negoro monter sur le pont. Cette fois, il regarda la côte avec une extrême attention, remua la tête en homme qui saurait à quoi s'en tenir, et redescendit, après avoir prononcé un nom que personne ne put entendre.

Dick Sand, lui, cherchait à apercevoir le littoral qui devait s'arrondir en arrière du promontoire.

Deux heures s'écoulèrent. Le promontoire se dressait par bâbord derrière, mais la côte ne se dessinait pas encore.

Cependant, le ciel s'éclaircissait à l'horizon, et une haute côte, telle que devait précisément être la terre américaine, bordée par l'énorme chaîne des Andes, eût été visible de plus de vingt milles.

Dick Sand prit sa longue-vue et la promena lentement sur tout l'horizon de l'est.

Rien! Il ne voyait plus rien!

A deux heures après-midi, toute trace de terre s'était effacée en arrière du *Pilgrim*. En avant, la lunette ne pouvait saisir un profil quelconque d'une côte haute ou basse.

Un cri échappa alors à Dick Sand, et, quittant aussitôt le pont, il descendit précipitamment dans la cabine où se tenait Mrs. Weldon avec le petit Jack, Nan et cousin Bénédict.

« Une île ! ce n'était qu'une île! dit-il.

— Une île, Dick ! mais laquelle ? demanda Mrs. Weldon.

— La carte nous le dira! » répondit le novice.

Et, courant au poste, il en rapporta la carte du bord.

« Là, mistress Weldon, là! dit-il. Cette terre dont nous avons eu connaissance, ce ne peut être que ce point perdu au milieu du Pacifique! ce ne peut être que l'île de Pâques! Il n'y en a pas d'autres dans ces parages!

— Et nous l'avons déjà laissée en arrière? demanda Mrs. Weldon.

— Oui, bien au vent à nous ! »

Mrs. Weldon regardait attentivement l'île de Pâques, qui ne formait qu'un point imperceptible sur la carte.

« Et à quelle distance est-elle de la côte américaine ?

— A trente-cinq degrés.

— Ce qui fait ?...

— Environ deux mille milles.

— Mais le *Pilgrim* n'a donc pas marché, puisque nous sommes encore si éloignés du continent ?

— Mistress Weldon, répondit Dick Sand, qui passa un instant sa main sur son front comme pour concentrer ses idées, je ne sais... je ne puis expliquer ce retard incroyable!... Non! je ne puis... à moins que les indications de la boussole n'aient été fausses!... Mais cette île ne peut être que l'île de Pâques, puisque nous avons dû fuir vent arrière dans le nord-est, et il faut remercier le Ciel, qui m'a permis de relever notre position. Oui! c'est l'île de Pâques! Oui! elle est encore à deux mille milles de la côte! Je sais enfin où nous a poussés la tempête, et, si elle s'apaise, nous pourrons accoster avec quelques chances de salut le continent américain! Maintenant, du moins, notre navire n'est plus perdu sur l'immensité du Pacifique ! »

Cette confiance, que témoignait le jeune novice, fut partagée de tous ceux qui l'entendaient parler. Mrs. Weldon, elle-même, se laissa gagner. Il semblait vraiment que ces pauvres gens fussent au bout de leurs peines, et que le *Pilgrim*, se trouvant au vent de son port, n'eût plus qu'à attendre la pleine mer pour y entrer !

L'île de Pâques, — de son véritable nom Vaï-Hou, — découverte par David en 1686, visitée par Cook et Lapérouse, est située par 27° de latitude sud et 112° de longitude est. Si le brick-goëlette avait été ainsi entraîné de plus de quinze

« Vous avez vu la terre?..... » dit le novice. (Page 109.)

degrés au nord, cela était évidemment dû à cette tempête du sud-ouest devant laquelle il avait été obligé de fuir.

Donc, le *Pilgrim* était encore à deux mille milles de la côte. Toutefois, sous l'impulsion de ce vent qui soufflait en foudre, il devait en moins de dix jours avoir atteint un point quelconque du littoral du Sud-Amérique.

Mais ne pouvait-on espérer, ainsi que l'avait dit le novice, que le temps deviendrait plus maniable, et qu'il serait possible d'établir quelque voile, lorsqu'on aurait connaissance de la terre?

C'était encore l'espoir de Dick Sand. Il se disait que cet ouragan, qui durait depuis tant de jours, finirait peut-être par se « tuer ». Et maintenant que, grâce

« Dick, mon cher enfant, mon capitaine! » dit Mrs. Weldon. (Page 115.)

au relèvement de l'île de Pâques, il connaissait exactement sa position, il était fondé à croire que, redevenu maître de son bâtiment, il saurait le conduire en lieu sûr.

Oui! d'avoir eu connaissance de ce point isolé au milieu de la mer, comme par une faveur providentielle, cela avait rendu confiance à Dick Sand. S'il allait toujours au caprice d'un ouragan, qu'il ne pouvait maîtriser, du moins, il n'allait plus tout à fait en aveugle.

Le *Pilgrim*, d'ailleurs, solidement construit et gréé, avait peu souffert pendant ces rudes attaques de la tempête. Ses avaries se réduisaient uniquement à la perte du hunier et du petit foc, — perte qu'il serait aisé de réparer. Pas une goutte d'eau n'avait pénétré par les coutures bien étanches de la coque et du pont. Les pompes étaient parfaitement franches. Sous ce rapport, il n'y avait rien à craindre.

Restait donc cet interminable ouragan dont rien ne semblait devoir modérer la fureur. Si, dans une certaine mesure, Dick Sand pouvait mettre son navire en état de lutter contre la tourmente, il ne pouvait ordonner à ce vent de mollir, à ces lames de s'apaiser, à ce ciel de se rasséréner. A bord, s'il était « maître après Dieu », hors du bord, Dieu seul commandait aux vents et aux flots.

CHAPITRE XIII

TERRE ! TERRE !

Cependant, cette confiance, dont s'emplissait instinctivement le cœur de Dick Sand, allait être en partie justifiée.

Le lendemain, 27 mars, la colonne de mercure s'éleva dans le tube barométrique. L'oscillation ne fut ni brusque ni considérable : quelques lignes seulement, mais la progression parut devoir être continue. La tempête allait évidemment entrer dans sa période décroissante, et, si la mer resta excessivement dure, on put constater que le vent diminuait, en remontant légèrement vers l'ouest.

Dick Sand ne pouvait encore songer à mettre de la toile dehors. La moindre voile eût été emportée. Toutefois, il espérait que vingt-quatre heures ne s'écouleraient pas sans qu'il eût la possibilité de gréer un tourmentin.

Pendant la nuit, en effet, le vent mollit assez notablement, si on le comparait à ce qu'il avait été jusqu'alors, et le navire fut moins secoué par ces violents coups de roulis qui avaient menacé de le disloquer.

Les passagers commencèrent à reparaître sur le pont. Ils ne couraient plus le risque d'être emportés par quelque paquet de mer.

Ce fut Mrs. Weldon qui, la première, quitta le carré où Dick Sand, par prudence, l'avait obligée à se renfermer pendant toute la durée de cette longue tempête. Elle vint causer avec le novice, qu'une volonté vraiment surhumaine avait rendu capable de résister à tant de fatigues. Amaigri, pâle sous le hâle de son teint, il eût dû être affaibli par la privation de ce sommeil, si nécessaire à son âge!

Non! sa vaillante nature résistait à tout. Peut-être payerait-il cher un jour cette période d'épreuves! Mais ce n'était pas le moment de se laisser abattre. Dick Sand s'était dit tout cela, et Mrs. Weldon le trouva aussi énergique qu'il l'avait jamais été.

Et puis, il avait confiance, ce brave Sand, et si la confiance ne se commande pas, du moins, elle commande.

« Dick, mon cher enfant, mon capitaine! dit Mrs. Weldon en tendant la main au jeune novice.

— Ah! mistress Weldon, s'écria Dick Sand en souriant, vous lui désobéissez à votre capitaine! Vous revenez sur le pont, vous quittez votre cabine malgré ses... prières!

— Oui, je te désobéis, répondit Mrs. Weldon; mais j'ai comme un pressentiment que la tempête se calme ou va se calmer!

— Elle se calme, en effet, mistress Weldon, répondit le novice. Vous ne vous trompez pas! Le baromètre n'a pas baissé depuis hier. Le vent a molli, et j'ai lieu de croire que nos plus dures épreuves sont passées.

— Le Ciel t'entende, Dick! Ah! tu as bien souffert, mon pauvre enfant! Tu as fait là...

— Mon strict devoir, mistress Weldon.

— Mais vas-tu pouvoir enfin prendre quelque repos?

— Du repos! répondit le novice. Je n'ai pas besoin de repos, mistress Weldon! Je me porte bien, Dieu merci, et il faut que j'aille jusqu'au bout! Vous m'avez nommé capitaine, et je resterai capitaine jusqu'au moment où tous les passagers du *Pilgrim* seront en sûreté.

— Dick, reprit mistress Weldon, mon mari et moi, nous n'oublierons jamais ce que tu viens de faire.

— Dieu a tout fait, répondit Dick Sand, tout!

— Mon enfant, je te répète que, par ton énergie morale et physique, tu t'es montré un homme, un homme digne de commander, et avant peu, aussitôt que tes études seront achevées, — mon mari ne me démentira pas, — tu commanderas pour la maison James-W. Weldon!

— Moi... moi!... s'écria Dick Sand, dont les yeux se voilèrent de larmes.

— Dick! répondit Mrs. Weldon, tu étais déjà notre enfant d'adoption, et maintenant, tu es notre fils, le sauveur de ta mère et de ton petit frère Jack! Mon cher Dick, je t'embrasse pour mon mari et pour moi! »

La courageuse femme aurait voulu ne pas s'attendrir en pressant le jeune novice dans ses bras, mais son cœur débordait. Quant aux sentiments qu'éprouvait Dick Sand, quelle plume les pourrait rendre! Il se demandait s'il ne pouvait pas faire plus que de donner sa vie pour ses bienfaiteurs, et il acceptait d'avance toutes les épreuves qui lui seraient imposées dans l'avenir.

Après cet entretien, Dick Sand se sentit plus fort. Que le vent devînt maniable, qu'il lui fût permis d'établir quelque voile, et il ne doutait pas de pouvoir diriger son navire vers un port où tous ceux qu'il portait trouveraient enfin le salut.

Le 29, le vent ayant un peu diminué, Dick Sand songea à rétablir la misaine et le hunier, par conséquent, à accroître la vitesse du *Pilgrim* en assurant sa direction.

« Allons, Tom! allons, mes amis! s'écria-t-il, lorsqu'il remonta sur le pont à la pointe du jour. Venez! J'ai besoin de vos bras!

— Nous sommes prêts, capitaine Sand, répondit le vieux Tom.

— Prêts à tout, ajouta Hercule. Il n'y avait rien à faire pendant cette tempête, et je commençais à me rouiller!

— Il fallait souffler avec ta grande bouche, dit le petit Jack. Je parie que tu aurais été aussi fort que le vent!

— C'est une idée, Jack! répondit Dick Sand en riant. Quand il y aura calme, nous ferons souffler Hercule dans les voiles!

— A vos ordres, monsieur Dick! répondit le brave noir, en enflant ses joues comme un gigantesque Borée.

— Maintenant, mes amis, reprit le novice, nous allons commencer par enverguer une voile de rechange, puisque notre hunier a été emporté dans la tourmente. Ce sera peut-être difficile, mais il faut que cela se fasse!

— Ça se fera! répondit Actéon.

— Puis-je vous aider? demanda le petit Jack, toujours disposé à la manœuvre.

— Oui, mon Jack, répondit le novice. Tu vas te mettre à la roue avec notre ami Bat, et tu l'aideras à gouverner. »

Si le petit Jack fut fier d'être aide-timonier du *Pilgrim*, il est superflu de le dire.

« Maintenant, à l'ouvrage, reprit Dick Sand, et, autant que possible, ne nous exposons pas. »

Les noirs, guidés par le novice, se mirent aussitôt à la besogne. Enverguer un hunier, cela présentait quelques difficultés pour Tom et ses compagnons. Il s'agissait de hisser d'abord la voile roulée sur elle-même, puis de la fixer à la vergue.

Cependant, Dick Sand commanda si bien et fut si bien obéi, qu'après une heure de travail, la voile était enverguée, la vergue hissée et le hunier convenablement établi avec deux ris.

Quant à la misaine et au second foc, qui avaient pu être serrés avant la tempête, ces voiles furent installées sans trop de peine, malgré la force du vent.

Enfin, ce jour-là, à dix heures du matin, le *Pilgrim* faisait route sous sa misaine, son hunier et son foc.

Dick Sand n'avait pas jugé prudent de faire plus de toile. La voilure qu'il portait devait lui assurer, tant que le vent ne mollirait pas, une vitesse de deux cents milles au moins par vingt-quatre heures, et il ne lui en fallait pas davantage pour atteindre la côte américaine avant dix jours.

Le novice fut vraiment satisfait, quand, revenu à la barre, il reprit son poste, après avoir remercié maître Jack, l'aide-timonier du *Pilgrim*. Il n'était plus à la merci des lames. Il faisait bonne route. Sa joie sera comprise de tous ceux qui sont familiarisés quelque peu avec les choses de la mer.

Le lendemain, les nuages couraient encore avec la même vitesse, mais ils laissaient entre eux de grandes trouées, par lesquelles les rayons du soleil se projetaient jusqu'à la surface des eaux. Le *Pilgrim* en était parfois inondé. Bonne chose que cette vivifiante lumière! Quelquefois, elle s'éteignait derrière une large masse de vapeurs qui filait dans l'est, puis elle reparaissait pour disparaître encore, mais le temps redevenait beau.

Les panneaux avaient été ouverts afin de ventiler l'intérieur du navire. Un air salubre pénétrait dans la cale, dans le carré de l'arrière, dans le poste de l'équipage. On mit sécher les voiles humides, qui furent étendues sur les dromes. Le pont fut aussi nettoyé. Dick Sand ne voulait pas que son navire arrivât au port sans avoir fait un bout de toilette. Sans surmener l'équipage, quelques heures, employées chaque jour à cette besogne, devaient la conduire à bonne fin.

Bien que le novice ne pût plus jeter le loch, il avait assez l'habitude d'estimer le sillage d'un navire pour se rendre à peu près compte de sa vitesse. Il ne doutait donc pas d'avoir connaissance de la terre avant sept jours, et, cette opinion, il la fit partager à Mrs. Weldon, après lui avoir montré sur la carte la position probable du navire.

« Eh bien! à quel point de la côte arriverons-nous, mon cher Dick? lui demanda-t-elle.

— Ici, mistress Weldon, répondit le novice, en indiquant ce long cordon littoral qui s'étend du Pérou au Chili. Je ne saurais être plus précis. Voici l'île de Pâques, que nous avons laissée dans l'ouest, et, par la direction du vent, qui a été constante, j'en conclus que nous relèverons la terre dans l'est. Les ports de relâche sont assez nombreux sur cette côte, mais de dire celui que nous aurons en vue au moment d'atterrir, c'est ce qui ne m'est pas possible en ce moment.

— Eh bien, Dick, quel qu'il soit, ce port sera le bienvenu !

— Si, mistress Weldon, et vous y trouverez certainement les moyens de retourner promptement à San-Francisco. La Compagnie de navigation du Pacifique a un service très-bien organisé sur ce littoral. Ses steamers touchent aux principaux points de la côte, et rien ne vous sera plus facile que de prendre passage pour la Californie.

— Tu ne comptes donc pas ramener le *Pilgrim* à San-Francisco ? demanda Mrs. Weldon.

— Si, après vous avoir débarquée, mistress Weldon. Si nous pouvons nous procurer un officier et un équipage, nous irons décharger notre cargaison à Valparaiso, ainsi que devait le faire le capitaine Hull. Puis, nous retournerons à notre port d'attache. Mais cela vous retarderait trop, et, quoique bien attristé de me séparer de vous...

— Bien, Dick, répondit Mrs. Weldon. Nous verrons plus tard ce qu'il conviendra de faire. — Dis-moi, tu semblais craindre les dangers que présente la terre ?

— Ils sont à craindre, en effet, répondit le novice, mais j'espère toujours rencontrer quelque bâtiment sur ces parages, et je suis même très-surpris de n'en pas voir. N'en passât-il qu'un seul, nous entrerions en communication avec lui, il nous donnerait notre situation exacte, et cela faciliterait beaucoup notre arrivée en vue de terre.

— N'y a-t-il donc pas de pilotes qui fassent le service de cette côte ? demanda Mrs. Weldon.

— Il doit s'en trouver, répondit Dick Sand, mais beaucoup plus près de terre. Il faut donc que nous continuions à l'approcher.

— Et si nous ne rencontrons pas de pilote ?... demanda Mrs. Weldon, qui insista pour savoir comment le jeune novice parerait à toutes les éventualités.

— Dans ce cas, mistress Weldon, ou le temps sera resté clair, le vent maniable, et je tâcherai de remonter la côte d'assez près pour y trouver un refuge, ou le vent fraîchira, et alors...

— Alors ?... Que feras-tu, Dick ?

— Alors, dans les conditions où se trouve le *Pilgrim*, répondit Dick Sand, une fois affalé sous la terre, il sera bien difficile de l'en relever !

— Que feras-tu? répéta Mrs. Weldon.

— Je serai forcé de mettre mon navire à la côte, répondit le novice, dont le front s'obscurcit un instant. Ah! c'est une dure extrémité, et Dieu veuille que nous n'en soyons pas réduit là! Mais, je vous le répète, mistress Weldon, l'apparence du ciel est rassurante, et il n'est pas possible qu'un bâtiment ou un bateau-pilote ne nous rencontrent pas! Donc, bon espoir! Nous avons le cap sur la terre, et nous la verrons avant peu! »

Oui, mettre son navire à la côte, c'est là une dernière extrémité, à laquelle le plus énergique marin ne se résout pas sans épouvante! Aussi, Dick Sand ne voulait pas la prévoir, tant qu'il avait pour lui quelques chances d'y échapper.

Pendant quelques jours, il y eut dans l'état de l'atmosphère des alternatives qui rendirent, de nouveau, le novice très-inquiet. Le vent se maintenait toujours à l'état de grande brise, et certaines oscillations de la colonne barométrique indiquaient qu'il tendait à fraîchir. Dick Sand se demandait donc, non sans appréhension, s'il ne serait pas encore forcé de fuir à sec de toile. Il avait si grand intérêt, cependant, à conserver au moins son hunier, qu'il résolut de le garder, tant qu'il ne risquerait pas d'être emporté. Mais, pour assurer la solidité des mâts, il fit raidir les haubans et galhaubans. Avant tout, il ne fallait pas compromettre la situation, qui serait devenue des plus graves, si le *Pilgrim* eût été désemparé de sa mâture.

Une ou deux fois aussi, le baromètre remontant, on put craindre que le vent ne changeât cap pour cap, c'est-à-dire qu'il ne passât dans l'est. Il aurait alors fallu prendre le plus près!

Nouvelle anxiété pour Dick Sand. Qu'eût-il fait avec un vent contraire? Courir des bordées? Mais, s'il était obligé d'en venir là, que de retards nouveaux et quels risques d'être rejeté au large!

Ces craintes ne se réalisèrent pas, heureusement. Le vent, après avoir varié pendant quelques jours, halant tantôt le nord, tantôt le sud, se fixa définitivement à l'ouest. Mais c'était toujours une forte brise de grand frais, qui fatiguait la mâture.

On était au 5 avril. Ainsi donc, plus de deux mois s'étaient écoulés déjà depuis que le *Pilgrim* avait quitté la Nouvelle-Zélande. Pendant vingt jours, un vent contraire et de longs calmes avaient retardé sa marche. Ensuite, il s'était trouvé dans les conditions favorables pour gagner rapidement la terre. Sa vitesse même avait dû être très-considérable pendant la tempête. Dick Sand n'estimait pas sa moyenne à moins de deux cents milles par jour! Comment

« A quel point de la côte arriverons-nous? » (Page 117.)

donc n'avait-il pas déjà connaissance de la côte? Fuyait-elle devant le *Pilgrim?* C'était absolument inexplicable.

Et, cependant, aucune terre n'était signalée, bien qu'un des noirs se tînt constamment dans les barres.

Souvent Dick Sand y montait lui-même. Là, sa lunette aux yeux, il cherchait à découvrir quelque apparence de montagnes. La chaîne des Andes est fort élevée. C'était donc dans la zone des nuages qu'il fallait chercher quelque pic qui eût émergé des vapeurs de l'horizon.

Plusieurs fois, Tom et ses compagnons furent trompés par de faux indices de terres Ce n'étaient que des vapeurs de forme bizarre, qui se dressaient

En cet endroit, la mer était plus furieuse. (Page 124.)

en arrière-plan. Il arriva même que ces braves gens s'entêtèrent quelquefois dans leur affirmation ; mais, après un certain temps, ils étaient forcés de reconnaître qu'ils avaient été dupes d'une illusion d'optique. La prétendue terre se déplaçait, changeait de forme et finissait par s'effacer complétement.

Le 6 avril, il n'y eut plus de doute possible.

Il était huit heures du matin. Dick Sand venait de monter dans les barres. A ce moment, les brumes se condensèrent sous les premiers rayons du soleil et l'horizon fut assez nettement dégagé.

De la bouche de Dick Sand s'échappa enfin le cri tant attendu :

« Terre! terre devant nous ! »

A ce cri, tout le monde accourut sur le pont, le petit Jack, curieux comme on l'est à cet âge, Mrs. Weldon, dont les épreuves allaient cesser avec l'atterrissement, Tom et ses compagnons, qui allaient enfin remettre pied sur le continent américain, cousin Bénédict lui-même, qui espérait bien recueillir toute une riche collection d'insectes nouveaux pour lui.

Seul, Negoro ne parut pas.

Chacun vit alors ce que Dick Sand avait vu, les uns très-distinctement, les autres avec les yeux de la foi. Mais, de la part du novice, si habitué à observer les horizons de mer, il n'y avait pas d'erreur possible, et, une heure après, il fallait convenir qu'il ne s'était pas trompé.

A une distance de quatre milles environ dans l'est, se profilait une côte assez basse, ou, du moins, qui paraissait telle. Elle devait être dominée en arrière par la haute chaîne des Andes, mais la dernière zone de nuages ne permettait pas d'en apercevoir les sommets.

Le *Pilgrim* courait directement et rapidement sur ce littoral, qui s'élargissait à vue d'œil.

Deux heures après, il n'en était plus qu'à trois milles.

Cette partie de la côte se terminait dans le nord-est par un cap assez élevé, qui couvrait une sorte de rade foraine. Au contraire, dans le sud-est, elle s'allongeait comme une fine langue de terre.

Quelques arbres couronnaient une succession de falaises peu élevées, qui se détachaient alors sur le ciel. Mais il était évident, étant donné le caractère géographique du pays, que la haute chaîne de montagnes des Andes formait leur arrière-plan.

Du reste, nulle habitation en vue, nul port, nulle embouchure de rivière, qui pût servir de refuge à un bâtiment.

En ce moment, le *Pilgrim* courait droit sur la terre. Avec la voilure réduite dont il disposait, les vents battant en côte, Dick Sand n'aurait pu l'en relever.

En avant se dessinait une longue bande de récifs sur lesquels la mer, toute blanche, écumait. On voyait les lames déferler jusqu'à mi-falaise. Il devait y avoir là un ressac monstrueux.

Dick Sand, après être resté sur le gaillard d'avant à observer la côte, revint à l'arrière, et, sans dire un mot, il prit la barre.

Le vent fraîchissait toujours. Le brick-goëlette ne fut bientôt plus qu'à un mille du rivage.

Dick Sand aperçut alors une sorte de petite anse dans laquelle il résolut de donner; mais, avant de l'atteindre, il fallait traverser une ligne de récifs, entre lesquels il eût été difficile de suivre une passe. Le ressac indiquait que l'eau manquait partout.

A ce moment, Dingo, qui allait et venait sur le pont, s'élança vers l'avant, et, regardant la terre, fit entendre des aboiements lamentables. On eût dit que le chien reconnaissait ce littoral, et que son instinct lui rappelait quelque douloureux souvenir.

Negoro l'entendit sans doute, car un irrésistible sentiment le poussa hors de sa cabine, et, quoi qu'il eût à craindre du chien, il vint presque aussitôt s'accouder sur le bastingage.

Fort heureusement pour lui, Dingo, dont les tristes aboiements s'adressaient toujours à cette terre, ne l'aperçut pas.

Negoro regardait ce furieux ressac, et cela ne parut pas l'effrayer. Mrs. Weldon, qui l'observait, crut voir que sa face rougit légèrement et qu'un instant ses traits se contractèrent.

Negoro connaissait-il donc ce point du continent où les vents poussaient le *Pilgrim?*

En ce moment, Dick Sand quitta la barre qu'il remit au vieux Tom. Une dernière fois, il vint regarder l'anse qui s'ouvrait peu à peu. Puis :

« Mistress Weldon, dit-il d'une voix ferme, je n'ai plus l'espoir de trouver un refuge ! Avant une demi-heure, malgré tous mes efforts, le *Pilgrim* sera sur les récifs! Il faut nous mettre à la côte! Je ne ramènerai pas le navire au port! Je suis forcé de le perdre pour vous sauver! Mais, entre votre salut et le sien, je n'ai pas à hésiter!

— Tu as fait tout ce qui dépendait de toi, Dick? demanda Mrs. Weldon.

— Tout, » répondit le jeune novice.

Et, aussitôt, il fit ses préparatifs pour l'échouage.

Tout d'abord, Mrs. Weldon, Jack, cousin Bénédict, Nan durent revêtir des ceintures de sauvetage. Dick Sand, Tom et les noirs, habiles nageurs, se mirent également en mesure de gagner la côte, pour le cas où ils seraient précipités à la mer.

Hercule devait particulièrement veiller sur Mrs. Weldon. Le novice se chargeait du petit Jack. Cousin Bénédict, très-tranquille d'ailleurs, reparut sur le pont avec sa boîte d'entomologiste en bandoulière. Le novice le recommanda à Bat et à Austin. Quant à Negoro, son calme singulier disait assez qu'il n'avait besoin de l'aide de personne.

Dick Sand, par une suprême précaution, fit aussi monter sur le gaillard d'avant une dizaine de barils de la cargaison qui contenaient de l'huile de baleine.

Cette huile, versée à propos, au moment où le *Pilgrim* serait dans le ressac, devait calmer un instant la mer, en lubrifiant pour ainsi dire les molécules d'eau, et cette manœuvre faciliterait peut-être le passage du navire entre les récifs.

Dick Sand ne voulait rien négliger de ce qui pouvait peut-être assurer le salut commun.

Toutes ces précautions prises, le novice revint prendre place à la roue du gouvernail.

Le *Pilgrim* n'était plus qu'à deux encâblures de la côte, c'est-à-dire presque à toucher les récifs. Son flanc de tribord baignait déjà dans l'écume blanche du ressac. A chaque instant, le novice pouvait croire que la quille du bâtiment allait heurter quelque fond de roche.

Tout à coup, Dick Sand reconnut, à un changement dans la couleur de l'eau, qu'une passe s'allongeait entre les récifs. Il fallait sans hésiter s'y engager hardiment, afin de faire côte le plus près possible du rivage.

Le novice n'hésita pas. Un coup de barre lança le navire dans l'étroit et sinueux chenal.

En cet endroit, la mer était plus furieuse encore, et les lames rebondissaient jusque sur le pont.

Les noirs étaient postés à l'avant, près des barils, attendant les ordres du novice.

« Filez l'huile ! Filez ! » cria Dick Sand.

Sous cette huile qu'on lui versait à flots, la mer se calma, comme par enchantement, quitte à redevenir plus effroyable un instant après.

Le *Pilgrim* glissa rapidement sur ces eaux lubrifiées et pointa droit vers le rivage.

Soudain, un choc eut lieu. Le navire, soulevé par une lame formidable, venait de s'échouer, et sa mâture était tombée sans blesser personne.

La coque du *Pilgrim*, entr'ouverte au choc, fut envahie par l'eau avec une extrême violence. Mais le rivage n'était pas à une demi-encâblure, et une chaîne de petites roches noirâtres permettait de l'atteindre assez facilement.

Aussi, dix minutes après, tous ceux que portait le *Pilgrim* avaient-ils débarqué au pied de la falaise.

CHAPITRE XIV

CE QU'IL CONVIENT DE FAIRE.

Ainsi donc, après une traversée longtemps contrariée par les calmes, puis favorisée par les vents de nord-ouest et de sud-ouest, — traversée qui n'avait pas duré moins de soixante-quatorze jours, — le *Pilgrim* venait de se mettre à la côte !

Cependant, Mrs. Weldon et ses compagnons remercièrent la Providence, dès qu'ils furent en sûreté. En effet, c'était sur un continent, et non sur une des funestes îles de la Polynésie, que les avait jetés la tempête. Leur rapatriement, en quelque point de l'Amérique du Sud qu'ils eussent atterri, ne devait pas, semblait-il, présenter de difficultés sérieuses.

Quant au *Pilgrim*, il était perdu. Ce n'était plus qu'une carcasse sans valeur, dont le ressac allait en quelques heures disperser les débris. Il eût été impossible d'en rien sauver. Mais si Dick Sand n'avait pas cette joie de ramener à son armateur un bâtiment intact, du moins, grâce à lui, ceux qui le montaient étaient-ils sains et saufs sur quelque côte hospitalière, et, parmi eux, la femme et l'enfant de James-W. Weldon.

Quant à la question de savoir en quelle partie du littoral américain le brick-goëlette avait échoué, on aurait pu discuter longuement. Était-ce, ainsi que devait le supposer Dick Sand, sur le rivage du Pérou? Peut-être, car il savait, par le relèvement même de l'île de Pâques, que le *Pilgrim* avait été rejeté dans le nord-est, sous l'action des vents, et aussi, sans doute, sous l'influence des courants de la zone équatoriale. Du quarante-troisième degré de latitude, il avait très-bien pu dériver jusqu'au quinzième.

Il était donc important d'être fixé le plus tôt possible sur le point précis de la côte où le brick-goëlette venait de se perdre. Étant donné que cette côte fût celle du Pérou, les ports, les bourgades, les villages n'y manquaient point, et, conséquemment, il serait aisé de gagner quelque endroit habité. Quant à cette partie du littoral, elle paraissait déserte.

C'était une étroite grève, semée de roches noires, que fermait une falaise de médiocre hauteur, très-irrégulièrement découpée par de larges entonnoirs, dus à la rupture de la roche. Çà et là, quelques pentes douces donnaient accès jusqu'à sa crête.

Dans le nord, à un quart de mille du lieu d'échouage, se creusait l'embouchure d'une petite rivière, qui n'avait pu être aperçue du large. Sur ses rives se penchaient de nombreux « rhizophores », sortes de mangliers essentiellement distincts de leurs congénères de l'Inde.

La crête de la falaise, — ceci fut bientôt reconnu, — était dominée par une épaisse forêt, dont les masses verdoyantes ondulaient sous le regard et s'étendaient jusqu'aux montagnes de l'arrière-plan. Là, si cousin Bénédict eût été botaniste, combien d'arbres, nouveaux pour lui, n'eussent pas manqué de provoquer son admiration!

C'étaient de ces hauts baobabs, — auxquels on a d'ailleurs faussement attribué une longévité extraordinaire, — dont l'écorce ressemblait à la syénite égyptienne, des lataniers, des pins blancs, des tamariniers, des poivriers d'une espèce particulière, et cent autres végétaux qu'un Américain n'est pas habitué à voir dans la région nord du nouveau continent.

Mais, circonstance assez curieuse, parmi ces essences forestières, on n'eût pas rencontré un seul échantillon de cette nombreuse famille des palmiers, qui compte plus de mille espèces, répandues à profusion sur presque toute la surface du globe.

Au-dessus de la plage voltigeaient un grand nombre d'oiseaux très-criards, qui appartenaient pour la plupart à différentes variétés d'hirondelles, noires de plumage, avec un reflet bleu d'acier, mais d'un blond châtain à la partie supérieure de la tête. Çà et là se levaient aussi quelques perdrix, au cou entièrement pelé et de couleur grise.

Mrs. Weldon et Dick Sand observèrent que ces différents volatiles ne paraissaient pas être trop sauvages. Ils se laissaient approcher sans rien craindre. N'avaient-ils donc pas encore appris à redouter la présence de l'homme, et cette côte était-elle si abandonnée que la détonation d'une arme à feu ne s'y fût jamais fait entendre?

A la lisière des écueils se promenaient quelques pélicans de l'espèce du « pélican minor », occupés à remplir de petits poissons le sac qu'ils portent entre les branches de leur mandibule inférieure.

Quelques mouettes, venues du large, commençaient à tournoyer autour du *Pilgrim*.

Mais ces oiseaux étaient les seuls êtres vivants qui parussent fréquenter cette partie du littoral, — sans compter, sans doute, nombre d'insectes intéressants que cousin Bénédict saurait bien découvrir. Mais, quoi qu'en eût le petit Jack, on ne pouvait leur demander le nom du pays, et, pour l'apprendre, il fallait nécessairement s'adresser à quelque indigène.

Il n'y en avait pas, ou, du moins, on n'en voyait pas un seul. D'habitation, hutte ou cabane, pas davantage, ni dans le nord, au delà de la petite rivière, ni dans le sud, ni enfin à la partie supérieure de cette falaise, au milieu des arbres de l'épaisse forêt. Pas une fumée ne montait dans l'air. Aucun indice, marque ou empreinte n'indiquait que cette portion du continent fût visitée par des êtres humains.

Dick Sand ne laissait pas d'être assez surpris.

« Où sommes-nous? où pouvons-nous être? se demandait-il. Quoi! personne à qui parler! »

Personne, en vérité, et, à coup sûr, si quelque indigène se fût approché, Dingo l'eût senti et annoncé par un aboiement. Le chien allait et venait sur la grève, le nez au sol, la queue basse, grondant sourdement, certainement très-singulier d'allure, mais ne décelant l'approche ni d'un homme, ni d'un animal quelconque.

« Dick, regarde donc Dingo! dit Mrs. Weldon.

— Oui! cela est étrange! répondit le novice. Il semble qu'il cherche à retrouver une piste!

— Bien étrange, en effet! » murmura Mrs. Weldon.

Puis, reprenant :

« Que fait Negoro? demanda-t-elle.

— Il fait ce que fait Dingo, répondit Dick Sand. Il va, il vient!... Après tout, il est libre ici. Je n'ai plus le droit de lui donner des ordres. Son service a fini après l'échouage du *Pilgrim!* »

En effet, Negoro arpentait la grève, se retournait, regardait le rivage et la falaise, comme un homme qui eût cherché à rassembler des souvenirs et à les fixer. Connaissait-il donc cette contrée? Il aurait probablement refusé de répondre à cette question, si elle lui eût été faite. Le mieux était encore de ne pas s'occuper de ce personnage, si peu sociable. Dick Sand le vit bientôt se diriger du côté de la petite rivière, et, quand Negoro eut disparu au tournant de la falaise, il cessa de songer à lui.

Dingo avait bien aboyé, lorsque le cuisinier était arrivé sur la berge, mais il s'était tu presque aussitôt.

Il fallait, maintenant, aviser au plus pressé. Or, le plus pressé, c'était de trouver un refuge, un abri quelconque, où l'on pût s'installer provisoirement et

Connaissait-il donc cette contrée ? (Page 127.)

prendre quelque nourriture. Puis, on tiendrait conseil, et l'on déciderait de ce qu'il conviendrait de faire.

De la nourriture, il n'y avait pas à se préoccuper. Sans parler des ressources que devait offrir le pays, la cambuse du navire s'était vidée au profit des survivants du naufrage. Le ressac avait jeté çà et là, au milieu des écueils que découvrait alors le jusant, une grande quantité d'objets. Tom et ses compagnons avaient déjà recueilli quelques barils de biscuit, des boîtes de conserves alimentaires, des caisses de viande séchée. L'eau ne les ayant point encore avariés, l'alimentation de la petite troupe était assurée pour plus de temps qu'il ne lui en faudrait, sans doute, à atteindre une bourgade ou un village. Sous ce

En revoyant leur bâtiment... (Page 133.)

rapport, il n'y avait rien à craindre. Ces diverses épaves, déjà mises en lieu sûr, ne pouvaient plus être reprises par la mer montante.

L'eau douce ne faisait pas défaut non plus. Tout d'abord, Dick Sand avait eu soin d'envoyer Hercule en chercher quelques pintes à la petite rivière. Mais ce fut un tonneau que le vigoureux nègre rapporta sur son épaule, après l'avoir rempli d'une eau fraîche et pure, que le reflux de la marée laissait parfaitement potable.

Quant au feu, s'il était nécessaire d'en allumer, le bois mort ne manquait pas aux environs, et les racines des vieux mangliers devaient fournir tout le combustible dont on aurait besoin. Le vieux Tom, fumeur acharné, était pourvu d'une certaine quantité d'amadou, bien conservé dans une boîte hermétiquement close, et, quand on le voudrait, il battrait le briquet, ne fût-ce qu'avec les silex de la grève.

Restait donc à découvrir le trou dans lequel se blottirait la petite troupe, pour le cas où il lui conviendrait de prendre une nuit de repos avant de se mettre en marche.

Et, ma foi, ce fut le petit Jack qui trouva la chambre à coucher en question. En trottinant au pied de la falaise, derrière un retour de la roche, il découvrit une de ces grottes, bien polies, bien évidées, que la mer creuse elle-même, lorsque ses flots, grossis par la tempête, battent la côte.

Le jeune enfant était ravi. Il appela sa mère en poussant des cris de joie et lui montra triomphalement sa découverte.

« Bien, mon Jack! répondit Mrs. Weldon. Si nous étions des Robinson destinés à vivre longtemps sur ce rivage, nous n'oublierions pas de donner ton nom à ta grotte! »

La grotte n'avait que dix à douze pieds de profondeur et autant de largeur, mais, aux yeux du petit Jack, c'était une énorme caverne. En tout cas, elle devait suffire à contenir les naufragés, et, — ce que Mrs. Weldon et Nan constatèrent avec satisfaction, — elle était bien sèche. La lune se trouvait alors dans son premier quartier, et on ne devait pas craindre que ces marées de morte eau atteignissent le pied de la falaise, et la grotte, par conséquent. Donc, il n'en fallait pas plus pour se reposer quelques heures.

Dix minutes après, tout le monde était étendu sur un tapis de varech. Negoro lui-même avait cru devoir rejoindre la petite troupe et prendre sa part du repas qui allait être fait en commun. Sans doute, il n'avait pas jugé à propos de s'aventurer seul sous l'épaisse forêt à travers laquelle s'enfonçait la sinueuse rivière.

Il était une heure après midi. La viande conservée, le biscuit, l'eau douce, additionnée de quelques gouttes de rhum, dont Bat avait sauvé un quartaut, firent les frais de ce repas.

Mais, si Negoro y prit part, il ne se mêla aucunement à la conversation, dans laquelle furent discutées les mesures qu'exigeait la situation des naufragés. Toutefois, sans trop en avoir l'air, il écouta et fit son profit, sans doute, de ce qu'il entendit.

Pendant ce temps, Dingo, qui n'avait point été oublié, veillait hors de la grotte. On pouvait être tranquille. Nul être vivant ne se fût montré sur la grève sans que le fidèle animal eût donné l'éveil.

Mrs. Weldon, tenant son petit Jack à demi couché et presque endormi sur elle, prit la parole.

« Dick, mon ami, dit-elle, au nom de tous, je te remercie du dévouement que tu nous as montré jusqu'ici, mais nous ne te tenons pas quitte encore. Tu seras notre guide à terre, comme tu étais notre capitaine à bord. Toute notre confiance t'appartient. Parle donc ! Que faut-il faire ? »

Mrs. Weldon, la vieille Nan, Tom et ses compagnons, tous avaient les yeux fixés sur le jeune novice. Negoro lui même le regardait avec une insistance singulière. Évidemment, ce qu'allait répondre Dick Sand l'intéressait tout particulièrement.

Dick Sand réfléchit pendant quelques instants. Puis :

« Mistress Weldon, dit-il, l'important est de savoir, d'abord, où nous sommes. Je crois que notre navire ne peut avoir atterri que sur cette portion du littoral américain qui forme la côte péruvienne. Les vents et les courants ont dû le porter jusqu'à cette latitude. Mais sommes-nous ici dans quelque province méridionale du Pérou, c'est-à-dire sur la partie la moins habitée qui confine aux pampas? Peut-être. Je le croirais volontiers même, à voir cette plage si déserte et qui ne doit être que peu fréquentée. Dans ce cas, il se pourrait que nous fussions assez éloignés de la plus prochaine bourgade, ce qui serait fâcheux.

— Eh bien, que faire? répéta Mrs. Weldon.

— Mon avis, reprit Dick Sand, serait de ne pas quitter cet abri avant d'être fixés sur notre situation. Demain, après une nuit de repos, deux de nous pourraient aller à la découverte. Ils tâcheraient, sans trop s'éloigner, de rencontrer quelques indigènes, de se renseigner près d'eux, et ils reviendraient à la grotte. Il n'est pas possible que, dans un rayon de dix ou douze milles, on ne trouve personne.

— Nous séparer! dit Mrs. Weldon.

— Cela me paraît nécessaire, répondit le novice. Si aucun renseignement ne peut être recueilli, si, par impossible, la contrée est absolument déserte, eh bien! nous aviserons à nous tirer autrement d'affaire.

— Et qui de nous irait à la découverte? demanda Mrs. Weldon, après un instant de réflexion.

— C'est à décider, répondit Dick Sand. Toutefois, je pense que vous, mistress Weldon, Jack, monsieur Bénédict et Nan, vous ne devez pas quitter cette grotte. Bat, Hercule, Actéon et Austin resteraient près de vous, tandis que Tom et moi, nous irions en avant. — Negoro, sans doute, préférera rester ici? ajouta Dick Sand, en regardant le maître-coq.

— Probablement, répondit Negoro, qui n'était pas homme à s'engager davantage.

— Nous emmènerions Dingo, reprit le novice. Il nous serait utile pendant notre exploration. »

Dingo, entendant prononcer son nom, reparut à l'entrée de la grotte et sembla approuver par un petit aboiement les projets de Dick Sand.

Depuis que le novice avait fait cette proposition, Mrs. Weldon demeurait pensive. Sa répugnance à l'idée d'une séparation, même courte, était très-sérieuse. Ne pouvait-il se faire que le naufrage du *Pilgrim* fût bientôt connu des tribus indiennes qui fréquentaient le littoral, soit au nord, soit au sud, et, au cas où quelques pilleurs d'épaves se présenteraient, ne valait-il pas mieux être tous réunis pour les repousser?

Cette objection, faite à la proposition du novice, méritait vraiment d'être discutée.

Elle tomba, cependant, devant les arguments de Dick Sand, qui fit observer que les Indiens ne devaient pas être confondus avec des sauvages de l'Afrique ou de la Polynésie, et qu'une agression de leur part n'était probablement point à redouter. Mais s'engager dans ce pays sans même savoir à quelle province du Sud-Amérique il appartenait, ni à quelle distance se trouvait la plus prochaine bourgade de cette province, c'était s'exposer à bien des fatigues. La séparation pouvait avoir des inconvénients, sans doute, mais moins que cette marche d'aveugles au milieu d'une forêt qui paraissait se prolonger jusqu'à la base des montagnes.

« D'ailleurs, répéta Dick Sand, en insistant, je ne puis admettre que cette séparation soit de longue durée, et j'affirme même qu'elle ne le sera pas. Après deux jours, au plus, si Tom et moi nous n'avons rencontré ni une habitation, ni un habitant, nous reviendrons à la grotte. Mais cela est trop invraisemblable, et nous n'aurons pas fait vingt milles dans l'intérieur du pays, que nous serons évidemment fixés sur sa situation géographique. Je puis m'être trompé dans mon estime, après tout, puisque les moyens de la fixer astronomiquement m'ont manqué, et il ne serait pas impossible que nous fussions ou plus haut ou plus bas en latitude!

— Oui... tu as certainement raison, mon enfant! répondit Mrs. Weldon, très-anxieuse.

— Et vous, monsieur Bénédict, demanda Dick Sand, que pensez-vous de ce projet?

— Moi?... répondit cousin Bénédict.

— Oui, quel est votre avis?

— Je n'ai point d'avis, répondit cousin Bénédict. Je trouve bien tout ce que l'on propose, et je ferai tout ce que l'on voudra. Veut-on rester ici un jour ou deux? cela me va, et j'emploierai mon temps à étudier ce rivage au point de vue purement entomologique.

— Fais donc à ta volonté, dit Mrs. Weldon à Dick Sand. Nous resterons ici, et tu partiras avec le vieux Tom.

— C'est convenu, dit cousin Bénédict le plus tranquillement du monde. Moi, je vais rendre visite aux insectes de la contrée.

— Ne vous éloignez pas, monsieur Bénédict, dit le novice. Nous vous le recommandons bien!

— Sois sans inquiétude, mon garçon.

— Et surtout, ne nous rapportez pas trop de moustiques! » ajouta le vieux Tom.

Quelques instants après, l'entomologiste, sa précieuse boîte de fer-blanc en bandoulière, quittait la grotte.

Presque en même temps, Negoro l'abandonnait aussi. Il paraissait tout simple à cet homme de ne jamais s'occuper que de lui-même. Mais, tandis que cousin Bénédict gravissait les pentes de la falaise pour aller explorer la lisière de la forêt, lui, retournant vers la rivière, s'éloignait à pas lents et disparaissait une seconde fois en remontant la berge.

Jack dormait toujours. Mrs. Weldon, le laissant sur les genoux de Nan, descendit alors vers la grève. Dick Sand et ses compagnons la suivirent. Il s'agissait de voir si l'état de la mer permettrait d'aller alors jusqu'à la coque du *Pilgrim*, où se trouvaient encore bien des objets qui pouvaient être utiles à la petite troupe.

Les récifs sur lesquels avait échoué le brick-goëlette étaient maintenant à sec. Au milieu des débris de toutes sortes se dressait la carcasse du bâtiment, que la mer haute avait en partie recouverte. Ceci ne laissa pas d'étonner Dick Sand, car il savait que les marées ne sont que très-médiocres sur le littoral américain du Pacifique. Mais, après tout, ce phénomène pouvait s'expliquer par la fureur du vent qui battait en côte.

En revoyant leur bâtiment, Mrs. Weldon et ses compagnons éprouvèrent une impression pénible. C'était là qu'ils avaient vécu de longs jours, là qu'ils avaient souffert! L'aspect de ce pauvre navire, à demi brisé, n'ayant plus ni mât ni voiles, couché sur le flanc comme un être privé de vie, leur serra douloureusement le cœur.

Mais il fallait visiter cette coque, avant que la mer vînt achever de la démolir.

Dick Sand et les noirs purent aisément s'introduire à l'intérieur, après s'être hissés sur le pont, au moyen des manœuvres qui pendaient sur le flanc du *Pilgrim*. Tandis que Tom, Hercule, Bat et Austin s'occupaient de retirer de la cambuse tout ce qui pouvait être utile, tant en comestibles qu'en liquides, le novice pénétra dans le carré. Grâce à Dieu, l'eau n'avait point fait irruption jusqu'à cette partie du bâtiment, dont l'arrière était resté émergé après l'échouage.

Là, Dick Sand trouva quatre fusils en bon état, — excellents remingtons de la fabrique de Purdey and Co., — ainsi qu'une centaine de cartouches, soigneusement serrées dans leurs cartouchières. C'était de quoi armer sa petite troupe et la mettre en état de résister, si, contre toute prévision, des Indiens l'attaquaient en route.

Le novice ne négligea pas non plus de prendre une lanterne de poche; mais les cartes du bord, déposées dans le poste de l'avant et avariées par l'eau, étaient hors d'usage.

Il y avait aussi, dans l'arsenal du *Pilgrim*, quelques-uns de ces solides coutelas qui servent à dépecer la baleine. Dick Sand en choisit six, destinés à compléter l'armement de ses compagnons, et il n'oublia pas d'emporter un inoffensif fusil d'enfant qui appartenait au petit Jack.

Quant aux autres objets que renfermait encore le navire, ou ils avaient été dispersés, ou ils ne pouvaient plus servir. D'ailleurs, il était inutile de se charger outre mesure, pour les quelques jours que durerait le voyage. En vivres, en armes, en munitions, on était plus que pourvu. Cependant, Dick Sand, sur l'avis de Mrs. Weldon, ne négligea pas de prendre tout l'argent qui se trouvait à bord, — environ cinq cents dollars.

C'était peu, en vérité! Mrs. Weldon avait emporté une somme supérieure à celle-ci, et elle ne se retrouvait pas.

Qui donc, si ce n'est Negoro, avait pu prendre les devants dans cette visite au navire et faire main basse sur la réserve du capitaine Hull et de Mrs. Weldon? Nul que lui, à coup sûr, ne pouvait être soupçonné. Toutefois Dick Sand hésita un instant. Ce qu'il savait et ce qu'il entrevoyait de lui, c'est qu'on devait tout craindre de cette nature concentrée, à qui le mal d'autrui pouvait arracher un sourire! Oui, Negoro était un être méchant, mais fallait-il en conclure qu'il fût un malfaiteur? Il en coûtait au caractère de Dick Sand d'aller jusque-là. Et cependant, les soupçons pouvaient-ils s'arrêter sur un autre? Non! ces braves nègres n'avaient pas quitté un instant la grotte, tandis que Negoro avait erré sur la grève. Lui seul devait être coupable. Dick Sand résolut donc d'interroger Negoro et au besoin de le faire fouiller, dès qu'il reviendrait. Il voulait décidément savoir à quoi s'en tenir.

Le soleil alors s'abaissait sur l'horizon. A cette date, il n'avait pas encore dépassé l'équateur pour aller porter chaleur et lumière dans l'hémisphère boréal, mais il s'en approchait. Il tomba donc presque perpendiculairement à cette ligne circulaire où se confondaient la mer et le ciel. Le crépuscule dura peu, l'obscurité se fit promptement, — ce qui confirma le novice dans la pensée qu'il avait atterri sur un point du littoral situé entre le tropique du Capricorne et l'équateur.

Mrs. Weldon, Dick Sand et les noirs revinrent alors à la grotte, où ils devaient prendre quelques heures de repos.

« La nuit sera dure encore, fit observer Tom en montrant l'horizon chargé d'épais nuages.

— Oui, répondit Dick Sand, il ventera grande brise. Mais qu'importe, à présent! Notre pauvre navire est perdu, et la tempête ne peut plus nous atteindre!

— Que la volonté de Dieu soit faite ! » dit Mrs. Weldon.

Il fut convenu que pendant cette nuit, qui serait très-obscure, chacun des noirs veillerait tour à tour à l'entrée de la grotte. On pouvait, en outre, compter sur Dingo pour faire bonne garde.

On s'aperçut alors que cousin Bénédict n'était pas de retour.

Hercule l'appela de toute la force de ses vigoureux poumons, et, presque aussitôt, on vit l'entomologiste redescendre les pentes de la falaise, au risque de se rompre le cou.

Cousin Bénédict était littéralement furieux. Il n'avait pas trouvé un seul insecte nouveau dans la forêt, non, pas un seul qui fût digne de figurer dans sa collection! Des scorpions, des scolopendres et autres myriapodes, tant qu'on voulait, et même plus! Et l'on sait que cousin Bénédict ne frayait pas avec les myriapodes.

« Ce n'était pas la peine, ajouta-t-il, d'avoir fait cinq ou six mille milles, d'avoir bravé la tempête, de s'être jeté à la côte, pour n'y pas rencontrer un seul de ces hexapodes américains, qui sont l'honneur d'un musée entomologique! Non! Cela n'en valait pas la peine! »

Comme conclusion, cousin Bénédict demandait à s'en aller. Il ne voulait pas rester une heure de plus sur ce rivage détesté.

Mrs. Weldon calma son grand enfant. On lui fit espérer qu'il serait plus heu-

Cousin Bénédict était littéralement furieux. (Page 135.)

reux le lendemain, et tous allaient se blottir dans la grotte pour y dormir jusqu'au lever du soleil, lorsque Tom fit observer que Negoro n'était pas encore de retour, bien que la nuit fût faite.

« Où peut-il être? demanda Mrs. Weldon.

— Qu'importe! dit Bat.

— Il importe, au contraire, répondit Mrs. Weldon. J'aimerais mieux encore savoir cet homme près de nous!

— Sans doute, mistress Weldon, répondit Dick Sand, mais, s'il nous a faussé compagnie volontairement, je ne vois pas comment nous pourrions l'obliger à nous rejoindre! Qui sait s'il n'a pas ses raisons de nous éviter à tout jamais! »

« Soyez le bienvenu vous-même. » (Page 140.)

Et, prenant à part Mrs. Weldon, Dick Sand lui fit part de ses soupçons. Il ne fut pas étonné de voir qu'elle les avait eus comme lui. Seulement, ils différaient sur un point.

« Si Negoro reparaît, dit Mrs. Weldon, c'est qu'il aura mis le produit de son vol en lieu sûr. A mon avis, ce que nous aurons de mieux à faire, ne pouvant le convaincre, ce sera de lui cacher nos soupçons et de lui laisser croire que nous sommes ses dupes. »

Mrs. Weldon avait raison. Dick Sand se rendit à son avis.

Cependant, Negoro fut appelé à plusieurs reprises... Il ne répondit point. Ou il était trop loin déjà pour entendre, ou il ne voulait plus revenir.

Les noirs ne regrettaient pas d'être débarrassés de sa personne, mais, ainsi que venait de le dire Mrs. Weldon, peut-être était-il plus à craindre encore de loin que de près! Et puis, comment expliquer que Negoro voulût s'aventurer seul dans cette contrée inconnue? S'était-il donc égaré, et cherchait-il inutilement, dans cette obscure nuit, le chemin de la grotte?

Mrs. Weldon et Dick Sand ne savaient que penser. Quoi qu'il en soit, on ne pouvait, pour attendre Negoro, se priver d'un repos si nécessaire à tous.

En ce moment, le chien, qui courait sur la grève, aboya avec force.

« Qu'a donc Dingo? demanda Mrs. Weldon.

— Il faut absolument le savoir, répondit le novice. Peut-être est-ce Negoro qui revient! »

Aussitôt, Hercule, Bat, Austin et Dick Sand se dirigèrent vers l'embouchure de la rivière.

Mais, arrivés à la berge, ils ne virent et n'entendirent rien. Dingo, maintenant, se taisait.

Dick Sand et les noirs revinrent à la grotte.

La couchée fut organisée le mieux possible. Chacun des noirs se disposa à veiller à tour de rôle au dehors.

Mais Mrs. Weldon, inquiète, ne put dormir. Il lui semblait que cette terre, si ardemment désirée, ne lui donnait pas ce qu'elle en avait pu espérer, la sécurité pour les siens et le repos pour elle.

CHAPITRE XV

HARRIS.

Le lendemain, 7 avril, Austin, qui était de garde au lever du jour, vit Dingo courir, en aboyant, vers la petite rivière. Presque aussitôt, Mrs. Weldon, Dick Sand et les noirs sortirent de la grotte.

Décidément, il y avait quelque chose.

« Dingo a senti un être vivant, homme ou bête, dit le novice.

— En tout cas, ce n'est pas Negoro, fit observer Tom, car Dingo aboierait avec fureur.

— Si ce n'est pas Negoro, où peut-il être? demanda Mrs. Weldon, en jetant à Dick Sand un regard qui ne fut compris que de lui, et, si ce n'est pas lui, qui est-ce donc?

— Nous allons le savoir, mistress Weldon, » répondit le novice.

Puis, s'adressant à Bat, à Austin et à Hercule :

« Armez-vous, mes amis, et venez ! »

Chacun des noirs prit un fusil et un coutelas, ainsi qu'avait fait Dick Sand. Une cartouche fut glissée dans la culasse des remingtons, et, ainsi armés, tous quatre se dirigèrent vers la berge de la rivière.

Mrs. Weldon, Tom, Actéon, restèrent à l'entrée de la grotte, où le petit Jack et Nan se trouvaient encore.

Le soleil se levait alors. Ses rayons, interceptés par les hautes montagnes de l'est, n'arrivaient pas directement à la falaise; mais, jusqu'à l'horizon occidental, la mer étincelait sous les premiers feux du jour.

Dick Sand et ses compagnons suivaient à mi-grève le rivage dont la courbe se raccordait à l'embouchure de la rivière.

Là, Dingo, immobile et comme en arrêt, aboyait toujours. Il était évident qu'il voyait ou sentait quelque indigène.

Et, en effet, ce n'était plus à Negoro, à son ennemi du bord, cette fois, que le chien en voulait.

Un homme tournait, en ce moment, le dernier pan de la falaise. Il s'avançait prudemment sur la berge, et, par ses gestes familiers, il cherchait à calmer Dingo. Il ne se souciait pas, on le comprenait, d'affronter la colère du vigoureux animal.

« Ce n'est pas Negoro ! dit Hercule.

— Nous ne pouvons perdre au change ! répondit Bat.

— Non, dit le novice. C'est probablement quelque indigène, qui nous épargnera l'ennui d'une séparation. Nous allons donc enfin savoir exactement où nous sommes ! »

Et tous quatre, remettant leurs fusils sur l'épaule, se dirigèrent rapidement vers l'inconnu.

Celui-ci, en les voyant s'approcher, donna, tout d'abord, les marques de la plus vive surprise. Très-certainement, il ne s'attendait pas à rencontrer des étrangers sur cette partie de la côte. Évidemment aussi, il n'avait pas encore aperçu les débris du *Pilgrim*, sans quoi, la présence de naufragés se fût expliquée tout naturellement pour lui. D'ailleurs, pendant la nuit, le ressac avait achevé de démolir la carcasse du navire, et il n'en restait plus que des épaves qui flottaient au large.

Au premier moment, l'inconnu, voyant marcher vers lui ces quatre hommes armés, fit un mouvement pour revenir sur ses pas. Il portait un fusil en bandoulière, qui passa rapidement dans sa main et de sa main à son épaule. On conçoit qu'il ne fût pas rassuré.

Dick Sand fit un geste de salut, que l'inconnu comprit sans doute, car, après quelque hésitation, il continua d'avancer.

Dick Sand put alors l'examiner avec attention.

C'était un homme vigoureux, âgé de quarante ans au plus, l'œil vif, les cheveux et la barbe grisonnants, le teint hâlé comme celui d'un nomade qui a toujours vécu au grand air dans la forêt ou dans la plaine. Une sorte de blouse en peau tannée lui servait de justaucorps, un large chapeau couvrait sa tête, des bottes de cuir lui montaient jusqu'au-dessous du genou, et des éperons à large molette résonnaient à leurs hauts talons.

Ce que Dick Sand reconnut d'abord, — et ce qui était en effet, — c'est qu'il avait devant lui, non l'un de ces Indiens, coureurs habituels des pampas, mais un de ces aventuriers, de sang étranger, souvent peu recommandables, qui se rencontrent fréquemment dans ces contrées lointaines. Il semblait même, à son attitude assez raide, à la couleur rougeâtre de quelques poils de sa barbe, que cet inconnu devait être d'origine anglo-saxonne. En tout cas, ce n'était ni un Indien ni un Espagnol.

Et cela parut certain, quand, à Dick Sand, qui lui dit en anglais : « Soyez le bienvenu ! » il répondit dans la même langue, et sans que sa prononciation fût entachée d'aucun accent.

« Soyez le bienvenu vous-même, mon jeune ami, » dit l'inconnu, en s'avançant vers le novice, dont il serra la main.

Quant aux noirs, il se contenta de leur faire un geste, sans leur adresser la parole.

« Vous êtes Anglais ? demanda-t-il au novice.

— Américains, répondit Dick Sand.

— Du Sud ?

— Du Nord. »

Cette réponse parut faire plaisir à l'inconnu, qui secoua plus vigoureusement la main du novice, et cette fois bien à l'américaine.

« Et puis-je savoir, mon jeune ami, demanda-t-il, comment vous vous trouvez sur cette côte ? »

Mais, en ce moment, sans attendre que le novice eût répondu à sa demande, l'inconnu retira son chapeau et salua.

Mrs. Weldon s'était avancée jusqu'à la berge, et elle se trouvait alors en face de lui.

Ce fut elle qui répondit à sa question.

« Monsieur, dit-elle, nous sommes des naufragés, dont le navire s'est brisé hier sur ces récifs ! »

Un sentiment de pitié se peignit sur la figure de l'inconnu, dont les regards cherchèrent le bâtiment qui s'était mis à la côte.

« Il ne reste plus rien de notre navire ! ajouta le novice. Le ressac a achevé de le démolir pendant la nuit.

— Et notre première question, reprit Mrs. Weldon, sera pour vous demander où nous sommes ?

— Mais vous êtes sur le littoral de l'Amérique du Sud, répondit l'inconnu, qui parut surpris de la demande. Est-ce que vous pouviez avoir quelque doute à cet égard ?

— Oui, monsieur, car la tempête avait pu nous faire dévier de notre route, que je n'ai pu relever avec précision, répondit Dick Sand. Mais je vous demanderai où nous sommes, plus exactement ? Sur la côte du Pérou, je pense ?

— Non, mon jeune ami, non ! Un peu plus au sud ! Vous vous êtes échoué sur la côte bolivienne.

— Ah ! fit Dick Sand.

— Et vous êtes même sur cette partie méridionale de la Bolivie qui confine au Chili.

— Alors quelle est cette pointe ? demanda Dick Sand, en montrant le promontoire du nord.

— Je ne saurais vous en dire le nom, répondit l'inconnu, car si je connais passablement le pays à l'intérieur pour l'avoir souvent parcouru, c'est la première fois que je visite ce rivage. »

Dick Sand réfléchissait à ce qu'il venait d'apprendre. Cela ne l'étonnait qu'à demi, car son estime avait pu et même dû le tromper en ce qui concernait les courants ; mais l'erreur n'était pas considérable. En effet, il se croyait à peu près entre le vingt-septième et le trentième parallèle, d'après le relèvement qu'il avait fait de l'île de Pâques, et c'était sur le vingt-cinquième parallèle qu'il s'était échoué. Il n'y avait aucune impossibilité à ce que le *Pilgrim* eût dévié de cet écart relativement faible sur une aussi longue traversée.

D'ailleurs, rien n'autorisait à douter des assertions de l'inconnu, et, puisque cette côte était celle de la basse Bolivie, il n'y avait rien d'étonnant à ce qu'elle fût si déserte.

« Monsieur, dit alors Dick Sand, d'après votre réponse, je dois conclure que nous sommes à une assez grande distance de Lima.

— Oh ! Lima est au loin... par là ! dans le nord ! »

Mrs. Weldon, mise tout d'abord en méfiance par la disparition de Negoro, observait le nouveau venu avec une extrême attention, mais elle ne surprit rien, ni dans son attitude, ni dans sa manière de s'exprimer, qui pût faire suspecter sa bonne foi.

« Monsieur, dit-elle, ma question n'est pas indiscrète sans doute... Vous ne semblez pas être d'origine péruvienne ?

— Je suis Américain comme vous l'êtes, mistress?... dit l'inconnu, qui attendit un instant que l'Américaine lui fît connaître son nom.

— Mistress Weldon, répondit celle-ci.

— Moi, je me nomme Harris, et je suis né dans la Caroline du Sud. Mais voilà vingt ans que j'ai quitté mon pays pour les pampas de la Bolivie, et cela me fait plaisir de revoir des compatriotes.

— Vous habitez cette partie de la province, monsieur Harris? demanda Mrs. Weldon.

— Non, mistress Weldon, répondit Harris, je demeure dans le sud, sur la frontière chilienne, mais, en ce moment, je me rends à Atacama, dans le nord-est.

— Sommes-nous donc sur la lisière du désert de ce nom? demanda Dick Sand.

— Précisément, mon jeune ami, et ce désert s'étend bien au delà des montagnes qui ferment l'horizon.

— Le désert d'Atacama? répéta Dick Sand.

— Oui, répondit Harris. Ce désert est comme un pays à part dans cette vaste Amérique du Sud, dont il diffère sous bien des rapports. C'est à la fois la portion la plus curieuse et la moins connue de ce continent.

— Et vous y voyagez seul? demanda Mrs. Weldon.

— Oh! ce n'est pas la première fois que je fais ce voyage! répondit l'Américain. Il y a, à deux cents milles d'ici, une ferme importante, l'hacienda de San-Felice, qui appartient à l'un de mes frères, et c'est chez lui que je me rends pour mon commerce. Si vous voulez m'y suivre, vous serez bien reçus, et les moyens de transport ne vous manqueront point pour gagner la ville d'Atacama. Mon frère sera heureux de vous les fournir. »

Ces offres, faites spontanément, ne pouvaient que prévenir en faveur de l'Américain, qui reprit aussitôt en s'adressant à Mrs. Weldon :

« Ces noirs sont vos esclaves? »

Et il montrait de la main Tom et ses compagnons.

« Nous n'avons plus d'esclaves aux États-Unis, répondit vivement Mrs. Weldon. Le Nord a depuis longtemps aboli l'esclavage, et le Sud a dû suivre l'exemple du Nord!

— Ah! c'est juste, répondit Harris. J'avais oublié que la guerre de 1862 avait tranché cette grave question. — J'en demande pardon à ces braves gens, ajouta Harris, avec la petite pointe d'ironie que devait mettre dans son langage un Américain du Sud parlant à des noirs. Mais, en voyant ces gentlemen à votre service, j'ai cru...

— Ils ne sont point et n'ont jamais été à mon service, monsieur, répondit gravement Mrs. Weldon.

— Nous serions honorés de vous servir, mistress Weldon, dit alors le vieux Tom. Mais, que monsieur Harris le sache, nous n'appartenons à personne. J'ai été esclave, moi, il est vrai, et vendu comme tel en Afrique, lorsque je n'avais que six ans; mais mon fils Bat que voici est né d'un père affranchi, et, quant à nos compagnons, ils sont nés de parents libres.

— Je ne puis que vous en féliciter! répondit Harris d'un ton que Mrs. Weldon ne trouva pas assez sérieux. Sur cette terre de la Bolivie, d'ailleurs, nous n'avons pas d'esclaves. Donc, vous n'avez rien à craindre, et vous pouvez aller aussi librement ici que dans les États de la Nouvelle-Angleterre. »

En ce moment, le petit Jack, suivi de Nan, sortit de la grotte en se frottant les yeux.

Puis, ayant aperçu sa mère, il courut à elle. Mrs. Weldon l'embrassa tendrement.

« Le charmant petit garçon! dit l'Américain, en s'approchant de Jack.

— C'est mon fils, répondit Mrs. Weldon.

— Oh! mistress Weldon, vous avez dû être doublement éprouvée, puisque votre enfant a été exposé à tant d'épreuves!

— Dieu l'en a tiré sain et sauf, ainsi que nous, monsieur Harris, répondit Mrs. Weldon.

— Voulez-vous me permettre de l'embrasser sur ses bonnes joues? demanda Harris.

— Volontiers, » répondit Mrs. Weldon.

« Le charmant petit garçon! » dit l'Américain. (Page 143.)

Mais la figure de « monsieur Harris », paraît-il, ne plut pas au petit Jack, car il se serra plus étroitement contre sa mère.

« Tiens! fit Harris, vous ne voulez pas que je vous embrasse! Je vous fais donc peur, mon petit bonhomme?

— Excusez-le, monsieur, s'empressa de dire Mrs. Weldon. C'est timidité de sa part.

— Bon! Nous ferons plus ample connaissance! répondit Harris. Une fois à l'hacienda, il s'amusera à monter un gentil poney qui lui dira du bien de moi! »

Mais l'offre du « gentil poney » ne parvint pas à amadouer Jack, plus que n'avait fait la proposition d'embrasser M. Harris.

Là, un cheval attaché à un arbre... (Page 149.)

Mrs. Weldon, assez contrariée, se hâta de détourner la conversation. Il ne fallait pas risquer de blesser un homme qui avait si obligeamment offert ses services.

Dick Sand, pendant ce temps, réfléchissait à la proposition, qui leur survenait, si à propos, de gagner l'hacienda de San-Felice. C'était, ainsi que l'avait dit Harris, un parcours de plus de deux cents milles, tantôt en forêts, tantôt en plaines, — voyage très-fatigant, à coup sûr, puisque les moyens de transport faisaient absolument défaut.

Le jeune novice présenta donc quelques observations à cet égard et attendit la réponse qu'allait faire l'Américain.

« La voyage est un peu long, en effet, répondit Harris, mais j'ai là, à quelques centaines de pas en arrière de la berge, un cheval que je compte mettre à la disposition de mistress Weldon et de son fils. Pour nous, rien de difficile, ni même de très-fatigant à ce que nous fassions la route à pied. D'ailleurs, quand j'ai parlé de deux cents milles, c'est en suivant, ainsi que je l'ai déjà fait, le cours de cette rivière. Mais si nous prenions à travers la forêt, notre parcours serait abrégé de quatre-vingts milles au moins. Or, à raison de dix milles par jour, il me semble que nous arriverions à l'hacienda sans trop de misères. »

Mrs. Weldon remercia l'Américain.

« Vous ne pouvez mieux me remercier qu'en acceptant, répondit Harris. Bien que je n'aie jamais traversé cette forêt, je ne serai pas, je le crois, embarrassé d'y faire route, ayant assez l'habitude de la pampa. Mais il y a une question plus grave, celle des vivres. Je n'ai que ce qu'il me faut strictement pour gagner l'hacienda de San-Felice...

— Monsieur Harris, répondit Mrs. Weldon, nous avons heureusement des vivres en quantité plus que suffisante, et nous serons heureux de les partager avec vous.

— Eh bien, mistress Weldon, il me semble que tout s'arrange pour le mieux, et que nous n'avons plus qu'à partir. »

Harris se dirigeait vers la berge, avec l'intention d'aller reprendre son cheval à l'endroit où il l'avait laissé, lorsque Dick Sand l'arrêta encore en lui faisant une question.

Cela ne lui allait pas beaucoup, au jeune novice, d'abandonner le littoral pour s'enfoncer à l'intérieur du pays sous cette interminable forêt. Le marin reparaissait en lui, et, à remonter ou à descendre la côte, il eût été plus à son affaire.

« Monsieur Harris, dit-il, au lieu de voyager pendant cent vingt milles dans le désert d'Atacama, pourquoi ne pas suivre le littoral? Distance pour distance, ne vaudrait-il pas mieux chercher à atteindre la ville la plus proche, soit au nord, soit au sud?

— Mais, mon jeune ami, répondit Harris, en fronçant légèrement le sourcil, il me semble qu'il ne se trouve pas de ville à moins de trois ou quatre cents milles sur cette côte, que je ne connais que très-imparfaitement.

— Au nord, oui, répondit Dick Sand, mais au sud?...

— Au sud, répliqua l'Américain, il faudrait redescendre jusqu'au Chili. Or, le parcours est presque aussi long, et, à votre place, je n'aimerais pas à côtoyer les pampas de la République argentine. Quant à moi, à mon grand regret, je ne saurais vous y accompagner.

— Les navires qui vont du Chili au Pérou ne passent donc pas en vue de cette côte ? demanda alors Mrs. Weldon.

— Non, répondit Harris. Ils se tiennent beaucoup plus au large, et vous n'avez pas dû en rencontrer.

— En effet, répondit Mrs. Weldon. — Eh bien, Dick, as-tu encore quelque question à adresser à monsieur Harris ?

— Une seule, mistress Weldon, répondit le novice, qui éprouvait quelque peine à se rendre. Je demanderai à monsieur Harris dans quel port il pense que nous pourrons trouver un navire pour retourner à San-Francisco ?

— Ma foi, mon jeune ami, je ne saurais trop vous le dire, répondit l'Américain. Tout ce que je sais, c'est que nous vous fournirons à l'hacienda de San-Felice les moyens de gagner la ville d'Atacama, et de là...

— Monsieur Harris, dit alors Mrs. Weldon, ne croyez pas que Dick Sand hésite à accepter vos offres !

— Non, mistress Weldon, non, certes, je n'hésite pas, répondit le jeune novice, mais je ne puis m'empêcher de regretter de ne pas nous être mis à la côte quelques degrés plus au nord ou plus au sud ! Nous aurions été à proximité d'un port, et cette circonstance, en facilitant notre rapatriement, nous eût évité de mettre à contribution la bonne volonté de monsieur Harris.

— Ne craignez pas d'abuser de moi, mistres Weldon, reprit Harris. Je vous répète que j'ai trop rarement l'occasion de me retrouver en présence de compatriotes. C'est pour moi un véritable plaisir de vous obliger.

— Nous acceptons votre offre, monsieur Harris, répondit Mrs. Weldon, mais je ne voudrais pas, cependant, vous priver de votre cheval. Je suis bonne marcheuse...

— Et moi très-bon marcheur, répondit Harris en s'inclinant. Habitué aux longues courses à travers les pampas, ce n'est pas moi qui retarderai notre caravane. Non, mistress Weldon, vous et votre petit Jack, vous vous servirez de ce cheval. Il est possible, d'ailleurs, que nous rencontrions en route quelques-uns des serviteurs de l'hacienda, et, comme ils seront montés, eh bien ! ils nous céderont leurs montures. »

Dick Sand vit bien qu'en faisant de nouvelles objections, il contrarierait Mrs. Weldon.

« Monsieur Harris, dit-il, quand partirons-nous ?

— Aujourd'hui même, mon jeune ami, répondit Harris. La mauvaise saison commence avec le mois d'avril, et il faut autant que possible que vous ayez auparavant atteint l'hacienda de San-Felice. En somme, le chemin à travers la forêt est encore le plus court et peut-être aussi le plus sûr. Il est moins exposé que la côte aux incursions des Indiens nomades, qui sont d'infatigables pillards.

— Tom, mes amis, répondit Dick Sand en se retournant vers les noirs, il ne nous reste plus qu'à faire les préparatifs du départ. Choisissons donc, parmi les provisions du bord, celles qui peuvent le plus aisément se transporter, et faisons des ballots, dont chacun prendra sa part.

— Monsieur Dick, dit Hercule, si vous le voulez, je porterai bien la charge tout entière !

— Non, mon brave Hercule ! répondit le novice. Il vaut mieux que nous nous partagions le fardeau.

— Vous êtes un vigoureux compagnon, Hercule, dit alors Harris, qui regardait le nègre comme si celui-ci eût été à vendre. Sur les marchés d'Afrique, vous auriez valu cher !

— Je vaux ce que je vaux, répondit Hercule en riant, et les acheteurs n'ont qu'à bien courir, s'ils veulent m'attraper ! »

Tout était convenu, et, pour hâter le départ, chacun se mit à la besogne. Il n'y avait, d'ailleurs, à se préoccuper du ravitaillement de la petite troupe que pour le voyage du littoral à l'hacienda, c'est-à-dire pendant une dizaine de jours de marche.

« Mais, avant de partir, monsieur Harris, dit Mrs. Weldon, avant d'accepter votre hospitalité, je vous prierai d'accepter la nôtre. Nous vous l'offrons de bon cœur !

— J'accepte, mistress Weldon, j'accepte avec empressement ! répondit gaîment Harris.

— Dans quelques minutes, notre déjeuner sera prêt.

— Bien, mistress Weldon. Je vais profiter de ces dix minutes pour aller reprendre mon cheval et l'amener ici. Il aura déjeuné, lui !

— Voulez-vous que je vous accompagne, monsieur? demanda Dick Sand à l'Américain.

— Comme vous voudrez, mon jeune ami, répondit Harris. Venez ! Je vous ferai connaître le bas cours de cette rivière. »

Tous deux partirent.

Pendant ce temps, Hercule fut envoyé à la recherche de l'entomologiste. Cousin Bénédict s'inquiétait bien, ma foi, de ce qui se passait autour de lui ! Il errait alors sur le sommet de la falaise, en quête d'un insecte « introuvable », qu'il ne trouvait pas d'ailleurs.

Hercule le ramena bon gré mal gré. Mrs. Weldon lui apprit que le départ était décidé, et que, pendant une dizaine de jours, il faudrait voyager à l'intérieur de la contrée.

Cousin Bénédict répondit qu'il était prêt à partir, et qu'il ne demandait pas mieux de traverser même l'Amérique tout entière, pourvu qu'on le laissât « collectionner » en route.

Mrs. Weldon s'occupa alors, avec l'aide de Nan, de préparer un repas réconfortant. Bonne précaution avant de se mettre en chemin.

Pendant ce temps, Harris, accompagné de Dick Sand, avait tourné le coude de la falaise. Tous deux suivirent la berge sur un espace de trois cents pas. Là, un cheval, attaché à un arbre, fit entendre de joyeux hennissements à l'approche de son maître.

C'était une bête vigoureuse, d'une espèce que Dick Sand ne put reconnaître. Encolure longue, reins courts et croupe allongée, épaules plates, chanfrein presque busqué, ce cheval offrait, cependant, les signes distinctifs de ces races auxquelles on attribue une origine arabe.

« Vous voyez, mon jeune ami, dit Harris, que c'est un vigoureux animal, et vous pouvez compter qu'il ne nous manquera pas en route. »

Harris détacha son cheval, le prit par la bride et redescendit la berge, en précédant Dick Sand. Celui-ci avait jeté un regard rapide tant sur la rivière que vers la forêt qui enserrait ses deux rives. Mais il ne vit rien de nature à l'inquiéter.

Toutefois, lorsqu'il eut rejoint l'Américain, il lui posa brusquement la question suivante, à laquelle celui-ci ne pouvait guère s'attendre :

« Monsieur Harris, demanda-t-il, vous n'avez pas rencontré cette nuit un Portugais nommé Negoro?

— Negoro? répondit Harris du ton d'un homme qui ne comprend pas ce qu'on veut dire. Qu'est-ce que ce Negoro?

— C'était le cuisinier du bord, répondit Dick Sand, et il a disparu.

— Noyé peut-être?... dit Harris.

— Non, non! répondit Dick Sand. Hier soir, il était encore avec nous ; mais pendant la nuit, il nous a quittés et il a remonté probablement la berge de cette rivière. Aussi, je vous demandais si vous, qui êtes venu de ce côté, vous ne l'aviez pas rencontré?

— Je n'ai rencontré personne, répliqua l'Américain, et si votre cuisinier s'est aventuré seul dans la forêt, il risque fort de s'égarer. Peut-être le rattraperons-nous en route?

— Oui... peut-être!» répondit Dick Sand.

Lorsque tous deux furent revenus à la grotte, le déjeuner était prêt. Il se composait, comme le souper de la veille, de conserves alimentaires, de «corn-beef» et de biscuit. Harris y fit honneur, en homme que la nature a doué d'un grand appétit.

«Allons, dit-il, je vois que nous ne mourrons pas de faim en route! Je n'en dirai pas autant de ce pauvre diable de Portugais, dont notre jeune ami m'a parlé.

— Ah! fit Mrs. Weldon, Dick Sand vous a dit que nous n'avions pas revu Negoro?

— Oui, mistress Weldon, répondit le novice. Je désirais savoir si monsieur Harris ne l'avait pas rencontré.

— Non, répondit Harris. Laissons donc ce déserteur où il est, et occupons-nous du départ! — Quand vous voudrez, mistress Weldon!»

Chacun prit le ballot qui lui était destiné. Mrs. Weldon, aidée d'Hercule, se plaça sur le cheval, et l'ingrat petit Jack, son fusil en bandoulière, l'enfourcha sans même penser à remercier celui qui mettait à sa disposition cette excellente monture.

Jack, placé devant sa mère, lui dit alors qu'il saurait très-bien conduire le «cheval du monsieur».

On lui donna donc à tenir le bridon, et il ne douta pas qu'il fût le véritable chef de la caravane.

CHAPITRE XVI

EN ROUTE.

Ce ne fut pas sans une certaine appréhension, — rien ne paraissait devoir la justifier d'ailleurs, — que Dick Sand, trois cents pas après avoir remonté la berge de la rivière, pénétra sous l'épaisse forêt, dont ses compagnons et lui allaient, pendant dix jours, suivre les difficiles sentiers.

Au contraire, Mrs. Weldon avait toute confiance, elle, femme et mère, que les périls auraient pu doublement inquiéter.

Deux motifs très-sérieux avaient contribué à la rassurer : d'abord, parce que cette région des pampas n'était très-redoutable ni par les indigènes, ni par les animaux qu'elle renfermait ; ensuite, parce que, sous la direction d'Harris, d'un guide aussi sûr de lui que l'Américain paraissait l'être, on ne pouvait craindre de s'égarer.

Voici, autant qu'il était possible, l'ordre de marche qui devait être maintenu pendant le voyage :

Dick Sand et Harris, tous deux armés, l'un de son long fusil, l'autre d'un remington, se tenaient en tête de la petite troupe.

Venaient ensuite Bat et Austin, également armés chacun d'un fusil et d'un coutelas.

Derrière eux suivaient Mrs. Weldon et le petit Jack, à cheval ; puis, Nan et Tom.

A l'arrière, Actéon, armé du quatrième remington, et Hercule, une hache à la ceinture, fermaient la marche.

Dingo allait et venait, et, ainsi que le fit observer Dick Sand, toujours en chien inquiet qui chercherait une piste. Ses allures avaient visiblement changé depuis que le naufrage du *Pilgrim* l'avait jeté sur ce littoral. Il semblait agité, et presque incessamment il faisait entendre un grognement sourd, plutôt lamentable que furieux. Cela fut reconnu de tous, bien que personne ne pût se l'expliquer.

Quant au cousin Bénédict, il avait été aussi impossible de lui assigner un ordre de marche qu'à Dingo. A moins d'être tenu en laisse, il ne l'aurait pas gardé. Sa boîte de fer-blanc passée en bandoulière, son filet à la main, sa grosse loupe suspendue à son cou, tantôt en arrière, tantôt en avant, il détalait dans les hautes herbes, guettant les orthoptères ou tout autre insecte en « ptère », au risque de se faire mordre par quelque serpent venimeux.

Dans la première heure, Mrs. Weldon, inquiète, le rappela vingt fois. Rien n'y fit.

« Cousin Bénédict, finit-elle par lui dire, je vous prie très-sérieusement de ne pas vous éloigner, et je vous engage une dernière fois à tenir compte de ma recommandation.

— Cependant, cousine, répondit l'intraitable entomologiste, lorsque j'apercevrai un insecte. .

— Quand vous apercevrez un insecte, reprit Mrs. Weldon, vous voudrez bien le laisser courir en paix, ou vous me mettrez dans la nécessité de vous faire enlever votre boîte !

Dick Sand pénétra sous l'épaisse forêt. (Page 150.)

— M'enlever ma boîte! s'écria cousin Bénédict, comme s'il se fût agi de lui arracher les entrailles.

— Votre boîte et votre filet, ajouta impitoyablement Mrs. Weldon.

— Mon filet, cousine! Et pourquoi pas mes lunettes? Vous n'oseriez pas! Non! vous n'oseriez pas!

— Même vos lunettes, que j'oubliais! Je vous remercie, cousin Bénédict, de m'avoir rappelé que j'avais ce moyen de vous rendre aveugle, et, par là, de vous forcer à être sage! »

Cette triple menace eut pour effet de le faire tenir tranquille, ce cousin insoumis, pendant une heure environ. Puis, il recommença à s'éloigner, et, comme

Quelques-uns de ces ruisseaux, un peu larges... (Page 155.)

il en eût fait autant, même sans filet, sans boîte et sans lunettes, il fallut bien le laisser agir à sa guise. Mais Hercule se chargea de le surveiller spécialement, — ce qui était tout naturellement entré dans ses fonctions, — et il fut convenu qu'il agirait avec lui comme cousin Bénédict avec un insecte, c'est-à-dire qu'il l'attraperait, au besoin, et le rapporterait aussi délicatement que l'autre eût fait du plus rare des lépidoptères.

Cela réglé, on ne s'occupa plus de cousin Bénédict.

La petite troupe, on l'a vu, était bien armée et se gardait sévèrement. Mais, ainsi que le répéta Harris, il n'y avait d'autre rencontre à redouter que celle des Indiens nomades, et encore n'en verrait-on pas probablement.

En tout cas, les dispositions prises suffiraient à les tenir en respect.

Les sentiers qui circulaient à travers l'épaisse forêt ne méritaient pas ce nom. C'étaient plutôt des passées d'animaux que des passées d'hommes. Elles ne permettaient d'avancer que difficilement. Aussi, en ne fixant qu'à cinq ou six milles la moyenne du parcours que ferait la petite troupe en douze heures de marche, Harris avait-il sagement calculé.

Le temps était fort beau, d'ailleurs. Le soleil montait vers le zénith, répandant à flots ses rayons presque perpendiculaires. En plaine, cette chaleur eût été insoutenable, Harris eut soin de le faire remarquer; mais, sous cette impénétrable ramure, on la supportait facilement et impunément.

La plupart des arbres de cette forêt étaient inconnus, aussi bien de Mrs. Weldon que de ses compagnons, noirs ou blancs. Cependant, un expert eût observé qu'ils étaient plus remarquables par leur qualité que par leur taille. Ici, c'était le « bauhinia » ou bois de fer; là, le « molompi », identique au ptérocarpe, bois solide et léger, propre à faire des pagaies ou des rames, et dont le tronc exsudait une résine abondante; plus loin, des « fustets », très-chargés de matière colorante, et des « gaïacs », mesurant jusqu'à douze pieds de diamètre, mais inférieurs en qualité aux gaïacs ordinaires.

Dick Sand, tout en marchant, demandait à Harris le nom de ces diverses essences.

« Vous n'êtes donc jamais venu sur le littoral de l'Amérique du Sud? lui demanda Harris, avant de répondre à sa question.

— Jamais, répondit le novice, jamais, pendant mes voyages, je n'ai eu l'occasion de visiter ces côtes, et, à vrai dire, je ne crois pas que personne m'en ait parlé en connaisseur.

— Mais, au moins, avez-vous exploré les côtes de la Colombie, celles du Chili ou de la Patagonie?

— Non, jamais.

— Mais mistress Weldon a peut-être visité cette partie du nouveau continent? demanda Harris. Les Américaines ne craignent pas les voyages, et, sans doute...

— Non, monsieur Harris, répondit Mrs. Weldon. Les intérêts commerciaux de mon mari ne l'ont jamais appelé qu'en Nouvelle-Zélande, et je n'ai pas eu à l'accompagner autre part. Personne de nous ne connaît donc cette portion de la basse Bolivie.

— Eh bien, mistress Weldon, vous et vos compagnons, vous verrez un singulier pays, qui contraste étrangement avec les régions du Pérou, du Brésil ou de la République argentine. Sa flore et sa faune feraient l'étonnement d'un naturaliste. Ah! l'on peut dire que vous avez fait naufrage au bon endroit, et si l'on peut jamais remercier le hasard...

— Je veux croire que ce n'est point le hasard qui nous a conduits, monsieur Harris, mais Dieu.

— Dieu! oui! Dieu! » répondit Harris, du ton d'un homme qui n'admet guère l'intervention providentielle dans les choses de ce monde.

Donc, puisque personne dans la petite troupe ne connaissait ni le pays, ni ses productions, Harris se fit un plaisir de nommer complaisamment les arbres les plus curieux de la forêt.

En vérité, il était fâcheux que, chez le cousin Bénédict, l'entomologiste ne fût pas doublé d'un botaniste! S'il n'avait guère trouvé jusqu'ici d'insectes rares ou nouveaux, il eût fait de belles découvertes en botanique. Il y avait, à profusion, des végétaux de toutes tailles, dont l'existence n'avait pas encore pu être constatée dans les forêts tropicales du Nouveau-Monde. Cousin Bénédict aurait certainement attaché son nom à quelque fait de ce genre. Mais il n'aimait pas la botanique, il n'y connaissait rien. Il avait même, tout naturellement, les fleurs en aversion, sous prétexte que quelques-unes se permettent d'emprisonner les insectes dans leurs corolles et de les empoisonner de leurs sucs vénéneux.

La forêt devenait parfois marécageuse. On sentait sous le pied tout un réseau de filets liquides, que devaient alimenter les affluents de la petite rivière. Quelques-uns de ces ruisseaux, un peu larges, ne purent être traversés qu'en choisissant des endroits guéables.

Sur leurs rives croissaient des touffes de roseaux, auxquels Harris donna le nom de papyrus. Il ne se trompait pas, et ces plantes herbacées poussaient abondamment au bas des berges humides.

Puis, le marécage passé, le fourré d'arbres recouvrait à nouveau les étroites routes de la forêt.

Harris fit remarquer à Mrs. Weldon et à Dick Sand de très-beaux ébéniers, plus gros que l'ébénier commun, qui fournissent un bois plus noir et plus dur que celui du commerce. Puis, c'étaient des manguiers, encore nombreux, bien qu'ils fussent assez éloignés de la mer. Une sorte de fourrure d'orseille leur montait jusqu'aux branches. Leur ombre épaisse, leurs fruits délicieux en faisaient de précieux arbres, et cependant, ainsi que le raconta Harris, pas un indigène n'eût osé en propager l'espèce. « Qui plante un manguier meurt! » Tel est le superstitieux dicton du pays.

Pendant la seconde moitié de cette première journée de voyage, la petite troupe, après la halte de midi, commença à gravir un terrain légèrement incliné.

Ce n'étaient pas encore les pentes de la chaîne du premier plan, mais une sorte de plateau ondulé qui raccordait la plaine à la montagne.

Là, les arbres, un peu moins serrés, quelquefois réunis par groupes, auraient rendu la marche plus facile, si le sol n'eût été envahi par des plantes herbacées. On se fût cru alors dans les jungles de l'Inde orientale. La végétation paraissait être moins luxuriante que dans la basse vallée de la petite rivière, mais elle était supérieure encore à celle des régions tempérées de l'Ancien ou du Nouveau-Monde. L'indigo y croissait à profusion, et, suivant Harris, cette légumineuse passait avec raison pour la plante la plus envahissante de la contrée. Un champ venait-il à être abandonné, ce parasite, aussi dédaigné que le chardon ou l'ortie, s'en emparait aussitôt.

Un arbre semblait manquer à cette forêt, qui aurait dû être très-commun dans cette partie du nouveau continent. C'était l'arbre à caoutchouc. En effet, le « ficus prinoïdes », le « castilloa elastica », le « cecropia peltata », le « collophora utilis », le « cameraria latifolia », et surtout le « syphonia elastica », qui appartiennent à des familles différentes, abondent dans les provinces de l'Amérique méridionale. Et cependant, chose assez singulière, on n'en voyait pas un seul.

Or, Dick Sand avait précisément promis à son ami Jack de lui montrer des arbres à caoutchouc. Donc, grande déception pour le petit garçon, qui se figurait que les gourdes, les bébés parlants, les polichinelles articulés et les ballons élastiques poussaient tout naturellement sur ces arbres. Il se plaignit.

« Patience, mon petit bonhomme ! lui répondit Harris. Nous en trouverons, de ces caoutchoucs, et par centaines, aux environs de l'hacienda !

— Des beaux, bien élastiques ? demanda le petit Jack.

— Tout ce qu'il y a de plus élastique. — Tenez, en attendant, voulez-vous un bon fruit pour vous désaltérer ? »

Et, ce disant, Harris alla cueillir à un arbre quelques fruits qui semblaient être aussi savoureux que ceux du pêcher.

« Êtes-vous bien sûr, monsieur Harris, demanda Mrs. Weldon, que ce fruit ne peut faire de mal ?

— Mistress Weldon, je vais vous rassurer, répondit l'Américain, qui mordit à belles dents à l'un de ces fruits. C'est une mangue. »

Et le petit Jack, sans se faire prier davantage, suivit l'exemple d'Harris. Il déclara que c'était très-bon, « ces poires-là », et l'arbre fut aussitôt mis à contribution.

Ces manguiers appartenaient à l'espèce dont les fruits sont mûrs en mars et en avril, d'autres ne l'étant qu'en septembre, et, conséquemment, leurs mangues étaient à point.

« Oui ! c'est bon, bon, bon ! disait le petit Jack, la bouche pleine. Mais mon ami Dick m'a promis des caoutchoucs, si j'étais bien sage, et je veux des caoutchoucs !

— Tu en auras, mon Jack, répondit Mrs. Weldon, puisque monsieur Harris te l'assure.

— Mais ce n'est pas tout, reprit Jack, mon ami Dick m'a encore promis autre chose !

— Qu'a donc promis l'ami Dick ? demanda Harris en souriant.

— Des oiseaux-mouches, monsieur.

— Et vous aurez aussi des oiseaux-mouches, mon petit bonhomme, mais plus loin... plus loin ! » répondit Harris.

Le fait est que le petit Jack avait le droit de réclamer quelques-uns de ces charmants colibris, car il se trouvait dans un pays où ils devaient abonder. Les Indiens, qui savent tresser artistement leurs plumes, ont prodigué les plus poétiques noms à ces bijoux de la gent volatile. Ils les appellent ou les « rayons » ou les « cheveux du soleil ». Ici, c'est le petit roi des fleurs ; là, « la fleur céleste qui vient dans son vol caresser la fleur terrestre ». C'est encore « le bouquet de pierreries, qui rayonne aux feux du jour ! » On peut même croire que leur imagination eût su fournir une nouvelle appellation poétique pour chacune des cent cinquante espèces qui constituent cette merveilleuse tribu des colibris.

Cependant, si nombreux que dussent être ces oiseaux-mouches dans les forêts de la Bolivie, le petit Jack dut se contenter encore de la promesse d'Harris. Suivant l'Américain, on était encore trop près de la côte, et les colibris n'aimaient pas ces déserts rapprochés de l'Océan. La présence de l'homme ne les effarouchait pas, et, à l'hacienda, on n'entendait, tout le jour, que leur cri de « tèretère », et le bourdonnement de leurs ailes, semblable à celui d'un rouet.

« Ah ! que je voudrais y être ! » s'écriait le petit Jack.

Le plus sûr moyen d'y être, à l'hacienda de San-Felice, c'était de ne pas s'arrêter en chemin. Mrs. Weldon et ses compagnons ne prenaient donc que le temps absolument nécessaire au repos.

La forêt changeait déjà d'aspect. Entre les arbres moins pressés s'ouvraient çà et là de larges clairières. Le sol, perçant le tapis d'herbe, montrait alors son ossature de granit rose et de syène, pareil à des plaques de lapis-lazuli. Sur quelques hauteurs foisonnait la salsepareille, plante à tubercules charnus, qui formait un inextricable enchevêtrement. Mieux valait encore la forêt et ses étroites sentes.

Avant le coucher du soleil, la petite troupe se trouvait à huit milles environ de son point de départ. Ce parcours s'était fait sans incident, et même sans grande fatigue. Il est vrai, c'était la première journée de marche, et, sans doute, les étapes suivantes seraient plus rudes.

D'un commun accord, on décida de faire halte en cet endroit. Il s'agissait donc, non d'établir un véritable campement, mais d'organiser simplement la couchée. Un homme de garde, relevé de deux heures en deux heures, suffirait à veiller pendant la nuit, ni les indigènes, ni les fauves n'étant vraiment à redouter.

On ne trouva rien de mieux, pour abri, qu'un énorme manguier, dont les larges branches, très touffues, formaient une sorte de verandah naturelle. Au besoin, on eût pu nicher dans son feuillage.

Seulement, à l'arrivée de la petite troupe, un assourdissant concert s'éleva de la cime de l'arbre.

Le manguier servait de perchoir à une colonie de perroquets gris, bavards, querelleurs, féroces volatiles qui s'attaquent aux oiseaux vivants, et, à vouloir les juger d'après ceux de leurs congénères que l'Europe tient en cage, on se tromperait singulièrement.

Ces perroquets jacassaient avec un tel bruit, que Dick Sand songea à leur envoyer un coup de fusil, pour les obliger à se taire ou les mettre en fuite. Mais Harris l'en dissuada, sous le prétexte que, dans ces solitudes, mieux valait ne pas déceler sa présence par la détonation d'une arme à feu.

« Passons sans bruit, dit-il, et nous passerons sans danger. »

Le souper fut préparé aussitôt, sans même qu'on eût eu besoin de procéder à la cuisson des aliments. Il se composa de conserves et de biscuit. Un ruisselet, qui serpentait sous les herbes, fournit l'eau potable, qu'on ne but pas sans l'avoir relevée de quelques gouttes de rhum. Quant au dessert, le manguier était là, avec ses fruits succulents, que les perroquets ne laissèrent pas cueillir sans protester par leurs abominables cris.

A la fin du souper, l'obscurité commença à se faire. L'ombre monta lentement du sol à la cime des arbres, dont le feuillage se détacha bientôt comme une fine découpure sur le fond plus lumineux du ciel. Les premières étoiles semblaient être des fleurs éclatantes, qui scintillaient au bout des dernières branches. Le vent tombait avec la nuit et ne frémissait plus dans la ramure. Les perroquets eux-mêmes étaient devenus muets. La nature allait s'endormir et invitait tout être vivant à la suivre dans ce profond sommeil.

Les préparatifs de la couchée devaient être fort rudimentaires.

« N'allumons-nous pas un grand feu pour la nuit? demanda Dick Sand à l'Américain.

— A quoi bon? répondit Harris. Les nuits ne sont heureusement pas froides, et cet énorme manguier préservera le sol de toute évaporation. Nous n'avons à craindre ni la fraîcheur, ni l'humidité. Je vous répète, mon jeune ami, ce que je vous ai dit tout à l'heure! Passons incognito. Pas plus de feu que de coup de feu, si c'est possible.

— Je pense bien, dit alors Mrs. Weldon, que nous n'avons rien à craindre des Indiens, même de ces coureurs des bois, dont vous nous avez parlé, monsieur Harris. Mais n'y a-t-il pas d'autres coureurs, à quatre pattes, et que la vue d'un feu contribuerait à éloigner?

— Mistress Weldon, répondit l'Américain, vous faites trop d'honneur aux fauves de ce pays! En vérité! Ils redoutent plus l'homme que celui-ci ne les redoute!

— Nous sommes dans un bois, dit Jack, et il y a toujours des bêtes dans les bois!

— Il y a bois et bois, mon petit bonhomme, comme il y a bêtes et bêtes! répondit Harris en riant. Figurez-vous que vous êtes au milieu d'un grand parc. En vérité, ce n'est pas sans raison que les Indiens disent de ce pays : « Es como el Pariso! » C'est comme un paradis terrestre!

— Il y a donc des serpents? dit Jack.

— Non, mon Jack, répondit Mrs. Weldon, il n'y a pas de serpents, et tu peux dormir tranquille!

— Et des lions? demanda Jack.

— Pas l'ombre de lions, mon petit bonhomme! répondit Harris.

— Des tigres alors?

— Demandez à votre maman, si elle a jamais entendu dire qu'il y eût des tigres sur ce continent.

— Jamais, répondit Mrs. Weldon.

— Bon! fit cousin Bénédict, qui, par hasard, était à la conversation, s'il n'y a ni lions ni tigres dans le Nouveau-Monde, ce qui est parfaitement vrai, on y rencontre du moins des couguars et des jaguars.

— Est-ce méchant? demanda le petit Jack.

— Peuh! répondit Harris, un indigène ne craint guère d'attaquer ces animaux, et nous sommes en force. — Tenez! Hercule serait assez vigoureux pour écraser deux jaguars à la fois, un de chaque main!

— Tu veilleras bien, Hercule, dit alors le petit Jack, et s'il vient une bête pour nous mordre...

Le souper fut préparé aussitôt. (Page 15?.)

— C'est moi qui la mordrai, monsieur Jack! répondit Hercule, en montrant sa bouche armée de dents superbes.

— Oui, vous veillerez, Hercule, dit le novice, mais vos compagnons et moi, nous vous relèverons tour à tour.

— Non, monsieur Dick, répondit Actéon. Hercule, Bat, Austin et moi, nous suffirons tous quatre à cette besogne. Il faut que vous reposiez pendant toute la nuit.

— Merci, Actéon, répondit Dick Sand, mais je dois...

— Non! Laisse faire ces braves gens, mon cher Dick! dit alors Mrs. Weldon.

A l'exception du géant qui veillait... (Page 162.)

— Moi aussi, je veillerai! ajouta le petit Jack, dont les paupières se fermaient déjà.

— Oui, mon Jack, oui, tu veilleras! lui répondit sa mère, qui ne voulait pas le contrarier.

— Mais, dit encore le petit garçon, s'il n'y a pas de lions, s'il n'y a pas de tigres dans la forêt, il y a des loups !

— Oh! des loups pour rire! répondit l'Américain. Ce ne sont pas même des loups, mais des sortes de renards, ou plutôt de ces chiens des bois que l'on appelle des « guaras ».

— Et ces guaras, ça mord? demanda le petit Jack.

— Bah! Dingo ne ferait qu'une bouchée de ces bêtes-là!

— N'importe, répondit Jack, dans un dernier bâillement, des guaras, ce sont des loups, puisqu'on les appelle des loups! »

Et là-dessus, Jack s'endormit paisiblement dans les bras de Nan, qui était accotée au tronc du manguier. Mrs. Weldon, étendue près d'elle, donna un dernier baiser à son petit garçon, et ses yeux fatigués ne tardèrent pas à se fermer pour la nuit.

Quelques instants plus tard, Hercule ramenait au campement cousin Bénédict, qui venait de s'éloigner pour commencer une chasse aux pyrophores. Ce sont ces « cocuyos » ou mouches lumineuses, que les élégantes placent dans leur chevelure, comme autant de gemmes vivantes. Ces insectes, qui projettent une lumière vive et bleuâtre par deux taches situées à la base de leur corselet, sont très-nombreux dans l'Amérique du Sud. Cousin Bénédict comptait donc en faire une bonne provision; mais Hercule ne lui en laissa pas le temps, et, malgré ses récriminations, il le rapporta au lieu de halte. C'est que, quand Hercule avait une consigne, il l'exécutait militairement, — ce qui sauva sans doute de l'incarcération dans la boîte de fer-blanc de l'entomologiste une notable quantité de mouches lumineuses.

Quelques instants après, à l'exception du géant qui veillait, tous dormaient d'un profond sommeil.

CHAPITRE XVII

CENT MILLES EN DIX JOURS.

Le plus ordinairement, les voyageurs ou coureurs des bois qui ont dormi dans les forêts à la belle étoile sont réveillés par des hurlements aussi fantaisistes que désagréables. Il y a de tout dans ce concert matinal, du gloussement, du grognement, du croassement, du ricanement, de l'aboiement et presque du « parlement », si l'on veut bien accepter ce mot, qui complète la série de ces bruits divers.

Ce sont les singes qui saluent ainsi le lever du jour. Là se rencontrent le petit « marikina », le sagouin à masque bariolé, le « mono gris », dont les Indiens emploient la peau à recouvrir les batteries de leurs fusils, les sagous, reconnaissables à leurs deux longs bouquets de poils, et bien d'autres spécimens de cette nombreuse famille.

De ces divers quadrumanes, les plus remarquables incontestablement sont les « guéribas », à queue prenante, à face de Béelzébuth. Lorsque le soleil se lève, le plus vieux de la bande entonne d'une voix imposante et sinistre une psalmodie monotone. C'est le baryton de la troupe. Les jeunes ténors répètent après lui la symphonie matinale. Les Indiens disent alors que les guéribas « récitent leurs patenôtres ».

Mais, ce jour-là, paraît-il, les singes ne firent point leur prière, car on ne les entendit pas, et, cependant, leur voix porte loin, car elle est produite par la rapide vibration d'une sorte de tambour osseux formé d'un renflement de l'os hyoïde de leur cou

Bref, pour une raison ou pour une autre, ni les guéribas, ni les sagous, ni autres quadrumanes de cette immense forêt n'entonnèrent, ce matin-là, leur concert accoutumé.

Cela n'eût pas satisfait des Indiens nomades. Non que ces indigènes prisent ce genre de musique chorale, mais ils font volontiers la chasse aux singes, et, s'ils la font, c'est que la chair de cet animal, surtout lorsqu'elle est boucanée, est excellente.

Dick Sand et ses compagnons n'étaient pas sans doute au courant de ces habitudes des guéribas, car cela eût été pour eux un sujet de surprise de ne pas les entendre. Ils se réveillèrent donc l'un après l'autre, et bien remis par ces quelques heures de repos, qu'aucune alerte n'était venue troubler.

Le petit Jack ne fut pas le dernier à se détirer les bras. Sa première question fut pour demander si Hercule avait mangé un loup pendant la nuit. Aucun loup ne s'était montré, et, par conséquent, Hercule n'avait point encore déjeuné.

Tous, d'ailleurs, étaient à jeun comme lui, et, après la prière du matin, Nan s'occupa de préparer le repas.

Le menu fut celui du souper de la veille, mais, avec cet appétit qu'aiguisait l'air matinal de la forêt, personne ne songeait à être difficile. Il convenait, avant tout, de prendre des forces pour une bonne journée de marche, et on en prit. Pour la première fois, peut-être, cousin Bénédict comprit que de manger, ce n'était point un acte indifférent ou inutile de la vie. Seulement, il déclara qu'il n'était pas venu « visiter » cette contrée pour s'y promener les mains dans les poches, et que si Hercule l'empêchait encore de chasser aux cocuyos et autres mouches lumineuses, Hercule aurait affaire à lui.

Cette menace ne sembla pas effrayer le géant outre mesure. Toutefois,

Mrs. Weldon le prit à part et lui dit que peut-être pourrait-il laisser courir son grand enfant à droite et à gauche, mais à la condition de ne pas le perdre de vue. Il ne fallait pas sevrer complétement cousin Bénédict des plaisirs si naturels à son âge.

A sept heures du matin, la petite troupe reprit le chemin vers l'est, en conservant l'ordre de marche qui avait été adopté la veille.

C'était toujours la forêt. Sur ce sol vierge, où la chaleur et l'humidité s'accordaient pour activer la végétation, on devait bien penser que le règne végétal apparaîtrait dans toute sa puissance. Le parallèle de ce vaste plateau se confondait presque avec les latitudes tropicales, et, pendant certains mois de l'été, le soleil, en passant au zénith, y dardait ses rayons perpendiculaires. Il y avait donc une quantité énorme de chaleur emmagasinée dans ces terrains, dont le sous-sol se maintenait humide. Aussi, rien de plus magnifique que cette succession de forêts, ou plutôt cette forêt interminable.

Cependant, Dick Sand n'avait pas été sans observer ceci : c'est que, suivant Harris, on se trouvait dans la région des pampas. Or, pampa est un mot de la langue « quichna » qui signifie « plaine ». Et, si ses souvenirs ne le trompaient pas, il croyait se rappeler que ces plaines présentent les caractères suivants : privation d'eau, absence d'arbres, manque de pierres ; abondance luxuriante de chardons pendant la saison des pluies, chardons qui deviennent presque arbrisseaux avec la saison chaude et forment alors d'impénétrables fourrés ; puis, aussi, des arbres nains, des arbrisseaux épineux ; le tout donnant à ces plaines un aspect plutôt aride et désolé.

Or, il n'en était pas ainsi, depuis que la petite troupe, guidée par l'Américain, avait quitté le littoral. La forêt n'avait cessé de s'étendre jusqu'aux limites de l'horizon. Non, ce n'était point là cette pampa, telle que le jeune novice se la figurait. La nature, ainsi que l'avait dit Harris, s'était-elle donc plu à faire une région à part de ce plateau d'Atacama, dont il ne connaissait rien d'ailleurs, si ce n'est qu'il formait un des plus vastes déserts de l'Amérique du Sud, entre les Andes et l'océan Pacifique ?

Dick Sand, ce jour-là, posa quelques questions à ce sujet, et exprima à l'Américain la surprise que lui causait ce singulier aspect de la pampa.

Mais il fut vite détrompé par Harris, qui lui donna sur cette partie de la Bolivie les détails les plus exacts, témoignant ainsi de sa profonde connaissance du pays.

« Vous avez raison, mon jeune ami, dit-il au novice. La véritable pampa est bien telle que les livres de voyages vous l'ont dépeinte, c'est-à-dire une plaine assez aride et dont la traversée est souvent difficile. Elle rappelle nos savanes de l'Amérique du Nord, — à cela près que celles-ci sont un peu plus marécageuses. Oui, telle est bien la pampa du Rio-Colorado, telles sont les « llanos » de l'Orénoque et du Vénézuela. Mais ici, nous sommes dans une contrée dont l'apparence m'étonne moi même. Il est vrai, c'est la première fois que je suis cette route à travers le plateau, route qui a l'avantage d'abréger notre voyage. Mais, si je ne l'ai pas encore vu, je sais qu'il contraste extraordinairement avec la véritable pampa. Quant à celle-ci, vous la retrouveriez, non pas entre la Cordillère de l'ouest et la haute chaîne des Andes, mais au delà des montagnes, sur toute cette partie orientale du continent qui s'étend jusqu'à l'Atlantique.

— Devrons-nous donc franchir la chaîne des Andes? demanda vivement Dick Sand.

— Non, mon jeune ami, non, répondit en souriant l'Américain. Aussi ai-je dit : Vous la trouveriez, et non : Vous la trouverez. Rassurez-vous, nous ne quitterons pas ce plateau, dont les plus grandes hauteurs ne dépassent pas quinze cents pieds. Ah ! s'il avait fallu traverser les Cordillères avec les seuls moyens de transport dont nous disposons, je ne vous aurais jamais entraîné à pareille aventure.

— En effet, répondit Dick Sand, il eût mieux valu remonter ou descendre la côte.

— Oh ! cent fois ! répliqua Harris. Mais l'hacienda de San-Felice est située en deçà de la Cordillère. Notre voyage, ni dans sa première ni dans sa seconde partie, n'offrira donc aucune difficulté réelle.

— Et vous ne craignez point de vous égarer dans ces forêts que vous traversez pour la première fois? demanda Dick Sand.

— Non, mon jeune ami, non, répondit Harris. Je sais bien que cette forêt, c'est comme une mer immense, ou plutôt, comme le dessous d'une mer, où un marin lui-même ne pourrait prendre hauteur et reconnaître sa position. Mais, habitué à voyager dans les bois, je sais trouver ma route rien qu'à la disposition de certains arbres, à la direction de leurs feuilles, au mouvement ou à la composition du sol, à mille détails qui vous échappent ! Soyez-en sûr, je vous conduirai, vous et les vôtres, où vous devez aller ! »

Toutes ces choses étaient dites très-nettement par Harris. Dick Sand et lui, en tête de la troupe, causaient souvent, sans que personne se mêlât à leur conversation. Si le novice éprouvait quelques inquiétudes que l'Américain ne parvenait pas toujours à dissiper, il préférait les garder pour lui seul.

Les 8, 9, 10, 11, 12 avril s'écoulèrent ainsi, sans que le voyage fût marqué par aucun incident. On ne faisait pas plus de huit à neuf milles par douze heures. Les instants consacrés aux repas ou au repos se succédaient régulièrement, et, bien qu'un peu de fatigue se fît déjà sentir, l'état sanitaire était encore fort satisfaisant.

Le petit Jack commençait à souffrir un peu de cette vie des bois, à laquelle il n'était pas accoutumé et qui devenait bien monotone pour lui. Et puis, on n'avait pas tenu toutes les promesses qu'on lui avait faites. Les pantins de caoutchouc, les oiseaux-mouches, tout cela semblait reculer sans cesse. Il avait été question aussi de lui montrer les plus beaux perroquets du monde, et ils ne devaient pas manquer dans ces riches forêts. Où étaient donc les papegais à plumage vert, presque tous originaires de ces contrées, les aras aux joues dénudées, aux longues queues pointues, aux couleurs éclatantes, dont les pattes ne se posent jamais à terre, et les camindés, qui sont plus spéciaux aux contrées tropicales, et les perruches mul icolores, à la face emplumée, et enfin tous ces oiseaux bavards, qui, au dire des Indiens, parlent encore la langue des tribus éteintes?

En fait de perroquets, le petit Jack ne voyait que ces jakos gris-cendré, à queue rouge, qui pullulaient sous les arbres. Mais ces jakos n'étaient pas nouveaux pour lui. On les a transportés dans toutes les parties du monde. Sur les deux continents, ils remplissent les maisons de leur insupportable caquetage, et, de toute la famille des « psittacins », ce sont ceux qui apprennent le plus facilement à parler.

Il faut dire en outre que, si Jack n'était pas content, cousin Bénédict ne l'était pas davantage. On l'avait un peu laissé courir à droite et à gauche pendant la marche. Cependant, il ne trouvait aucun insecte qui fût digne d'enrichir sa collection. Le soir, les pyrophores eux-mêmes refusaient obstinément de se montrer à lui et de l'attirer par les phosphorescences de leur corselet. La nature semblait vraiment se jouer du malheureux entomologiste, dont l'humeur devenait massacrante.

Pendant quatre jours encore, la marche vers le nord-est se continua dans les mêmes conditions. Le 16 avril, il ne fallait pas estimer à moins de cent milles le parcours qui avait été fait depuis la côte. Si Harris ne s'était point égaré, — et il l'affirmait sans hésiter, — l'hacienda de San-Felice n'était plus qu'à vingt milles du point où se fit la halte ce jour-là. Avant quarante-huit heures, la petite troupe aurait donc un confortable abri où elle pourrait se reposer enfin de ses fatigues.

Cependant, bien que le plateau eût été presque entièrement traversé dans sa partie moyenne, pas un indigène, pas un nomade ne s'était rencontré sous l'immense forêt.

Dick Sand regretta plus d'une fois, sans en rien dire, de n'avoir pu s'échouer sur un autre point du littoral! Plus au sud et plus au nord, les villages, les bourgades ou les plantations n'eussent pas manqué, et, depuis longtemps déjà, Mrs. Weldon et ses compagnons auraient trouvé un asile.

Mais, si la contrée semblait être abandonnée de l'homme, les animaux se montrèrent plus fréquemment pendant ces derniers jours. On entendait parfois une sorte de long cri plaintif qu'Harris attribuait à quelques-uns de ces gros tardigrades, hôtes habituels de ces vastes régions boisées, qu'on nomme des « aïs ».

Ce jour-là aussi, pendant la halte de midi, un sifflement passa dans l'air, qui ne laissa pas d'inquiéter Mrs. Weldon, tant il était étrange.

« Qu'est-ce donc? demanda-t-elle en se levant précipitamment.

— Un serpent! » s'écria Dick Sand, qui, son fusil armé, se jeta au-devant de Mrs. Weldon.

On pouvait craindre, en effet, que quelque reptile ne se fût glissé dans les herbes jusqu'au lieu de halte. Il n'y aurait eu rien d'étonnant à ce que ce fût un de ces énormes « sucurus », sortes de boas, qui mesurent quelquefois quarante pieds de longueur.

Mais Harris rappela aussitôt Dick Sand que les noirs suivaient déjà, et il rassura Mrs. Weldon.

Suivant lui, ce sifflement n'avait pu être produit par un sucuru, puisque ce serpent ne siffle pas; mais il indiquait la présence de certains quadrupèdes inoffensifs, assez nombreux dans cette contrée.

« Rassurez-vous donc, dit-il, et ne faites aucun mouvement qui puisse effrayer ces animaux.

— Mais quels sont-ils? demanda Dick Sand, qui se faisait comme une loi de conscience d'interroger et de faire parler l'Américain, — lequel, d'ailleurs, ne se faisait jamais prier pour lui répondre.

— Ce sont des antilopes, mon jeune ami, répondit Harris.

— Oh! que je voudrais les voir! s'écria Jack.

— C'est bien difficile, mon petit bonhomme, répliqua l'Américain, très-difficile!

— On peut peut-être essayer de les approcher, ces antilopes sifflantes? reprit Dick Sand.

— Oh! vous n'aurez pas fait trois pas, répondit l'Américain en secouant la tête,

Leur pelage, d'un roux ardent. (Page 168.)

que toute la bande aura pris la fuite! Je vous engage donc à ne pas vous déranger! »

Mais Dick Sand avait ses raisons pour être curieux. Il voulut voir, et, son fusil à la main, il se glissa dans l'herbe. Tout aussitôt, une douzaine de gracieuses gazelles, à cornes petites et aiguës, passèrent avec la rapidité d'une trombe. Leur pelage, d'un roux ardent, dessina comme un nuage de feu sous le haut taillis de la forêt.

« Je vous avais prévenu, » dit Harris, lorsque le novice revint prendre sa place.

Ces antilopes, si légères à la course, s'il avait été vraiment impossible de les

« Pas de coup de feu ! » (Page 170.)

distinguer, il n'en fut pas ainsi d'une autre troupe d'animaux, qui fut signalée le même jour. Ceux-là, on put les voir, — imparfaitement il est vrai, — mais leur apparition amena une discussion assez singulière entre Harris et quelques-uns de ses compagnons.

La petite troupe, vers quatre heures du soir, s'était arrêtée un instant près d'une clairière, lorsque trois ou quatre animaux de grande taille débouchèrent d'un fourré, à une centaine de pas, et détalèrent aussitôt avec une remarquable vitesse.

Malgré les recommandations de l'Américain, cette fois, le novice, ayant vivement épaulé son fusil, fit feu sur l'un de ces animaux. Mais, au moment où le coup partait, l'arme avait été rapidement détournée par Harris, et Dick Sand, si adroit qu'il fût, avait manqué son but.

« Pas de coup de feu! pas de coup de feu! avait dit l'Américain.

— Ah çà! mais ce sont des girafes! s'écria Dick Sand, sans répondre autrement à l'observation d'Harris.

— Des girafes! répéta Jack, en se redressant sur la selle du cheval. Où sont-elles, les grandes bêtes?

— Des girafes! répondit Mrs. Weldon. Tu te trompes, mon cher Dick. Il n'y a pas de girafes en Amérique.

— En effet, dit Harris, qui paraissait assez surpris, il ne peut y avoir de girafes dans ce pays!

— Mais alors?... fit Dick Sand.

— Je ne sais vraiment que penser! répondit Harris. Vos yeux, mon jeune ami, ne vous ont-ils pas abusé, et ces animaux ne seraient-ils pas plutôt des autruches?

— Des autruches! répétèrent Dick Sand et Mrs. Weldon en se regardant, très-surpris.

— Oui! de simples autruches, répéta Harris.

— Mais les autruches sont des oiseaux, reprit Dick Sand, et, par conséquent, elles n'ont que deux pattes!

— Eh bien, répondit Harris, j'ai précisément cru voir que ces animaux qui viennent de s'enfuir si rapidement étaient des bipèdes!

— Des bipèdes! répondit le novice.

— Il me semble bien avoir aperçu des animaux à quatre pattes, dit alors Mrs. Weldon.

— Moi aussi, ajouta le vieux Tom, dont Bat, Actéon et Austin confirmèrent les paroles.

— Des autruches à quatre pattes! s'écria Harris en éclatant de rire. Voilà qui serait plaisant!

— Aussi, reprit Dick Sand, avons-nous cru que c'étaient des girafes, et non des autruches.

— Non, mon jeune ami, non! dit Harris. Vous avez certainement mal vu. Cela s'explique par la rapidité avec laquelle ces animaux se sont enfuis. D'ailleurs, il est arrivé plus d'une fois à des chasseurs se tromper comme vous, et de la meilleure foi du monde! »

Ce que disait l'Américain était fort plausible. Entre une autruche de grande taille et une girafe de taille moyenne, vues à une certaine distance, il est facile de se méprendre. Qu'il s'agisse d'un bec ou d'un museau, tous deux n'en sont pas moins emmanchés au bout d'un long cou renversé en arrière, et, à la rigueur, on peut dire qu'une autruche n'est qu'une demi-girafe. Il ne lui manque que les pattes de derrière. Donc, ce bipède et ce quadrupède, passant à l'improviste rapidement, peuvent, à la grande rigueur, être pris l'un pour l'autre.

D'ailleurs, la meilleure preuve que Mrs. Weldon et les autres se trompaient, c'est qu'il n'y a pas de girafes en Amérique.

Dick Sand fit alors cette réflexion :

« Mais je croyais que les autruches ne se rencontraient pas plus que les girafes dans le Nouveau-Monde ?

— Si, mon jeune ami, répondit Harris, et précisément l'Amérique du Sud en possède une espèce particulière. A cette espèce appartient le « nandou », que vous venez de voir ! »

Harris disait vrai. Le nandou est un échassier assez commun dans les plaines du Sud-Amérique, et sa chair, lorsqu'il est jeune, est bonne à manger. Cet animal robuste, dont la taille dépasse quelquefois deux mètres, a le bec droit, les ailes longues et formées de plumes touffues de nuance bleuâtre, les pieds formés de trois doigts munis d'ongles, — ce qui le distingue essentiellement des autruches de l'Afrique.

Ces détails, très-exacts, furent donnés par Harris, qui paraissait être fort au courant des mœurs des nandous. Mrs. Weldon et ses compagnons durent convenir qu'ils s'étaient trompés.

« D'ailleurs, ajouta Harris, il est possible que nous rencontrions une autre bande de ces autruches. Eh bien, cette fois, regardez mieux, et ne vous exposez plus à prendre des oiseaux pour des quadrupèdes ! Mais surtout, mon jeune ami, n'oubliez pas mes recommandations, et ne tirez plus sur quelque animal que ce soit ! Nous n'avons pas besoin de chasser pour nous procurer des vivres, et, je le répète, il ne faut pas que la détonation d'une arme à feu signale notre présence dans cette forêt. »

Dick Sand, cependant, demeurait pensif. Une fois encore, un doute venait de se faire dans son esprit.

Le lendemain, 17 avril, la marche fut reprise, et l'Américain affirma que vingt-quatre heures ne se passeraient pas sans que la petite troupe fût installée dans l'hacienda de San-Felice.

« Là, mistress Weldon, ajouta-t-il, vous recevrez tous les soins nécessaires à votre position, et quelques jours de repos vous remettront tout à fait. Peut-être ne trouverez-vous pas dans cette ferme le luxe auquel vous êtes accoutumée à votre habitation de San-Francisco, mais vous verrez que nos exploitations de l'intérieur ne manquent point de confortable. Nous ne sommes pas absolument des sauvages.

— Monsieur Harris, répondit Mrs. Weldon, si nous n'avons que des remerciements à vous offrir pour votre généreux concours, du moins nous vous les offrirons de bon cœur. Oui ! il est temps que nous arrivions !

— Vous êtes bien fatiguée, mistress Weldon ?

— Moi, peu importe ! répondit Mrs. Weldon, mais je m'aperçois que mon petit Jack s'épuise peu à peu ! La fièvre commence à le prendre à certaines heures !

— Oui, répondit Harris, et, quoique le climat de ce plateau soit très-sain, il faut bien avouer qu'en mars et en avril il y règne des fièvres intermittentes.

— Sans doute, dit alors Dick Sand, mais aussi la nature, qui est toujours et partout prévoyante, a-t-elle mis le remède près du mal !

— Et comment cela, mon jeune ami? demanda Harris, qui semblait ne pas comprendre.

— Ne sommes-nous donc pas dans la région des quinquinas? répondit Dick Sand.

— En effet, dit Harris, vous avez parfaitement raison. Les arbres qui fournissent la précieuse écorce fébrifuge sont ici chez eux.

— Je m'étonne même, ajouta Dick Sand, que nous n'en ayons pas encore vu un seul !

— Ah ! mon jeune ami, répondit Harris, ces arbres ne sont pas faciles à distinguer. Bien qu'ils soient souvent de haute taille, que leurs feuilles soient grandes, leurs fleurs roses et odorantes, on ne les découvre pas aisément. Il est rare qu'ils poussent par groupes. Ils sont plutôt disséminés dans les forêts, et les Indiens, qui font la récolte du quinquina, ne peuvent les reconnaître qu'à leur feuillage toujours vert.

— Monsieur Harris, dit Mrs. Weldon, si vous voyez un de ces arbres, vous me le montrerez.

— Certainement, mistress Weldon, mais vous trouverez à l'hacienda du sulfate de quinine. Cela vaut encore mieux, pour couper la fièvre, que la simple écorce de l'arbre[1].

1. Autrefois, on se contentait de réduire cette écorce en poudre, qui portait le nom de « Poudre des Jésuites », parce qu'en 1649, les Jésuites de Rome en reçurent de leur mission d'Amérique un envoi considérable.

Cette dernière journée de voyage s'écoula sans autre incident. Le soir arriva, et la halte fut organisée pour la nuit comme d'habitude. Jusqu'alors, il n'avait pas plu, mais le temps se préparait à changer, car une buée chaude s'éleva du sol et forma bientôt un épais brouillard.

On touchait, en effet, à la saison des pluies. Heureusement, le lendemain, un confortable abri serait hospitalièrement offert à la petite troupe. Ce n'étaient plus que quelques heures à passer.

Bien que, selon Harris, qui ne pouvait établir son calcul que d'après le temps qu'avait duré le voyage, on ne dût plus être qu'à six milles de l'hacienda, les précautions ordinaires furent prises pour la nuit. Tom et ses compagnons durent veiller l'un après l'autre. Dick Sand tint à ce que rien ne fût négligé à cet égard. Moins que jamais, il ne voulut se départir de sa prudence habituelle, car un terrible soupçon s'incrustait dans son esprit; mais il ne voulait rien dire encore.

La couchée avait été faite au pied d'un bouquet de grands arbres. La fatigue aidant, Mrs. Weldon et les siens dormaient déjà, lorsqu'ils furent réveillés par un grand cri.

« Eh! qu'y a-t-il? demanda vivement Dick Sand, qui fut debout, le premier de tous.

— C'est moi! c'est moi qui ai crié! répondit cousin Bénédict.

— Et qu'avez-vous? demanda Mrs. Weldon.

— Je viens d'être mordu!

— Par un serpent?... demanda avec effroi Mrs. Weldon.

— Non, non! Ce n'est pas un serpent, mais un insecte, répondit cousin Bénédict. Ah! je le tiens! je le tiens!

— Eh bien, écrasez votre insecte, dit Harris, et laissez-nous dormir, monsieur Bénédict!

— Écraser un insecte! s'écria cousin Bénédict. Non pas! non pas! Il faut voir ce que c'est!

— Quelque moustique! dit Harris en haussant les épaules.

— Point! C'est une mouche, répondit cousin Bénédict, et une mouche qui doit être très-curieuse! »

Dick Sand avait allumé une petite lanterne portative, et il l'approcha du cousin Bénédict.

« Bonté divine! s'écria celui-ci. Voilà qui me console de toutes mes déceptions! J'ai donc enfin fait une découverte! »

Le brave homme délirait. Il regardait sa mouche en triomphateur! Il l'eût baisée volontiers!

« Mais qu'est-ce donc? demanda Mrs. Weldon.

— Un diptère, cousine, un fameux diptère ! »

Et le cousin Bénédict montra une mouche plus petite qu'une abeille, de couleur terne, rayée de jaune à la partie inférieure de son corps.

« Elle n'est pas venimeuse, cette mouche? demanda Mrs. Weldon.

— Non, cousine, non, du moins pour l'homme. Mais pour les animaux, pour des antilopes, pour des buffles, même pour des éléphants, c'est autre chose! Ah! l'adorable insecte !

— Enfin, demanda Dick Sand, nous direz-vous, monsieur Bénédict, quelle est cette mouche?

— Cette mouche, répondit l'entomologiste, cette mouche, que je tiens entre mes doigts, cette mouche!.. c'est une tsetsé! C'est ce fameux diptère qui est l'honneur d'un pays, et, jusqu'ici, on n'a jamais encore trouvé de tsetsé en Amérique ! »

Dick Sand n'osa pas demander au cousin Bénédict en quelle partie du monde se rencontrait uniquement cette redoutable tsetsé !

Et lorsque ses compagnons, après cet incident, eurent repris leur sommeil interrompu, Dick Sand, malgré la fatigue qui l'accablait, ne ferma plus l'œil de toute la nuit!

CHAPITRE XVIII

LE MOT TERRIBLE!

Il était temps d'arriver. Une extrême lassitude mettait Mrs. Weldon dans l'impossibilité de poursuivre plus longtemps un voyage fait dans de si pénibles conditions. Son petit garçon, très-rouge pendant les accès de fièvre, très-pâle pendant les intermittences, faisait peine à voir. Sa mère, extrêmement inquiète, n'avait pas voulu abandonner Jack, même aux soins de la bonne Nan. Elle le tenait à demi couché dans ses bras.

Oui! il était temps d'arriver! Mais, à s'en rapporter à l'Américain, le soir même de ce jour qui se levait, le soir de ce 18 avril, la petite troupe serait enfin à l'abri dans l'hacienda de San-Felice.

Douze jours de voyage pour une femme, douze nuits passées en plein air, c'était là de quoi accabler Mrs. Weldon, si énergique qu'elle fût. Mais, pour un enfant, c'était pis, et la vue du petit Jack malade, auquel manquaient les soins les plus élémentaires, eût suffi à la briser.

Dick Sand, Nan, Tom, ses compagnons avaient mieux supporté les fatigues du voyage.

Les vivres, bien qu'ils commençassent à s'épuiser, ne leur avaient point fait défaut, et leur état était satisfaisant.

Quant à Harris, il semblait fait aux épreuves de ces longs parcours à travers les forêts, et il ne paraissait pas que la fatigue eût prise sur lui. Seulement, à mesure qu'il se rapprochait de l'hacienda, Dick Sand observa qu'il était plus préoccupé et de moins franche allure qu'auparavant. Le contraire aurait été plus naturel. C'était, du moins, l'opinion du jeune novice, devenu plus que défiant à l'égard de l'Américain. Et cependant, quel intérêt eût pu porter Harris à les tromper? Dick Sand n'aurait pu l'expliquer, mais il surveillait leur guide de très-près.

L'Américain, probablement, se sentait mal vu de Dick Sand, et, sans doute, c'était cette défiance qui le rendait plus taciturne encore auprès de son « jeune ami ».

La marche avait été reprise.

Dans la forêt, moins épaisse, les arbres s'éparpillaient par groupes, et ne formaient plus d'impénétrables masses. Était-ce donc la véritable pampa, dont Harris avait parlé?

Pendant les premières heures de la journée, aucun incident ne vint aggraver les inquiétudes de Dick Sand. Seulement, deux faits furent observés par lui. Peut-être n'avaient-ils pas une grande importance, mais, dans les conjonctures actuelles, aucun détail n'était à négliger.

Ce fut l'allure de Dingo, qui, tout d'abord, attira plus spécialement l'attention du jeune novice.

En effet, le chien, qui pendant tout ce parcours avait semblé suivre une piste, devint tout autre, et cela presque soudain. Jusqu'alors, le nez au sol, le plus souvent, flairant les herbes ou les arbustes, ou il se taisait ou il faisait entendre une sorte d'aboiement lamentable, comme eût été l'expression d'une douleur ou d'un regret.

Or, ce jour-là, les aboiements du singulier animal redevinrent éclatants, parfois furieux, tels qu'ils étaient autrefois, lorsque Negoro paraissait sur le pont du *Pilgrim*.

La halte fut organisée pour la nuit. (Page 173.)

Un soupçon traversa l'esprit de Dick Sand, et il fut confirmé dans ce soupçon par Tom, qui lui dit :

« Voilà qui est singulier, monsieur Dick ! Dingo ne flaire plus le sol comme il faisait hier encore ! Il a le nez au vent, il est agité, son poil se hérisse ! On dirait qu'il sent de loin...

— Negoro, n'est-ce pas ? répondit Dick Sand, qui saisit le bras du vieux noir et lui fit signe de parler à voix basse.

— Negoro, monsieur Dick. Ne peut-il se faire qu'il ait suivi nos traces ?...

— Oui, Tom, et qu'en ce moment même, il ne soit pas très-éloigné ?

— Mais... pourquoi ? dit Tom.

Il y avait là, sur le sol, des mains coupées. (Page 182.)

— Ou Negoro ne connaissait pas ce pays, reprit Dick Sand, et alors il avait tout intérêt à ne pas nous perdre de vue...

— Ou?... fit Tom, qui regardait anxieusement le novice.

— Ou, reprit Dick Sand, il le connaissait, et alors...

— Mais comment Negoro connaîtrait-il cette contrée? Il n'y est jamais venu!

— N'y est-il jamais venu? murmura Dick Sand. Enfin, un fait incontestable, c'est que Dingo agit comme si cet homme qu'il déteste s'était rapproché de nous! »

Puis, s'interrompant pour appeler le chien, qui, après quelque hésitation, vint à lui :

« Eh! dit-il, Negoro! Negoro! »

Un furieux aboiement fut la réponse de Dingo. Ce nom fit sur lui son effet habituel, et il s'élança en avant, comme si Negoro eût été caché derrière quelque fourré.

Harris avait vu toute cette scène. Les lèvres un peu serrées, il s'approcha du novice.

« Que demandez-vous donc à Dingo? dit-il.

— Oh! presque rien, monsieur Harris, répondit le vieux Tom, en plaisantant. Nous lui demandons des nouvelles de ce compagnon de bord que nous avons perdu!

— Ah! fit l'Américain, ce Portugais, ce cuisinier du bord dont vous m'avez déjà parlé?

— Oui, répondit Tom. On dirait, à entendre Dingo, que Negoro est dans le voisinage!

— Comment aurait-il pu arriver jusqu'ici? répondit Harris. Il n'était jamais venu dans ce pays, que je sache!

— A moins qu'il nous l'ait caché? répondit Tom.

— Ce serait étonnant, dit Harris. Mais, si vous le voulez, nous allons battre ces taillis. Il est possible que ce pauvre diable ait besoin de secours, qu'il soit en détresse...

— C'est inutile, monsieur Harris, répondit Dick Sand. Si Negoro a su venir jusqu'ici, il saura aller plus loin. Il est homme à se tirer d'affaire!

— Comme vous le voudrez, répondit Harris.

— Allons, Dingo, tais-toi, » ajouta brièvement Dick Sand pour terminer la conversation.

La seconde observation qui fut faite par le novice se rapportait au cheval de l'Américain.

Il ne semblait pas « qu'il sentît l'écurie », comme font les animaux de son espèce. Il ne humait pas l'air, il ne pressait pas son allure, il ne dilatait pas ses naseaux, il ne poussait pas de ces hennissements qui indiquent la fin d'un voyage. A le bien observer, il paraissait être aussi indifférent que si l'hacienda, à laquelle il était allé plusieurs fois cependant, et qu'il devait connaître, eût été à quelques centaines de milles encore.

« Ce n'est point un cheval qui arrive! » pensa le jeune novice.

Et, cependant, suivant ce qu'Harris avait dit la veille, il ne restait plus que six milles à faire, et sur ces derniers six milles, à cinq heures du soir, quatre avaient été certainement franchis.

Or, si le cheval ne sentait rien de l'écurie, dont il devait avoir grand besoin, rien non plus n'annonçait les approches d'une grande exploitation, telle que devait être l'hacienda de San-Felice.

Mrs. Weldon, tout indifférente qu'elle fût alors à ce qui n'était pas son enfant, fut frappée de voir encore la contrée si déserte. Quoi! pas un indigène, pas un des serviteurs de l'hacienda, à une si médiocre distance! Harris s'était-il égaré? Non! Elle repoussa cette idée. Un nouveau retard, c'eût été la mort de son petit Jack!

Cependant, Harris allait toujours en avant; mais il semblait observer les profondeurs du bois, et regarder à droite, à gauche, comme un homme qui n'est pas sûr de lui... ou de sa route!

Mrs. Weldon ferma les yeux pour ne plus le voir.

Après une plaine large d'un mille, la forêt, sans être aussi épaisse que dans l'ouest, avait reparu, et la petite troupe s'enfonça de nouveau sous les grands arbres.

A six heures du soir, on était arrivé auprès d'un fourré qui paraissait avoir récemment livré passage à une bande de puissants animaux.

Dick Sand observa très attentivement autour de lui.

A une hauteur qui dépassait de beaucoup la taille humaine, les branches étaient arrachées ou brisées. En même temps, les herbes, violemment écartées, laissaient voir sur le sol, un peu marécageux, des empreintes de pas qui ne pouvaient être ceux de jaguars ou de couguars.

Étaient-ce donc des « aïs » ou quelques autres tardigrades dont le pied avait ainsi marqué le sol? Mais comment expliquer alors le bris des branches à une telle hauteur?

Des éléphants auraient pu, sans doute, laisser de telles empreintes, imprimer ces larges traces, faire une trouée pareille dans l'impénétrable taillis. Mais de ces éléphants, il ne s'en trouve pas en Amérique. Ces énormes pachydermes ne sont point originaires du Nouveau-Monde. On ne les y a jamais acclimatés, non plus.

L'hypothèse que des éléphants eussent passé là était absolument inadmissible.

Quoi qu'il en fût, Dick Sand ne fit point connaître ce que cet inexplicable fait lui donna à penser. Il n'interrogea même pas l'Américain à cet égard. Qu'attendre d'un homme qui avait essayé de lui faire prendre des girafes pour des autruches? Harris eût encore donné là quelque explication, plus ou moins bien imaginée, qui n'aurait rien changé à la situation.

Quoi qu'il en soit, l'opinion de Dick fut faite sur Harris. Il sentait en lui un traître! Il n'attendait qu'une occasion pour mettre à nu sa déloyauté, pour en avoir raison, et tout lui disait que cette occasion était proche.

Mais quel pouvait être le but secret d'Harris? Quel avenir attendait donc les survivants du *Pilgrim?* Dick Sand se répétait que sa responsabilité n'avait pas cessé avec le naufrage. Il lui faudrait encore, et plus que jamais, pourvoir au salut de ceux que l'échouage avait jetés sur cette côte! Cette femme, ce jeune enfant, ces noirs, tous ses compagnons d'infortune, c'était lui seul qui devait les sauver! Mais s'il pouvait tenter quelque chose à bord, s'il pouvait agir en marin, ici, au milieu des terribles épreuves qu'il entrevoyait, quel parti prendrait-il?

Dick Sand ne voulut pas fermer les yeux devant l'effroyable réalité que chaque instant rendait plus indiscutable. Le capitaine de quinze ans qu'il avait été sur le *Pilgrim*, il le redevenait dans ces conjonctures! Mais il ne voulut rien dire qui pût alarmer la pauvre mère, avant que le moment fût venu d'agir!

Et il ne dit rien, même quand, arrivé sur les bords d'un cours d'eau assez large, précédant la petite troupe d'une centaine de pas, il aperçut d'énormes animaux qui se précipitaient sous les grandes herbes de la berge.

« Des hippopotames! des hippopotames! » allait-il s'écrier.

Et c'étaient bien de ces pachydermes à grosse tête, à large museau renflé, dont la bouche est armée de dents qui la dépassent de plus d'un pied, qui sont trapus sur leurs jambes courtes, dont la peau, dépourvue de poils, est d'un roux tanné! Des hippopotames en Amérique!

On continua de marcher pendant toute la journée, mais péniblement. La fatigue commençait à retarder même les plus robustes. Il était vraiment temps qu'on arrivât, ou bien on serait forcé de s'arrêter.

Mrs. Weldon, uniquement occupée de son petit Jack, ne sentait peut-être pas la fatigue, mais ses forces étaient épuisées. Tous, plus ou moins, étaient rendus. Dick Sand résistait par une suprême énergie morale, puisée dans le sentiment du devoir.

Vers quatre heures du soir, le vieux Tom trouva, dans l'herbe, un objet qui attira son attention. C'était une arme, une sorte de couteau, d'une forme particulière, formé d'une large lame courbe, emmanchée dans un carré d'ivoire assez grossièrement ornementé.

Ce couteau, Tom le porta à Dick Sand, qui le prit, l'examina, et, finalement, le montra à l'Américain, disant :

« Sans doute, les indigènes ne sont pas loin!

— En effet, répondit Harris, et cependant...

— Cependant?... répéta Dick Sand, qui regarda Harris bien en face.

— Nous devrions être tout près de l'hacienda, reprit Harris en hésitant, et je ne reconnais pas...

— Vous êtes-vous donc égaré? demanda vivement Dick Sand.

— Égaré, non... L'hacienda ne doit pas être à plus de trois milles, maintenant. Mais j'ai voulu prendre par le plus court, à travers la forêt, et j'ai peut-être eu tort!

— Peut-être, répondit Dick Sand.

— Je ferais bien, je pense, d'aller en avant, dit Harris.

— Non, monsieur Harris, ne nous séparons pas, répondit Dick Sand d'un ton décidé.

— Comme vous voudrez! reprit l'Américain. Mais, pendant la nuit, il me sera difficile de vous guider.

— Qu'à cela ne tienne! répondit Dick Sand. Nous allons faire halte. Mrs. Weldon consentira à passer une dernière nuit sous les arbres, et demain, lorsqu'il fera grand jour, nous nous remettrons en route! Deux ou trois milles encore, ce sera l'affaire d'une heure!

— Soit, » répondit Harris.

En ce moment, Dingo fit entendre des aboiements furieux.

« Ici, Dingo, ici! cria Dick Sand. Tu sais bien qu'il n'y a personne, et que nous sommes dans le désert! »

Cette dernière halte fut donc décidée. Mrs. Weldon laissa faire ses compagnons sans prononcer une parole. Son petit Jack, assoupi par la fièvre, reposait entre ses bras.

On chercha le meilleur emplacement pour y passer la nuit.

Ce fut sous un large bouquet d'arbres que Dick Sand songea à tout disposer pour la couchée. Mais le vieux Tom, qui s'occupait avec lui de ces préparatifs, s'arrêta tout à coup, s'écriant :

« Monsieur Dick! Voyez! voyez!

— Qu'y a-t-il, mon vieux Tom? demanda Dick Sand, du ton calme d'un homme qui s'attend à tout.

— Là... là... fit Tom... sur ces arbres... des taches de sang!... Et... à terre... des membres mutilés!... »

Dick Sand se précipita vers l'endroit que désignait le vieux Tom. Puis, revenant à lui :

« Tais-toi, Tom, tais-toi ! » dit-il.

En effet, il y avait là, sur le sol, des mains coupées, et, auprès de ces débris humains, quelques fourches brisées, une chaîne rompue !

Mrs. Weldon, heureusement, n'avait rien vu de cet horrible spectacle.

Quant à Harris, il se tenait à l'écart, et qui l'eût observé en ce moment aurait été frappé du changement qui s'était fait en lui. Sa face avait quelque chose de féroce.

Dingo, lui, avait rejoint Dick Sand, et, devant ces restes sanglants, il aboyait avec rage.

Le novice eut beaucoup de peine à le chasser.

Cépendant, le vieux Tom, à la vue de ces fourches, de cette chaîne brisée, était resté immobile, comme si ses pieds se fussent enracinés dans le sol. Les yeux démesurément ouverts, les mains crispées, il regardait, murmurant ces incohérentes paroles :

« J'ai vu... déjà vu... ces fourches... tout petit... j'ai vu !... »

Et, sans doute, les souvenirs de sa première enfance lui revenaient vaguement. Il cherchait à se rappeler!... Il allait parler!...

« Tais-toi, Tom! répéta Dick Sand. Pour mistress Weldon, pour nous tous, tais-toi ! »

Et le novice emmena le vieux noir.

Un autre lieu de halte fut choisi, à quelque distance, et tout fut disposé pour la nuit.

Le repas fut préparé, mais on y toucha à peine. La fatigue l'emportait sur la faim. Tous étaient sous une indéfinissable impression d'inquétude qui touchait à la terreur.

L'obscurité se fit peu à peu. Bientôt elle fut profonde. Le ciel était couvert de gros nuages orageux. Entre les arbres, dans l'horizon de l'ouest, on voyait s'enflammer quelques éclairs de chaleur. Le vent tombé, pas une feuille ne remuait aux arbres. Un silence absolu succédait aux bruits du jour, et on eût pu croire que la lourde atmosphère, saturée d'électricité, devenait impropre à la transmission des sons.

Dick Sand, Austin, Bat veillaient ensemble. Ils cherchaient à voir, à entendre, dans cette profonde nuit, si une lueur quelconque ou quelque bruit suspect auraient frappé leurs yeux ou leurs oreilles. Rien ne troublait ni le calme ni l'obscurité de la forêt.

Tom, non pas assoupi, mais absorbé dans ses souvenirs, la tête courbée, demeurait immobile, comme s'il eût été frappé de quelque coup subit.

Mrs. Weldon berçait son enfant dans ses bras et n'avait de pensées que pour lui.

Seul, cousin Bénédict dormait peut-être, car seul il ne subissait pas l'impression commune. Sa faculté de pressentir n'allait pas si loin.

Tout à coup, vers onze heures, un rugissement prolongé et grave se fit entendre, auquel se mêlait une sorte de frémissement plus aigu.

Tom se dressa tout debout, et sa main se tendit vers un épais fourré, distant d'un mille au plus.

Dick Sand lui saisit le bras, mais il ne put empêcher Tom de crier à haute voix :

« Le lion! le lion! »

Ce rugissement, qu'il avait si souvent entendu dans son enfance, le vieux noir venait de le reconnaître!

« Le lion! » répéta-t-il.

Dick Sand, incapable de se maîtriser plus longtemps, se précipita, le coutelas à la main, vers la place qu'occupait Harris...

Harris n'était plus là, et son cheval avait disparu avec lui.

Une sorte de révolution se fit dans l'esprit de Dick Sand... Il n'était pas où il avait cru être!

Ainsi, ce n'était point à la côte américaine que le *Pilgrim* avait atterri! Ce n'était pas l'île de Pâques, dont le novice avait relevé la position en mer, mais quelque autre île, précisément située à l'ouest de ce continent, comme l'île de Pâques est située à l'ouest de l'Amérique!

La boussole l'avait trompé pendant une partie du voyage, on sait pourquoi! Entraîné par la tempête sur une fausse route, il avait dû tourner le cap Horn, et, de l'océan Pacifique, il était passé dans l'Atlantique! La vitesse de son navire, qu'il ne pouvait qu'imparfaitement estimer, avait été doublée, à son insu, par la force de l'ouragan!

Voilà pourquoi les arbres à caoutchouc, les quinquinas, les produits du Sud-Amérique manquaient à cette contrée, qui n'était ni le plateau d'Atacama, ni la pampa bolivienne!

Oui! c'étaient des girafes, non des autruches, qui avaient fui dans la clairière! C'étaient des éléphants qui avaient traversé l'épais taillis! C'étaient des hippopotames, dont Dick Sand avait troublé le repos sous les grandes herbes! C'était la tsetsé, ce diptère recueilli par Bénédict, la redoutable tsetsé, qui fait périr sous ses piqûres les animaux des caravanes!

Enfin, c'était bien le rugissement du lion qui venait d'éclater à travers la

Dick Sand se précipita, le coutelas à la main. (Page 183.)

forêt ! Et ces fourches, ces chaînes, ce couteau de forme singulière, c'étaient les engins du marchand d'esclaves ! Ces mains mutilées, c'étaient des mains de captifs !

Le Portugais Negoro et l'Américain Harris devaient être d'accord !

Et ces mots terribles, devinés par Dick Sand, s'échappèrent enfin de ses lèvres :

« L'Afrique ! L'Afrique équatoriale ! L'Afrique des traitants et des esclaves !

FIN DE LA PREMIÈRE PARTIE

DEUXIÈME PARTIE

Les bêtes fauves occupaient le pays. (Page 188.)

CHAPITRE PREMIER

LA TRAITE.

La traite! Personne n'ignore la signification de ce mot, qui n'aurait jamais dû trouver place dans le langage humain. Ce trafic abominable, longtemps pratiqué au profit des nations européennes qui possédaient des colonies d'outre-mer, a été interdit depuis bien des années déjà. Cependant, il s'opère toujours sur une vaste échelle, et principalement dans l'Afrique centrale. En plein XIXe siècle, la signature de quelques États qui se disent chrétiens, manque encore à l'acte d'abolition de l'esclavage.

On pourrait croire que la traite ne se fait plus, que cet achat et cette vente de créatures humaines ont cessé ! Il n'en est rien, et c'est là ce qu'il faut que le lecteur sache, s'il veut s'intéresser plus intimement à la seconde partie de cette histoire. Il faut qu'il apprenne ce que sont actuellement encore ces chasses à l'homme, qui menacent de dépeupler tout un continent pour l'entretien de quelques colonies à esclaves, où et comment s'exécutent ces razzias barbares, ce qu'elles coûtent de sang, ce qu'elles provoquent d'incendies et de pillages, enfin au profit de qui elles se font.

C'est au XVe siècle seulement que l'on voit s'exercer, pour la première fois, la traite des noirs, et voici dans quelles circonstances elle fut établie :

Les Musulmans, après avoir été chassés d'Espagne, s'étaient réfugiés au delà du détroit sur la côte d'Afrique. Les Portugais, qui occupaient alors cette partie du littoral, les poursuivirent avec acharnement. Un certain nombre de ces fugitifs furent faits prisonniers et ramenés en Portugal. Réduits en esclavage, ils constituèrent le premier noyau d'esclaves africains qui ait été formé dans l'Europe occidentale depuis l'ère chrétienne.

Mais ces Musulmans appartenaient pour la plupart à de riches familles, qui voulurent les racheter à prix d'or. Refus des Portugais d'accepter une rançon, quelque importante qu'elle fût. Ils n'avaient que faire de l'or étranger. Ce qui leur manquait, c'étaient les bras indispensables au travail des colonies naissantes, et, pour tout dire, les bras de l'esclave.

Les familles musulmanes, ne pouvant racheter leurs parents captifs, offrirent alors de les échanger contre un plus grand nombre de noirs africains, dont il n'était que trop facile de s'emparer. L'offre fut acceptée par les Portugais, qui trouvaient leur avantage à cet échange, et c'est ainsi que la traite se fonda en Europe.

Vers la fin du XVIe siècle, cet odieux trafic était généralement admis, et les mœurs encore barbares n'y répugnaient pas. Tous les États le protégeaient, afin d'arriver plus rapidement et plus sûrement à coloniser les îles du Nouveau-Monde. En effet, les esclaves d'origine noire pouvaient résister, là où les blancs, mal acclimatés, impropres encore à supporter la chaleur des climats intertropicaux, eussent péri par milliers. Le transport des nègres aux colonies d'Amérique se fit donc régulièrement par des bâtiments spéciaux, et cette branche du commerce transatlantique amena la création de comptoirs importants sur divers points du littoral africain. La « marchandise » coûtait peu au pays de production, et les bénéfices étaient considérables.

Mais, si nécessaire que fût à tous les points de vue la fondation des colonies d'outre-mer, elle ne pouvait justifier ces marchés de chair humaine. Des voix généreuses se firent bientôt entendre, qui protestèrent contre la traite des noirs et demandèrent aux gouvernements européens d'en décréter l'abolition au nom des principes de l'humanité.

En 1751, les quakers se mirent à la tête du mouvement abolitionniste, au sein même de cette Amérique du Nord, où, cent ans plus tard, allait éclater la guerre de sécession, à laquelle cette question de l'esclavagisme ne fut pas étrangère. Divers États du Nord, la Virginie, le Connecticut, le Massachussets, la Pensylvanie décrétèrent l'abolition de la traite et affranchirent les esclaves amenés à grands frais sur leurs territoires.

Mais la campagne, commencée par les quakers, ne se limita pas aux provinces septentrionales du Nouveau-Monde. Les esclavagistes furent vivement attaqués jusqu'au delà de l'Atlantique. La France et l'Angleterre, plus particulièrement, recrutèrent des partisans à cette juste cause : « Périssent les colonies plutôt qu'un principe ! » tel fut le généreux mot d'ordre qui retentit dans tout l'ancien monde, et, malgré les grands intérêts politiques et commerciaux engagés dans la question, il se transmit efficacement à travers l'Europe.

L'élan était donné. En 1807, l'Angleterre abolit la traite des noirs dans ses colonies, et la France suivit son exemple en 1814. Les deux puissantes nations échangèrent un traité à ce sujet, traité que confirma Napoléon pendant les Cent-Jours.

Toutefois, ce n'était là, encore, qu'une déclaration purement théorique. Les négriers ne cessaient pas de courir les mers et allaient se vider dans les ports coloniaux de leur « cargaison d'ébène ».

Des mesures plus pratiques durent être prises pour mettre fin à ce commerce. Les États-Unis en 1820, l'Angleterre en 1824 déclarèrent la traite acte de piraterie, et pirates ceux qui l'exerçaient. Comme tels, ils encouraient la peine de mort, et ils furent poursuivis à outrance. La France adhéra bientôt au nouveau traité. Mais les États du Sud de l'Amérique, les colonies espagnoles et portugaises n'intervinrent pas à l'acte d'abolition, et l'exportation des noirs se continua à leur profit, malgré le droit de visite généralement reconnu, qui se bornait à la vérification de pavillon des navires suspects.

Cependant, la nouvelle loi d'abolition n'avait pas eu d'effet rétroactif. On ne faisait plus de nouveaux esclaves, mais les anciens n'avaient pas encore recouvré leur liberté.

Ce fut dans ces circonstances que l'Angleterre donna l'exemple. Le 14 mai 1833, une déclaration générale émancipa tous les noirs des colonies de la Grande-Bretagne, et en août 1838, six cent soixante-dix mille esclaves furent déclarés libres.

Dix ans plus tard, en 1848, la République émancipait les esclaves des colonies françaises, soit deux cent soixante mille noirs.

En 1859, la guerre qui éclata entre les fédéraux et les confédérés des États-Unis, achevant l'œuvre d'émancipation, l'étendit à toute l'Amérique du Nord.

Les trois grandes puissances avaient donc accompli cette œuvre d'humanité. A l'heure qu'il est, la traite ne s'exerce plus qu'au profit des colonies espagnoles ou portugaises, et pour satisfaire aux besoins des populations de l'Orient, turques ou arabes. Le Brésil, s'il n'a pas encore rendu à la liberté ses anciens esclaves, n'en reçoit plus de nouveaux, du moins, et les enfants des noirs y naissent libres.

C'est dans l'intérieur de l'Afrique, à la suite de ces guerres sanglantes que les chefs africains se font pour cette chasse à l'homme, que des tribus entières sont réduites en esclavage. Deux directions opposées sont alors imprimées aux caravanes : l'une à l'ouest, vers la colonie portugaise de l'Angola ; l'autre à l'est, sur le Mozambique. De ces malheureux, dont une faible partie seulement arrivent à destination, les uns sont expédiés soit à Cuba, soit à Madagascar ; les autres, dans les provinces arabes ou turques de l'Asie, à la Mecque ou à Mascate. Les croisières anglaises et françaises ne peuvent empêcher ce trafic que dans une faible mesure, tant une surveillance efficace de côtes aussi étendues est difficile à obtenir.

Mais le chiffre de ces odieuses exportations est-il donc considérable encore ?

Oui ! On n'estime pas à moins de quatre-vingt mille le nombre des esclaves qui arrivent au littoral, et ce nombre, paraît-il, ne représente que le dixième des indigènes massacrés. Après ces boucheries épouvantables, les champs dévastés sont déserts, les bourgades incendiées sont vides d'habitants, les fleuves roulent des cadavres, les bêtes fauves occupent le pays. Livingstone, au lendemain de ces chasses à l'homme, ne reconnaissait plus les provinces qu'il avait visitées quelques mois auparavant. Tous les autres voyageurs, Grant, Speke, Burton, Cameron, Stanley, ne parlent pas autrement de ce plateau boisé de l'Afrique centrale, principal théâtre des guerres de chefs à chefs. Dans la région des grands lacs, sur toute cette vaste contrée qui alimente le marché de Zanzibar, dans le Bornou et le Fezzan, plus au sud, sur les rives du Nyassa et du Zambèse, plus à l'ouest, dans les districts du haut Zaïre que l'audacieux Stanley vient de traverser, même spectacle, ruines, massacres, dépopulation. L'esclavage ne finira-t-il donc en Afrique qu'avec la disparition de la race noire, et en sera-t-il de cette race comme il en est de la race australienne dans la Nouvelle-Hollande!

Mais le marché des colonies espagnoles et portugaises se fermera un jour, ce débouché fera défaut; des peuples civilisés ne peuvent plus longtemps tolérer la traite!

Oui, sans doute, et cette année même, 1878, doit voir l'affranchissement de tous les esclaves possédés encore par les États chrétiens. Toutefois, pendant de longues années encore, les nations musulmanes maintiendront ce trafic qui dépeuple le continent africain. C'est vers elles en effet que se fait la plus importante émigration de noirs, puisque le chiffre des indigènes, arrachés à leurs provinces et dirigés vers la côte orientale, dépasse annuellement quarante mille. Bien avant l'expédition d'Égypte, les nègres du Sennaar étaient vendus par milliers aux nègres du Darfour, et réciproquement. Le général Bonaparte put même acheter un assez grand nombre de ces noirs dont il fit des soldats organisés à la façon des mameluks. Depuis lors, pendant ce siècle dont les quatre cinquièmes sont maintenant écoulés, le commerce des esclaves n'a pas diminué en Afrique. Au contraire.

Et, en effet, l'islamisme est favorable à la traite. Il a fallu que l'esclave noir vînt remplacer, dans les provinces musulmanes, l'esclave blanc d'autrefois. Aussi, des traitants de toute origine font-ils en grand cet exécrable trafic. Ils apportent ainsi un supplément de population à ces races qui s'éteignent et disparaîtront un jour, puisqu'elles ne se régénèrent pas par le travail. Ces esclaves, comme au temps de Bonaparte, deviennent souvent des soldats. Chez certains peuples du haut Niger, ils composent pour moitié les armées des chefs africains. Dans ces conditions, leur sort n'est pas sensiblement inférieur à celui des hommes libres. D'ailleurs, quand l'esclave n'est pas un soldat, il est une monnaie qui a cours, même en Égypte, et au Bornou, officiers et fonctionnaires sont payés en cette monnaie-là. Guillaume Lejean l'a vu et l'a dit.

Tel est donc l'état actuel de la traite.

Faut-il ajouter que nombre d'agents des grandes puissances européennes n'ont pas honte de montrer pour ce commerce une indulgence regrettable?

Rien n'est plus vrai pourtant, et tandis que les croisières surveillent les côtes de l'Atlantique et de l'océan Indien, le trafic s'opère régulièrement à l'intérieur, les caravanes cheminent sous les yeux de certains fonctionnaires, les massacres où dix noirs périssent pour fournir un esclave s'exécutent à des époques déterminées!

Aussi comprendra-t-on, maintenant, ce qu'avaient de terrible ces paroles que Dick Sand venait de prononcer :

« L'Afrique! L'Afrique équatoriale! L'Afrique des traitants et des esclaves ! »

Et il ne se trompait pas : C'était l'Afrique avec tous ses dangers, pour ses compagnons et pour lui.

Mais sur quelle partie du continent africain une inexplicable fatalité l'avait-elle fait atterrir? A la côte ouest évidemment, et, circonstance aggravante, le jeune novice devait penser que le *Pilgrim* s'était précisément jeté sur le littoral de l'Angola, où arrivent les caravanes qui desservent toute cette portion de l'Afrique.

C'était là, en effet. C'était ce pays que Cameron au sud, Stanley au nord, allaient traverser quelques années plus tard, et au prix de quels efforts! De ce vaste territoire qui se compose de trois provinces, le Benguela, le Congo et l'Angola, on ne connaissait guère alors que le littoral. Il s'étend depuis la Nourse, au sud, jusqu'au Zaïre, au nord, et deux villes principales y forment deux ports, Benguela et Saint-Paul de Loanda, capitale de la colonie, qui relève du royaume de Portugal.

A l'intérieur, cette contrée était alors presque inconnue. Peu de voyageurs avaient osé s'y aventurer. Un climat pernicieux, des terrains chauds et humides qui engendrent les fièvres, des indigènes barbares dont quelques-uns sont encore cannibales, la guerre à l'état permanent de tribus à tribus, la défiance des traitants contre tout étranger qui cherche à pénétrer les secrets de leur infâme commerce, telles sont les difficultés à surmonter, les dangers à vaincre dans cette province de l'Angola, l'une des plus dangereuses de l'Afrique équatoriale.

Tuckey, en 1816, avait remonté le Congo jusqu'audelà des chutes de Yellala, mais sur un parcours de deux cents milles au plus. Cette simple étape ne pouvait donner une sérieuse connaissance du pays, et pourtant elle avait causé la mort de la plupart des savants et des officiers qui composaient l'expédition.

Trente-sept ans plus tard, le docteur Livingstone s'était avancé depuis le cap de Bonne-Espérance jusque sur le haut Zambèse. De là, au mois de novembre 1853, avec une hardiesse qui n'a jamais été surpassée, il traversait l'Afrique du sud au nord-ouest, franchissait le Coango, l'un des affluents du Congo, et arrivait le 31 mai 1854 à Saint-Paul de Loanda. C'était la première percée faite dans l'inconnu de la grande colonie portugaise.

Dix-huit ans après, deux audacieux découvreurs allaient traverser l'Afrique de l'est à l'ouest, et ressortir, l'un au sud, l'autre au nord de l'Angola, au prix de difficultés inouïes.

Le premier en date, c'est le lieutenant de la marine anglaise Verney-Howet Cameron. En 1872, on avait lieu de penser que l'expédition de l'Américain Stanley, envoyée à la recherche de Livingstone dans la région des grands lacs, était fort compromise. Le lieutenant Cameron offrit d'aller retrouver ses traces. L'offre fut acceptée. Cameron, accompagné du docteur Dillon, du lieutenant Cecil Murphy et de Robert Moffat, neveu de Livingstone, partit de Zanzibar. Après avoir traversé l'Ougogo, il rencontra le corps de Livingstone que ses fidèles serviteurs ramenaient à la côte orientale. Continuant alors sa route à l'ouest avec l'inébranlable volonté de passer d'un littoral à l'autre, traversant l'Ounyanyembé, l'Ougounda, Kahouélé où il recueillit les papiers du grand voyageur, franchissant le Tanganyika, les montagnes du Bambarré, le Loualâba dont il ne put redescendre le cours, après avoir visité toutes ces provinces dévastées par la guerre, dépeuplées par la traite, le Kilemmba, l'Ouroua, les sources du Lomané, l'Oulouda, le Lovalé, après avoir franchi la Coanza et ces immenses forêts dans lesquelles Harris venait d'égarer Dick Sand et ses compagnons, l'énergique Cameron apercevait enfin l'océan Atlantique et arrivait à Saint-Philippe de Benguela. Ce voyage de trois ans et quatre mois avait coûté la vie à deux de ses compagnons, le docteur Dillon et Robert Moffat.

A l'Anglais Cameron allait presque aussitôt succéder l'Américain Henry Moreland Stanley dans cette voie des découvertes. On sait que cet intrépide correspondant du *New-York Herald*, envoyé à la recherche de Livingstone, l'avait retrouvé le 30 octobre 1871 à Oujiji sur les bords du lac Tanganyika. Mais ce qu'il venait de faire si heureusement au point de vue de l'humanité, Stanley voulut le recommencer dans l'intérêt de la science géographique. Son objectif fut alors la complète reconnaissance du Loualâba qu'il n'avait fait qu'entrevoir. Cameron était encore perdu dans les provinces de l'Afrique centrale, lorsque Stanley, en novembre 1874, quittait Bagamoyo sur la côte orientale, abandonnait, vingt et un mois après, le 24 août 1876, Oujiji, décimée par une épidémie de variole,

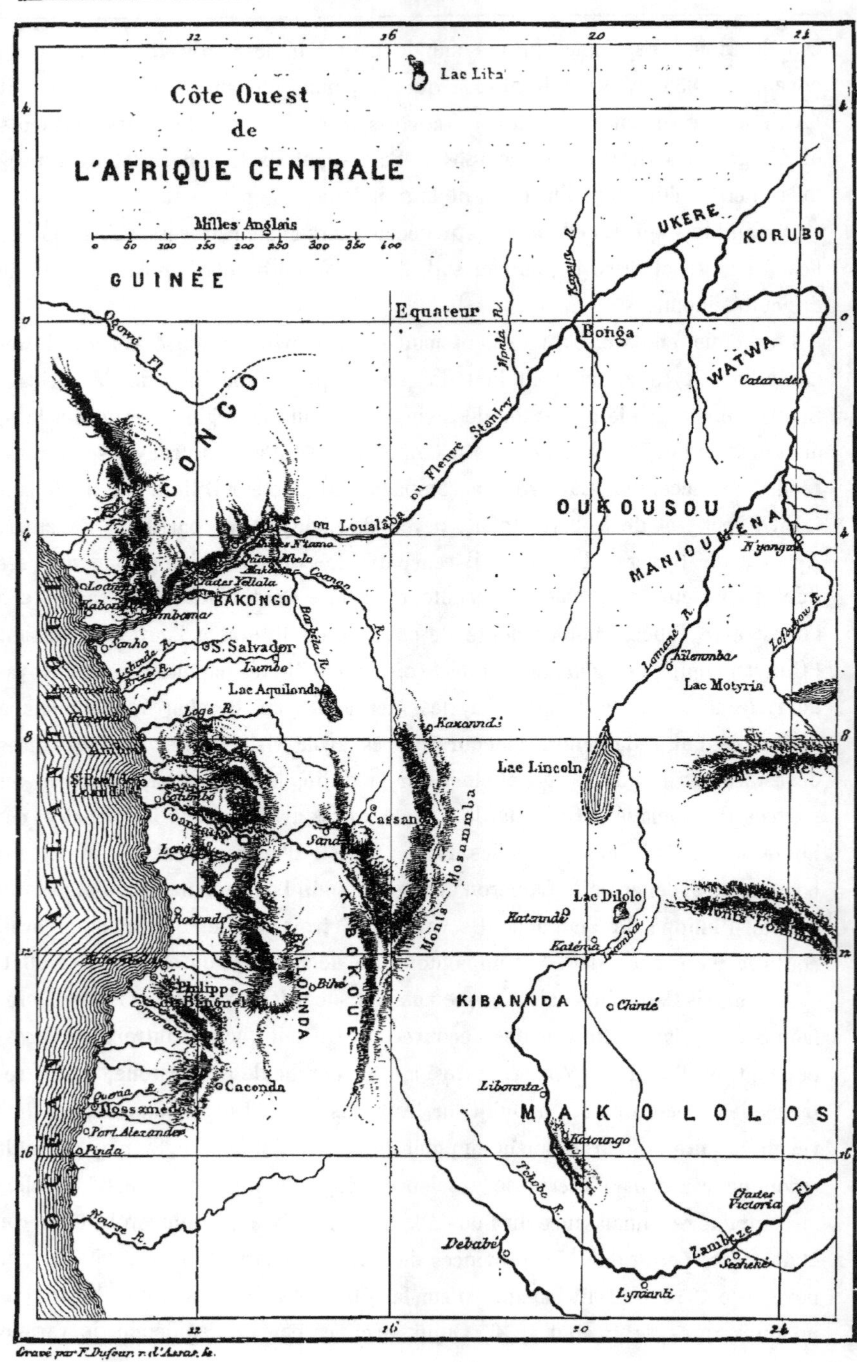

Gravé par F. Dufour, r. d'Assas, 4e.

La conversation commençait. (Page 193.)

effectuait en soixante-quatorze jours le trajet du lac à N'yangwé, grand marché d'esclaves déjà visité par Livingstone et Cameron, et assistait aux plus horribles scènes des razzias, exécutées dans le pays des Maroungou et des Manyouéma par les officiers du sultan de Zanzibar.

Stanley se mit en mesure alors de reconnaître le cours du Loualâba, et de le descendre jusqu'à son embouchure. Cent quarante porteurs, engagés à N'yangwé, et dix-neuf bateaux formaient le matériel et le personnel de son expédition. Il fallut combattre dès le début les anthropophages de l'Ougousou, dès le début aussi, s'employer au portage des embarcations, afin de tourner d'infranchissables cataractes. Sous l'équateur, au point où le Loualâba s'infléchit au nord-

nord-est, cinquante-quatre barques montées par plusieurs centaines d'indigènes attaquaient la petite flotille de Stanley, qui parvint à les mettre en fuite. Puis, le courageux Américain, remontant jusqu'au deuxième degré de latitude boréale, constatait que le Loualâba n'était que le haut Zaire ou Congo, et qu'à en suivre le cours, il descendrait directement à la mer. C'est ce qu'il fit, en se battant presque chaque jour contre les tribus riveraines. Le 3 juin 1877, au passage des cataractes de Massassa, il perdait un de ses compagnons, Francis Pocock, et lui-même, le 18 juillet, il était entraîné avec son embarcation dans les chutes de M'bélo, et n'échappait à la mort que par miracle.

Enfin, le 6 août, Henry Stanley arrivait au village de Ni Sanda, à quatre jours de la côte. Deux jours après, à Banza M'bouko, il trouvait les provisions envoyées par deux négociants d'Emboma, et il se reposait enfin dans cette petite ville du littoral, vieilli à trente-cinq ans par les fatigues et les privations, après une traversée complète du continent africain, qui avait pris deux ans et neuf mois de sa vie. Mais le cours du Loualâba était reconnu jusqu'à l'Atlantique, et si le Nil est la grande artère du nord, si le Zambèse est la grande artère de l'est, on sait maintenant que l'Afrique possède encore dans l'ouest le troisième des plus grands fleuves du monde, celui qui, dans un cours de deux mille neuf cents milles [1], sous les noms de Loualâba, de Zaire et de Congo, réunit la région des lacs à l'océan Atlantique.

Cependant, entre ces deux itinéraires, celui de Stanley et celui de Cameron, la province d'Angola était à peu près inconnue en cette année 1873, à l'époque où le *Pilgrim* venait de se perdre sur la côte d'Afrique. Ce qu'on en savait, c'est qu'elle était le théâtre de la traite occidentale, grâce à ses importants marchés de Bihé, de Cassange et de Kazonndé.

Et c'était dans cette contrée que Dick Sand avait été entraîné, à plus de cent milles du littoral, avec une femme épuisée de fatigue et de douleur, un enfant mourant et des compagnons, nègres d'origine, proie toute indiquée à la rapacité des marchands d'esclaves !

Oui, c'était l'Afrique, et non cette Amérique où ni les indigènes, ni les fauves, ni le climat ne sont véritablement redoutables. Ce n'était pas cette région propice, située entre les Cordillères et la côte, où les bourgades abondent, où les missions sont hospitalièrement ouvertes à tout voyageur. Elles étaient loin, ces provinces du Pérou et de la Bolivie, où la tempête aurait assurément porté

1. 4.650 kilomètres.

le *Pilgrim*, si une main criminelle n'eût dévié sa route, où des naufragés eussent trouvé tant de facilités de rapatriement!

C'était le terrible Angola, et non pas cette partie de la côte directement surveillée par les autorités portugaises, mais l'intérieur même de la colonie, que sillonnent les caravanes d'esclaves sous le fouet des havildars.

Que savait Dick Sand de ce pays où la trahison l'avait jeté? Peu de choses, ce qu'en avaient dit les missionnaires des XVIe et XVIIe siècles, les marchands portugais qui fréquentaient la route de Saint-Paul de Loanda au Zaire par San-Salvador, ce qu'en avait raconté le docteur Livingstone, lors de son voyage de 1853, et cela eût suffi à abattre une âme moins forte que la sienne.

En vérité, la situation était épouvantable.

CHAPITRE II

HARRIS ET NEGORO.

Le lendemain du jour où Dick Sand et ses compagnons avaient établi leur dernière halte dans la forêt, deux hommes se rencontraient à trois milles de là, ainsi qu'il avait été préalablement convenu entre eux.

Ces deux hommes étaient Harris et Negoro, et l'on va voir à quoi se réduisait la part du hasard qui avait mis en présence sur le littoral de l'Angola le Portugais venu de Nouvelle-Zélande et l'Américain que son métier de traitant obligeait à parcourir souvent cette province de l'Ouest-Afrique.

Harris et Negoro s'étaient assis au pied d'un énorme banian, sur la berge d'un ruisseau torrentueux, qui coulait entre une double haie de papyrus.

La conversation commençait, car le Portugais et l'Américain venaient de se rejoindre à l'instant, et tout d'abord elle avait porté sur les faits qui s'étaient accomplis pendant ces dernières heures.

« Ainsi, Harris, dit Negoro, tu n'as pas pu entraîner plus loin dans l'Angola la petite troupe du capitaine Sand, comme ils appellent ce novice de quinze ans?

— Non, camarade, répondit Harris, et il est même étonnant que je sois parvenu à l'amener à cent milles, au moins, de la côte? Depuis plusieurs jours, mon jeune ami Dick Sand me regardait d'un œil inquiet, ses soupçons se changeaient peu à peu en certitudes, et ma foi....

— Cent milles encore, Harris, et ces gens-là eussent été plus sûrement encore dans notre main! Il ne faut pourtant pas qu'ils nous échappent!

— Eh! comment le pourraient-ils? répondit Harris qui haussa les épaules. Je te le répète, Negoro, il n'était que temps de leur fausser compagnie! J'ai lu dix fois dans ses yeux que mon jeune ami était tenté de m'envoyer une balle en pleine poitrine, et j'ai un trop mauvais estomac pour digérer ces pruneaux de douze à la livre!

— Bon! fit Negoro. J'ai, moi aussi, un compte à régler avec ce novice...

— Et tu le régleras à ton aise avec les intérêts, camarade. Quant à moi, pendant les premiers jours de marche, je suis bien parvenu à lui faire prendre cette province pour le désert d'Atacama que j'ai visité autrefois; mais le moutard qui réclamait ses caoutchoucs et ses oiseaux-mouches, mais la mère qui demandait ses quinquinas, mais le cousin qui s'entêtait à trouver des cocuyos!... Ma foi, j'étais à bout d'imagination, et, après leur avoir fait avaler à grand'peine des autruches pour des girafes... une trouvaille, cela, Negoro! — je ne savais plus qu'inventer! D'ailleurs je voyais bien que mon jeune ami n'acceptait plus mes explications! Puis, nous sommes tombés sur des traces d'éléphants! Puis, les hippopotames se sont mis de la partie! Et tu sais, Negoro, des hippopotames et des éléphants en Amérique, c'est comme des honnêtes gens aux pénitentiaires de Benguela! Enfin, pour m'achever, voilà le vieux noir qui s'avise de dénicher au pied d'un arbre des fourches et des chaînes dont quelques esclaves s'étaient débarrassés pour fuir! Au même moment rugit le lion, brochant sur le tout, et il est malaisé de faire prendre son rugissement pour le miaulement d'un chat inoffensif! Je n'ai donc eu que le temps de sauter sur mon cheval et de filer jusqu'ici!

— Je comprends! répondit Negoro. Néanmoins, j'aurais voulu les tenir cent milles plus avant dans la province!

— On fait ce qu'on peut, camarade, répondit Harris. Quant à toi, qui suivais notre caravane depuis la côte, tu as bien fait de garder ta distance. On te sentait là! Il y a un certain Dingo, qui ne paraît pas t'affectionner. Que lui as-tu donc fait, à cet animal?

— Rien, répondit Negoro, mais avant peu, il recevra quelque balle dans la tête.

— Comme tu en aurais reçu une de Dick Sand, si tu avais montré tant soit peu de ta personne à deux cents pas de son fusil. Ah! c'est qu'il tire bien, mon jeune ami, et, entre nous, je suis obligé d'avouer que c'est, en son genre, un garçon solide !

— Si solide qu'il soit, Harris, il me payera cher ses insolences, répondit Negoro, dont la physionomie s'imprégnit d'une implacable cruauté.

— Bon, murmura Harris, mon camarade est bien resté tel que je l'ai toujours connu ! Les voyages ne l'ont pas déformé ! »

Puis après un instant de silence :

« Ah çà, Negoro, reprit-il, lorsque je t'ai si inopinément rencontré là-bas, sur le théâtre du naufrage, à l'embouchure de la Longa, tu n'as eu que le temps de me recommander ces braves gens, en me priant de les conduire aussi loin que possible à travers cette prétendue Bolivie, mais tu ne m'as pas dit ce que tu avais fait depuis deux ans ! Deux ans, dans notre existence accidentée, c'est long, camarade ! Un beau jour, après avoir pris la conduite d'une caravane d'esclaves pour le compte du vieil Alvez, dont nous ne sommes que les très-humbles agents, tu as quitté Cassange et l'on n'a plus entendu parler de toi ! J'ai pensé que tu avais eu quelques désagréments avec la croisière anglaise et que tu étais pendu !

— Il s'en est guère fallu, Harris.

— Ça viendra, Negoro.

— Merci !

— Que veux-tu? répondit Harris avec une indifférence toute philosophique, c'est une des chances du métier ! On ne fait pas la traite sur la côte d'Afrique, sans risquer de mourir ailleurs que dans son lit ! Enfin, tu as été pris ?...

— Oui.

— Par les Anglais !

— Non ! Par les Portugais.

— Avant ou après avoir livré la cargaison ? demanda Harris.

— Après... répliqua Negoro, qui avait légèrement hésité à répondre. Ces Portugais font maintenant les difficiles ! Ils ne veulent plus de l'esclavage, bien qu'ils en aient si longtemps usé à leur profit ! J'étais dénoncé, surveillé. On m'a pris...

— Et condamné ?...

— A finir mes jours dans le pénitentiaire de Saint-Paul de Loanda.

— Mille diables ! s'écria Harris. Un pénitentiaire ! Voilà un lieu malsain pour des gens habitués comme nous le sommes à vivre au grand air ! Moi, j'aurais peut-être préféré être pendu !

— On ne s'échappe pas de la potence, répondit Negoro, mais de la prison...

— Tu as pu t'évader ?...

— Oui, Harris ! Quinze jours seulement après avoir été mis au bagne, j'ai pu me cacher à fond de cale d'un steamer anglais en partance pour Auckland de Nouvelle-Zélande. Un baril d'eau, une caisse de conserves entre lesquels je m'étais fourré, m'ont fourni à manger et à boire pendant toute la traversée. Oh ! j'ai terriblement souffert à ne pas vouloir me montrer, lorsque nous avons été en mer. Mais, si j'avais été assez malavisé pour le faire, j'aurais été réintégré à fond de cale, et, volontairement ou non, la torture eût été la même ! En outre, à mon arrivée à Auckland, on m'aurait remis de nouveau aux autorités anglaises, et finalement reconduit au pénitentiaire de Loanda, ou peut-être pendu, comme tu le disais ! Voilà pourquoi j'ai préféré voyager incognito.

— Et sans payer ton passage ! s'écria Harris en riant. Ah ! voilà qui n'est pas délicat, camarade ! Se faire nourrir et transporter gratis !...

— Oui, reprit Negoro, mais trente jours de traversée à fond de cale !...

— Enfin, c'est fait, Negoro. Te voilà parti pour la Nouvelle-Zélande, au pays des Maoris ! Mais tu en es revenu. Est-ce que le retour s'est fait dans les mêmes conditions ?

— Non pas, Harris. Tu penses bien que là-bas, je n'avais plus qu'une idée : revenir à l'Angola et reprendre mon métier de traitant.

— Oui ! répondit Harris, on aime son métier... par habitude !

— Pendant dix-huit mois... »

Ces derniers mots prononcés, Negoro s'était tu brusquement. Il avait saisi le bras de son compagnon et il écoutait.

« Harris, dit-il en baissant la voix, est-ce qu'il ne s'est pas fait comme un frémissement dans ce buisson de papyrus ?

— En effet, » répondit Harris, qui saisit son fusil, toujours prêt à faire feu.

Negoro et lui se levèrent, regardèrent autour d'eux et écoutèrent avec la plus grande attention.

« Il n'y a rien, dit bientôt Harris. C'est ce ruisseau grossi par l'orage qui coule plus bruyamment. Depuis deux ans, camarade, tu as perdu l'habitude des bruits de la forêt, mais tu t'y referas. Continue donc le récit de tes aventures. Quand je connaîtrai bien le passé, nous causerons de l'avenir. »

Negoro et Harris s'étaient replacés au pied du banian. Le Portugais reprit en ces termes :

« Pendant dix-huit mois j'ai végété à Auckland. Le steamer une fois arrivé, j'avais pu quitter le bord sans être vu; mais pas une piastre, pas un dollar en poche! Pour vivre, j'ai dû faire tous les métiers...

— Même le métier d'honnête homme, Negoro?

— Comme tu dis, Harris.

— Pauvre garçon!

— Or, j'attendais toujours une occasion qui tardait à venir, lorsque le baleinier *Pilgrim* arriva au port d'Auckland.

— Ce bâtiment qui s'est mis à la côte d'Angola?

— Celui-là même, Harris, et sur lequel Mrs. Weldon, son enfant et son cousin allaient prendre passage. Or, en ma qualité d'ancien marin, ayant même été second à bord d'un négrier, je n'étais pas gêné de reprendre du service sur un bâtiment... Je me présentai donc au capitaine du *Pilgrim*, mais l'équipage était au complet. Très-heureusement pour moi, le cuisinier du brick-goëlette avait déserté. Or, il n'est pas un marin qui ne sache faire la cuisine. Je m'offris en qualité de maître-coq. Faute de mieux, on m'accepta, et quelques jours après, le *Pilgrim* avait perdu de vue les terres de Nouvelle-Zélande.

— Mais, demanda Harris, d'après ce que mon jeune ami m'a raconté, le *Pilgrim* ne faisait pas du tout voile pour la côte d'Afrique! Comment donc y est-il arrivé?

— Dick Sand ne doit pas pouvoir le comprendre encore et peut-être ne le comprendra-t-il jamais, répondit Negoro; mais je vais t'expliquer ce qui s'est passé, Harris, et tu pourras le redire à ton jeune ami, si cela te fait plaisir.

— Comment donc! répondit Harris. Parle, camarade, parle!

— Le *Pilgrim*, reprit Negoro, faisait route pour Valparaiso. Lorsque je m'embarquai, je croyais bien n'aller qu'au Chili. C'était toujours une bonne moitié du chemin entre la Nouvelle-Zélande et l'Angola, et je me rapprochais de plusieurs milliers de milles de la côte d'Afrique. Mais il arriva ceci, c'est que trois semaines après avoir quitté Auckland, le capitaine Hull, qui commandait le *Pilgrim*, disparut avec tout son équipage en chassant une baleine. Ce jour-là, il ne resta donc plus que deux marins à bord, le novice et le cuisinier Negoro.

— Et tu as pris le commandement du navire? demanda Harris.

— J'eus d'abord cette pensée, mais je voyais qu'on se défiait de moi. Il y avait cinq vigoureux noirs à bord, des hommes libres! Je n'aurais pas été le maître, et toute réflexion faite, je restai ce que j'étais au départ, le cuisinier du *Pilgrim*.

— C'est donc le hasard qui a conduit ce navire à la côte d'Afrique?

— Non, Harris, répondit Negoro, il n'y a d'autre hasard dans toute cette

« Il n'y a rien, » dit bientôt Harris. (Page 198.)

aventure que de t'avoir rencontré, pendant une de tes tournées de traitant, précisément sur cette partie du littoral où s'était échoué le *Pilgrim*. Mais quant à être venu en vue de l'Angola, c'est par ma volonté, ma volonté secrète que cela s'est fait. Ton jeune ami, encore fort novice en navigation, ne pouvait relever sa position qu'au moyen du loch et de la boussole. Eh bien! un jour, le loch est resté par le fond. Une nuit, la boussole a été faussée, et le *Pilgrim*, poussé par une violente tempête, a fait fausse route. La longueur de la traversée, inexplicable pour Dick Sand, l'eût été même pour le marin le plus entendu. Sans que le novice pût le savoir, ni même le soupçonner, le cap Horn fut doublé, mais moi, Harris, je le reconnus au milieu des brumes. Alors l'aiguille du com-

Dingo disparut entre la double rangée d'arbustes. (Page 201.)

pas a repris, grâce à moi, sa direction vraie, et le navire, entraîné au nord-est par cet effroyable ouragan, est venu se jeter à la côte d'Afrique, précisément sur ces terres de l'Angola que je voulais atteindre!

— Et à ce moment même, Negoro, répondit Harris, la chance m'avait amené là pour te recevoir et guider ces braves gens à l'intérieur. Ils se croyaient, ils ne pouvaient se croire qu'en Amérique, et il m'a été facile de leur faire prendre cette province pour la Basse-Bolivie, avec laquelle elle a justement quelque ressemblance.

— Oui, ils l'ont cru, comme ton jeune ami avait cru relever l'île de Pâques, quand ils passaient en vue de Tristan d'Acunha!

— Tout autre s'y serait trompé, Negoro.

— Je le sais, Harris, et je comptais bien exploiter cette erreur. Enfin, voilà mistress Weldon et ses compagnons à cent milles dans l'intérieur de cette Afrique où je voulais les entraîner!

— Mais, répondit Harris, ils savent maintenant où ils sont!

— Eh! qu'importe à présent! s'écria Negoro.

— Et qu'en feras-tu? demanda Harris.

— Ce que j'en ferai! répondit Negoro... Avant de te le dire, Harris, donne-moi donc des nouvelles de notre maître le traitant Alvez que je n'ai pas vu depuis deux ans!

— Oh! le vieux coquin se porte à merveille! répondit Harris, et il sera enchanté de te revoir.

— Est-il au marché de Bihé? demanda Negoro.

— Non, camarade, depuis un an, il est à son établissement de Kazonndé.

— Et les affaires vont-elles?

— Oui, milles diables! s'écria Harris, quoique la traite devienne de plus en plus difficile, au moins sur ce littoral. Les autorités portugaises d'un côté, les croisières anglaises de l'autre, voilà qui gêne les exportations. Il n'y a guère qu'aux environs de Mossamedès, au sud de l'Angola, que l'embarquement des noirs puisse se faire maintenant avec quelque chance de succès. Aussi, en ce moment, les baracons sont-ils remplis d'esclaves, attendant les navires qui doivent les charger pour les colonies espagnoles. Quant à les passer par Benguela ou Saint-Paul de Loanda, ce n'est pas possible. Les gouverneurs n'entendent plus raison, et les chéfès[1] pas davantage. Il faudra donc se retourner vers les factoreries de l'intérieur, et c'est ce que compte faire le vieil Alvez. Il ira du côté de N'yangwé et du Tanganyika, échanger ses étoffes contre de l'ivoire et des esclaves. Les affaires sont toujours fructueuses avec la haute Égypte et la côte de Mozambique qui fournit tout Madagascar. Mais le temps viendra, je le crains, où la traite ne pourra plus s'opérer. Les Anglais font de grands progrès à l'intérieur de l'Afrique. Les missionnaires s'avancent et marchent contre nous! Ce Livingstone, que Dieu confonde! après avoir achevé d'explorer la région des lacs, va, dit-on, se diriger vers l'Angola. Puis, on parle d'un lieutenant Cameron qui se propose de traverser le continent de l'est à l'ouest. On craint aussi que l'Américain Stanley ne veuille en faire autant! Toutes ces visites finiront par nuire à nos opérations, Negoro, et si nous avons le sentiment de nos intérêts, pas un de ces visiteurs ne revien-

1. Titre que l'on donne aux gouverneurs portugais des établissements secondaires.

dra raconter en Europe ce qu'il aura eu l'indiscrétion de venir voir en Afrique! »

N'eût-on pas dit, à les entendre, ces coquins, qu'ils parlaient comme d'honnêtes négociants dont une crise commerciale gêne momentanément les affaires? Qui croirait qu'au lieu de sacs de café ou de boucauts de sucre, il s'agissait d'êtres humains à expédier comme marchandise? Ces traitants n'ont plus aucun sentiment du juste ou de l'injuste. Le sens moral leur fait absolument défaut, et, en eussent-ils, qu'ils le perdraient vite au milieu des atrocités épouvantables de la traite africaine.

Mais où Harris avait raison, c'est lorsqu'il disait que la civilisation pénétrait peu à peu dans ces contrées sauvages à la suite de ces hardis voyageurs dont le nom se lie indissolublement aux découvertes de l'Afrique équatoriale. En tête, David Livingstone, après lui, Grant, Speke, Burton, Cameron, Stanley, ces héros, laisseront un renom impérissable de bienfaiteurs de l'humanité.

Leur conversation arrivée à ce point, Harris savait ce qu'avaient été les deux dernières années de la vie de Negoro. L'ancien agent du traitant Alvez, l'évadé du pénitentiaire de Loanda, reparaissait tel qu'il l'avait toujours connu, c'est-à-dire prêt à tout faire. Mais quel parti Negoro comptait prendre à l'égard des naufragés du *Pilgrim*, Harris ne le savait pas encore, et il le demanda à son complice.

« Et maintenant, dit-il, que feras-tu de ces gens-là?

— J'en ferai deux parts, répondit Negoro, en homme dont le plan est depuis longtemps arrêté, ceux que je vendrai comme esclaves, et ceux que... »

Le Portugais n'acheva pas, mais sa physionomie farouche parlait assez pour lui.

« Lesquels vendras-tu? demanda Harris.

— Ces noirs qui accompagnent mistress Weldon, répondit Negoro. Le vieux Tom n'a peut-être pas grande valeur, mais les autres sont quatre vigoureux gaillards qui vaudront cher sur le marché de Kazonndé!

— Je le crois bien, Negoro! répondit Harris. Quatre nègres bien constitués, habitués au travail, ressemblant peu à ces brutes qui nous arrivent de l'intérieur! Certainement, tu les vendras cher! Des esclaves, nés en Amérique et expédiés sur les marchés de l'Angola, c'est une marchandise rare! — Mais, ajouta l'Américain, tu ne m'as pas dit s'il y avait quelque argent à bord du *Pilgrim*?

— Oh! quelques centaines de dollars seulement dont j'ai opéré le sauvetage! Heureusement, je compte sur certaines rentrées...

— Lesquelles donc, camarade? demanda curieusement Harris.

— Rien !... répondit Negoro, qui parut regretter d'avoir parlé plus qu'il n'aurait voulu.

— Reste maintenant à s'emparer de toute cette marchandise de haut prix, dit Harris.

— Est-ce donc si difficile ? demanda Negoro.

— Non, camarade. A dix milles d'ici, sur la Coanza, est campée une caravane d'esclaves, conduite par l'arabe Ibn Hamis, et qui n'attend que mon retour pour prendre la route de Kazonndé. Il y a là plus de soldats indigènes qu'il n'en faut pour capturer Dick Sand et ses compagnons. Il suffit donc que mon jeune ami ait l'idée de se diriger vers la Coanza...

— Mais aura-t-il cette idée ? demanda Negoro.

— Sûrement, répondit Harris, puisqu'il est intelligent, et ne peut pas soupçonner le danger qui l'attend. Dick Sand ne doit pas songer à revenir à la côte par le chemin que nous avons suivi ensemble. Il se perdrait au milieu de ces immenses forêts. Il cherchera donc, j'en suis sûr, à gagner une des rivières qui courent vers le littoral, de manière à en descendre le cours sur un radeau. Il n'a pas d'autre parti à prendre, et, je le connais, il le prendra.

— Oui... peut-être !... répondit Negoro, qui réfléchissait.

— Ce n'est pas « peut-être », c'est « assurément » qu'il faut dire, reprit Harris. Vois-tu, Negoro, c'est comme si j'avais donné rendez-vous à mon jeune ami sur les bords de la Coanza !

— Eh bien, répondit Negoro, en route. Je connais Dick Sand. Il ne s'attardera pas d'une heure, et il faut le devancer.

— En route, camarade ! »

Harris et Negoro se levaient tous les deux, lorsque le bruit qui avait déjà éveillé l'attention du Portugais se renouvela. C'était un frémissement des tiges entre les hauts papyrus.

Negoro s'arrêta et saisit la main d'Harris.

Tout à coup, un sourd aboiement se fit entendre. Un chien apparut au pied de la berge, la gueule ouverte, prêt à s'élancer.

« Dingo ! s'écria Harris.

— Ah ! cette fois, il ne m'échappera pas ! » répondit Negoro.

Dingo allait se jeter sur lui, lorsque Negoro, saisissant le fusil d'Harris, l'épaula vivement et fit feu.

Un long hurlement de douleur répondit à la détonation, et Dingo disparut entre la double rangée d'arbustes qui bordait le ruisseau.

Negoro descendit aussitôt jusqu'au bas de la berge.

Des gouttelettes de sang tachaient quelques tiges de papyrus, et une longue traînée rouge se dessinait sur les cailloux du ruisseau.

« Enfin, ce maudit animal a son compte! » s'écria Negoro.

Harris avait assisté, sans prononcer une parole, à toute cette scène.

« Ah çà ! Negoro, dit-il, il t'en voulait donc particulièrement, ce chien-là ?

— Il paraît, Harris, mais il ne m'en voudra plus !

— Et pourquoi te détestait-il si bien, camarade ?

— Oh ! une vieille affaire à régler entre lui et moi !

— Une vieille affaire ?... » répondit Harris.

Negoro n'en dit pas davantage, et Harris en conclut que le Portugais lui avait tu quelque aventure de son passé, mais il n'insista pas.

Quelques instants plus tard, tous deux, descendant le cours du ruisseau, se dirigeaient vers la Coanza, à travers la forêt.

CHAPITRE III

EN MARCHE.

L'Afrique ! Ce nom, si terrible dans les circonstances actuelles, ce nom qu'il fallait enfin substituer à celui d'Amérique, ne pouvait s'effacer un instant de la pensée de Dick Sand. Lorsque le jeune novice se reportait à quelques semaines en arrière, c'était pour se demander comment le *Pilgrim* avait fini par accoster ce dangereux rivage, comment il avait tourné le cap Horn et passé d'un océan à l'autre ! Certes, il s'expliquait maintenant pourquoi, malgré la rapide marche de son bâtiment, la terre s'était si tardivement montrée, puisque la longueur du parcours qu'il aurait eu à faire pour atteindre la côte américaine, avait été doublée à son insu !

« L'Afrique ! l'Afrique ! » répétait Dick Sand.

Puis, soudain, tandis qu'il évoquait avec une volonté tenace les incidents de cette inexplicable traversée, l'idée lui vint que sa boussole avait dû être faussée. Il se rappela, aussi, que le premier compas avait été brisé, que la ligne du loch s'était rompue, ce qui l'avait mis dans l'impossibilité de vérifier la vitesse du *Pilgrim*.

« Oui! pensa-t-il, il ne restait plus qu'une boussole à bord, une seule dont je ne pouvais contrôler les indications!... Et, une nuit, j'ai été réveillé par un cri du vieux Tom!... Negoro était là, à l'arrière!... Il venait de tomber sur l'habitacle!... N'a-t-il pu déranger?... »

La lumière se faisait dans l'esprit de Dick Sand. Il touchait la vérité du doigt. Il comprenait enfin tout ce qu'avait de louche la conduite de Negoro. Il voyait sa main dans cette série d'accidents qui avaient amené la perte du *Pilgrim* et si effroyablement compromis ceux qu'il portait.

Mais qu'était donc ce misérable? Avait-il été marin, bien qu'il s'en fût toujours caché? Était-il capable de combiner cette odieuse machination qui devait jeter le bâtiment à la côte d'Afrique?

En tout cas, s'il existait encore des points obscurs dans le passé, le présent n'en pouvait plus offrir. Le jeune novice ne savait que trop qu'il était en Afrique, et très-probablement dans cette funeste province de l'Angola, à plus de cent milles de la côte. Il savait aussi que la trahison d'Harris ne pouvait être mise en doute. De là, à conclure que l'Américain et le Portugais se connaissaient de longue date, qu'un hasard fatal les avait réunis sur ce littoral, qu'un plan avait été concerté entre eux, dont le résultat devait être funeste aux naufragés du *Pilgrim*, la plus simple logique y conduisait.

Et maintenant, pourquoi ces odieux agissements? Que Negoro voulût, à la rigueur, s'emparer de Tom et de ses compagnons et les vendre comme esclaves dans ce pays de la traite, on pouvait l'admettre. Que le Portugais, mû par un sentiment de haine, cherchât à se venger de lui, Dick Sand, qui l'avait traité comme il le méritait, cela se concevait encore. Mais Mrs. Weldon, mais cette mère, ce petit enfant, qu'en voulait donc faire le misérable!

Si Dick Sand eût pu surprendre quelque peu de la conversation tenue entre Harris et Negoro, il aurait su à quoi s'en tenir, et quels dangers menaçaient Mrs. Weldon, les noirs et lui-même!

La situation était effroyable, mais le jeune novice ne faiblit pas. Capitaine à bord, il resterait capitaine à terre. A lui de sauver Mrs. Weldon, le petit Jack, tous ceux dont le ciel avait remis le sort entre ses mains. Sa tâche ne faisait que commencer! Il l'accomplirait jusqu'au bout!

Après deux ou trois heures, pendant lesquelles le présent et l'avenir résumèrent dans son esprit leurs bonnes et leurs mauvaises chances, —

ces dernières plus nombreuses, hélas ! — Dick Sand se releva, ferme, résolu.

Les premières lueurs du jour éclairaient alors les hautes cimes de la forêt. A l'exception du novice et de Tom, tous dormaient.

Dick Sand s'approcha du vieux noir.

« Tom, lui dit-il à voix basse, vous avez reconnu le rugissement du lion, vous avez reconnu les engins du marchand d'esclaves, vous savez que nous sommes en Afrique !

— Oui, monsieur Dick, je le sais.

— Eh bien, Tom, pas un mot de tout cela, ni à mistress Weldon, ni à vos compagnons. Il faut que nous soyons seuls à savoir, seuls à craindre !...

— Seuls... en effet... Il le faut !... répondit Tom.

— Tom, reprit le novice, nous avons à veiller plus sévèrement que jamais. Nous sommes en pays ennemi, et quels ennemis ! quel pays ! Il suffira de dire à nos compagnons que nous avons été trahis par Harris, pour qu'ils se tiennent sur leurs gardes. Ils penseront que nous avons à redouter quelque attaque d'Indiens nomades, et cela suffira.

— Vous pouvez absolument compter sur leur courage et leur dévouement, monsieur Dick.

— Je le sais, comme je compte sur votre bon sens et votre expérience. Vous me viendrez en aide, mon vieux Tom ?

— En tout et partout, monsieur Dick »

Le parti de Dick Sand était arrêté et fut approuvé du vieux noir. Si Harris s'était vu prendre en flagrante trahison, avant l'heure d'agir, du moins le jeune novice et ses compagnons n'étaient-ils pas sous le coup d'un danger immédiat. En effet, c'était la rencontre des fers abandonnés par quelques esclaves, c'était le rugissement inattendu du lion, qui avaient provoqué la disparition soudaine de l'Américain. Il s'était senti découvert, et il avait fui, probablement avant que la petite troupe qu'il guidait n'eût atteint l'endroit où elle devait être attaquée. Quant à Negoro, dont Dingo avait certainement reconnu la présence pendant ces derniers jours de marche, il devait avoir rejoint Harris, afin de se concerter avec lui. En tout cas, quelques heures s'écouleraient sans doute avant que Dick Sand et les siens ne fussent assaillis, et il fallait en profiter.

L'unique plan était de regagner la côte au plus vite. Cette côte, le jeune novice avait toutes raisons de le penser, devait être celle de l'Angola. Après l'avoir atteinte, Dick Sand chercherait à gagner, soit au nord, soit au sud, les

« Vous avez reconnu le rugissement. » (Page 207.)

établissement portugais, où ses compagnons pourraient attendre en sûreté quelque mode de rapatriement.

Mais, pour effectuer ce retour au littoral, fallait-il reprendre le chemin déjà parcouru ? Dick Sand ne le pensait pas, et, en cela, il allait se rencontrer avec Harris, qui avait clairement entrevu que les circonstances obligeraient le jeune novice à couper au plus court.

En effet, il eût été malaisé, pour ne pas dire imprudent, de recommencer ce difficile cheminement à travers la forêt, qui n'aboutirait, d'ailleurs, qu'à se retrouver au point de départ. C'était aussi permettre aux complices de Negoro de suivre une piste assurée. Le moyen de passer sans laisser de traces, une

La petite troupe n'avait pas fait cinquante pas. (Page 212.)

rivière dont on redescendrait plus tard le cours, l'offrait seul. En même temps, on avait moins à redouter les attaques des fauves, qui, par une heureuse chance, s'étaient tenus jusqu'ici à bonne distance. Une agression même des indigènes, dans ces circonstances, présentait aussi moins de gravité. Dick Sand et ses compagnons, une fois embarqués sur un solide radeau, bien armés, se trouveraient dans de meilleures conditions pour se défendre. Le tout était de trouver le cours d'eau.

Il faut ajouter aussi, étant donné l'état actuel de Mrs. Weldon et de son petit Jack, que ce mode de transport convenait mieux. Les bras ne manquaient certainement pas pour porter l'enfant malade. A défaut du cheval d'Harris, on pouvait même établir une civière de branchages, sur laquelle Mrs. Weldon aurait trouvé place. Mais c'était employer à ce portage deux noirs sur cinq, et Dick Sand voulait avec raison que tous ses compagnons fussent libres de leurs mouvements dans le cas d'une soudaine attaque.

Et puis, à descendre le courant d'une rivière, le jeune novice se retrouverait sur son élément !

La question se réduisait donc à savoir s'il existait aux environs quelque cours d'eau utilisable. Dick Sand le pensait, et voici pourquoi.

La rivière qui se jetait dans l'Atlantique, au lieu d'échouage du *Pilgrim*, ne pouvait remonter ni très au nord, ni très à l'est de la province, puisqu'une chaîne de montagnes assez rapprochées, — celles-là mêmes qu'on avait pu prendre pour les Cordillères, — fermaient l'horizon sur ces deux côtés. Donc, ou la rivière descendait de ces hauteurs, ou elle s'infléchissait vers le sud, et, dans les deux cas, Dick Sand ne pouvait tarder à en rencontrer le cours. Peut-être même, avant ce fleuve, — car il avait droit à cette qualification comme tributaire direct de l'Océan, — se présenterait-il quelqu'un de ses affluents qui suffirait au transport de la petite troupe. En tout cas, un cours d'eau quelconque ne devait pas être éloigné.

En effet, pendant les derniers milles du voyage, la nature des terrains s'était modifiée. Les pentes s'abaissaient et devenaient humides. Çà et là couraient d'étroites rivulettes, qui indiquaient que le sous-sol renfermait tout un réseau aqueux. Dans la dernière journée de marche, la caravane avait côtoyé un de ces ruisseaux dont les eaux, rougies d'oxyde de fer, se teignaient à ses berges dégradées. Le retrouver ne devait être ni long, ni difficile. Évidemment, on ne pourrait descendre son cours torrentueux, mais il serait aisé de le suivre jusqu'à son embouchure sur quelque affluent plus considérable, et partant, plus navigable.

Tel fut le plan très-simple auquel s'arrêta Dick Sand, après avoir conféré avec le vieux Tom.

Le jour venu, tous leurs compagnons se réveillèrent peu à peu. Mrs. Weldon déposa son petit Jack, encore assoupi, entre les bras de Nan. L'enfant, tout décoloré dans la période d'intermittence, faisait peine à voir.

Mrs. Weldon s'approcha de Dick Sand.

« Dick, demanda-t-elle, après l'avoir regardé, où est Harris ? Je ne l'aperçois pas. »

Le jeune novice pensa que, tout en laissant croire à ses compagnons qu'ils foulaient le sol de la Bolivie, il ne devait pas leur cacher la trahison de l'Américain. Aussi, sans hésiter :

« Harris n'est plus là, dit-il

— Est-il donc allé en avant? reprit Mrs. Weldon.

— Il a fui, mistress Weldon, répondit Dick Sand. Cet Harris est un traître, et c'est d'accord avec Negoro qu'il nous a entraînés jusqu'ici!

— Dans quel but? demanda vivement Mrs. Weldon.

— Je l'ignore, répondit Dick Sand, mais ce que je sais, c'est qu'il nous faut revenir sans retard à la côte.

— Cet homme... un traître! répéta Mrs. Weldon. Je le pressentais! Et tu penses, Dick, qu'il est d'accord avec Negoro?

— Cela doit être, mistress Weldon. Ce misérable était sur nos traces. Le hasard a mis ces deux coquins en présence, et....

— Et j'espère bien qu'ils ne se seront pas séparés, lorsque je les retrouverai, dit Hercule. Je casserai la tête de l'un avec la tête de l'autre! ajouta le géant, en tendant ses deux formidables poings.

— Mais mon enfant! s'écria Mrs. Weldon. Ces soins que j'espérais lui trouver à l'hacienda de San-Felice!...

— Jack se rétablira, répondit le vieux Tom, lorsqu'il se rapprochera de la partie plus saine du littoral.

— Dick, reprit Mrs. Weldon, tu es sûr que cet Harris nous a trahis?

— Oui, mistress Weldon, » répondit le jeune novice, qui aurait voulu éviter toute explication à ce sujet.

Aussi se hâta-t-il d'ajouter, en regardant le vieux noir :

« Cette nuit, Tom et moi, nous avons découvert sa trahison, et, s'il n'eût pris la fuite en sautant sur son cheval, je l'aurais tué!

— Ainsi cette ferme?...

— Il n'y a ni ferme, ni village, ni bourgade aux environs, répondit Dick Sand; Mistress Weldon, je vous le répète, il faut revenir à la côte.

— Par le même chemin, Dick?...

— Non, mistress Weldon, en descendant un cours d'eau qui nous ramènera à la mer sans fatigue et sans danger. Encore quelques milles à pied, et je ne doute pas...

— Oh! je suis forte, Dick! répondit Mrs. Weldon, qui se roidit contre sa propre faiblesse. Je marcherai! Je porterai mon enfant!...

— Nous sommes là, mistress Weldon, répondit Bat, et nous vous porterons vous-même!

— Oui! oui!... ajouta Austin. Deux branches d'arbre, du feuillage en travers...

— Merci, mes amis, répondit Mrs. Weldon, mais je veux marcher... Je marcherai. En route!

— En route! répondit le jeune novice.

— Donnez-moi Jack! dit Hercule, qui enleva l'enfant des bras de Nan. Quand je n'ai rien à porter, ça me fatigue! »

Et le brave nègre prit délicatement, entre ses robustes bras, le petit garçon endormi, qui ne se réveilla même pas.

Les armes furent visitées avec soin. Ce qui restait de provisions fut réuni en un seul ballot, de manière à ne faire que la charge d'un homme. Actéon le jeta sur son dos, et ses compagnons restèrent ainsi libres de leurs mouvements.

Cousin Bénédict, dont les longues jambes d'acier défiaient toute fatigue, était prêt à partir. Avait-il remarqué la disparition d'Harris? Il serait imprudent de l'affirmer. Peu lui importait. D'ailleurs, il était sous le coup d'une des plus terribles catastrophes qui pût le frapper.

En effet, grave complication, cousin Bénédict avait perdu sa loupe et ses lunettes.

Très-heureusement aussi, mais sans qu'il s'en doutât, Bat avait trouvé les deux précieux appareils au milieu des grandes herbes de la couchée; mais, sur le conseil de Dick Sand, il les avait gardés. De cette façon, on serait sûr que le grand enfant se tiendrait tranquille pendant la marche, puisqu'il n'y voyait pas, comme on dit, plus loin que le bout de son nez.

Aussi, placé entre Actéon et Austin, avec l'injonction formelle de ne pas les quitter, le piteux Bénédict ne fit-il entendre aucune récrimination, et suivit-il à son rang, comme un aveugle qu'on eût mené en laisse.

La petite troupe n'avait pas fait cinquante pas, lorsque le vieux Tom l'arrêta soudain d'un mot.

« Et Dingo? dit-il.

— En effet, Dingo n'est pas là! » répondit Hercule.

Et de sa voix puissante, le noir appela le chien à plusieurs reprises.

Aucun aboiement ne lui répondit.

Dick Sand restait silencieux. L'absence du chien était regrettable, car il eût gardé la petite troupe de toute surprise.

« Dingo aurait-il donc suivi Harris? demanda Tom.

— Harris, non... répondit Dick Sand, mais il a pu se jeter sur la piste de Negoro. Il le sentait sur nos traces!

— Ce cuisinier de malheur aura vite fait de lui envoyer une balle!... s'écria Hercule.

— A moins que Dingo ne l'étrangle auparavant! répliqua Bat.

— Peut-être! répondit le jeune novice. Mais nous ne pouvons attendre le retour de Dingo. S'il est vivant, d'ailleurs, l'intelligent animal saura bien nous retrouver. En avant! »

Le temps était très-chaud. Dès l'aube, de gros nuages barraient l'horizon. Il y avait déjà menace d'orage dans l'air. Probablement, la journée ne finirait pas sans quelque coup de tonnerre. Heureusement, la forêt, bien que moins épaisse, maintenait un peu de fraîcheur à la surface du sol. Çà et là, de grandes futaies encadraient des prairies couvertes d'une herbe haute et drue. En de certains endroits, d'énormes troncs, déjà silicifiés, gisaient à terre, — indice de terrains houillers, tels qu'il s'en rencontre fréquemment sur le continent africain. Puis, dans les clairières, dont le tapis verdoyant se mélangeait de quelques brindilles roses, les fleurs variaient leurs couleurs, gingembres jaunes ou bleus, lobélies pâles, orchidées rouges, incessamment visitées par les insectes qui les fécondaient.

Les arbres ne formaient plus alors d'impénétrables massifs, mais leurs essences étaient plus variées. C'étaient des élaïs, sortes de palmiers donnant une huile recherchée en Afrique, des cotonniers, formant des buissons hauts de huit à dix pieds, dont les tiges ligneuses produisaient un coton à longues soies, presque analogue à celui de Fernambouc. Là, des copals laissaient suinter par des trous. dus à la trompe de certains insectes, une odorante résine qui coulait jusqu'au sol où elle s'emmagasinait pour les besoins des indigènes. Ici s'éparpillaient des citronniers, des grenadiers à l'état sauvage, et vingt autres plantes arborescentes, qui attestaient la prodigieuse fertilité de ce plateau de l'Afrique centrale. En maint endroit aussi, l'odorat était agréablement affecté par une fine odeur de vanille, sans que l'on pût découvrir quel arbrisseau l'exhalait.

Tout cet ensemble d'arbres et de plantes verdoyait, bien que l'on fût en pleine saison sèche, et que de rares orages dussent seuls arroser ces terrains si luxuriants. C'était donc l'époque des fièvres; mais, ainsi que l'a fait observer Livingstone, on peut généralement s'en délivrer en fuyant l'endroit même où elles ont été contractées. Dick Sand connaissait cette remarque du grand voyageur, et il espérait que le petit Jack ne la démentirait pas. Il le dit à Mrs. Weldon, après avoir constaté que l'accès périodique n'était pas revenu comme on devait le craindre, et que l'enfant reposait paisiblement dans les bras d'Hercule.

On allait ainsi, prudemment et rapidement. Parfois, se voyaient des traces récentes d'une passée d'hommes ou d'animaux. Les branches des buissons et des broussailles, écartées ou brisées, permettaient alors de marcher d'un pas plus égal. Mais, la plupart du temps, des obstacles multiples, qu'il fallait renverser, retardaient la petite troupe, au grand déplaisir de Dick Sand. C'étaient des lianes entremêlées qu'on a pu justement comparer au gréement en désordre d'un navire, certains sarments semblables à des damas recourbés, dont la lame serait garnie de longues épines, des serpents végétaux, longs de cinquante ou soixante pieds, qui ont la propriété de se retourner pour piquer le passant de leurs dards aigus. Les noirs, la hache à la main, les coupaient à grands coups, mais ces lianes reparaissaient sans cesse, depuis le ras du sol jusqu'à la cime des plus hauts arbres qu'elles enguirlandaient.

Le règne animal n'était pas moins curieux que le règne végétal dans cette partie de la province. Les oiseaux voletaient en grand nombre sous cette puissante ramure, mais, on le comprend, ils n'avaient aucun coup de fusil à craindre de la part de gens qui voulaient passer aussi secrètement que rapidement. Il y avait là des pintades par bandes considérables, des francolins de diverses sortes, très difficiles à approcher, et quelques-uns de ces oiseaux que les Américains du Nord ont, par onomatopée, appelés « vhip-poor-will », trois syllabes qui reproduisent exactement leurs cris. Dick Sand et Tom auraient pu vraiment se croire sur quelque province du nouveau continent. Mais, hélas! ils savaient à quoi s'en tenir!

Jusqu'alors, les fauves, si dangereux en Afrique, n'avaient point approché la petite troupe. On vit encore, dans cette première étape, des girafes qu'Harris eût sans doute désignées sous le nom d'autruches, — en vain, cette fois. Ces rapides animaux passaient rapidement, effrayés par l'apparition d'une caravane sous ces forêts peu fréquentées. Au loin, à la lisière des prairies, s'élevait parfois aussi un épais nuage de poussière. C'était un troupeau de buffles qui galopait avec un bruit de chariots pesamment chargés.

Pendant deux milles, Dick Sand suivit ainsi le cours de la rivulette, qui devait aboutir à quelque rivière plus importante. Il lui tardait d'avoir confié ses compagnons au rapide courant de l'un des fleuves du littoral. Il comptait bien que dangers et fatigues seraient moins grands.

Vers midi, trois milles avaient été franchis sans mauvaise rencontre. D'Harris ou de Negoro, il n'y avait aucune trace. Dingo n'avait pas reparu.

Il fallut faire halte pour prendre repos et nourriture.

Le campement fut établi dans un fourré de bambous, qui abrita complétement la petite troupe.

On parla peu pendant ce repas. Mrs. Weldon avait repris son petit garçon entre ses bras; elle ne le quittait pas des yeux; elle ne pouvait manger.

« Il faut prendre quelque nourriture, mistress Weldon, lui répéta plusieurs fois Dick Sand. Que deviendriez-vous si les forces vous manquaient? Mangez, mangez! Nous nous remettrons bientôt en route, et un bon courant nous portera sans fatigue à la côte. »

Mrs. Weldon regardait Dick Sand bien en face, pendant qu'il lui parlait ainsi. Les yeux ardents du jeune novice disaient tout le courage dont il se sentait animé. En le voyant tel, en observant ces braves noirs si dévoués, femme et mère, elle ne voulait pas désespérer encore. Et, d'ailleurs, pourquoi se fût-elle abandonnée? Ne se croyait-elle pas sur une terre hospitalière? La trahison d'Harris ne pouvait, à ses yeux, avoir des conséquences bien graves. Dick Sand devinait le cours de ses pensées, et lui, il était tenté de baisser la tête.

CHAPITRE IV

LES MAUVAIS CHEMINS DE L'ANGOLA.

En ce moment, le petit Jack se réveilla et passa ses bras au cou de sa mère. Son œil était meilleur. La fièvre n'était pas revenue.

« Tu vas mieux, mon chéri? demanda Mrs. Weldon en pressant l'enfant malade sur son cœur.

— Oui, mère, répondit Jack, mais j'ai un peu soif. »

On ne put donner à l'enfant que de l'eau fraîche, dont il but quelques gorgées avec plaisir.

« Et mon ami Dick? demanda-t-il.

— Me voici, Jack, répondit Dick Sand, qui vint prendre la main du jeune enfant.

— Et mon ami Hercule?...

— Présent, Hercule, monsieur Jack, répondit le géant en approchant sa bonne figure.

« Tu va mieux mon Jack ? » (Page 215.)

— Et le cheval? demanda le petit Jack.

— Le cheval? Parti, monsieur Jack, répondit Hercule. Maintenant, c'est moi le cheval! C'est moi qui vous porte. Est-ce que vous trouvez que j'ai le trôt trop dur?

— Non, répondit le petit Jack, mais alors je n'aurai plus de bride à tenir?

— Oh! vous me mettrez un mors, si vous voulez, dit Hercule en ouvrant sa large bouche, et vous pourrez tirer dessus tant que cela vous fera plaisir!

— Tu sais bien que je ne tirerai presque pas?

— Bon! vous auriez tort! J'ai la bouche dure!

— Mais la ferme de monsieur Harris?... demanda encore une fois le petit garçon.

Un nouvel éclair permit d'observer. (Page 222.)

— Nous y arriverons bientôt, mon Jack, répondit Mrs. Weldon... Oui... bientôt!

— Voulez-vous que nous repartions? dit alors Dick Sand, pour couper court à cette conversation.

— Oui, Dick, en route! » répondit Mrs. Weldon.

Le campement fut levé et la marche reprise dans le même ordre. Il fallut passer à travers le taillis, afin de ne point abandonner le cours de la rivulette. Il y avait eu là quelques sentiers, autrefois, mais ces sentiers étaient « morts », suivant l'expression indigène, c'est-à-dire que ronces et broussailles les avaient envahis. On dut faire un mille dans ces pénibles conditions et y employer trois heures. Les noirs travaillaient sans relâche. Hercule, après avoir remis le petit Jack entre les bras de Nan, prit sa part de la besogne, et quelle part! Il poussait des « hans » vigoureux en faisant tournoyer sa hache, et une trouée se faisait devant lui comme s'il eût été un feu dévorant.

Heureusement, ce fatigant travail ne devait pas durer. Ce premier mille franchi, on vit une large trouée, pratiquée à travers le taillis, qui aboutissait obliquement à la rivulette et en suivait la berge. C'était une passée d'éléphants, et ces animaux, par centaines sans doute, avaient l'habitude de redescendre cette partie de la forêt. De grands trous, faits par les pieds des énormes pachydermes, criblaient un sol détrempé à l'époque des pluies et dont la nature spongieuse se prêtait à ces larges empreintes.

Il parut bientôt que cette passée ne servait pas seulement à ces gigantesques animaux. Des êtres humains avaient plus d'une fois pris cette route, mais comme l'auraient suivie des troupeaux brutalement conduits vers l'abattoir. Çà et là, des ossements jonchaient le sol, des restes de squelettes à demi rongés par les fauves, et dont quelques-uns portaient encore les entraves de l'esclave!

Il y a, dans l'Afrique centrale, de longs chemins, ainsi jalonnés par des débris humains. Des centaines de milles sont parcourus par des caravanes, et combien de malheureux tombent en route sous le fouet des agents, tués par la fatigue ou les privations, décimés par la maladie! Combien encore, massacrés par les traitants eux-mêmes, lorsque les vivres viennent à manquer! Oui! quand on ne peut plus les nourrir, on les tue à coups de fusil, à coups de sabres, à coups de couteaux, et ces massacres ne sont pas rares!

Ainsi donc, des caravanes d'esclaves avaient suivi ce chemin. Pendant un mille, Dick Sand et ses compagnons heurtèrent à chaque pas ces ossements épars, mettant en fuite d'énormes engoulevents, qui d'un vol pesant s'enlevaient à leur approche et tournoyaient dans l'air.

Mrs. Weldon regardait sans voir. Dick Sand tremblait qu'elle ne vînt à l'interroger, car il conservait l'espoir de la ramener à la côte sans lui dire que la trahison d'Harris les avait égarés dans une province africaine. Heureusement, Mrs. Weldon ne s'expliquait pas ce qu'elle avait sous les yeux. Elle avait voulu reprendre son enfant, et le petit Jack, endormi, absorbait toute sa pensée. Nan marchait près d'elle, et ni l'une ni l'autre ne firent au jeune novice les terribles questions qu'il redoutait. Le vieux Tom, lui, allait les yeux baissés. Il ne comprenait que trop pourquoi cette trouée était bordée d'ossements humains.

Ses compagnons regardaient à droite, à gauche, d'un air surpris, comme s'ils eussent traversé un interminable cimetière, dont un cataclysme aurait bouleversé les tombes, mais ils passaient en silence.

Cependant, le lit de la rivulette se creusait et s'élargissait à la fois. Son cours était moins torrentueux. Dick Sand espérait qu'il deviendrait bientôt navigable ou qu'il se jetterait avant peu dans quelque rivière plus importante, tributaire de l'Atlantique.

Suivre à tout prix ce cours d'eau, c'est à quoi le jeune novice était bien décidé. Aussi n'hésita-t-il pas à abandonner cette trouée, lorsque, remontant par une ligne oblique, elle s'éloigna de la rivulette.

La petite troupe s'aventura donc encore une fois à travers l'épais taillis. On marcha à la hache, au milieu des lianes et des buissons inextricablement enchevêtrés. Mais, si ces végétaux obstruaient le sol, ce n'était plus l'épaisse forêt qui confinait au littoral. Les arbres se faisaient rares. De larges gerbes de bambous se dressaient seulement au-dessus des herbes, si hautes qu'Hercule lui-même ne les dominait pas de la tête. Le passage de la petite troupe n'eût été révélé que par l'agitation de ces tiges.

Ce jour-là, vers trois heures après-midi, la nature du terrain se modifia absolument. C'étaient de longues plaines qui devaient être entièrement inondées dans la saison des pluies. Le sol, plus marécageux, se tapissait d'épaisses mousses surmontées de charmantes fougères. Venait-il à se relever par quelque tumescence à pente roide, on voyait apparaître l'hématite brune, derniers affleurements, sans doute, de quelque riche gisement de minerai.

Dick Sand se souvint alors, et fort à propos, de ce qu'il avait lu des voyages de Livingstone. Plus d'une fois, l'audacieux docteur faillit rester dans ces marécages, très-perfides au pied.

« Faites attention, mes amis, dit-il en prenant les devants. Éprouvez le sol avant de marcher dessus.

— En effet, répondit Tom, on dirait que ces terrains ont été détrempés par la pluie, et cependant il n'a pas plu pendant ces derniers jours.

— Non, répondit Bat, mais l'orage n'est pas loin!

— Raison de plus, répondit Dick Sand, pour nous hâter de franchir ce marécage avant qu'il n'éclate! — Hercule, reprenez le petit Jack dans vos bras. Bat, Austin, tenez-vous près de mistress Weldon, de manière à pouvoir la soutenir au besoin. — Vous, monsieur Bénédict... Eh bien! que faites-vous donc, monsieur Bénédict?...

— Je tombe!... » répondit simplement cousin Bénédict, qui venait de disparaître, comme si quelque trappe se fût subitement ouverte sous ses pieds.

En effet, le pauvre homme s'était aventuré sur une sorte de fondrière et avait disparu jusqu'à mi-corps dans une boue tenace. On lui tendit la main, et il se releva couvert de vase, mais très-satisfait de n'avoir point endommagé sa précieuse boîte d'entomologiste. Actéon se plaça près de lui, et eut pour fonction de prévenir toute nouvelle chute du malencontreux myope.

D'ailleurs, cousin Bénédict avait assez mal choisi cette fondrière pour s'y enfoncer. Lorsqu'on le retira de ce sol boueux, une grande quantité de bulles monta à la surface, et en crevant, elles laissèrent échapper des gaz d'une odeur suffocante. Livingstone, qui eut quelquefois de cette vase jusqu'à la poitrine, comparait ces terrains à un ensemble d'énormes éponges faites d'une terre noire et poreuse, d'où le pied faisait jaillir de nombreux filets d'eau. Ces passages étaient toujours fort dangereux.

Pendant l'espace d'un demi-mille, Dick Sand et ses compagnons durent marcher sur ce sol spongieux. Il devint même si mauvais que Mrs. Weldon fut obligée de s'arrêter, car elle enfonçait jusqu'à mi-jambe dans la fondrière. Hercule, Bat et Austin, voulant lui épargner plus encore les désagréments que la fatigue d'un passage à travers cette plaine marécageuse, firent une litière de bambous sur laquelle elle consentit à prendre place. Son petit Jack fut placé dans ses bras, et l'on s'occupa de traverser au plus vite ce marécage pestilentiel.

Les difficultés furent grandes. Actéon tenait vigoureusement cousin Bénédict. Tom aidait Nan qui, sans lui, eût plusieurs fois disparu dans quelque crevasse. Les trois autres noirs portaient la litière. En tête, Dick Sand sondait le terrain. Le choix de l'emplacement où mettre le pied ne se faisait pas sans peine. Il fallait marcher de préférence sur les rebords, que recouvrait une herbe épaisse et coriace; mais souvent le point d'appui manquait, et l'on s'enfonçait jusqu'au genou dans la vase.

Enfin, vers cinq heures du soir, le marécage ayant été franchi, le sol reprit une dureté suffisante, grâce à sa nature argileuse; mais on le sentait humide dans les dessous. Très-évidemment, ces terrains se trouvaient placés en contrebas des rivières voisines, et l'eau courait à travers leurs pores.

En ce moment, la chaleur était devenue accablante. Elle eût même été insoutenable, si d'épais nuages orageux ne se fussent interposés entre les rayons brûlants et le sol. Des éclairs lointains commençaient à déchirer la nue, et de sourds roulements de tonnerre grondaient dans les profondeurs du ciel. Un formidable orage allait éclater.

Or, ces cataclysmes sont terribles en Afrique : pluies torrentielles, rafales auxquelles ne résistent pas les arbres les plus solides, foudroiements coup sur coup, telle est la lutte des éléments sous cette latitude. Dick Sand le savait bien, et il devint extrêmement inquiet. On ne pouvait passer la nuit sans abri. La plaine risquait d'être inondée, et elle ne présentait pas un seul ressaut sur lequel il fût possible de chercher refuge!

Mais l'abri, où le chercherait-on dans ce bas-fond désert, sans un arbre, sans un buisson? Les entrailles mêmes du sol ne l'auraient pas donné. A deux pieds de la surface, on eût trouvé l'eau.

Cependant, vers le nord, une série de collines peu élevées semblaient limiter la plaine marécageuse. C'était comme le bord de cette dépression du terrain. Quelques arbres s'y profilaient sur une dernière zone plus claire, que les nuages ménageaient à la ligne d'horizon.

Là, si l'abri manquait encore, la petite troupe, du moins, ne risquerait plus d'être prise dans une inondation possible. Là était peut-être le salut de tous.

« En avant, mes amis, en avant! répétait Dick Sand. Trois milles encore, et nous serons plus en sûreté que dans les bas-fonds.

— Hardi! hardi! » criait Hercule.

Le brave noir eût voulu prendre tout ce monde dans ses bras et le porter à lui seul.

Ces paroles enflammaient ces hommes courageux, et malgré les fatigues d'une journée de marche, ils s'avançaient plus vite alors qu'ils ne l'avaient fait au commencement de l'étape.

Quand l'orage éclata, le but à atteindre se trouvait à plus de deux milles encore. Toutefois, — ce qui était le plus à craindre, — la pluie n'accompagna pas les premiers éclairs qui furent échangés entre le sol et les nuages électriques. L'obscurité devint presque complète alors, bien que le soleil n'eût pas disparu derrière l'horizon. Mais le dôme des vapeurs s'abaissait peu à peu, comme s'il eût menacé de s'effondrer, — effondrement qui devait se résoudre en une pluie torrentielle. Des éclairs, rouges ou bleus, le crevaient en mille endroits et enveloppaient la plaine d'un inextricable réseau de feux.

Vingt fois, Dick et ses compagnons coururent le risque d'être foudroyés. Sur ce plateau, dépourvu d'arbres, ils formaient les seuls points saillants qui pussent attirer les décharges électriques. Jack, réveillé par les fracas du tonnerre, se cachait dans les bras d'Hercule. Il avait bien peur, le pauvre petit, mais il ne voulait pas le laisser voir à sa mère, dans la crainte de l'affliger davantage. Hercule, tout en marchant à grands pas, le consolait de son mieux.

« N'ayez pas peur, petit Jack, lui répétait-il. Si le tonnerre nous approche, je le casserai en deux, d'une seule main ! Je suis plus fort que lui ! »

Et vraiment, la force du géant rassurait bien un peu le petit Jack !

Cependant, la pluie ne pouvait tarder à tomber, et alors, ce seraient des torrents que verseraient ces nuages en se condensant. Que deviendraient Mrs. Weldon et ses compagnons, s'ils ne trouvaient pas un abri?

Dick Sand s'arrêta un instant près du vieux Tom.

« Que faire ? dit-il.

— Continuer notre marche, monsieur Dick, répondit Tom. Nous ne pouvons rester sur cette plaine, que la pluie va transformer en marécage !

— Non, Tom, non! mais un abri! Où? Lequel? Ne fût-ce qu'une hutte!... »

Dick Sand avait brusquement interrompu sa phrase. Un éclair, plus blanc, venait d'illuminer la plaine tout entière.

« Qu'ai-je vu, là, à un quart de mille ?... s'écria Dick Sand.

— Oui, moi aussi, j'ai vu !... répondit le vieux Tom en secouant la tête.

— Un camp, n'est-ce pas?

— Oui... monsieur Dick... ce doit être un camp... mais un camp d'indigènes !... »

Un nouvel éclair permit d'observer plus nettement ce camp, qui occupait une partie de l'immense plaine.

Là, en effet, se dressaient une centaine de tentes coniques, symétriquement rangées et mesurant douze à quinze pieds de hauteur. Pas un soldat ne se montrait d'ailleurs. Étaient-ils donc enfermés sous leurs tentes, afin de laisser passer l'orage, ou le camp était-il abandonné ?

Dans le premier cas, Dick Sand, quelles que fussent les menaces du ciel, devait fuir au plus vite. Dans le second, là était peut-être l'abri qu'il demandait.

« Je le saurai ! » se dit-il.

Puis, s'adressant au vieux Tom :

« Restez ici, ajouta-t-il. Que personne ne me suive ! J'irai reconnaître ce camp.

— Laissez l'un de nous vous accompagner, monsieur Dick.

— Non, Tom. J'irai seul ! Je puis approcher sans être vu. Restez. »

La petite troupe, que précédaient Tom et Dick Sand, fit halte. Le jeune novice se détacha aussitôt et disparut au milieu de l'obscurité, qui était profonde lorsque les éclairs ne déchiraient pas la nue.

Quelques grosses gouttes de pluie commençaient déjà à tomber.

« Qu'y a-t-il? demanda Mrs. Weldon, qui s'approcha du vieux noir.

— Nous avons aperçu un camp, mistress Weldon, répondit Tom, un camp... ou peut-être un village, et notre capitaine a voulu aller le reconnaître avant de nous y conduire! »

Mrs. Weldon se contenta de cette réponse.

Trois minutes après, Dick Sand était de retour.

« Venez! Venez! cria-t-il d'une voix qui exprimait tout son contentement.

— Le camp est abandonné? demanda Tom.

— Ce n'est pas un camp! répondit le jeune novice, ce n'est pas une bourgade! Ce sont des fourmilières!

— Des fourmilières! s'écria cousin Bénédict, que ce mot mit en éveil.

— Oui, monsieur Bénédict, mais des fourmilières hautes de douze pieds au moins, et dans lesquelles nous essayerons de nous blottir!

— Mais alors, répondit cousin Bénédict, ce seraient les fourmilières du termite belliqueux ou du termite dévorant! Il n'y a que ces insectes de génie qui élèvent de tels monuments, que ne désavoueraient pas les plus grands architectes!

— Que ce soient des termites ou non, monsieur Bénédict, répondit Dick Sand, il faut les déloger et prendre leur place.

— Ils nous dévoreront! Ils seront dans leur droit!

— En route, en route...

— Mais, attendez donc! dit encore cousin Bénédict. Je croyais que ces fourmilières-là n'existaient qu'en Afrique!...

— En route! cria une dernière fois Dick Sand avec une sorte de violence, tant il craignait que Mrs. Weldon n'eût entendu le dernier mot prononcé par l'entomologiste.

On suivit Dick Sand en toute hâte. Un vent furieux s'était levé. De grosses gouttes crépitaient sur le sol. Dans quelques instants, les rafales deviendraient insoutenables.

Bientôt, un de ces cônes qui hérissaient la plaine fut atteint, et quelque menaçants que fussent les termites, il ne fallait point hésiter, si l'on ne pouvait les en chasser, à partager leur demeure.

Dick et ses compagnons s'y glissèrent. (Page 224.)

Au bas de ce cône, fait d'une sorte d'argile rougeâtre, se creusait un trou fort étroit, qu'Hercule élargit avec son coutelas en quelques instants, de manière à livrer passage même à un homme tel que lui.

A l'extrême surprise du cousin Bénédict, pas un seul des milliers de termites qui auraient dû occuper la fourmilière ne se montra. Le cône était-il donc abandonné ?

Le trou agrandi, Dick et ses compagnons s'y glissèrent, et Hercule disparut le dernier, au moment où la pluie tombait avec une telle rage, qu'elle semblait éteindre les éclairs.

Mais il n'y avait plus rien à craindre de ces rafales. Un heureux hasard avait

Il se mit à fureter les coins les plus secrets. (Page 228.)

fourni à la petite troupe cet abri solide, meilleur qu'une tente, meilleur qu'une hutte d'indigène.

C'était un de ces cônes de termites, qui, suivant la comparaison du lieutenant Cameron, sont, pour avoir été bâtis par de si petits insectes, plus étonnants que les pyramides d'Égypte, élevées par la main de l'homme.

« C'est, dit-il, comme si un peuple avait bâti le mont Everest, l'une des plus hautes montagnes de la chaîne de l'Hymalaya. »

CHAPITRE V

LEÇON SUR LES FOURMIS DANS UNE FOURMILIÈRE.

En ce moment, l'orage éclatait avec une violence inconnue aux latitudes tempérées.

C'était providentiel que Dick Sand et ses compagnons eussent trouvé ce refuge !

En effet, la pluie ne tombait pas en gouttes distinctes, mais par filets d'eau d'épaisseur variable. C'était, quelquefois, une masse compacte et faisant nappe, comme une cataracte, un Niagara. Qu'on se figure un bassin aérien, contenant toute une mer, et se renversant d'un coup subit. Sous de tels épanchements, le sol se ravine, les plaines se changent en lacs, les ruisseaux en torrents, les rivières débordées inondent de vastes territoires. C'est que, contrairement à ce qui arrive dans les zônes tempérées où la violence des orages est en raison inverse de leur durée, en Afrique, si forts qu'ils soient, ils continuent pendant des journées entières. Comment tant d'électricité peut-elle s'être emmagasinée dans les nuages? comment tant de vapeurs ont-elles pu s'accumuler? c'est ce qu'il est difficile de comprendre. Il en est ainsi, pourtant, et l'on peut se croire transporté aux époques extraordinaires de la période diluvienne.

Heureusement, la fourmilière, très-épaisse de parois, était parfaitement imperméable. Une hutte de castors, de terre bien battue, n'eût pas été plus étanche. Un torrent aurait passé dessus, sans qu'une seule goutte d'eau eût filtré à travers ses pores.

Dès que Dick Sand et ses compagnons eurent pris possession du cône, ils s'occupèrent d'en reconnaître la disposition intérieure. La lanterne fut allumée, et la fourmilière s'éclaira d'une lumière suffisante. Ce cône, qui mesurait douze pieds de hauteur au dedans, avait onze pieds de large, sauf à sa partie supérieure, qui s'arrondissait en forme de pain de sucre. Partout, l'épaisseur des parois était d'un pied environ, et un vide existait entre les étages de cellules qui les tapissaient.

Que l'on s'étonne de la construction de pareils monuments, dus à d'industrieuses phalanges d'insectes, il n'est pas moins vrai qu'il s'en trouve fréquemment à l'intérieur de l'Afrique. Un voyageur hollandais du siècle dernier, Smeathman, a pu occuper avec quatre de ses compagnons le sommet de l'un de ces cônes. Dans le Loundé, Livingstone a observé plusieurs de ces fourmilières, bâties en argile rouge, dont la hauteur atteignait quinze et vingt pieds. Le lieutenant Cameron a maintes fois pris pour un camp ces agglomérations de cônes qui hérissaient la plaine, dans le N'yangwé. Il s'est même arrêté au pied de véritables édifices, non plus de vingt pieds, mais de quarante et de cinquante, énormes cônes arrondis, flanqués de clochetons comme le dôme d'une cathédrale, tels qu'en possède l'Afrique méridionale.

A quelle espèce de fourmi était donc due l'édification prodigieuse de ces fourmilières ?

« Au termite belliqueux, » avait sans hésité répondu cousin Bénédict, dès qu'il eut reconnu la nature des matériaux employés à leur construction.

Et, en effet, les parois, ainsi qu'on l'a dit, étaient faites d'argile rougeâtre. Si elles eussent été formées d'une terre d'alluvion grise ou noire, il aurait fallu les attribuer au « termes mordax » ou au « termes atrox ». On le voit, ces insectes ont des noms peu rassurants, qui ne pouvaient plaire qu'à un entomologiste renforcé, tel qu'était cousin Bénédict.

La partie centrale du cône, dans laquelle la petite troupe avait d'abord trouvé place et qui formait le vide intérieur, n'eût pas suffi à la contenir ; mais, de larges cavités superposées faisaient autant de cases dans lesquelles une personne de moyenne taille pouvait se blottir. Que l'on imagine une succession de tiroirs ouverts, au fond de ces tiroirs des millions d'alvéoles qu'avaient occupées les termites, et l'on se figurera aisément la disposition intérieure de la fourmilière. En somme, ces tiroirs s'étageaient comme les cadres d'une cabine de bâtiment, et ce fut dans les cadres supérieurs que Mrs. Weldon, le petit Jack, Nan et cousin Bénédict purent se réfugier. A l'étage au-dessous se blottirent Austin, Bat, Actéon. Quant à Dick Sand, Tom et Hercule, ils restèrent à la partie inférieure du cône.

« Mes amis, dit alors le jeune novice aux deux noirs, le sol commence à s'imprégner. Il faut donc le remblayer en faisant ébouler l'argile de la base ; mais prenons garde à ne pas obstruer le trou par lequel pénètre l'air extérieur. Il ne faut pas risquer d'étouffer dans cette fourmilière !

— Ce n'est qu'une nuit à passer, répondit le vieux Tom.

— Eh bien, tâchons qu'elle nous repose de tant de fatigues! Voici, depuis dix jours, la première fois que nous n'aurons pas dormi en plein air!

— Dix jours! répéta Tom.

— D'ailleurs, ajouta Dick Sand, puisque ce cône forme un solide abri, peut-être conviendra-t-il d'y demeurer vingt-quatre heures. Pendant ce temps, j'irai reconnaître le cours d'eau que nous cherchons et qui ne peut être éloigné. Je pense même que, jusqu'au moment où nous aurons construit un radeau, mieux vaudra ne pas quitter cet abri. L'orage ne saurait nous y atteindre. Faisons-nous donc un sol plus résistant et plus sec. »

Les ordres de Dick Sand furent aussitôt exécutés. Hercule fit ébouler avec sa hache le premier étage d'alvéoles, qui se composait d'argile assez friable. Il exhaussa ainsi d'un bon pied la partie intérieure du terrain marécageux sur lequel reposait la fourmilière, et Dick Sand s'assura que l'air pouvait librement pénétrer à l'intérieur du cône à travers l'orifice percé à sa base.

C'était, certes, une heureuse circonstance que la fourmilière eût été abandonnée par les termites. Avec quelques milliers de ces fourmis, elle eût été inhabitable. Mais avait-elle été évacuée depuis longtemps, ou ces voraces névroptères venaient-ils seulement de la quitter? Il n'était pas superflu de se poser cette question.

Cousin Bénédict se l'était posée tout d'abord, tant il était surpris d'un tel abandon, et il fut bientôt convaincu que l'émigration avait été récente.

En effet, il ne tarda pas à redescendre à la partie inférieure du cône, et là, éclairé par la lanterne, il se mit à fureter les coins les plus secrets de la fourmilière. Il découvrit ainsi ce qu'il appela le « magasin général » des termites, c'est-à-dire l'endroit où ces industrieux insectes entassaient les provisions de la colonie.

C'était une cavité creusée dans la paroi, non loin de la cellule royale, que le travail d'Hercule avait fait disparaître, en même temps que les cellules destinées aux jeunes larves.

Dans ce magasin, cousin Bénédict recueillit une certaine quantité de parcelles de gomme et de sucs de plantes à peine solidifiés, — ce qui prouvait que les termites les avaient nouvellement apportés du dehors.

« Eh bien non, s'écria-t-il, non! comme s'il eût répondu à quelque contradiction qui lui eût été faite. Non! cette fourmilière n'a pas été abandonnée depuis longtemps!

— Qui vous dit le contraire, monsieur Bénédict? répondit Dick Sand. Récemment ou non, l'important pour nous est que les termites l'aient quittée, puisque nous devions y prendre leur place !

— L'important, répondit cousin Bénédict, serait de savoir pour quelles raisons ils l'ont quittée! Hier, ce matin même, ces sagaces névroptères l'habitaient encore, puisque voilà des sucs liquides, et ce soir...

— Mais qu'en voulez-vous conclure, monsieur Bénédict ? demanda Dick Sand.

— Qu'un pressentiment secret a dû les inviter à abondonner la fourmilière. Non-seulement aucun de ces termites n'est resté dans les cellules, mais ils ont poussé le soin jusqu'à emporter les jeunes larves dont je ne puis trouver une seule ! Eh bien, je répète que tout cela ne s'est pas fait sans motif, et que ces perspicaces insectes prévoyaient quelque danger prochain !

— Ils prévoyaient que nous allions envahir leur demeure ! répondit Hercule en riant.

— Vraiment ! répliqua cousin Bénédict, que cette réponse du brave noir choqua sensiblement. Vous croyez-vous donc si vigoureux que vous soyez un danger pour ces courageux insectes? Quelques milliers de ces névroptères auraient vite fait de vous réduire à l'état de squelette, s'ils vous rencontraient mort sur leur chemin !

— Mort, sans doute ! répondit Hercule, qui ne voulait pas se rendre ; mais vivant, j'en écraserais bien des masses !

— Vous en écraseriez cent mille, cinq cent mille, un million! répliqua cousin Bénédict en s'animant, mais non pas un milliard, et un milliard vous dévorerait, vivant ou mort, jusqu'à la dernière parcelle ! »

Pendant cette discussion, qui était moins oiseuse qu'on eût pu le croire, Dick Sand réfléchissait à cette observation qu'avait faite cousin Bénédict. Nul doute que le savant ne connût assez les mœurs des termites pour ne point se tromper. S'il affirmait qu'un secret instinct les avait avertis de quitter récemment la fourmilière, c'est qu'en vérité il y avait peut-être péril à y demeurer.

Cependant, comme il ne pouvait être question d'abandonner cet abri au moment où l'orage se déchaînait avec une intensité sans égale, Dick Sand ne chercha pas davantage l'explication de ce qui paraissait être assez inexplicable, et il se contenta de répondre :

« Eh bien, monsieur Bénédict, si les termites ont laissé leurs provisions dans cette fourmilière, n'oublions pas que nous avons apporté les nôtres, et soupons. Demain, lorsque l'orage aura cessé, nous aviserons à prendre un parti. »

On s'occupa alors de préparer le repas du soir, car si grande qu'eût été la fatigue, elle n'avait pu altérer l'appétit de ces vigoureux marcheurs. Au contraire, et les conserves, qui devaient leur suffire pendant deux jours encore, furent bien accueillies. Le biscuit n'avait pas été atteint par l'humidité, et, pendant quelques minutes, on put l'entendre craquer sous les dents solides de Dick Sand et de ses compagnons. Entre les mâchoires d'Hercule, c'était comme le grain sous la meule du meunier. Il ne croquait pas, il broyait.

Seule, Mrs. Weldon mangea à peine, et encore parce que Dick Sand l'en pria bien. Il lui semblait que cette courageuse femme était plus préoccupée, plus sombre qu'elle ne l'avait été jusqu'alors. Cependant, son petit Jack était moins souffrant, l'accès de fièvre n'était pas revenu, et, en ce moment, il reposait sous les yeux de sa mère dans une alvéole bien rembourrée de vêtements. Dick Sand ne savait que penser.

Il est inutile de dire que cousin Bénédict fit honneur au repas, non qu'il donnât aucune attention ni à la qualité, ni à la quantité des comestibles qu'il dévorait, mais parce qu'il avait trouvé l'occasion favorable de faire un cours d'entomologie sur les termites. Ah ! s'il avait pu trouver un termite, un seul, dans la fourmilière abandonnée ! Mais rien !

« Ces admirables insectes, dit-il, sans se préoccuper de savoir si on l'écoutait, ces admirables insectes appartiennent à l'ordre merveilleux des névroptères, dont les antennes sont plus longues que la tête, les mandibules très-distinctes, les ailes inférieures la plupart du temps égales aux supérieures. Cinq tribus constituent cet ordre : les Panorpartes, les Myrmiléoniens, les Hémérobins, les Termitines et les Perlides. Inutile d'ajouter que les insectes dont nous occupons, indûment peut-être, la demeure, sont des Termitines. »

En ce moment, Dick Sand écoutait très-attentivement cousin Bénédict. La rencontre de ces termites avait-elle éveillé en lui la pensée qu'il était peut-être sur le continent africain sans savoir par quelle fatalité il avait pu y arriver? Le jeune novice était très-anxieux de s'en rendre compte.

Le savant, monté sur son dada favori, continuait à chevaucher de plus belle.

« Or, ces termitines, dit-il, sont caractérisées par quatre articles aux tarses, des mandibules cornées et d'une vigueur remarquable. Il y a le genre mantispe, le genre raphidie, le genre termite, souvent connus sous le nom de fourmis blanches, dans lequel on compte le termite fatal, le termite à corselet jaune, le termite lucifuge, le mordant, le destructeur...

— Et ceux qui ont construit cette fourmilière ?... demanda Dick Sand.

— Ce sont les belliqueux ! répondit cousin Bénédict, qui prononça ce nom comme il eût fait des Macédoniens ou autre peuple antique, brave à la guerre. Oui ! des belliqueux et de toute taille ! Entre Hercule et un nain, la différence serait moindre qu'entre le plus grand de ces insectes et le plus petit. S'il y a parmi eux des ouvriers longs de cinq millimètres, des soldats longs de dix, des mâles et des femelles longs de vingt, on y rencontre aussi une espèce bien autrement curieuse, des « sirafous », longs d'un demi-pouce, qui ont des tenailles pour mandibules, et une tête plus grosse que le corps, comme des requins ! Ce sont les requins des insectes, et entre des sirafous et un requin aux prises, je parierais pour les sirafous !

— Et où observe-t-on plus communément ces sirafous ? demanda alors Dick Sand.

— En Afrique, répondit cousin Bénédict, dans les provinces centrales et méridionales. L'Afrique est, par excellence, le pays des fourmis. Il faut lire ce qu'en dit Livingstone dans les dernières notes rapportées par Stanley ! Plus heureux que moi, le docteur a pu assister à une bataille homérique, livrée entre une armée de fourmis noires et une armée de fourmis rouges. Celles-ci, qu'on appelle « drivers », et que les indigènes nomment sirafous, furent victorieuses. Les autres, les « tchoungous », prirent la fuite, emportant leurs œufs et leurs jeunes, non sans s'être courageusement défendues. Jamais, au dire de Livingstone, jamais l'humeur batailleuse n'a été portée plus loin, ni chez l'homme, ni chez la bête ! Avec leur tenace mandibule qui arrache le morceau, ces sirafous font reculer l'homme le plus brave. Les plus gros animaux eux-mêmes, lions, éléphants, fuient devant elles. Rien ne les arrête, ni arbres qu'elles escaladent jusqu'à la cime, ni ruisseaux qu'elles franchissent en se faisant un pont suspendu de leurs propres corps accrochés les uns aux autres ! Et nombreuses ! Un autre voyageur africain, Du Chaillu, a vu défiler pendant douze heures une colonne de ces fourmis, qui pourtant ne s'attardaient pas en route ! Pourquoi s'étonner, d'ailleurs, à la vue de tant de myriades ? La fécondité des insectes est surprenante, et pour en revenir à nos termites belliqueux, on a constaté qu'une femelle pondait jusqu'à soixante mille œufs par jour ! Aussi ces névroptères fournissent-ils aux indigènes une nourriture succulente. Des fourmis grillées, mes amis, je ne sais rien de meilleur au monde !

— En avez-vous donc mangé, monsieur Bénédict ? demanda Hercule.

— Jamais, répondit le savant professeur, mais j'en mangerai.

Le savant, monté sur son dada favori... (Page 230.)

— Où ?

— Ici.

— Ici, nous ne sommes pas en Afrique! dit assez vivement Tom.

— Non... Non!... répondit cousin Bénédict, et cependant, jusqu'ici, ces termites belliqueux et leurs villages de fourmilières n'ont été observés que sur le continent africain. Ah! voilà bien les voyageurs! Ils ne savent pas voir! Eh! tant mieux, après tout. J'ai déjà découvert une tsetsé en Amérique! A cette gloire, je joindrai celle d'avoir signalé les termites belliqueux sur le même continent! Quelle matière à un mémoire qui fera sensation dans l'Europe savante, et peut-être à quelque in-folio avec planches et gravures hors texte!... »

« Je sais tout, mon pauvre Dick. » (Page 235.)

Il était évident que la vérité ne s'était pas fait jour dans le cerveau du cousin Bénédict. Le pauvre homme et tous ses compagnons, Dick Sand et Tom exceptés, se croyaient et devaient se croire là où ils n'étaient pas ! Il fallait d'autres éventualités, des faits plus graves encore que certaines curiosités scientifiques, pour les détromper !

Il était alors neuf heures du soir. Cousin Bénédict avait longtemps parlé. S'aperçut-il que ses auditeurs, accotés dans leurs alvéoles, s'étaient endormis peu à peu pendant son cours d'entomologie ? Non, sans doute. Il professait pour lui. Dick Sand ne l'interrogeait plus et restait immobile, bien qu'il ne dormît pas. Quant à Hercule, il avait résisté plus longtemps que les autres ;

mais la fatigue finit bientôt par fermer ses yeux, et avec ses yeux ses oreilles.

Cousin Bénédict, pendant quelque temps encore, continua à disserter. Cependant, le sommeil eut enfin raison de lui, et il remonta jusqu'à la cavité supérieure du cône, dans laquelle il avait déjà élu domicile.

Un profond silence se fit alors dans l'intérieur de la fourmilière, pendant que l'orage emplissait l'espace de fracas et de feux. Rien ne semblait indiquer que le cataclysme fût près de sa fin.

La lanterne avait été éteinte. L'intérieur du cône était plongé dans une obscurité absolue.

Tous dormaient, sans doute. Dick Sand seul ne cherchait pas dans le sommeil ce repos qui lui eût été si nécessaire, cependant. Sa pensée l'absorbait. Il songeait à ses compagnons, qu'il voulait à tout prix sauver. L'échouement du *Pilgrim* n'avait pas marqué la fin de leurs cruelles épreuves, et de bien autrement terribles les menaçaient, s'ils tombaient entre les mains des indigènes.

Et comment éviter ce danger, le pire de tous, pendant ce retour à la côte? Bien évidemment, Harris et Negoro ne les avaient point amenés à cent milles dans l'intérieur de l'Angola sans un dessein secret de s'emparer d'eux! Mais que méditait donc ce misérable Portugais? A qui en voulait sa haine? Le jeune novice se répétait que lui seul l'avait encourue, et alors il passait en revue tous les incidents qui avaient signalé la traversée du *Pilgrim*, la rencontre de l'épave et des noirs, la poursuite de la baleine, la disparition du capitaine Hull et de son équipage!

Dick Sand se retrouvait alors, à quinze ans, chargé du commandement d'un navire, auquel la boussole et le loch allaient bientôt manquer par la criminelle manœuvre de Negoro. Il se revoyait faisant acte d'autorité vis-à-vis de l'insolent cuisinier, le menaçant de l'envoyer aux fers ou de lui faire sauter la tête d'un coup de revolver! Ah! pourquoi sa main avait-elle hésité! Le cadavre de Negoro aurait été jeté par-dessus le bord, et tant de catastrophes ne se seraient pas produites!

Tel était le cours des pensées du jeune novice. Puis, elles s'arrêtaient un instant sur le naufrage qui avait terminé la traversée du *Pilgrim*. Le traître Harris apparaissait alors, et cette province de l'Amérique méridionale se transformait peu à peu. La Bolivie devenait l'Angola terrible, avec son fiévreux climat, ses bêtes fauves, ses indigènes plus cruels encore! La petite troupe pourrait-elle y échapper pendant son retour à la côte? Cette rivière, que Dick Sand recherchait, qu'il espérait rencontrer, les conduirait-elle au littoral avec plus de sécurité, avec moins de fatigues? Il n'en voulait pas douter, car il savait bien qu'une marche de cent milles dans cette inhospitalière contrée, au milieu de dangers incessants, n'était plus possible!

« Heureusement, se disait-il, mistress Weldon, tous ignorent la gravité de la situation! Le vieux Tom et moi, nous sommes seuls à savoir que Negoro nous a jetés à la côte d'Afrique, et qu'Harris nous a entraînés dans les profondeurs de l'Angola! »

Dick Sand en était là de ses accablantes pensées, lorsqu'il sentit comme un souffle passer sur son front. Une main s'appuya sur son épaule, et une voix émue murmura ces mots à son oreille:

« Je sais tout, mon pauvre Dick, mais Dieu peut encore nous sauver! Que sa volonté soit faite! »

CHAPITRE VI

LA CLOCHE A PLONGEURS.

A cette révélation inattendue, Dick Sand n'aurait pu répondre! D'ailleurs, Mrs. Weldon avait aussitôt regagné sa place près du petit Jack. Elle n'en voulait évidemment pas dire davantage, et le jeune novice n'aurait pas eu le courage de la retenir.

Ainsi Mrs. Weldon savait à quoi s'en tenir. Les divers incidents de la route l'avaient éclairée, elle aussi, et peut-être ce mot : « Afrique!... » si malheureusement prononcé la veille par cousin Bénédict!

« Mistress Weldon sait tout, se répéta Dick Sand. Eh bien, mieux vaut peut-être qu'il en soit ainsi! La courageuse femme ne désespère pas! Je ne désespérerai pas non plus! »

Il tardait maintenant à Dick Sand que le jour revînt, et qu'il fût à même d'explorer les environs de ce village de termites. Une rivière tributaire de l'Atlantique, et son cours rapide, voilà ce qu'il lui fallait trouver pour transporter toute sa petite troupe, et il avait comme un pressentiment que ce cours d'eau ne devait pas être éloigné. Ce qu'il fallait surtout, c'était éviter la rencontre des indigènes, peut-être lancés à leur poursuite déjà sous la direction d'Harris et de Negoro.

Mais le jour ne se faisait pas encore. Aucune lueur ne s'infiltrait par l'orifice inférieur au dedans du cône. Des roulements, que l'épaisseur des parois rendaient sourds, indiquaient que l'orage ne s'apaisait pas. En prêtant l'oreille, Dick Sand entendait aussi la pluie tomber avec violence à la base de la fourmilière, et comme les larges gouttes ne frappaient plus un sol dur, il fallait en conclure que toute la plaine était inondée.

Il devait être onze heures environ. Dick Sand sentit alors qu'une sorte de torpeur, sinon un véritable sommeil, allait l'endormir. Ce serait toujours du repos. Mais au moment d'y céder, la pensée lui vint que par le tassement de l'argile imbibée, l'orifice inférieur risquait de s'obstruer. Tout passage eût été fermé à l'air du dehors, et au dedans, la respiration de dix personnes allait promptement le vicier en le chargeant d'acide carbonique.

Dick Sand se laissa donc glisser jusqu'au sol, qui avait été rehaussé avec l'argile du premier étage d'alvéoles.

Ce bourrelet était parfaitement sec encore, et l'orifice entièrement dégagé. L'air pénétrait librement à l'intérieur du cône, et avec lui quelques lueurs de fulgurations et les sonorités éclatantes de cet orage qu'une pluie diluvienne ne pouvait éteindre.

Dick Sand vit que tout était bien. Aucun danger ne semblait menacer immédiatement ces termites humains, substitués à la colonie des névroptères. Le jeune novice songea donc à se refaire par quelques heures de sommeil, puisqu'il en subissait déjà l'influence.

Seulement, par une suprême précaution, Dick Sand se coucha sur ce terrassement d'argile, au bas du cône, à portée de l'étroit orifice. De cette façon, aucun accident ne pourrait se produire à l'extérieur, sans qu'il fût le premier à le signaler. Le jour levant le réveillerait aussi, et il serait à même de commencer l'exploration de la plaine.

Dick Sand se coucha donc, la tête accotée à la paroi, son fusil sous sa main, et, presque aussitôt, il s'endormit.

Ce qu'avait duré cet assoupissement, il n'aurait pu le dire, lorsqu'il fut réveillé par une vive sensation de fraîcheur.

Il se releva et reconnut, non sans grande anxiété, que l'eau envahissait la fourmilière, et si rapidement même qu'elle eut atteint en quelques secondes l'étage d'alvéoles qu'occupaient Tom et Hercule.

Ceux-ci, réveillés par Dick Sand, furent mis au courant de cette nouvelle complication.

La lanterne, rallumée, éclaira aussitôt l'intérieur du cône.

L'eau s'était arrêtée à une hauteur de cinq pieds environ, et restait stationnaire.

« Qu'y a-t-il, Dick ? demanda Mrs. Weldon.

— Ce n'est rien, répondit le jeune novice. La partie inférieure du cône a été inondée. Il est probable que, pendant cet orage, une rivière voisine aura débordé sur la plaine.

— Bon ! fit Hercule, cela prouve que la rivière est là !

— Oui, répondit Dick Sand, et c'est elle qui nous portera à la côte. Rassurez-vous donc, mistress Weldon, l'eau ne peut vous atteindre, ni le petit Jack, ni Nan, ni monsieur Bénédict ! »

Mrs. Weldon ne répondit pas. Quant au cousin, il dormait comme un véritable termite.

Cependant, les noirs, penchés sur cette nappe d'eau, qui reflétait la lumière de la lanterne, attendaient que Dick Sand, qui mesurait la hauteur de l'inondation, leur indiquât ce qu'il convenait de faire.

Dick Sand se taisait, après avoir fait mettre les provisions et les armes hors des atteintes de l'inondation.

« L'eau a pénétré par l'orifice ? dit Tom.

— Oui, répondit Dick Sand, et, maintenant, elle empêche l'air intérieur de se renouveler.

— Ne pourrions-nous faire un trou dans la paroi au-dessus du niveau de l'eau ? demanda le vieux noir.

— Sans doute... Tom ; mais, si nous avons cinq pieds d'eau, au dedans, il y en a peut-être six ou sept... plus même... au dehors !

— Vous pensez, monsieur Dick ?

— Je pense, Tom, que l'eau, en montant à l'intérieur de la fourmilière, a dû comprimer l'air dans sa partie supérieure, et que cet air fait maintenant obstacle à ce qu'elle s'élève plus haut. Mais, si nous percions dans la paroi un trou par lequel l'air s'échapperait, ou bien l'eau monterait encore jusqu'à ce qu'elle eût atteint le niveau extérieur, ou, si elle dépassait le trou, elle monterait jusqu'au point où l'air comprimé la contiendrait encore. Nous devons être ici comme sont des ouvriers dans une cloche à plongeur.

— Que faire alors ? demanda Tom.

— Bien réfléchir avant d'agir, répondit Dick Sand. Une imprudence pourrait nous coûter la vie ! »

L'observation du jeune novice était très-juste. En comparant le cône à une cloche immergée, il avait eu raison. Seulement dans cet appareil, l'air est incessamment renouvelé au moyen de pompes, les plongeurs respirent convenablement, et ils ne subissent d'autres inconvénients que ceux qui peuvent résulter d'un séjour prolongé dans une atmosphère comprimée, qui n'est plus à la pression normale.

Mais ici, outre ces inconvénients, l'espace était déjà réduit d'un tiers par l'envahissement de l'eau, et, quant à l'air, il ne serait renouvelé que si, par un trou, on le mettait en communication avec l'atmosphère extérieure.

Pouvait-on, sans courir les dangers dont avait parlé Dick Sand, pratiquer ce trou, et la situation n'en serait-elle pas aggravée?

Ce qui était certain, c'est que l'eau se maintenait alors à un niveau que deux causes seulement pouvaient lui faire dépasser: ou si l'on perçait un trou, et que le niveau de la crue lui fût supérieur au dehors ; ou si la hauteur de cette crue augmentait encore. Dans ces deux cas, il ne serait plus resté à l'intérieur du cône qu'un étroit espace où l'air, non renouvelé, se fût comprimé davantage.

Mais la fourmilière ne pouvait-elle être arrachée du sol et renversée par l'inondation, à l'extrême danger de ceux qu'elle renfermait? Non, pas plus qu'une hutte de castors, tant elle adhérait fortement par sa base.

Donc, ce qui constituait l'éventualité la plus redoutable, c'était la persistance de l'orage, et, par suite, l'accroissement de l'inondation. Trente pieds d'eau sur la plaine auraient recouvert le cône de dix-huit pieds et refoulé l'air au dedans sous une pression d'une atmosphère.

Or, en y réfléchissant bien, Dick Sand fut conduit à craindre que cette inondation ne prît un développement considérable. En effet, elle ne devait pas être uniquement due à ce déluge que versaient les nuages. Il semblait plus probable qu'un cours d'eau des environs, grossi par l'orage, avait rompu ses berges et s'était répandu sur cette plaine, placée en contre-bas. Et qui prouvait que la fourmilière n'était pas alors entièrement immergée, et qu'il n'était déjà plus possible d'en sortir même par sa calotte supérieure, qu'il n'eût été ni long ni difficile de démolir !

Dick Sand, extrêmement inquiet, se demandait ce qu'il devait faire. Fallait-il attendre ou brusquer le dénouement de la situation, après avoir reconnu l'état des choses ?

Il était alors trois heures du matin. Tous, immobiles, silencieux, écoutaient. Les bruits du dehors n'arrivaient plus que très-affaiblis à travers l'orifice obstrué. Toutefois, une sourde rumeur, large et continue, indiquait bien que la lutte des éléments n'avait pas cessé.

En ce moment, le vieux Tom fit observer que le niveau de l'eau s'élevait peu à peu.

« Oui, répondit Dick Sand, et s'il monte, quoique l'air ne puisse s'échapper au dehors, c'est que la crue augmente et le refoule de plus en plus !

— C'est peu de chose jusqu'ici, dit Tom.

— Sans doute, répondit Dick Sand, mais où ce niveau s'arrêtera-t-il ?

— Monsieur Dick, demanda Bat, voulez-vous que je sorte de la fourmilière? En plongeant, j'essayerai de me glisser par le trou...

— Il vaut mieux que je tente moi-même l'expérience, répondit Dick Sand.

— Non, monsieur Dick, non, répondit vivement le vieux Tom. Laissez faire mon fils, et fiez-vous à son adresse. Au cas où il ne pourrait revenir, votre présence est nécessaire ici ! »

Puis, plus bas :

« N'oubliez pas mistress Weldon et le petit Jack !

— Soit, répondit Dick Sand. Allez donc, Bat. Si la fourmilière est submergée, ne cherchez pas à y rentrer. Nous essayerons d'en sortir comme vous l'aurez fait. Mais si le cône émerge encore, frappez sur sa calotte à grands coups de la hache dont vous allez vous munir. Nous vous entendrons, et ce sera pour nous le signal de la démolir de notre côté. C'est bien compris?

— Oui, monsieur Dick, répondit Bat.

— Va donc, garçon ! » ajouta le vieux Tom, qui serra la main de son fils.

Bat, après avoir fait bonne provision d'air par une longue aspiration, plongea sous la masse liquide dont la profondeur dépassait alors cinq pieds. C'était une besogne assez difficile, puisqu'il aurait à chercher l'orifice inférieur, à s'y glisser, puis à remonter à la surface extérieure des eaux. Cela demandait à être exécuté prestement.

Près d'une demi-minute s'écoula. Dick Sand pensait donc que Bat avait réussi à passer au-dehors, quand le noir émergea.

« Eh bien? s'écria Dick Sand.

— Le trou est bouché par les décombres! répondit Bat, dès qu'il put reprendre haleine.

— Bouché ! répéta Tom.

La lanterne, rallumée... (Page 237.)

— Oui! répondit Bat. L'eau a probablement délayé l'argile... J'ai tâté de la main autour des parois.... Il n'y a plus de trou! »

Dick Sand hocha la tête. Ses compagnons et lui étaient hermétiquement séquestrés dans ce cône, que l'eau submergeait peut-être.

« S'il n'y a plus de trou, dit alors Hercule, il faut en refaire un!

— Attendez, répondit le jeune novice, en arrêtant Hercule qui, sa hache à la main, se disposait à plonger.

Dick Sand réfléchit pendant quelques instants. Puis :

« Nous allons procéder autrement, dit-il. Toute la question est de savoir si l'eau recouvre la fourmilière ou non. Si nous faisions une petite ouverture au

Tous firent feu sur l'une des embarcations. (Page 244.)

sommet du cône, nous saurions bien ce qui en est. Mais au cas où la fourmilière serait maintenant submergée, l'eau l'envahirait tout entière, et nous serions perdus. Procédons en tâtonnant...

— Mais vite ! » répondit Tom.

En effet, le niveau continuait à monter peu à peu. Il y avait alors six pieds d'eau à l'intérieur du cône. A l'exception de Mrs. Weldon, de son fils, du cousin Bénédict et de Nan, qui s'étaient réfugiés dans les cavités supérieures, tous étaient maintenant immergés jusqu'à mi-corps.

Donc, il y avait nécessité de se hâter d'agir, ainsi que le proposait Dick Sand.

Ce fut à un pied au-dessus du niveau intérieur, par conséquent à sept pieds du sol, que Dick Sand résolut de percer un trou dans la paroi d'argile.

Si, par ce trou, on était en communication avec l'air extérieur, c'est que le cône émergeait. Si, au contraire, ce trou était percé au-dessous du niveau de l'eau au dehors, l'air serait refoulé intérieurement, et, dans ce cas, il faudrait le boucher rapidement, ou bien l'eau s'élèverait jusqu'à son orifice. Puis, on recommencerait l'expérience un pied au dessus, et ainsi de suite. Mais si, enfin, à la partie supérieure de la calotte, on ne rencontrait pas encore l'air extérieur, c'est qu'il y avait plus de quinze pieds d'eau dans la plaine, et que tout le village des termites avait disparu sous l'inondation! Et alors, quelle chance restait-il aux prisonniers de la fourmilière d'échapper à la plus épouvantable des morts, la mort par asphyxie lente!

Dick Sand savait tout cela, mais son sang-froid ne l'abandonna pas un instant. Les conséquences de l'expérience qu'il voulait tenter, il les avait nettement calculées. Attendre plus longtemps n'était pas possible, d'ailleurs. L'asphyxie était menaçante en cet étroit espace que chaque instant réduisait encore, dans un milieu déjà saturé d'acide carbonique!

Le meilleur outil que pût employer Dick Sand à percer un trou dans la paroi, fut une baguette de fusil, qui était munie à son extrémité d'un tire-bouchon, destiné à débourrer l'arme. En la faisant rapidement tourner, cette vis mordit l'argile comme une tarière, et le trou se creusa peu à peu. Il ne devait donc avoir d'autre diamètre que celui de la baguette, mais cela suffirait. L'air saurait bien fuser au travers.

Hercule, tenant la lanterne élevée, éclairait Dick Sand. On avait quelques bougies de rechange, et il n'était pas à craindre que, de ce chef, la lumière vînt à manquer.

Une minute après le début de l'opération, la baguette s'enfonça librement à travers la paroi. Aussitôt, il se produisit un bruit assez sourd, ressemblant à celui que font des globules d'air en s'échappant à travers une colonne d'eau. L'air fusait au dehors, et, au même moment, le niveau de l'eau monta dans le cône et s'arrêta à la hauteur du trou, ce qui prouvait qu'on l'avait percé trop bas, c'est-à dire au-dessous de la masse liquide.

« A recommencer! » dit froidement le jeune novice, après avoir rapidement bouché le trou avec une poignée d'argile.

L'eau était restée de nouveau stationnaire dans le cône, mais l'espace réservé avait diminué de plus de huit pouces. La respiration devenait difficile, car l'oxygène commençait à manquer. On le voyait aussi à la lumière de la lanterne, qui rougissait et perdait une partie de son éclat.

A un pied au-dessus du premier trou, Dick Sand commença aussitôt à en forer un second par le même procédé. Si l'expérience ne réussissait pas, l'eau monterait encore à l'intérieur du cône... mais il fallait courir ce risque.

Pendant que Dick Sand manœuvrait sa tarière, on entendit tout à coup cousin Bénédict s'écrier :

« Eh parbleu ! voilà... voilà... voilà pourquoi ! »

Hercule leva sa lanterne et en dirigea la lumière sur cousin Bénédict, dont la figure exprimait la plus parfaite satisfaction.

« Oui, répéta-t-il, voilà pourquoi ces intelligents termites ont abandonné la fourmilière ! Ils avaient pressenti l'inondation ! Ah ! l'instinct, mes amis, l'instinct ! Plus malins que nous, les termites, beaucoup plus malins ! »

Et ce fut là toute la moralité que le cousin Bénédict tira de la situation.

En ce moment, Dick Sand ramenait la baguette, qui avait traversé la paroi. Un sifflement se produisait. L'eau monta encore d'un pied à l'intérieur du cône... Le trou n'avait pas rencontré l'air libre à l'extérieur !

La situation était épouvantable. Mrs. Weldon, presque atteinte par l'eau, avait levé le petit Jack dans ses bras. Tous étouffaient dans cet étroit espace. Leurs oreilles bourdonnaient. La lanterne ne jetait plus qu'une lueur insuffisante.

« Le cône est-il donc tout entier sous l'eau ? » murmura Dick Sand.

Il fallait le savoir, et pour cela percer un troisième trou au sommet de la calotte même.

Mais c'était l'asphyxie, c'était la mort immédiate, si le résultat de cette dernière tentative était encore infructueux. Ce qui restait d'air au dedans fuserait à travers la nappe supérieure, et l'eau remplirait le cône tout entier !

« Mistress Weldon, dit alors Dick Sand, vous connaissez la situation. Si nous tardons, l'air respirable va nous manquer. Si la troisième tentative échoue, l'eau remplira tout cet espace. La seule chance qui nous reste, c'est que le sommet du cône dépasse le niveau de l'inondation. Il faut tenter cette dernière expérience. Le voulez-vous ?

— Fais, Dick ! » répondit Mrs. Weldon.

En ce moment la lanterne s'éteignit dans ce milieu déjà impropre à la combustion. Mrs. Weldon et ses compagnons furent plongés dans la plus complète obscurité.

Dick Sand s'était juché sur les épaules d'Hercule, qui s'était accroché à une des cavités latérales, et dont la tête seule dépassait la couche d'eau. Mrs. Weldon, Jack, cousin Bénédict étaient resserrés dans le dernier étage d'alvéoles.

Dick Sand entama la paroi, et sa baguette s'enfonça rapidement à travers l'argile. En cet endroit, la paroi, plus épaisse, plus dure aussi, fut moins facile à percer. Dick Sand se hâtait, non sans une terrible anxiété, car, par cette étroite ouverture, ou c'était la vie qui allait pénétrer avec l'air, ou avec l'eau, c'était la mort!

Soudain, un sifflement aigu se fit entendre. L'air comprimé s'échappa... mais un rayon de jour filtra à travers la paroi. L'eau monta de huit pouces seulement, et s'arrêta sans que Dick Sand eût besoin de refermer ce trou. L'équilibre était fait entre le niveau du dedans et celui du dehors. Le sommet du cône émergeait. Mrs. Weldon et ses compagnons étaient sauvés!

Aussitôt, après un hurrah frénétique dans lequel domina la tonnante voix d'Hercule, les coutelas se mirent à l'œuvre. La calotte, vivement attaquée, s'émietta peu à peu. Le trou s'élargit, l'air pur entra à flots, et avec lui se glissèrent les premiers rayons du soleil levant. Le cône une fois décalotté, il serait facile de se hisser sur sa paroi, et on aviserait au moyen d'atteindre quelque prochaine hauteur, à l'abri de toute inondation.

Dick Sand monta le premier au sommet du cône...

Un cri lui échappa.

Ce bruit particulier, trop connu des voyageurs africains, que font les flèches en sifflant, passa dans l'air.

Dick Sand avait eu le temps d'apercevoir, à cent pas de la fourmilière, un campement, et à dix pas du cône, sur la plaine inondée, de longues barques chargées d'indigènes.

C'est de l'une de ces barques qu'était partie la nuée de flèches, au moment où la tête du jeune novice se montrait hors du trou.

Dick Sand, d'un mot, avait tout dit à ses compagnons. Saisissant son fusil, suivi d'Hercule, d'Actéon, de Bat, il reparut au sommet du cône, et tous firent feu sur l'une des embarcations.

Plusieurs indigènes tombèrent, et des hurlements, accompagnés de coups de fusils, répondirent à la détonation des armes à feu.

Mais que pouvaient Dick Sand et ses compagnons contre une centaine d'Africains qui les entouraient de toutes parts!

La fourmilière fut assaillie. Mrs. Weldon, son enfant, cousin Bénédict, tous en furent brutalement arrachés, et, sans avoir eu le temps ni de s'adresser la parole, ni de se serrer une dernière fois la main, ils se virent séparés les uns des autres, sans doute en vertu d'ordres préalablement donnés.

Une première barque entraîna Mrs. Weldon, le petit Jack et le cousin Bénédict, et Dick Sand les vit disparaître au milieu du campement.

Quant à lui, accompagné de Nan, du vieux Tom, d'Hercule, de Bat, d'Actéon et d'Austin, il fut jeté dans une seconde pirogue, qui se dirigea vers un autre point de la colline.

Vingt indigènes montaient cette barque, que cinq autres suivaient. Résister n'était pas possible, et cependant Dick Sand et ses compagnons le tentèrent. Quelques soldats de la caravane furent blessés par eux, et certainement ils eussent payé cette résistance de leur vie, s'il n'y avait eu ordre formel de les épargner.

En quelques minutes, le trajet fut fait. Mais, au moment où la barque accostait, Hercule, d'un bond irrésistible, s'élança sur le sol. Deux indigènes se précipitèrent sur lui; mais le géant fit tournoyer son fusil comme une massue, et les indigènes tombèrent, le crâne fracassé.

Un instant après, Hercule disparaissait sous le couvert des arbres, au milieu d'une grêle de balles, au moment où Dick Sand et ses compagnons, après avoir été déposés à terre, étaient enchaînés comme des esclaves!

CHAPITRE VII

UN CAMPEMENT SUR LES BORDS DE LA COANZA.

L'aspect du pays, depuis que l'inondation avait fait un lac de cette plaine où s'élevait le village des termites, était entièrement changé. Une vingtaine de fourmilières émergeaient par leur cône et formaient les seuls points saillants sur cette large cuvette.

C'était la Coanza qui avait débordé pendant la nuit, sous les eaux de ses affluents, grossis par l'orage.

Cette Coanza, un des fleuves de l'Angola, se jette dans l'océan Atlantique, à cent milles du point où s'était échoué le *Pilgrim*. C'est ce fleuve que le lieutenant

Cameron devait traverser quelques années plus tard, avant d'atteindre Benguela. La Coanza est destinée à devenir le véhicule du transit intérieur de cette portion de la colonie portugaise. Déjà des steamers remontent son bas cours, et dix ans ne s'écouleront pas sans qu'ils desservent son lit supérieur. Dick Sand avait donc sagement agi en cherchant vers le nord quelque rivière navigable. La rivulette qu'il avait suivie venait se jeter dans la Coanza même. N'eût été cette attaque soudaine, contre laquelle rien n'avait pu le mettre en garde, il l'aurait trouvée un mille plus loin; ses compagnons et lui se seraient embarqués sur un radeau facile à construire, et ils auraient eu grande chance de descendre la Coanza jusqu'aux bourgades portugaises où les steamers font escale. Là, leur salut eût été assuré.

Il ne devait pas en être ainsi.

Le campement, aperçu par Dick Sand, était établi sur une hauteur voisine de cette fourmilière, dans laquelle la fatalité l'avait jeté comme dans un piége. Au sommet de cette hauteur se dressait un énorme figuier sycomore, qui eût aisément abrité cinq cents hommes sous son immense ramure. Qui n'a pas vu ces arbres géants de l'Afrique centrale ne saurait s'en faire une idée. Leurs branches forment une forêt, et l'on pourrait s'y perdre. Plus loin de gros banians, de ceux dont les graines ne se transforment pas en fruits, complétaient le cadre de ce vaste paysage.

C'était sous l'abri du sycomore que, cachée comme en un mystérieux asile, toute une caravane, — celle dont Harris avait annoncé l'arrivée à Negoro, — venait de faire halte. Ce nombreux convoi d'indigènes, arrachés à leurs villages par les agents du traitant Alvez, se dirigeait vers le marché de Kazonndé. De là, les esclaves, suivant les besoins, seraient envoyés ou dans les baracons du littoral ouest, ou à N'yangwé, vers la région des grands lacs, pour être distribués soit vers la Haute-Égypte, soit vers les factoreries de Zanzibar.

Aussitôt leur arrivée au campement, Dick Sand et ses compagnons avaient été traités en esclaves. Au vieux Tom, à son fils, à Austin, à Actéon, à la pauvre Nan, nègres d'origine, bien qu'ils n'appartinssent pas à la race africaine, on réserva le traitement des captifs indigènes. Après qu'ils eurent été désarmés, malgré la plus vive résistance, ils furent maintenus à la gorge, deux par deux, au moyen d'une perche longue de six à sept pieds, bifurquée à chaque bout et fermée par une tige de fer. De cette façon, ils étaient forcés de marcher en ligne, l'un derrière l'autre, sans pouvoir s'écarter ni à droite, ni à gauche. Par surcroît de précaution, une lourde chaîne les rattachait par la ceinture. Ils avaient donc les bras libres pour porter des fardeaux, les pieds libres pour marcher, mais ils n'auraient pu en faire usage pour fuir. C'est ainsi qu'ils allaient franchir des centaines de milles, sous les coups de fouet d'un havildar! Étendus à l'écart, accablés par la réaction qui avait suivi les premiers instants de leur lutte contre les nègres, ils ne faisaient plus un mouvement! Que n'avaient-ils pu suivre Hercule dans sa fuite! Et pourtant, que pouvait-on espérer pour le fugitif? Tout vigoureux qu'il était, que deviendrait-il, dans cette inhospitalière contrée, où la faim, l'isolement, les bêtes fauves, les indigènes, tout était contre lui? N'en viendrait-il pas bientôt à regretter le sort de ses compagnons? Et ceux-ci, cependant, n'avaient aucune pitié à attendre de la part des chefs de la caravane, Arabes ou Portugais, parlant une langue qu'ils ne pouvaient comprendre, et qui n'entraient en communication avec eux que par des regards et des gestes menaçants.

Dick Sand, lui, n'était pas accouplé à quelque autre esclave. C'était un blanc, et on n'avait pas osé sans doute lui infliger le traitement commun. Désarmé, il avait les pieds et les mains libres, mais un havildar le surveillait spécialement. Il observait le campement, et à chaque instant, il s'attendait à voir paraître Negoro ou Harris... Son attente fut trompée. Nul doute pour lui, cependant, que ces deux misérables n'eussent dirigé l'attaque contre la fourmilière.

Aussi la pensée lui était-elle venue que Mrs. Weldon, le petit Jack et le cousin Bénédict avaient été entraînés séparément par les ordres de l'Américain ou du Portugais; ne les voyant ni l'un ni l'autre, il se disait que les deux complices accompagnaient peut-être bien leurs victimes. Où les conduisait-on? Qu'en voulait-on faire? c'était son plus cruel souci Dick Sand oubliait sa propre situation, pour ne songer qu'à Mrs. Weldon et aux siens.

La caravane, campée sous le gigantesque sycomore, ne comptait pas moins de huit cents personnes, soit cinq cents esclaves des deux sexes, deux cents soldats, porteurs ou maraudeurs, des gardiens, des havildars, des agents ou des chefs.

Ces chefs étaient d'origine arabe et portugaise. On imaginerait difficilement les cruautés que ces êtres inhumains exercent sur leurs captifs. Ils les frappent sans relâche, et ceux d'entre eux qui tombent épuisés, hors d'état d'être vendus, sont achevés à coups de fusil ou de couteau. On les tient ainsi par la terreur; mais le résultat de ce système, c'est qu'à l'arrivée de la caravane, cinquante pour cent des esclaves, manquent au compte du traitant, soit que quelques-uns aient pu s'échapper, soit que les ossements de ceux qui sont morts à la peine jalonnent les longues routes de l'intérieur à la côte.

Mais le géant fit tournoyer son fusil comme une massue. (Page 245.)

On le pense bien, les agents d'origine européenne, Portugais pour la plupart, ne sont que des coquins que leur pays a rejetés, des condamnés, des échappés de prison, d'anciens négriers qu'on n'a pu pendre, en un mot le rebut de l'humanité. Tel Negoro, tel Harris, maintenant au service de l'un des plus gros traitants de l'Afrique centrale, José-Antonio Alvez, bien connu des trafiquants de la province, et sur lequel le lieutenant Cameron a donné de curieux renseignements.

Les soldats qui escortent les captifs sont généralement des indigènes à la solde des traitants. Mais ceux-ci n'ont pas le monopole de ces razzias qui leur procurent des esclaves. Les rois nègres se font aussi des guerres atroces et dans le même but; alors les vaincus adultes, les femmes et les enfants, réduits à

Le signal du départ fut donné. (Page 254.)

l'esclavage, sont vendus par les vainqueurs aux traitants pour quelques yards de calicot, de la poudre, des armes à feu, des perles roses ou rouges, et souvent même, dit Livingstone, aux époques de famine, pour quelques grains de maïs.

Les soldats qui escortaient la caravane du vieil Alvez pouvaient donner une juste idée de ce que sont les armées africaines. C'était un ramassis de bandits nègres, à peine vêtus, qui brandissaient de longs fusils à pierre, garnis à leur canon d'un grand nombre d'anneaux de cuivre. Avec une telle escorte, à laquelle se joignent des maraudeurs qui ne valent pas mieux, les agents ont d'ailleurs souvent fort à faire. On discute leurs ordres, on leur impose les lieux et les heures de halte, on menace de les abandonner, et il n'est pas rare qu'ils soient forcés de céder aux exigences de cette soldatesque.

Bien que les esclaves, hommes ou femmes, soient généralement assujettis à porter des fardeaux pendant que la caravane est en marche, on compte encore un certain nombre de « porteurs » qui l'accompagnent. On les appelle plus spécialement des « pagazis », et ils se chargent des ballots d'objets précieux, principalement de l'ivoire. Telle est, quelquefois, la grosseur de ces dents d'éléphants, dont quelques-unes pèsent jusqu'à cent soixante livres, qu'il faut deux de ces pagazis pour les porter aux factoreries, d'où cette précieuse marchandise est expédiée sur les marchés de Khartoum, de Zanzibar et de Natal. A l'arrivée, ces pagazis sont payés au prix convenu, qui consiste en une vingtaine d'yards de cotonnade, ou de cette étoffe qui porte le nom de « mérikani », un peu de poudre, une poignée de cauris [1], quelques perles, ou même ceux des esclaves qui seraient d'une défaite difficile lorsque le traitant n'a pas d'autre monnaie.

Parmi les cinq cents esclaves que comptait la caravane, on voyait peu d'hommes faits. Cela tient à ce que, la razzia finie et le village incendié, tout indigène au-dessus de quarante ans est impitoyablement massacré et pendu aux arbres des environs. Seuls, les jeunes adultes des deux sexes et les enfants sont destinés à fournir les marchés. A peine survit-il, après ces chasses à l'homme, le dixième des vaincus. Ainsi s'explique l'effroyable dépopulation qui change en déserts de vastes territoires de l'Afrique équinoxiale.

Ici, ces enfants et ces adultes étaient à peine vêtus d'un lambeau de cette étoffe d'écorce que produisent certains arbres, et qui est nommée « mbouzou » dans le pays. Aussi, l'état de ce troupeau d'êtres humains, femmes couvertes de plaies dues au fouet des havildars, enfants hâves, amaigris, les pieds saignants, que les mères essayent de porter en surcroît de leurs fardeaux, jeunes gens étroitement rivés à cette fourche plus torturante que la chaîne du bagne, est-il ce qu'on peut imaginer de plus lamentable. Oui, la vue de ces malheureux, à peine vivants, dont la voix n'avait plus de timbre, « squelettes d'ébène », suivant l'expression de Livingstone, eût touché des cœurs de bêtes fauves ; mais tant de misères laissaient insensibles ces Arabes endurcis et ces Portugais qui, à en croire le lieutenant Cameron, sont plus cruels encore [2].

1. Coquilles très-communes dans le pays, et qui servent de monnaie.

2. Voici ce que dit Cameron : « Pour obtenir les cinquante femmes dont Alvez se disait propriétaire, dix villages avaient été détruits, dix villages ayant chacun de cent à deux cents âmes : un total de quinze cents habitants; quelques-uns avaient pu s'échapper ; mais la plupart — presque tous — avaient péri dans les

Il va sans dire que, pendant les marches comme pendant les haltes, les prisonniers étaient très-sévèrement gardés. Aussi, Dick Sand comprit-il bientôt qu'il ne fallait pas même tenter de s'enfuir. Mais alors, comment retrouver Mrs. Weldon? Que son enfant et elle eussent été enlevés par Negoro, ce n'était que trop certain. Le Portugais avait tenu à la séparer de ses compagnons pour des raisons qui échappaient encore au jeune novice; mais il ne pouvait douter de l'intervention de Negoro, et son cœur se brisait à la pensée des dangers de toutes sortes qui menaçaient Mrs. Weldon.

« Ah! se disait-il, quand je songe que j'ai tenu ces deux misérables, l'un et l'autre, au bout de mon fusil, et que je ne les ai pas tués!... »

Cette pensée était de celles qui revenaient le plus obstinément à l'esprit de Dick Sand. Que de malheurs la mort, la juste mort d'Harris et de Negoro eût évités! que de misères en moins pour ceux que ces courtiers de chair humaine traitaient maintenant en esclaves!

Toute l'horreur de la situation de Mrs. Weldon, du petit Jack, se représentait aussitôt à Dick Sand. Ni la mère, ni l'enfant ne pouvaient compter sur cousin Bénédict. Le pauvre homme devait à peine se suffire! Sans doute, on les entraînait tous trois vers quelque district reculé de la province d'Angola. Mais qui portait l'enfant encore malade?

« Sa mère, oui! sa mère! se répétait Dick Sand. Elle aura retrouvé des forces pour lui! Elle aura fait ce que font ces malheureuses esclaves; et elle tombera comme elles! Ah! que Dieu me remette en face de ses bourreaux, et je... »

Mais il était prisonnier! Il comptait pour une tête dans ce bétail que les havildars poussaient vers l'intérieur de l'Afrique! Il ne savait même pas si Negoro et Harris dirigeaient eux-mêmes le convoi dont faisaient partie leurs victimes! Dingo n'était plus là pour dépister le Portugais, pour signaler son approche. Hercule seul pourrait venir en aide à l'infortunée Mrs. Weldon. Mais ce miracle était-il à espérer?

Dick Sand se raccrochait cependant à cette idée. Il se disait que le vigoureux noir était libre. De son dévouement, il n'y avait pas à douter! Tout ce qu'il serait humainement possible de faire, Hercule le ferait dans l'intérêt de Mrs. Weldon.

flammes, avaient été tués en défendant leurs familles, ou étaient morts de faim dans la jungle, à moins que les bêtes de proie n'eussent terminé plus promptement leurs souffrances.

. . « Ces crimes, perpétrés au centre de l'Afrique par des hommes qui se targuent du nom de chrétiens et se qualifient de Portugais, sembleraient incroyables aux habitants des pays civilisés. Il est impossible que le gouvernement de Lisbonne connaisse les atrocités commises par des gens qui portent son drapeau et qui se vantent d'être ses sujets. » (*Tour du Monde*. Trad H. Loreau.)

N. B. Il y a eu en Portugal des protestations très-vives contre ces assertions de Cameron.

Oui! ou bien Hercule tenterait de retrouver leurs traces et de se mettre en communication avec eux, ou, si cette piste lui manquait, il essayerait de se concerter avec lui, Dick Sand, et peut-être de l'enlever, de le délivrer par un coup de force! Pendant les haltes de nuit, se confondant avec ces prisonniers, noir comme eux, ne pourrait-il tromper la vigilance des soldats, parvenir jusqu'à lui, briser ses liens, l'entraîner dans la forêt, et tous deux, libres alors, que ne feraient-ils pas pour le salut de Mrs. Weldon! Un cours d'eau leur permettrait de descendre jusqu'au littoral, et Dick Sand reprendrait, avec de nouvelles chances de succès et une plus grande connaissance des difficultés, ce plan si malheureusement empêché par l'attaque des indigènes!

Le jeune novice se laissait aller ainsi à des alternatives de craintes et d'espoir. En somme, il résistait à l'abattement, grâce à son énergique nature, et se tenait prêt à profiter de la moindre chance qui lui serait offerte.

Ce qu'il importait de savoir, avant tout, c'était vers quel marché les agents dirigeaient le convoi d'esclaves. Était-ce vers une des factoreries de l'Angola et serait-ce l'affaire de quelques étapes seulement, ou ce convoi cheminerait-il pendant des centaines de milles encore à travers l'Afrique centrale? Le principal marché des traitants, c'est celui de N'yangwé, dans le Manyema, sur ce méridien qui divise le continent africain en deux parties presque égales, là où s'étend le pays des grands lacs que Livingstone parcourait alors. Mais il y avait loin du campement de la Coanza à cette bourgade; des mois de voyage ne suffiraient pas à l'atteindre.

C'était là une des plus sérieuses préoccupations de Dick Sand, car, une fois à N'yangwé, au cas même où Mrs. Weldon, Hercule, les autres noirs et lui seraient parvenus à s'échapper, combien eût été difficile, pour ne pas dire impossible, le retour au littoral, au milieu des dangers d'une si longue route!

Mais Dick Sand eut bientôt raison de penser que le convoi ne tarderait pas à arriver à destination. Bien qu'il ne comprît pas le langage qu'employaient les chefs de la caravane, c'est-à dire tantôt l'arabe, tantôt l'idiome africain, il remarqua que le nom d'un important marché de cette région était souvent prononcé. C'était le nom de Kazonndé, et il n'ignorait pas qu'il se faisait là un très-grand commerce d'esclaves. Il fut donc naturellement conduit à croire que là se déciderait le sort des prisonniers, soit au profit du roi de ce district, soit pour le compte de quelque riche traitant du pays. On sait qu'il ne se trompait pas.

Or, Dick Sand, au courant des faits de la géographie moderne, connaissait assez exactement ce que l'on savait de Kazonndé. La distance de Saint-Paul de

Loanda à cette ville ne dépasse pas quatre cents milles, et par conséquent, deux cent cinquante milles au plus la séparent du campement établi sur le cours de la Coanza. Dick Sand établissait approximativement son calcul, en prenant pour base le parcours fait par la petite troupe sous la conduite d'Harris. Or, dans des circonstances ordinaires, ce trajet ne demandait que dix à douze jours. En doublant ce temps pour les besoins d'une caravane déjà épuisée par une longue route, Dick Sand pouvait estimer à trois semaines la durée du trajet de la Coanza à Kazonndé. Ce qu'il croyait savoir, Dick Sand aurait bien voulu en faire part à Tom et à ses compagnons. Être assurés qu'on ne les entraînait pas au centre de l'Afrique, dans ces funestes contrées dont on ne peut plus espérer sortir, c'eût été une sorte de consolation pour eux. Or, il suffisait de quelques mots jetés en passant pour les instruire de ce qu'ils ignoraient. Ces mots, parviendrait-il à les leur dire?

Tom et Bat, — un hasard avait réuni le père et le fils, — Actéon et Austin, enfourchés deux à deux, se trouvaient à l'extrémité droite du campement. Un navildar et une douzaine de soldats les surveillaient.

Dick Sand, libre de ses mouvements, résolut de diminuer peu à peu la distance qui le séparait du groupe que ses compagnons formaient à cinquante pas de lui. Il commença donc à manœuvrer dans ce but.

Très-probablement, le vieux Tom devina la pensée de Dick Sand. Un mot, prononcé à voix basse, prévint ses compagnons d'être attentifs. Ils ne bougèrent pas, mais ils se tinrent prêts à voir comme à entendre.

Bientôt, Dick Sand eut gagné d'un air indifférent une cinquantaine de pas encore. De l'endroit où il se trouvait alors, il aurait pu crier, de façon à être entendu de Tom, ce nom de Kazonndé et lui dire quelle serait la durée probable du trajet. Mais compléter ses renseignements et s'entendre avec eux sur la conduite à tenir pendant le voyage, eût mieux valu encore. Il continua donc de se rapprocher d'eux. Déjà son cœur battait d'espérance; il n'était plus qu'à quelques pas du but désiré, lorsque l'havildar, comme s'il eût pénétré tout à coup son intention, se précipita sur lui. Aux cris de ce forcené, dix soldats accoururent, et Dick Sand fut brutalement ramené en arrière, pendant que Tom et les siens étaient entraînés à l'autre extrémité du campement.

Dick Sand exaspéré s'était jeté sur l'havildar; il était parvenu à briser dans ses mains son fusil qu'il avait presque réussi à lui arracher; mais sept ou huit soldats l'assaillirent à la fois, et force lui fut de lâcher prise. Furieux, ils l'eussent massacré, si un des chefs de la caravane, un Arabe de grande taille, à physionomie farouche, ne fût intervenu. Cet Arabe était le chef Ibn Hamis dont Harris avait parlé. Il prononça quelques mots que Dick Sand ne put comprendre, et les soldats, obligés de lâcher leur proie, s'éloignèrent.

Il était donc bien évident, d'une part, qu'il y avait défense formelle de laisser le jeune novice communiquer avec ses compagnons, et de l'autre, qu'on avait recommandé qu'il ne fût pas attenté à sa vie. Qui pouvait avoir donné de tels ordres, si ce n'était Harris ou Negoro?

En ce moment, — il était neuf heures du matin, 19 avril, — les sons rauques d'une corne de « coudou »[1] éclataient, et le tambour se fit entendre. La halte allait prendre fin.

Tous, chefs, soldats, porteurs, esclaves, furent aussitôt sur pied. Les ballots chargés, plusieurs groupes de captifs se formèrent sous la conduite d'un havildar qui déploya une bannière à couleurs vives.

Le signal du départ fut donné.

Des chants s'élevèrent alors dans l'air, mais c'étaient les vaincus, non les vainqueurs, qui chantaient ainsi.

Et voici ce qu'ils disaient dans ces chants, menace empreinte d'une foi naïve des esclaves contre leurs oppresseurs, contre leurs bourreaux :

« Vous m'avez renvoyé à la côte, mais, quand je serai mort, je n'aurai plus de joug, et je reviendrai vous tuer ! »

CHAPITRE VIII

QUELQUES NOTES DE DICK SAND.

Bien que l'orage de la veille eût cessé, le temps était profondément troublé encore. C'était, d'ailleurs, l'époque de la « masika », deuxième période de la saison des pluies sous cette zone du ciel africain. Les nuits surtout allaient être pluvieuses pendant une, deux ou trois semaines, ce qui ne pouvait qu'accroître les misères de la caravane.

1. Sorte de ruminant de la faune africaine.

Elle partit ce jour-là par un temps couvert, et, après avoir quitté les rives de la Coanza, s'enfonça presque directement vers l'est.

Une cinquantaine de soldats marchaient en tête, une centaine sur chacun des deux flancs du convoi, le reste à l'arrière-garde. Il eût été difficile aux prisonniers de s'enfuir, même s'ils n'avaient pas été enchaînés. Femmes, enfants, hommes, allaient pêle-mêle, et les havildars pressaient leurs pas à coups de fouet. Il y avait de malheureuses mères qui, nourrissant un enfant, en portaient un second de la main qui leur restait libre. D'autres traînaient ces petits êtres sans vêtements, sans chaussures, sur les herbes acérées du sol.

Le chef de la caravane, ce farouche Ibn Hamis qui était intervenu dans la lutte entre Dick Sand et son havildar, surveillait tout ce troupeau, allant et venant de la tête à la queue de la longue colonne. Si ses agents et lui se préoccupaient peu des misères de leurs captifs, il leur fallait compter plus sérieusement, soit avec les soldats qui réclamaient quelque supplément de ration, soit avec les pagazis qui voulaient faire halte. De là des discussions, souvent même des échanges de brutalités. Les esclaves portaient encore la peine de l'irritation constante des havildars. On n'entendait que des menaces d'un côté, des cris de douleur de l'autre, et ceux qui marchaient aux derniers rangs foulaient un sol que les premiers avaient taché de leur sang.

Les compagnons de Dick Sand, toujours tenus avec soin en avant du convoi, ne pouvaient avoir aucune communication avec lui. Ils s'avançaient en file, le cou pris dans cette lourde fourche, qui ne leur permettait pas un seul mouvement de tête. Les fouets ne les épargnaient pas plus que leurs tristes compagnons d'infortune!

Bat, accouplé avec son père, marchait devant lui, s'ingéniant à ne donner aucune secousse à la fourche, choisissant les meilleurs endroits où mettre le pied, puisque le vieux Tom devait y passer après lui. De temps en temps, lorsque l'havildar était resté un peu en arrière, il faisait entendre quelque parole d'encouragement dont quelques-unes arrivaient à Tom. Il essayait même de ralentir sa marche, s'il sentait que Tom se fatiguait. C'était un supplice pour ce bon fils de ne pouvoir retourner la tête vers son bon père qu'il chérissait. Tom avait sans doute la satisfaction de voir son fils, cependant il la payait bien cher. Que de fois de grosses larmes coulèrent de ses yeux, lorsque le fouet de l'havildar s'abattait sur Bat! C'était un pire supplice que s'il fût tombé sur sa propre chair.

Austin et Actéon marchaient quelques pas en arrière, liés l'un à l'autre, et

Bat, accouplé avec son père, marchait devant lui. (Page 255.)

brutalisés à tout instant. Ah ! qu'ils enviaient le sort d'Hercule ! Quels que fussen les dangers qui menaçaient celui-ci dans ce pays sauvage, il pouvait du moin user de sa force et défendre sa vie.

Pendant les premiers moments de leur captivité, le vieux Tom avait enfin fai connaître à ses compagnons la vérité tout entière. Ils avaient appris de lui, à leur profond étonnement, qu'ils étaient en Afrique, que la double trahison de Negoro et d'Harris les y avait d'abord jetés, puis entraînés, et qu'aucune pitié n'était à espérer de la part de leurs maîtres.

Nan n'était pas mieux traitée. Elle faisait partie d'un groupe de femmes qui occupait le milieu du convoi. On l'avait enchaînée avec une jeune mère de

Des femmes, des enfants ont été saisis et entraînés par des crocodiles. (Page 260.)

deux enfants, l'un à la mamelle, l'autre âgé de trois ans et qui marchait à peine. Nan, émue de pitié, s'était chargée de ce petit être, et la pauvre esclave l'en avait remerciée par une larme. Nan portait donc l'enfant, lui épargnant, en même temps que la fatigue à laquelle il aurait succombé, les coups que ne lui eût pas ménagés l'havildar. Mais c'était un pesant fardeau pour la vieille Nan; elle craignait que ses forces ne la trahissent bientôt, et elle songeait alors au petit Jack! Elle se le représentait dans les bras de sa mère! La maladie l'avait bien amaigri, mais il devait être lourd encore pour les bras affaiblis de Mrs. Weldon! Où était-elle? Que devenait-elle? Sa vieille servante la reverrait-elle jamais?

Dick Sand avait été placé presque à l'arrière du convoi. Il ne pouvait apercevoir ni Tom, ni ses compagnons, ni Nan. La tête de la longue caravane n'était visible pour lui que lorsqu'elle traversait quelque plaine. Il marchait, livré aux plus tristes pensées, auxquelles les cris des agents l'arrachaient à peine. Il ne pensait ni à lui-même, ni aux fatigues qu'il lui faudrait supporter encore, ni aux tortures que Negoro lui réservait peut être! Il ne songeait qu'à Mrs. Weldon. Il cherchait en vain sur le sol, aux épines des sentiers, aux basses branches des arbres, s'il ne trouverait pas quelque trace de son passage. Elle n'avait pu prendre un autre chemin, si, comme tout portait à le croire, on l'entraînait à Kazonndé. Que n'eût-il pas donné pour retrouver quelque indice de sa marche vers le but où on les conduisait eux-mêmes!

Telle était la situation de corps et d'esprit du jeune novice et de ses compagnons. Mais, quelque sujet qu'ils eussent de craindre pour eux-mêmes, si grandes que fussent leurs propres souffrances, la pitié l'emportait en eux, à voir l'effroyable misère de ce triste troupeau de captifs et la révoltante brutalité de leurs maîtres. Hélas! ils ne pouvaient rien pour secourir les uns, rien pour résister aux autres!

Tout le pays situé dans l'est de la Coanza n'était qu'une forêt sur un parcours d'une vingtaine de milles. Les arbres, cependant, soit qu'ils dépérissent sous la morsure des nombreux insectes de ces contrées, soit que les troupes d'éléphants les abattent lorsqu'ils sont jeunes encore, y étaient moins pressés que dans la contrée voisine du littoral. La marche sous bois ne devait donc pas être entravée, et les arbustes eussent été plus gênants que les arbres. Il y avait en effet abondance de ces cotonniers, hauts de sept à huit pieds, dont le coton sert à fabriquer les étoffes rayées de noir et de blanc en usage dans l'intérieur de la province.

En de certains endroits, le sol se transformait en épaisses jungles dans lesquelles le convoi disparaissait. De tous les animaux de la contrée, seuls les éléphants et les girafes eussent dominé de la tête ces roseaux qui ressemblent à des bambous, ces herbes dont la tige mesure un pouce de diamètre. Il fallait que les agents connussent merveilleusement le pays pour ne pas s'y perdre.

Chaque jour, la caravane partait dès l'aube et ne faisait halte qu'à midi, pendant une heure. On ouvrait alors quelques ballots contenant du manioc, et cet aliment était parcimonieusement distribué aux esclaves. On y joignait des patates, ou de la viande de chèvre et de veau, lorsque les soldats avaient pillé en passant quelque village. Mais la fatigue avait été telle, le repos si insuffisant, si impossible même pendant ces nuits pluvieuses, que, l'heure de la distribution des vivres arrivée, les prisonniers pouvaient à peine manger. Aussi, huit jours après le départ de la Coanza, une vingtaine étaient-ils encore tombés sur la route, à la merci des fauves, qui rôdaient en arrière du convoi. Lions, panthères et léopards attendaient les victimes qui ne pouvaient leur manquer, et, chaque soir, après le coucher du soleil, leurs rugissements éclataient à si courte distance, qu'on pouvait craindre une attaque directe.

En entendant ces rugissements, que l'ombre rend plus formidables encore, Dick Sand ne pensait pas sans terreur aux obstacles que de pareilles rencontres pouvaient élever contre les entreprises d'Hercule, aux périls qui menaceraient chacun de ses pas. Et cependant, s'il eût trouvé l'occasion de fuir, lui aussi, il n'aurait pas hésité.

Du reste, voici les notes que Dick Sand prit pendant cet itinéraire de la Coanza à Kazonndé. Vingt-cinq « marches » furent employées à faire ce trajet de deux cent cinquante milles, la « marche » dans le langage des traitants étant de dix milles avec halte de jour et de nuit.

— *Du 25 au 27 avril.* — Vu un village entouré de murs de roseaux hauts de huit à neuf pieds. Champs cultivés en maïs, fèves, sorgho et diverses arachides. Deux noirs saisis et faits prisonniers. Quinze tués. Population en fuite.

Le lendemain, traversé une rivière tumultueuse, large de cent cinquante yards. Pont flottant formé de troncs d'arbres rattachés avec des lianes. Pilotis à demi rompus. Deux femmes, liées à la même fourche, précipitées dans les eaux. L'une portant son petit enfant. Les eaux s'agitent et se teignent de sang. Les crocodiles se glissent entre les branchages du pont. On risque de mettre le pied dans des gueules ouvertes...

— *28 avril.* — Traversé une forêt de bauhinias. Arbres de haute futaie, de ceux qui fournissent le bois de fer aux Portugais.

Forte pluie. Terrain détrempé. Marche extrêmement pénible.

Aperçu, vers le centre du convoi, la pauvre Nan, portant un petit négrillon dans ses bras. Elle se traîne difficilement. L'esclave enchaînée avec elle boite, et le sang coule de son épaule déchirée à coups de fouet.

Campé le soir sous un énorme baobab à fleurs blanches et d'un feuillage vert tendre.

Pendant la nuit, rugissements de lions et de léopards. Coup de feu tiré par un des indigènes sur une panthère. Que devient Hercule ?...

— *29 et 30 avril.* — Premiers froids de ce qu'on appelle l'hiver africain. Rosée très-abondante. Fin de la saison pluvieuse avec le mois d'avril, laquelle commence avec le mois de novembre. Plaines largement inondées encore. Vents d'est, qui suspendent la transpiration et rendent plus sensibles aux fièvres des marécages.

Aucune trace de Mrs. Weldon, ni de monsieur Bénédict. Où les conduirait-on, si ce n'est à Kazonndé? Ils ont dû suivre le chemin de la caravane et nous précéder. Je suis dévoré d'inquiétudes. Le petit Jack a dû être repris de la fièvre dans cette région insalubre. Mais vit-il encore?...

— *Du 1 mai au 6 mai.* — Traversé pendant plusieurs étapes de longues plaines que l'évaporation n'a pu dessécher. De l'eau parfois jusqu'à la ceinture. Myriades de sangsues adhérant à la peau. Il faut marcher quand même. Sur quelques hauteurs qui émergent, des lotus, des papyrus. Au fond, sous les eaux, d'autres plantes, à grandes feuilles de chou, sur lesquelles le pied bute, ce qui occasionne des chutes nombreuses.

Dans ces eaux, quantités considérables de petits poissons de l'espèce des silures, que les indigènes retiennent par milliards dans des clayonnages, et qui sont vendus aux caravanes.

Impossible de trouver un lieu de campement pour la nuit. On ne voit pas de limite à la plaine inondée. Il faut marcher dans les ténèbres. Demain, bien des esclaves manqueront au convoi! Que de misères! Lorsque l'on tombe, pourquoi se relever! Quelques instants de plus sous ces eaux, et tout serait fini! Le bâton de l'havildar ne vous atteindrait pas dans l'ombre!

Oui! mais Mrs. Weldon et son fils! Je n'ai pas le droit de les abandonner! Je résisterai jusqu'au bout! C'est mon devoir!

Cris épouvantables qui se font entendre dans la nuit!

Une vingtaine de soldats ont arraché quelques branches à des arbres résineux dont la ramure émergeait. Lueurs livides dans les ténèbres.

Voici la cause des cris que j'ai entendus! Une attaque de crocodiles. Douze ou quinze de ces monstres se sont jetés dans l'ombre sur le flanc de la caravane. Des femmes, des enfants ont été saisis et entraînés par les crocodiles jusqu'à leurs « terrains de pâture ». C'est ainsi que Livingstone appelle ces trous profonds où cet amphibie va déposer sa proie, après l'avoir noyée, car il ne la mange que lorsqu'elle est arrivée à un certain degré de décomposition.

J'ai été rudement frotté par les écailles de l'un de ces crocodiles. Un esclave adulte a été saisi près de moi et arraché de la fourche qui le tenait par le cou. La fourche a été brisée. Quel cri de désespoir, quel hurlement de douleur! Je l'entends encore!

— 7 *et* 8 *mai.* — Le lendemain, on compte les victimes. Vingt esclaves ont disparu.

Au jour levant, j'ai cherché Tom et ses compagnons! Dieu soit loué! Ils sont vivants! Hélas! faut-il en louer Dieu? N'est-on pas plus heureux d'en avoir fini avec toutes ces misères!

Tom est en tête du convoi. A un moment où son fils Bat a fait un crochet, la fourche s'est présentée obliquement et Tom a pu m'apercevoir.

Je cherche vainement la vieille Nan! Est-elle confondue dans le groupe central, ou a-t-elle péri pendant cette nuit épouvantable?

Le lendemain, dépassé la limite de la plaine inondée, après vingt-quatre heures dans l'eau. On fait halte sur une colline. Le soleil nous sèche un peu. On mange, mais quelle misérable nourriture! Un peu de manioc, quelques poignées de maïs! Rien que l'eau trouble à boire! Des prisonniers étendus sur le sol, combien ne se relèveront pas!

Non! il n'est pas possible que Mrs. Weldon et son enfant aient passé par tant de misères! Dieu leur aura fait la grâce d'avoir été conduits par un autre chemin à Kazonndé! La malheureuse mère n'aurait pu résister!...

Nouveaux cas de petite vérole dans la caravane, la « ndoué », comme ils disent! Les malades ne pourront aller loin. Les abandonnera-t on?

— 9 *mai.* — On s'est remis en marche dès l'aube. Pas de retardataires. Le fouet de l'havildar a vivement relevé ceux que la fatigue ou la maladie accablait! Ces esclaves ont une valeur. C'est une monnaie. Les agents ne les laisseront pas en arrière, tant qu'il leur restera la force de marcher.

Je suis environné de squelettes vivants. Ils n'ont plus assez de voix pour se plaindre.

J'ai enfin aperçu la vieille Nan! Elle fait mal à voir! L'enfant qu'elle portait n'est plus entre ses bras! Elle est seule d'ailleurs! Ce sera moins pénible pour elle, mais la chaîne est encore à sa ceinture, et elle a dû en rejeter le bout pardessus son épaule.

En me hâtant, j'ai pu m'approcher d'elle. On aurait dit qu'elle ne me reconnaissait pas! Suis-je donc changé à ce point?

« Nan! » ai-je dit.

La vieille servante m'a regardé longtemps, et enfin :

« Vous, monsieur Dick! Moi... moi!... avant peu, je serai morte!

— Non, non! du courage! ai-je répondu, pendant que mes yeux se baissaient pour ne pas voir ce qui n'était plus que le spectre exsangue de l'infortunée!

— Morte, reprit-elle, et je ne reverrai plus ma chère maîtresse, ni mon petit Jack! Mon Dieu! mon Dieu, ayez pitié de moi! »

J'ai voulu soutenir la vieille Nan, dont tout le corps tremblait sous ses vêtements déchirés. C'eût été une grâce de me voir lié à elle, et de porter ma part de cette chaîne dont elle avait tout le poids depuis la mort de sa compagne!

Un bras vigoureux me repousse, et la malheureuse Nan, enveloppée d'un coup de fouet, est rejetée dans la foule des esclaves. J'ai voulu me précipiter sur ce brutal... Le chef arabe est apparu, m'a saisi le bras et m'a maintenu jusqu'au moment où je me suis retrouvé au dernier rang de la caravane.

Puis, à son tour, il a prononcé le nom :

« Negoro! »

Negoro! C'est donc par l'ordre du Portugais qu'il agit et me traite autrement que mes compagnons d'infortune?

A quel sort suis-je réservé?

— 10 *mai*. — Passé aujourd'hui près de deux villages en flammes. Les chaumes brûlent de toutes parts. Des cadavres sont pendus aux arbres que l'incendie a respectés. Population en fuite. Champs dévastés. La razzia s'est exercée là. Deux cents meurtres, peut-être pour obtenir une douzaine d'esclaves.

Le soir est arrivé. Halte de nuit. Campement établi sous de grands arbres. Hautes herbes qui forment buisson sur la lisière de la forêt.

Quelques prisonniers se sont enfuis la veille, après avoir brisé leur fourche. Ils ont été repris et traités avec une cruauté sans exemple. La surveillance des soldats et des havildars redouble.

La nuit est venue. Rugissement des lions et des hyènes. Ronflements lointains des hippopotames. Quelque lac ou cours d'eau voisin sans doute.

Malgré ma fatigue, je ne puis dormir! Je songe à tant de choses!

Puis, il me semble que j'entends rôder dans les hautes herbes. Quelque fauve peut-être. Oserait-il forcer l'entrée du campement?

J'écoute. Rien! Si! un animal passe entre les roseaux. Je suis sans armes! Je me défendrai pourtant! J'appellerai! Ma vie peut être utile à Mrs. Weldon, à mes compagnons!

Je regarde à travers les profondes ténèbres. Il n'y a pas de lune. La nuit est extrêmement noire.

Voici deux yeux qui reluisent dans l'ombre, entre les papyrus, des yeux de hyène ou de léopard! Ils disparaissent... reparaissent...

Enfin, un bruissement d'herbes se produit. Un animal bondit sur moi!...

Je vais pousser un cri, donner l'éveil...

Heureusement, j'ai pu me retenir!...

Je ne puis en croire mes yeux!... C'est Dingo... Dingo qui est près de moi!... Brave Dingo!... Comment m'est-il rendu? Comment a-t-il pu me retrouver? Ah! l'instinct!... L'instinct suffirait-il à expliquer de tels miracles de fidélité? Il me lèche les mains. Ah! bon chien, maintenant mon seul ami! Ils ne t'avaient donc pas tué!...

Je lui rends ses caresses. Il me comprend! Il voudrait aboyer...

Je le calme! Il ne faut pas qu'on l'entende! Qu'il suive ainsi la caravane, sans être aperçu, et peut-être!... Mais quoi! il frotte obstinément son cou contre mes mains. Il a l'air de me dire : « Cherche donc!... » Je cherche, et je sens quelque chose là, attaché à son cou... un bout de roseau passe dans ce collier où sont gravées ces deux lettres S. V. dont le mystère est encore inexplicable pour nous.

Oui... j'ai détaché le roseau... Je l'ai brisé! Il y a un billet dedans...

Mais, ce billet!... je ne puis le lire! Il faut attendre le jour!... le jour... Je voudrais retenir Dingo, mais le bon animal, tout en me léchant les mains, semble avoir hâte de me quitter!... Il a compris que sa mission était remplie!... D'un bond de côté, il disparaît sans bruit entre les herbes! Dieu lui épargne la dent des lions ou des hyènes!

Dingo est certainement retourné vers celui qui me l'a envoyé!

Ce billet, que je ne puis lire encore, me brûle les mains! Qui l'a écrit? Viendrait-il de Mrs. Weldon? Vient-il d'Hercule? Comment le fidèle animal que nous croyions mort a-t-il rencontré l'un ou l'autre? Que va me dire ce billet? Est-ce un plan d'évasion qu'il m'apporte, ou me donne-t-il seulement des nouvelles de ceux qui me sont chers! Quoiqu'il en soit, cet incident m'a vivement ému, et a fait trêve à mes misères.

Ah! que le jour est long à venir!

Je guette la moindre lueur à l'horizon. Je ne puis fermer l'œil. J'entends encore les rugissements des fauves! Mon pauvre Dingo, puisses-tu leur avoir échappé!

Enfin, le jour va paraître, et presque sans aube, sous ces latitudes tropicales. Je m'arrange pour ne pouvoir être aperçu!...

J'essaye de lire!... Je ne le puis encore.

Enfin, j'ai lu! Le billet est de la main d'Hercule!

Il est écrit sur un bout de papier, au crayon...

Il y a un billet dedans.... (Page 263.)

Voici ce qu'il dit :

« Mistress Weldon emportée avec petit Jack dans une kitanda. Harris et Ne-
« goro l'accompagnent. Ils précèdent la caravane de trois à quatre marches avec
« cousin Bénédict. Je n'ai pu communiquer avec elle. J'ai recueilli Dingo qui a
« dû avoir été blessé d'un coup de feu... mais guéri. Bon espoir, monsieur
« Dick. Je ne pense qu'à vous tous, et j'ai fui pour vous être plus utile.

« Hercule. »

Ah! mistress Weldon et son fils sont vivants! Dieu soit loué! ils n'ont pas à souffrir comme nous, des fatigues de ces rudes étapes! Une kitanda, c'est une

On les y avait laissé mourir de faim. (Page 266.)

sorte de litière d'herbe sèche suspendue à un long bambou que deux hommes portent sur l'épaule. Un rideau d'étoffe la recouvre. Mistress Weldon et son petit Jack sont dans cette kitanda. Qu'en veulent faire Harris et Negoro? Ces misérables les dirigent sur Kazonndé évidemment, oui!... oui!... Je les retrouverai! Ah! au milieu de toutes ces misères, c'est une bonne nouvelle, c'est une joie que Dingo m'a apportée là!

— *Du* 11 *au* 15 *mai*. — La caravane continue sa marche. Les prisonniers se traînent de plus en plus péniblement. La plupart laissent sous leurs pas des marques de sang. Je calcule qu'il faut encore dix jours pour atteindre Kazonndé. Combien auront cessé de souffrir d'ici là! Mais moi, il faut que j'y arrive, j'y arriverai!

C'est atroce! Il y a dans le convoi de ces malheureuses dont le corps n'est plus qu'une plaie! Les cordes qui les attachent entrent dans leur chair!...

Depuis hier, une mère porte dans ses bras son petit enfant mort de faim!... elle ne veut pas s'en séparer!...

Notre route se jonche de cadavres. La petite vérole sévit avec une nouvelle violence.

Nous venons de passer près d'un arbre... A cet arbre, des esclaves étaient attachés par le cou. On les y avait laissés mourir de faim.

— *Du 16 au 24 mai.* — Je suis presque à bout de forces, mais je n'ai pas le droit de faiblir. Les pluies ont complétement cessé. Nous avons des journées de « marche dure ». C'est ce que les traitants appellent la « tirikesa » ou marche de l'après-midi. Il faut aller plus vite, et le sol s'élève en pentes assez rudes.

On passe à travers de hautes herbes très-résistantes. C'est le « nyassi », dont la tige m'écorche la figure, dont les graines piquantes se glissent jusqu'à ma peau, sous mes vêtements délabrés. Mes fortes chaussures ont heureusement tenu bon!

Les agents commencent à abandonner les esclaves trop malades pour suivre. D'ailleurs, les vivres menacent de manquer; soldats et pagazis se révolteraient si leur ration était diminuée. On n'ose pas leur rien retrancher, et alors tant pis pour les captifs!

« Qu'ils se mangent entre eux! » a dit le chef.

Il suit de là que des esclaves, jeunes, encore vigoureux, meurent sans apparence de maladie. Je me souviens de ce que le docteur Livingstone a dit à ce sujet : « Ces infortunés se plaignent du cœur; ils posent leurs mains dessus et ils tombent. C'est positivement le cœur qui se brise! Cela est particulier aux hommes libres, réduits en esclavage, sans que rien les y ait préparés! »

Aujourd'hui, vingt captifs qui ne pouvaient plus se traîner ont été massacrés à coups de hache par les havildars! Le chef arabe ne s'est point opposé à ce massacre.

La scène a été épouvantable!

La pauvre vieille Nan est tombée sous le couteau dans cette horribe boucherie... Je heurte son cadavre en passant! Je ne puis même lui donner une sépulture chrétienne!...

C'est la première des survivants du *Pilgrim* que Dieu a rappelée à lui! Pauvre être bon! Pauvre Nan!

Toutes les nuits, je guette Dingo. Il ne revient plus! Lui serait-il arrivé malheur, ou à Hercule? Non... non!... Je ne veux pas le croire!... Ce silence qui me paraît si long ne prouve qu'une chose, c'est qu'Hercule n'a encore rien de nouveau à m'apprendre! Il faut, d'ailleurs, qu'il soit prudent et se tienne bien sur ses gardes.

CHAPITRE IX

KAZONNDÉ.

Le 26 mai, la caravane d'esclaves arrivait à Kazonndé. Cinquante pour cent des prisonniers faits dans cette dernière razzia étaient tombés sur la route. Cependant, l'affaire était encore bonne pour les traitants; les demandes affluaient, et le prix des esclaves allait monter sur les marchés de l'Afrique.

L'Angola faisait à cette époque un grand commerce de noirs. Les autorités portugaises de Saint-Paul de Loanda ou de Benguela n'auraient pu que difficilement l'entraver, car les convois se dirigeaient vers l'intérieur du continent africain. Les baracons du littoral regorgeaient de prisonniers; les quelques négriers qui parvenaient à passer entre les croisières de la côte, ne suffisaient pas à les embarquer pour les colonies espagnoles de l'Amérique.

Kazonndé, située à trois cents milles de l'embouchure de la Coanza, est l'un des principaux « lakonis », l'un des plus importants marchés de cette province. Sur sa grande place, la « tchitoka », se traitent les affaires; là, les esclaves sont exposés et vendus. C'est de ce point que les caravanes rayonnent vers la région des grands lacs.

Kazonndé, comme toutes les grandes villes de l'Afrique centrale, se divise en deux parties distinctes : l'une est le quartier des négociants arabes, portugais ou indigènes, et elle contient leurs baracons; l'autre est la résidence du roi nègre, quelque féroce ivrogne couronné, qui règne par la terreur et vit des subventions en nature que les traitants ne lui épargnent pas.

A Kazonndé, le quartier commerçant appartenait alors à ce José-Antonio Alvez, dont il avait été question entre Harris et Negoro, simples agents à sa solde. Là était le principal établissement de ce traitant, qui en possédait un second à

Bihé et un troisième à Cassange, dans le Benguela, où le lieutenant Cameron allait le rencontrer quelques années plus tard.

Une grande rue centrale, de chaque côté des groupes de maisons, de « tembés » à toitures plates, à murailles de terre crépie, dont la cour carrée sert de parc au bétail, à l'extrémité de la rue la vaste « tchitoka » entourée de baracons, au-dessus de cet ensemble d'habitations quelques énormes banians dont les branches se développent par un mouvement superbe, çà et là de grands palmiers plantés comme des balais, la tête en l'air, sur la poussière des rues, une vingtaine d'oiseaux de proie préposés à la salubrité publique, tel est le quartier marchand de Kazonndé.

Non loin coule le Louhi, rivière dont le cours encore indéterminé est probablement un affluent ou tout au moins un sous-affluent du Congo, tributaire du Zaire.

La résidence du roi de Kazonndé, qui confine au quartier commerçant, n'est qu'un ramassis de huttes malpropres qui s'étendent sur un espace d'un mille carré. De ces cases, les unes sont libres d'accès, les autres sont enceintes d'une palissade de roseaux ou bordées de figuiers buissonnants. Un clos particulier qu'entoure une haie de papyrus, une trentaine de cases servant de demeures aux esclaves du chef, un groupe de huttes pour ses femmes, un « tembé » plus vaste et plus élevé, à demi enfoui dans les plantations de manioc, telle est la résidence du roi de Kazonndé, un homme de cinquante ans, ayant nom Moini Loungga, et déjà bien déchu de la situation de ses prédécesseurs. Il n'a pas quatre mille soldats, là où les premiers traitants portugais en comptèrent vingt mille, et il ne pourrait plus, comme au bon temps, décréter l'immolation de vingt-cinq à trente esclaves par jour.

Ce roi était, d'ailleurs, un précoce vieillard usé par la débauche, brûlé par les liqueurs fortes, un féroce maniaque, faisant par caprice mutiler ses sujets, ses officiers ou ses ministres, coupant le nez ou les oreilles aux uns, le pied ou la main aux autres, et dont la mort, prochainement attendue, devait être accueillie sans aucun regret.

Un seul homme dans tout Kazonndé devait peut-être perdre à la mort de Moini Loungga. C'était le traitant José-Antonio Alvez, qui s'entendait fort bien avec l'ivrogne dont toute la province reconnaissait l'autorité. Il pouvait craindre après lui, si l'avénement de la première de ses femmes, la reine Moina, était contesté, que les États de Moini Loungga fussent envahis par un compétiteur voisin, un des rois de l'Oukousou. Celui-ci, plus jeune, plus actif, s'était déjà emparé de quelques villages qui relevaient du gouvernement de Kazonndé, et il avait à sa dévotion un autre traitant, rival d'Alvez, ce Tipo-Tipo, noir Arabe de race pure, dont Cameron allait bientôt recevoir la visite à N'yangwé.

Voici d'ailleurs ce qu'était cet Alvez, le véritable souverain sous le règne du nègre abruti dont il avait développé et exploité les vices :

José-Antonio Alvez, déjà avancé en âge, n'était point, comme on pourrait le croire, un « msoungou », c'est-à-dire un homme de race blanche. Il n'avait de portugais que son nom, emprunté sans doute pour les besoins de son commerce. C'était un vrai nègre, bien connu dans ce monde des traitants, et qui s'appelait Kenndélé. Né, en effet, à Donndo, sur les bords de la Coanza, il avait commencé par être simple agent des courtiers d'esclaves, et devait finir en traitant de haute renommée, c'est-à-dire dans la peau d'un vieux coquin qui se disait le plus honnête homme du monde.

C'était cet Alvez que Cameron, vers la fin de 1874, devait rencontrer à Kilemmba, capitale de Kassonngo, chef de l'Ouroua, et qui allait le conduire avec sa caravane jusqu'à son établissement de Bihé, sur un parcours de sept cents milles.

Le convoi d'esclaves, en arrivant à Kazonndé, avait été conduit à la grande place.

On était au 26 mai Les calculs de Dick Sand se trouvaient donc justifiés. Le voyage avait duré trente-huit jours depuis le départ du campement établi sur les rives de la Coanza. Cinq semaines des plus épouvantables misères qu'il fût donné à des êtres humains de supporter !

Il était midi lorsque se fit l'entrée à Kazonndé. Les tambours battaient, les cornes de coudou éclataient au milieu des détonations des armes à feu. Les soldats de la caravane déchargeaient leurs fusils en l'air, et les serviteurs d'Antonio-José Alvez répondaient avec entrain. Tous ces bandits étaient heureux de se revoir, après une absence qui avait duré quatre mois. Ils allaient enfin se reposer et regagner le temps perdu dans la débauche et l'ivresse.

Les prisonniers, la plupart à bout de forces, formaient encore un total de deux cent cinquante têtes. Après avoir été poussés en avant comme un troupeau, ils allaient être enfermés dans ces baracons, dont les fermiers d'Amérique n'eussent pas voulu pour étables. Là les attendaient douze ou quinze cents autres esclaves qui devaient être exposés le surlendemain au grand marché de Kazonndé. Ces baracons furent remplis avec les esclaves de la caravane. Les lourdes fourches leur avaient été enlevées, mais ils avaient dû garder leurs chaînes.

Les pagazis s'étaient arrêtés sur la place, après avoir déposé leurs charges d'ivoire, dont les négociants de Kazonndé allaient prendre livraison. Puis, payés de quelques yards de calicot ou autre étoffe de plus haut prix, ils retourneraient se joindre à quelque autre caravane.

Le vieux Tom et ses compagnons avaient donc été délivrés de ce carcan qu'ils portaient depuis cinq semaines. Bat et son père venaient enfin de se jeter dans les bras l'un de l'autre. Tous s'étaient serré la main. Mais c'est à peine s'ils osaient parler. Qu'auraient-ils pu se dire qui ne fût une parole de désespoir? Bat, Actéon, Austin, tous trois vigoureux, faits aux rudes travaux, avaient pu résister aux fatigues; mais le vieux Tom, affaibli par les privations, était à bout de forces. Encore quelques jours, et son cadavre eût été abandonné, comme celui de la vieille Nan, en pâture aux fauves de la province!

Tous quatre, aussitôt arrivés, avaient été parqués dans un étroit baracon, dont la porte s'était immédiatement refermée sur eux. Là, ils avaient trouvé quelque nourriture, et ils attendaient la visite du traitant près duquel ils voulaient, mais bien inutilement, se prévaloir de leur qualité d'Américains.

Dick Sand, lui, était resté sur la place, sous la surveillance spéciale d'un havildar.

Il était enfin à Kazonndé, où il ne doutait pas que Mrs. Weldon, le petit Jack et cousin Bénédict ne l'eussent précédé. Il les avait cherchés des yeux en traversant les divers quartiers de la ville, jusqu'au fond des tembés qui bordaient les rues, sur cette tchitoka qui était presque déserte alors.

Mrs. Weldon n'était pas là!

« Ne l'aurait-on pas conduite ici? se demanda Dick Sand. Mais où serait-elle? Non! Hercule n'a pu s'y tromper. D'ailleurs cela devait rentrer dans les secrets desseins d'Harris et Negoro!... Et cependant, eux aussi, je ne les vois pas?... »

Une poignante anxiété avait saisi Dick Sand. Que Mrs. Weldon, retenue prisonnière, lui fût encore cachée, cela s'expliquait. Mais Harris et Negoro, — ce dernier surtout, — devaient avoir hâte de revoir le jeune novice, maintenant en leur pouvoir, ne fût-ce que pour jouir de leur triomphe, pour l'insulter, le torturer, se venger enfin! De ce qu'ils n'étaient pas là, devait-on conclure qu'ils avaient pris une autre direction, et que Mrs. Weldon s'était vue entraîner vers quelque autre point de l'Afrique centrale? Dût la présence de l'Américain et du Portugais être le signal de son supplice, Dick Sand la désirait impatiemment. Harris et Negoro à Kazonndé, c'eût été pour lui la certitude que Mrs. Weldon et son enfant y étaient aussi!

Dick Sand se dit alors que, depuis cette nuit dans laquelle Dingo lui avait apporté le billet d'Hercule, le chien n'avait pas reparu. Une réponse que le jeune novice avait préparée à tout hasard, et dans laquelle il recommandait à Hercule de ne songer qu'à Mrs. Weldon, de ne pas la perdre de vue, de la tenir le plus possible au courant de ce qui se passait, cette réponse il n'avait pu la faire parvenir à sa destination. Ce que Dingo avait pu faire une première fois, c'est-à-dire se glisser jusque dans les rangs de la caravane, pourquoi Hercule ne le lui avait-il pas fait tenter une seconde ? Le fidèle animal avait-il succombé dans quelque tentative avortée, ou encore Hercule, continuant à suivre les traces de Mrs. Weldon, comme eût fait Dick Sand à sa place, s'était-il enfoncé, suivi de Dingo,dans les profondeurs de ce plateau boisé de l'Afrique, dans l'espoir d'arriver à quelque factorerie de l'intérieur?

Que pouvait imaginer Dick Sand, si en effet ni Mrs. Weldon, ni ses ravisseurs n'étaient là! Il s'était cru tellement assuré, — à tort peut-être, — qu'il les retrouverait à Kazonndé, que de ne pas les y voir, tout d'abord, lui porta un coup terrible. Il eut là un mouvement de désespoir qu'il ne put maîtriser. Sa vie, si elle ne devait plus être utile à ceux qu'il aimait, n'était bonne à rien, et il n'avait plus qu'à mourir! Mais, en pensant de la sorte, Dick Sand se méprenait sur son propre caractère ! Sous le coup de ces épreuves, l'enfant s'était fait homme, et le découragement chez lui ne pouvait être qu'un tribut accidentel payé à la nature humaine.

Un formidable concert de fanfares et de cris éclata en ce moment. Soudain Dick Sand, que nous venons de voir affaissé dans la poussière de la tchitoka, se redressa. Tout nouvel incident pouvait le mettre sur les traces de ceux qu'il cherchait. Le désespéré de tout à l'heure ne désespérait déjà plus.

« Alvez! Alvez! » ce nom était répété par une foule d'indigènes et de soldats qui envahissaient alors la grande place. L'homme duquel dépendait le sort de tant d'infortunés allait enfin paraître. Il était possible que ses agents, Harris et Negoro, fussent avec lui. Dick Sand était debout, les yeux ouverts, les narines dilatées. Ce jeune novice de quinze ans, les deux traîtres le trouveraient là devant eux, droit, ferme, les regardant bien en face! Ce ne serait pas le capitaine du *Pilgrim* qui tremblerait devant l'ancien cuisinier du bord!

Un hamac, sorte de kitanda recouverte d'un mauvais rideau rapiécé, déteint, frangé de loques, parut à l'extrémité de la rue principale. Un vieux nègre en descendit. C'était le traitant José-Antonio Alvez.

Quelques serviteurs l'accompagnaient, faisant force démonstrations.

En même temps qu'Alvez, apparaissait son ami Coïmbra. (Page 272.)

En même temps qu'Alvez apparaissait son ami Coïmbra, fils du major Coïmbra, de Bihé, et, au dire du lieutenant Cameron, le plus grand chenapan de la province, un être crasseux, débraillé, les yeux éraillés, la chevelure rude et crépue, la face jaune, vêtu d'une chemise en loques et d'une jupe d'herbes. On eût dit une horrible vieille sous son chapeau de paille tout dépenaillé. Ce Coïmbra était le confident, l'âme damnée d'Alvez, un organisateur de razzias, bien digne de commander les bandits du traitant.

Quant à celui ci, peut-être était-il d'aspect un peu moins sordide que son acolyte sous ses habits de vieux turc au lendemain d'un carnaval; toutefois il ne donnait pas une haute idée de ces chefs de factorerie qui font la traite en grand.

Dick Sand saisit un coutelas et il le lui enfonça dans le cœur (Page 276.)

Au grand désappointement du novice, ni Harris, ni Negoro ne faisaient partie de la suite d'Alvez. Dick Sand devait-il donc renoncer à l'espoir de les retrouver à Kazonndé?

Cependant, le chef de la caravane, l'Arabe Ibn Hamis, échangeait des poignées de mains avec Alvez et Coïmbra. Il reçut nombre de félicitations. Les cinquante pour cent d'esclaves qui manquaient au compte général amenèrent bien une grimace sur la face d'Alvez; mais, en somme, l'affaire restait bonne encore. Avec ce que le traitant possédait de marchandise humaine dans ses baracons, il pourrait satisfaire aux demandes de l'intérieur, et troquer ses esclaves contre les dents d'ivoire et ces « hannas » de cuivre, sortes de croix de Saint-André sous la forme desquelles ce métal s'exporte dans le centre de l'Afrique.

Les compliments ne furent pas épargnés aux havildars ; quant aux porteurs, le traitant donna des ordres pour que leur salaire leur fût compté immédiatement.

José-Antonio Alvez et Coïmbra parlaient une sorte de portugais mêlé d'idiome indigène qu'un natif de Lisbonne aurait eu quelque peine à comprendre. Dick Sand n'entendait donc pas ce que ces « négociants » disaient entre eux. Avait il été question de ses compagnons et de lui, si traîtreusement adjoints au personnel du convoi ? Le jeune novice n'eut plus lieu d'en douter, lorsque, sur un geste de l'Arabe Ibn Hamis, un havildar se dirigea vers le baracon où Tom, Austin, Bat et Actéon avaient été renfermés.

Presque aussitôt, les quatre Américains furent amenés devant Alvez.

Dick Sand s'approcha lentement. Il ne voulait rien perdre de cette scène.

La face d'Antonio-José Alvez s'illumina, quand il vit ces noirs bien découplés, auxquels le repos et une nourriture plus abondante allaient promptement rendre leur vigueur naturelle. Il n'eut qu'un regard de dédain pour le vieux Tom. Son âge lui enlevait du prix ; mais les trois autres se vendraient cher au prochain lakoni de Kazonndé.

Ce fut alors qu'Alvez retrouva dans ses souvenirs quelques mots d'anglais, que des agents tels que l'Américain Harris avaient pu lui apprendre, et le vieux singe crut devoir souhaiter ironiquement la bienvenue à ses nouveaux esclaves.

Tom comprit ces paroles du traitant ; il s'avança aussitôt, et, montrant ses compagnons et lui :

« Nous sommes des hommes libres ! dit-il. Citoyens des États-Unis ! »

Alvez le comprit sans doute ; il répondit avec une grimace de belle humeur, en hochant la tête :

« Oui... oui... Américains ! bienvenus... bienvenus !

— Bienvenus, » ajouta Coïmbra.

Le fils du major de Bihé s'avança alors vers Austin, et, comme un marchand qui examine un échantillon, après lui avoir tâté la poitrine, les épaules, il voulut lui faire ouvrir la bouche afin de voir ses dents.

Mais, à ce moment, le señor Coïmbra reçut par la figure le plus magistral coup de poing qu'un fils de major eût jamais attrapé !

Le confident d'Alvez alla rouler à dix pas. Quelques soldats se jetèrent sur Austin, qui allait peut-être payer chèrement ce mouvement de colère.

Alvez les arrêta d'un geste. Il riait, ma foi, de la mésaventure de son ami Coïmbra, qui en était de deux dents, sur cinq ou six qui lui restaient !

José-Antonio Alvez n'entendait pas qu'on détériorât sa marchandise. Puis, il était d'un caractère gai, et depuis longtemps il n'avait si bien ri!

Il consola pourtant le tout déconfit Coïmbra, et celui-ci, remis sur pieds, revint prendre sa place près du traitant, tout en adressant un geste de menace à l'audacieux Austin.

En ce moment, Dick Sand, poussé par un havildar, était amené devant Alvez.

Celui-ci, évidemment, savait ce qu'était le jeune novice, d'où il venait, et comment il avait été pris au campement de la Coanza.

Aussi, après l'avoir regardé d'un œil assez méchant :

« Le petit Yankee! » dit-il en mauvais anglais.

— Oui! Yankee! répondit Dick Sand. Que veut-on faire de mes compagnons et de moi? »

— Yankee! Yankee! Petit Yankee! » répétait Alvez.

N'avait-il pas compris, ou ne voulait-il pas comprendre la demande qui lui était faite ?

Dick Sand, une seconde fois, posa la question relative à ses compagnons et à lui. Il s'adressa en même temps à Coïmbra, qu'à ses traits, si dégradés qu'ils fussent par l'abus des liqueurs alcooliques, il avait reconnu ne pas être d'origine indigène.

Coïmbra renouvela le geste de menace qu'il avait déjà adressé à Austin et ne répondit pas.

Pendant ce temps, Alvez causait assez vivement avec l'Arabe Ibn Hamis, et de choses, évidemment, qui concernaient Dick Sand et ses amis. Sans doute, on allait les séparer de nouveau, et qui sait si jamais l'occasion d'échanger quelques paroles leur serait encore offerte.

« Mes amis, dit Dick Sand à mi-voix, et comme s'il se fût parlé à lui-même, quelques mots seulement! J'ai reçu par Dingo un billet d'Hercule. Il a suivi la caravane. Harris et Negoro entraînaient Mrs. Weldon, Jack et monsieur Bénédict. Où? Je ne le sais plus, s'ils ne sont pas ici, à Kazonndé. Patience, courage, soyez prêts à toute occasion. Que Dieu ait enfin pitié de nous!

— Et Nan? demanda le vieux Tom.

— Nan est morte!

— La première!...

— Et la dernière!... répondit Dick Sand, car nous saurons bien!... »

En ce moment, une main se posa sur son épaule, et il entendit ces paroles prononcées de ce ton aimable qu'il connaissait trop :

« Eh! voilà mon jeune ami, si je ne me trompe! Enchanté de le revoir! »

Dick Sand se retourna.

Harris était devant lui.

« Où est mistress Weldon? » s'écria Dick Sand en marchant sur l'Américain.

— Hélas! répondit Harris, en affectant une pitié qu'il ne ressentait pas, la pauvre mère! Comment aurait-elle pu survivre...

— Morte! s'écria Dick Sand. Et son enfant?...

— Le pauvre bébé! répondit Harris sur le même ton, comment de telles fatigues ne l'auraient-elles pas tué!... »

Ainsi, tout ce qu'aimait Dick Sand n'était plus! Que se passa-t-il en lui? Un irrésistible mouvement de colère, un besoin de vengeance qu'il lui fallut assouvir à tout prix!

Dick Sand bondit sur Harris, saisit un coutelas à la ceinture de l'Américain, et il le lui enfonça dans le cœur.

« Malédiction! .. » s'écria Harris en tombant.

Harris était mort.

CHAPITRE X

UN JOUR DE GRAND MARCHÉ.

Le mouvement de Dick Sand avait été si prompt, qu'on n'eût pu l'arrêter. Quelques indigènes se jetèrent sur lui, et il allait être massacré, lorsque Negoro parut.

Un signe du Portugais écarta les indigènes, qui relevèrent et emportèrent le cadavre d'Harris. Alvez et Coïmbra réclamaient la mort immédiate de Dick Sand; mais Negoro leur dit à voix basse qu'ils ne perdraient rien pour attendre, et ordre fut donné d'emmener le jeune novice, avec recommandation de ne pas le perdre de vue un instant.

Dick Sand venait enfin de revoir Negoro, et pour la première fois, depuis leur départ du littoral. Il savait que ce misérable était seul coupable de la catastrophe du *Pilgrim!* Il devait le haïr plus encore que son complice. Et cependant, après avoir frappé l'Américain, il dédaigna d'adresser même une parole à Negoro.

Harris avait dit que Mrs. Weldon et son enfant avaient succombé!... Rien ne l'intéressait plus, pas même ce qu'on ferait de lui. On l'entraîna. Où? peu lui importait.

Dick Sand, étroitement enchaîné, fut déposé au fond d'un baracon sans fenêtre, sorte de cachot où le traitant Alvez enfermait les esclaves condamnés à mort pour rébellion ou voie de fait. Là, il ne pouvait plus avoir aucune communication avec l'extérieur; il ne songea même pas à le regretter. Il avait vengé ceux qu'il aimait, qui n'étaient plus! Quelque fût le sort qui l'attendait, il était prêt.

On pense bien que si Negoro avait arrêté les indigènes qui allaient punir le meurtre d'Harris, c'est qu'il réservait Dick Sand à l'un de ces terribles supplices dont les indigènes ont le secret. Le cuisinier du bord tenait en son pouvoir le capitaine de quinze ans; il ne lui manquait qu'Hercule pour que sa vengeance fût complète.

Deux jours après, le 28 mai, s'ouvrit le marché, le grand « lakoni », sur lequel devaient se rencontrer les traitants des principales factoreries de l'intérieur et les indigènes des provinces voisines de l'Angola. Ce marché n'était pas spécial à la vente des esclaves, mais tous les produits de cette fertile Afrique y devaient affluer en même temps que les producteurs.

Dès le matin, l'animation était déjà grande sur la vaste tchitoka de Kazonndé, et il est difficile d'en donner une juste idée. C'était un concours de quatre à cinq mille personnes, en y comprenant les esclaves de José-Antonio Alvez, parmi lesquels figuraient Tom et ses compagnons. Ces pauvres gens, précisément parce qu'ils étaient de race étrangère, ne devaient pas être les moins recherchés des courtiers de chair humaine!

Alvez était donc là, le premier entre tous; accompagné de Coïmbra, il proposait des lots d'esclaves, dont les traitants de l'intérieur allaient former une caravane. Parmi ces traitants, on remarquait certains métis d'Oujiji, principal marché du lac Tanganyika, et des Arabes, très supérieurs à ces métis dans ce genre de commerce.

Les indigènes se voyaient là aussi en grand nombre. C'étaient des enfants, des hommes, des femmes, celles ci trafiquantes passionnées, et qui, pour le génie du négoce, en auraient certes remontré à leurs semblables de couleur blanche. Dans les halles des grandes villes, même un jour de grand marché, il ne se fait ni plus de bruit, ni plus d'affaires. Chez les civilisés, le besoin de vendre l'emporte peut-être sur l'envie d'acheter. Chez ces sauvages d'Afrique, l'offre se produisait avec autant de passion que la demande.

Pour les indigènes des deux sexes, le lakoni est un jour de fête, et, s'ils n'avaient pas mis leurs plus beaux habits, et pour cause, ils portaient du moins leurs plus beaux ornements. Chevelures divisées en quatre parties recouvertes de coussinets et en nattes rattachées comme un chignon, ou disposées en queues de poêle sur le devant de la tête avec panaches de plumes rouges, — chevelures à cornes recourbées empâtées de terre rouge et d'huile, comme ce minium qui sert à luter les joints des machines, — dans ces amas de cheveux faux ou vrais, un hérissement de brochettes, d'épingles de fer ou d'ivoire, souvent même, chez les élégants, un couteau à tatouage fiché dans la masse crépue, dont chaque cheveu, enfilé un à un dans un sofi ou perle de verre, forme une tapisserie de grains diversement colorés, — tels étaient les édifices qui se voyaient le plus communément sur la tête des hommes. Les femmes préféraient diviser leur chevelure en petites houppes de la grosseur d'une cerise, en tortillons, en torsades dont les bouts figuraient un dessin en relief, en tire-bouchons disposés le long de la face. Quelques-unes, plus simples et peut-être plus jolies, laissaient pendre leurs cheveux sur leur dos, à la manière anglaise, et d'autres, à la mode française, les portaient en franges coupées sur le front. Et presque toujours, sur ces tignasses, un mastic de graisse, d'argile, ou de luisante « nkola », substance rouge extraite du bois de santal, si bien que ces élégantes semblaient être coiffées de tuiles.

Il ne faudrait pas s'imaginer que ce luxe d'ornementation ne fût appliqué qu'à la chevelure des indigènes. A quoi serviraient les oreilles, si on n'y passait des chevillettes de bois précieux, des anneaux de cuivre découpés à jour, des chaînes de maïs tressées qui les ramènent en avant, ou de petites gourdes, servant de tabatières, — au point que les lobes détendus de ces appendices tombent parfois jusqu'aux épaules de leurs propriétaires? Après tout, les sauvages de l'Afrique n'ont pas de poches, et comment en auraient-ils? De là, nécessité de placer où ils peuvent et comme ils le peuvent, les couteaux, pipes et autres objets usuels. Quant aux cous, aux bras, aux poignets, aux jambes, aux chevilles, ces diverses parties du corps sont incontestablement pour eux destinées à porter des bracelets de cuivre ou d'airain, des cornes découpées et ornées de boutons brillants, des rangs de perles rouges, dites samé-samés ou « talakas », et qui étaient très à la mode alors. Aussi, avec ces bijoux, étalés à profusion, les riches de l'endroit avaient-ils l'aspect de châsses ambulantes.

En outre, si la nature a donné des dents aux indigènes, n'est-ce pas pour s'arracher les incisives médianes du haut et du bas, pour les limer en pointes, pour les recourber en crochets aigus comme des crochets de crotales? Si elle a planté des ongles au bout des doigts, n'est-ce pas pour qu'ils poussent si démesurément que l'usage de la main en soit rendu à peu près impossible? Si la peau, noire ou brune, recouvre la charpente humaine, n'est-ce pas pour la zébrer de « temmbos » ou tatouages, représentant des arbres, des oiseaux, des croissants, des pleines lunes, ou de ces lignes ondulées dans lesquelles Livingstone a cru retrouver des dessins de l'ancienne Égypte? Ce tatouage des pères, pratiqué au moyen d'une matière bleue introduite dans les incisions, se « cliche » point pour point sur le corps des enfants, et permet de reconnaître à quelle tribu ou à quelle famille ils appartiennent. Il faut bien graver son blason sur sa poitrine, quand on ne peut pas le peindre sur les panneaux d'une voiture !

Telle était donc la part de l'ornementation dans ces modes indigènes. Quant aux vêtements proprement dits, ils se résumaient pour ces messieurs en quelque tablier de cuir d'antilope descendant jusqu'aux genoux, ou même en un jupon de tissu d'herbe à couleurs vives; pour ces dames, c'était une ceinture de perles soutenant à la taille une jupe verte, brodée en soie, ornée de grains de verre ou de cauris, quelquefois un de ces pagnes en « lamba », étoffe d'herbe, bleue, noire et jaune, qui est si recherchée des Zanzibarites.

Il ne s'agit ici que des nègres de la haute société. Les autres, marchands ou esclaves, étaient à peine vêtus. Les femmes, le plus souvent, servaient de porteuses et arrivaient sur le marché avec d'énormes hottes au dos, qu'elles maintenaient au moyen d'une courroie passée sur leur front. Puis, la place prise, la marchandise déballée, elles s'accroupissaient dans leur hotte vide.

L'étonnante fertilité du pays faisait affluer sur ce lakoni des produits alimentaires de premier choix. Il y avait à profusion ce riz qui donne cent pour un, ce maïs qui, dans trois récoltes en huit mois, rapporte deux cents pour un, le sésame, le poivre de l'Ouroua, plus fort que le piment de Cayenne, du manioc, du sorgho, des muscades, du sel, de l'huile de palme. Là s'étaient donné rendez-vous quelques centaines de chèvres, de cochons, de moutons sans laine, à fanons et à poils, évidemment d'origine tartare, de la volaille, du poisson, etc. Des poteries, très-symétriquement tournées, saisissaient le regard par leurs violentes couleurs. Les boissons variées que les petits indigènes criaient d'une voix glapissante, tentaient les amateurs, sous la forme de vin de banane, de « pombé », liqueur forte très en usage, de « malofou », bière douce faite avec les fruits du bana-

Dick Sand, étroitement enchaîné, fut déposé au fond d'un baracon. (Page 277.)

nier, et d'hydromel, mélange limpide de miel et d'eau, fermenté avec du malt.

Mais ce qui eût rendu le marché de Kazonndé plus curieux encore, c'était le commerce des étoffes et de l'ivoire.

En étoffes, on comptait par milliers de « choukkas » ou de brasses le « méricani », calicot écru, venu de Salem dans le Massachussets, le « kaniki », cotonnade bleue large de trente-quatre pouces, le « sohari », étoffe à carreaux bleus et blancs avec bordure rouge, mélangée de petites raies bleues, moins cher que les « dioulis » de soie de Surate, à fonds verts, rouges ou jaunes, qui valent depuis sept dollars le coupon de trois yards jusqu'à quatre-vingts dollars, lorsqu'ils sont tissés d'or.

Ce roi avait cinquante ans. (Page 285.)

Quant à l'ivoire, il affluait de tous les points de l'Afrique centrale, à destination de Khartoum, de Zanzibar ou de Natal, et les négociants étaient nombreux qui exploitaient uniquement cette branche de commerce africain.

Se figure-t-on ce qu'on tue d'éléphants pour fournir les cinq cent mille kilogrammes d'ivoire [1] que l'exportation jette annuellement sur les marchés de l'Europe et principalement en Angleterre? Il en faut quarante mille rien que pour les besoins du Royaume-Uni. La côte occidentale de l'Afrique seule produit cent quarante tonnes de cette précieuse substance. La moyenne est de vingt-huit

1. La coutellerie de Sheffield consomme 170,000 kilogrammes d'ivoire.

livres pour une paire de dents d'éléphant qui, en 1874, ont valu jusqu'à quinze cents francs, mais il en est qui pèsent jusqu'à cent soixante-cinq livres, et, précisément au marché de Kazonndé, les amateurs en eussent trouvé d'admirables, faites d'un ivoire opaque, translucide, doux à l'outil, et d'écorce brune, conservant sa blancheur et ne jaunissant pas avec le temps comme les ivoires d'autres provenances.

Et maintenant, comment se réglaient entre acheteurs et vendeurs ces diverses opérations de commerce ? Quelle était la monnaie courante ? On l'a dit, cette monnaie, c'est l'esclave pour les trafiquants de l'Afrique.

L'indigène, lui, paye en grains de verre, de fabrication vénitienne, nommés « catchokolos » lorsqu'ils sont d'un blanc de chaux, « bouboulous » quand ils sont noirs, « sikoundéretchés » quand ils sont roses. Ces grains ou perles assemblés sur dix rangs ou « khetés » faisant deux fois le tour du cou, forment le « foundo » dont la valeur est grande. La mesure la plus usuelle de ces perles est le « frasilah », qui pèse soixante-dix livres, et Livingstone, Cameron, Stanley ont toujours eu soin d'être abondamment pourvus de cette monnaie. A défaut de grains de verre, le « picé », pièce zanzibarite de quatre centimes, et les « vioungouas », coquillages particuliers à la côte orientale, ont cours sur les marchés du continent africain. Quant aux tribus anthropophages, elles attachent une certaine valeur aux dents de mâchoires humaines, et au lakoni, on voyait de ces chapelets au cou de l'indigène qui avait sans doute mangé les producteurs ; mais ces dents-là commencent à être démonétisées.

Tel était donc l'aspect de ce grand marché. Vers le milieu du jour, l'animation était portée au plus haut point, le bruit devint assourdissant. La fureur des vendeurs dédaignés, la colère des chalands surfaits ne sauraient s'exprimer. De là des luttes fréquentes, et, comme on le pense bien, peu de gardiens de la paix à mettre le holà dans cette foule hurlante.

Ce fut vers le milieu de la journée qu'Alvez donna l'ordre d'amener sur la place les esclaves dont il voulait se défaire. La foule se trouva ainsi accrue de deux mille malheureux de tout âge, que le traitant gardait dans ses baracons depuis plusieurs mois. Ce « stock » n'était point en mauvais état. Un long repos, une nourriture suffisante avaient mis les esclaves en état de figurer avantageusement dans le lakoni. Quant aux derniers arrivés, ils ne pouvaient soutenir aucune comparaison avec eux, et après un mois de baracon, Alvez les eût certainement vendus avec plus de profit; mais les demandes de la côte orientale étaient si considérables qu'il se décida à les exposer tels quels.

Ce fut là un malheur pour Tom et ses trois compagnons. Les havildars les poussèrent dans le troupeau qui envahit la tchitoka. Ils étaient solidement enchaînés, et leurs regards disaient assez quelle fureur, quelle honte aussi les accablaient.

« Monsieur Dick n'est pas là ! dit presque aussitôt Bat, dès qu'il eut parcouru des yeux la vaste place de Kazonndé.

— Non ! répondit Actéon, on ne le mettra pas en vente !

— Il sera tué, s'il ne l'est déjà ! ajouta le vieux noir. Quant à nous, nous n'avons plus qu'un espoir, c'est que le même traitant nous achète ensemble. Ce serait une consolation de ne point être séparés !

— Ah ! te savoir loin de moi, travaillant comme esclave !.. mon pauvre vieux père ! s'écria Bat, suffoqué par les sanglots.

— Non... dit Tom. Non ! On ne nous séparera pas, et peut-être pourrons-nous ?...

— Si Hercule était ici ! » s'écria Austin.

Mais le géant n'avait pas reparu. Depuis les nouvelles parvenues à Dick Sand, on n'avait plus entendu parler ni de Dingo, ni de lui. Fallait-il donc envier son sort ? Oui, certes ! car si Hercule avait succombé, du moins il n'avait pas porté les chaînes de l'esclave !

Cependant, la vente avait commencé. Les agents d'Alvez promenaient au milieu de la foule des lots d'hommes, de femmes, d'enfants, sans s'inquiéter s'ils séparaient ou non les mères de leurs petits ! Ne peut-on les nommer ainsi, ces malheureux, qui n'étaient pas autrement traités que des animaux domestiques ? Tom et les siens furent ainsi conduits d'acheteurs en acheteurs. Un agent marchait devant eux, criant le prix auquel leur lot serait adjugé. Des courtiers arabes, ou métis des provinces centrales, venaient les examiner. Ils ne retrouvaient point en eux les signes particuliers à la race africaine, signes modifiés chez ces Américains dès la seconde génération. Mais ces nègres vigoureux et intelligents, bien différents des noirs amenés des bords du Zambèze ou du Loualâba, avaient une grande valeur à leurs yeux. Ils les palpaient, ils les retournaient, ils regardaient leurs dents. Ainsi font les maquignons des chevaux qu'ils veulent acheter. Puis, on jetait au loin un bâton, on les obligeait à courir pour aller le ramasser, et on se rendait ainsi compte de leurs allures.

C'était la méthode employée pour tous, et tous étaient soumis à ces humiliantes épreuves. Que l'on ne croie pas à une complète indifférence chez ces malheureux à se voir ainsi traités ! Non. Excepté des enfants qui ne pouvaient comprendre à quel état de dégradation on les réduisait, tous, hommes ou femmes, étaient honteux. On ne leur épargnait, d'ailleurs, ni les injures, ni les coups. Coïmbra, à demi ivre, et les agents d'Alvez les traitaient avec la dernière brutalité, et chez les nouveaux maîtres qui venaient de les payer en ivoire, en étoffes ou en perles, ils ne trouvaient pas un meilleur accueil. Violemment séparés les uns des autres, une mère de son enfant, un mari de sa femme, un frère de sa sœur, on ne leur permettait ni une dernière caresse, ni un dernier baiser, et, sur ce lakoni, ils se voyaient pour la dernière fois.

En effet, les besoins de la traite exigent que les esclaves, suivant leur sexe, reçoivent une destination différente. Les traitants qui achètent les hommes ne sont pas ceux qui achètent les femmes. Celles-ci, en vertu de la polygamie qui fait loi chez les Musulmans, sont principalement dirigées vers les pays arabes, où on les échange pour de l'ivoire. Quant aux hommes, destinés aux plus durs travaux, ils vont aux factoreries des deux côtes, et sont exportés, soit aux colonies espagnoles, soit aux marchés de Mascate et de Madagascar. Ce triage amène donc des scènes déchirantes entre ceux que les agents séparent et qui mourront sans s'être jamais revus.

Tom et ses compagnons devaient à leur tour subir le sort commun. Mais, à vrai dire, ils ne redoutaient pas cette éventualité. Mieux valait pour eux, en effet, être exportés dans une colonie à esclaves. Là, du moins, ils auraient quelque chance de pouvoir se réclamer. Retenus, au contraire, dans une province centrale de l'Afrique, il leur eût fallu renoncer à toute espérance de redevenir jamais libres!

Il en fut comme ils l'avaient souhaité. Ils eurent même cette consolation presque inespérée de ne point être séparés. Leur lot fut vivement disputé par plusieurs traitants d'Oujiji. Antonio-José Alvez battait des mains. Les prix montaient. On s'empressait pour voir ces esclaves d'une valeur inconnue sur le marché de Kazonndé, et dont Alvez avait eu bien soin de cacher la provenance. Or, Tom et les siens, ne parlant pas la langue du pays, ne pouvaient protester.

Leur maître fut un riche traitant arabe, qui allait, dans quelques jours, les exporter sur le lac Tanganyika où se fait le grand passage des esclaves; puis, de ce point, vers les factoreries de Zanzibar.

Y arriveraient-ils jamais, à travers les plus malsaines et les plus dangereuses contrées de l'Afrique centrale? Quinze cents milles à franchir dans ces conditions, au milieu des fréquentes guerres soulevées de chef à chef, sous un climat meurtrier! Le vieux Tom aurait-il la force de supporter de telles misères? Ne succomberait-il pas en route, comme la vieille Nan?

Mais les pauvres gens n'étaient point séparés! Elle leur sembla moins lourde à porter, la chaîne qui les attacha tous ensemble! Le traitant arabe les fit conduire dans un baracon à part. Il tenait évidemment à ménager une marchandise qui lui promettait un gros profit au marché de Zanzibar.

Tom, Bat, Actéon et Austin quittèrent donc la place, et ils ne purent rien voir ni savoir de la scène qui allait terminer le grand lakoni de Kazonndé.

CHAPITRE XI

UN PUNCH OFFERT AU ROI DE KAZONNDÉ.

Il était quatre heures du soir, lorsqu'un grand fracas de tambours, de cymbales et autres instruments d'origine africaine retentit à l'extrémité de la rue principale. L'animation redoublait alors à tous les coins du marché. Une demi-journée de cris, de luttes, n'avait ni éteint la voix, ni brisé bras et jambes à ces négociants endiablés. Bon nombre d'esclaves restaient encore à vendre; les traitants se disputaient les lots avec une ardeur dont la Bourse de Londres n'eût donné qu'une imparfaite idée, même un jour de grande hausse.

Mais, au discordant concert qui éclata soudain, les transactions furent suspendues, et les crieurs purent reprendre haleine.

Le roi de Kazonndé, Moini Loungga, venait honorer de sa visite le grand lakoni. Une suite assez nombreuse de femmes, de « fonctionnaires », de soldats et d'esclaves l'accompagnaient. Alvez et d'autres traitants se portèrent à sa rencontre et exagérèrent naturellement les hommages auxquels tenait particulièrement cet abruti couronné.

Moini Loungga, apporté dans un vieux palanquin, en descendit, non sans l'aide d'une dizaine de bras, au milieu de la grande place.

Ce roi avait cinquante ans, mais on lui en eût donné quatre-vingts. Qu'on se figure un vieux singe arrivé au terme de l'extrême vieillesse. Sur sa tête, une sorte de tiare, ornée de griffes de léopard teintes en rouge, et agrémentée de touffes de poils blanchâtres; c'était la couronne des souverains de Kazonndé. A sa ceinture pendaient deux jupes en cuir de coudou, brodé de perles, et plus raccorni que le tablier d'un forgeron. Sur sa poitrine, des tatouages multiples, qui témoignaient de l'antique noblesse du roi, et, à l'en croire, la généalogie des Moini Loungga se perdait dans la nuit des temps. Aux chevilles, aux poignets, aux bras de Sa Majesté s'enroulaient des bracelets de cuivre, incrustés de sofis, et ses pieds étaient chaussés d'une paire de bottes de domestique, à retroussis jaunes, dont Alvez lui avait fait don quelque vingt années auparavant. Que l'on ajoute à la main gauche du roi une grande canne à pomme argentée, à sa main droite un chasse-mouche à poignée enchâssée de perles, au-dessus de sa tête l'un de ces vieux parapluies rapiécés qui semblent avoir été taillés dans la culotte d'Arlequin, enfin à son cou et sur son nez de monarque la loupe et la paire de lunettes qui avaient fait tant défaut au cousin Bénédict et qui avaient été volées dans la poche de Bat, et on aura le portrait ressemblant de cette Majesté nègre, qui faisait trembler le pays dans un périmètre de cent milles.

Moini Loungga, par cela même qu'il occupait un trône, prétendait avoir une origine céleste, et ceux de ses sujets qui en auraient douté, il les eût envoyés s'en assurer dans l'autre monde. Il disait n'être astreint à aucun des besoins terrestres, étant d'essence divine. S'il mangeait, c'est qu'il le voulait bien; s'il buvait, c'est que cela lui faisait plaisir. Il était impossible, d'ailleurs, de boire davantage. Ses ministres, ses fonctionnaires, d'incurables ivrognes, eussent passé auprès de lui pour des gens sobres. C'était une Majesté alcoolisée au dernier chef et incessamment imbibée de bière forte, de pombé et surtout d'un certain trois-six, dont Alvez la fournissait à profusion.

Ce Moini Loungga comptait dans son harem des épouses de tout âge et de tout ordre. La plupart l'accompagnaient pendant cette visite au lakoni. Moina, la première en date, celle qu'on appelait la reine, était une mégère de quarante ans, de sang royal, comme ses collègues. Elle portait une sorte de tartan à vives couleurs, une jupe d'herbe, brodée de perles, des colliers partout où l'on peut en mettre, une chevelure étagée, qui faisait un énorme cadre à sa petite tête, enfin, un monstre. D'autres épouses, qui étaient ou les cousines ou les sœurs du roi, moins richement vêtues, mais plus jeunes, marchaient derrière elle, prêtes à remplir, sur un signe du maître, leur emploi de meubles humains. Ces malheureuses ne sont vraiment pas autre chose. Le roi veut-il s'asseoir, deux de ces femmes se courbent sur le sol et lui servent de siéges, pendant que ses pieds reposent sur d'autres corps de femmes, comme sur un tapis d'ébène!

A la suite de Moini Loungga venaient encore ses fonctionnaires, ses capitaines et ses magiciens. Ce que l'on remarquait tout d'abord, c'est qu'à ces sauvages, qui titubaient comme leur maître, il manquait une partie quelconque du corps, à l'un l'oreille, à l'autre un œil, à celui-ci le nez, à celui-là la main. Pas un n'était au complet. Cela tient à ce qu'on n'applique que deux sortes de châtiments à Kazonndé, la mutilation ou la mort, le tout au caprice du roi. Pour la moindre faute une amputation quelconque, et les plus punis sont ceux qu'on essorille, puisqu'ils ne peuvent plus porter d'anneaux aux oreilles !

Les capitaines des « kilolos », gouverneurs de districts, héréditaires ou nommés pour quatre ans, étaient coiffés de bonnets de peau de zèbre, et avaient pour tout uniforme des gilets rouges. Leur main brandissait de longues cannes de rotang, enduites à un bout de drogues magiques.

Quant aux soldats, ils avaient pour armes offensives et défensives des arcs dont le bois, enroulé de la corde de rechange, était orné de franges, des couteaux affilés en langues de serpents, des lances larges et longues, des boucliers en bois de palmier, décorés d'arabesques. Pour ce qui est de l'uniforme proprement dit, il ne coûtait absolument rien au trésor de Sa Majesté.

Enfin, le cortége du roi comprenait en dernier lieu les magiciens de la cour et les instrumentistes.

Les sorciers, les «mganngas» sont les médecins du pays. Ces sauvages ajoutent une foi absolue aux services divinatoires, aux incantations, aux fétiches, figures d'argile tachetées de blanc et de rouge, représentant des animaux fantastiques ou des figures d'hommes et de femmes taillées en plein bois. Du reste, ces magiciens n'étaient pas moins mutilés que les autres courtisans, et sans doute le monarque les payait ainsi des cures qui ne réussissaient pas.

Les instrumentistes, hommes ou femmes, faisaient crier d'aigres crécelles, résonner de bruyants tambours, ou frémir sous des baguettes terminées par une boule en caoutchouc des « marimebas », sortes de tympanons formés de deux rangées de gourdes de dimensions variées, — le tout très-assourdissant pour quiconque ne possède pas une paire d'oreilles africaines.

Au-dessus de cette foule qui composait le cortége royal se balançaient quelques drapeaux et fanions, puis, au haut des piques, les quelques crânes blanchis des chefs rivaux que Moini Loungga avait vaincus.

Lorsque le roi eut quitté son palanquin, des acclamations éclatèrent de toutes parts. Les soldats des caravanes déchargèrent leurs vieux fusils, dont les molles détonations ne dominaient guère les vociférations de la foule. Les havildars, après s'être frottés leur noir museau d'une poudre de cinabre qu'ils portaient dans un sac, se prosternèrent. Puis Alvez, s'avançant à son tour, remit au roi

Puis, Alvez, s'avançant à son tour. (Page 287.)

une provision de tabac frais, — « l'herbe apaisante », comme on l'appelle dans le pays. Et il avait grand besoin d'être apaisé, Moini Loungga, car il était, on ne sait pourquoi, de fort méchante humeur.

En même temps qu'Alvez, Coïmbra, Ibn Hamis et les traitants arabes ou métis vinrent faire leur cour au puissant souverain du Kazonndé. « Marhaba, » disaient les Arabes, ce qui est le mot de bienvenue dans leur langue de l'Afrique centrale; d'autres battaient des mains et se courbaient jusqu'au sol; quelques-uns se barbouillaient de vase et prodiguaient à cette hideuse Majesté des marques de la dernière servilité.

Moini Loungga regardait à peine tout ce monde et marchait en écartant les

Le roi avait pris feu comme une bonbonne de pétrole (Page 292.)

jambes, comme si le sol eût eu des mouvements de roulis et de tangage. Il se promena ainsi, ou plutôt il roula au milieu des lots d'esclaves, et si les traitants avaient à craindre qu'il n'eût fantaisie de s'adjuger quelques-uns des prisonniers, ceux-ci ne redoutaient pas moins de tomber au pouvoir d'une pareille brute.

Negoro n'avait pas un instant quitté Alvez, et, en sa compagnie, il présentait ses hommages au roi. Tous deux causaient en langage indigène, si toutefois ce mot « causer » peut se dire d'une conversation à laquelle Moini Loungga ne prenait part que par des monosyllabes, qui trouvaient à peine passage entre ses lèvres avinées. Et encore ne demandait-il à son ami Alvez que de renouveler sa provision d'eau-de-vie, que d'importantes libations venaient d'épuiser.

19

« Le roi Loungga est le bienvenu au marché de Kazonndé ! disait le traitant.

— J'ai soif, répondait le monarque.

— Il aura sa part dans les affaires du grand lakoni, ajoutait Alvez.

— A boire, répliquait Moini Loungga.

— Mon ami Negoro est heureux de revoir le roi de Kazonndé après une si longue absence.

— A boire ! répétait l'ivrogne, dont toute la personne dégageait une révoltante odeur d'alcool.

— Eh bien, du pombé, de l'hydromel ! s'écria Antonio-José Alvez, en homme qui savait bien où Moini Loungga voulait en venir.

— Non!... non!... répondit le roi...L'eau-de-vie de mon ami Alvez, et je lui donnerai pour chaque goutte de son eau de feu...

— Une goutte de sang d'un blanc ! s'écria Negoro, après avoir fait à Alvez un signe que celui-ci comprit et approuva.

— Un blanc ! mettre un blanc à mort ! répliqua Moini Loungga, dont les féroces instincts se réveillèrent à la proposition du Portugais.

— Un agent d'Alvez a été tué par ce blanc, reprit Negoro.

— Oui... mon agent Harris, répondit le traitant, et il faut que sa mort soit vengée !

— Qu'on envoie ce blanc au roi Massongo, dans le Haut-Zaire, chez les Assouas ! Ils le couperont en morceaux, ils le mangeront vivant ! Eux n'ont pas oublié le goût de la chair humaine ! » s'écria Moini Loungga.

C'était, en effet, le roi d'une tribu d'anthropophages, ce Massongo, et il n'est que trop vrai que, dans certaines provinces de l'Afrique centrale, le cannibalisme est encore ouvertement pratiqué. Livingstone l'avoue dans ses notes de voyage. Sur les bords du Loualâba, les Manyemas mangent non-seulement les hommes tués dans les guerres, mais ils achètent des esclaves pour les dévorer, disant « que la chair humaine est légèrement salée et n'exige que peu d'assaisonnement ! » Ces cannibales, Cameron les a retrouvés chez Moéné Bougga, où l'on ne se repaît des cadavres qu'après les avoir fait macérer pendant plusieurs jours dans une eau courante. Stanley a également rencontré chez les habitants de l'Oukousou ces coutumes d'anthropophagie, évidemment très-répandues parmi les tribus du centre.

Mais, si cruel que fût le genre de mort proposé par le roi pour Dick Sand, il ne pouvait convenir à Negoro, qui ne se souciait pas de se déposséder de sa victime.

« C'est ici, dit-il, que le blanc a tué notre camarade Harris.

— C'est ici qu'il doit mourir! ajouta Alvez.

— Où tu voudras, Alvez, répondit Moini Loungga. Mais goutte d'eau de feu pour goutte de sang!

— Oui, répondit le traitant, de l'eau de feu, et tu verras aujourd'hui qu'elle mérite bien ce nom! Nous la ferons flamber, cette eau! José-Antonio Alvez offrira un punch au roi Moini Loungga!... »

L'ivrogne frappa dans les mains de son ami Alvez. Il ne se tenait pas de joie. Ses femmes, ses courtisans partageaient son délire. Ils n'avaient jamais vu flamber l'eau-de-vie, et, sans doute, ils comptaient la boire toute flambante. Puis, avec la soif de l'alcool, la soif du sang, si impérieuse chez ces sauvages, serait satisfaite aussi.

Pauvre Dick Sand! quel horrible supplice l'attendait! Quand on pense aux effets terribles ou grotesques de l'ivresse dans les pays civilisés, on comprend jusqu'où elle peut pousser des êtres barbares.

On croira volontiers que la pensée de torturer un blanc ne pouvait déplaire ni à aucun des indigènes, ni à Antonio-José Alvez, nègre comme eux, ni à Coïmbra, métis de sang noir, ni à Negoro enfin, animé d'une haine farouche contre les gens de sa couleur.

Le soir était venu, un soir sans crépuscule, qui allait faire presque immédiatement succéder le jour à la nuit, heure propice au flamboiement de l'alcool.

C'était une triomphante idée, vraiment, qu'avait eue Alvez d'offrir un punch à cette Majesté nègre, et de lui faire aimer l'eau-de-vie sous une forme nouvelle. Moini Loungga commençait à trouver que l'eau de feu ne justifiait pas suffisamment son nom. Peut-être, flambante et brûlante, chatouillerait-elle plus agréablement les papilles insensibilisées de sa langue!

Le programme de la soirée comprenait donc un punch d'abord, un supplice ensuite.

Dick Sand, étroitement enfermé dans son obscure prison, n'en devait sortir que pour aller à la mort. Les autres esclaves, vendus ou non, avaient été réintégrés dans les baracons. Il ne restait plus sur la tchitoka que les traitants, les havildars, les soldats prêts à prendre leur part du punch, si le roi et sa cour leur en laissaient.

José-Antonio Alvez, conseillé par Negoro, fit bien les choses. On apporta une vaste bassine de cuivre pouvant contenir au moins deux cents pintes, et qui fut placée au milieu de la grande place. Des barils renfermant un alcool de qualité inférieure, mais très-rectifié, furent versés dans la bassine. On n'épargna ni la cannelle, ni les piments, ni aucun des ingrédients qui pouvaient encore relever ce punch de sauvages!

Tous avaient fait cercle autour du roi. Moini Loungga s'avança en titubant vers la bassine. On eût dit que cette cuve d'eau-de-vie le fascinait et qu'il allait s'y précipiter.

Alvez le retint généreusement, et lui mit dans la main une mèche allumée.

« Feu ! » cria-t-il avec une sournoise grimace de satisfaction.

« Feu ! » répondit Moini Loungga, en fouettant le liquide du bout de la mèche.

Quelle flambée, et quel effet, lorsque les flammes bleuâtres voltigèrent à la surface de la bassine ! Alvez, sans doute pour rendre cet alcool plus âcre encore, l'avait mélangé de quelques poignées de sel marin. Les faces des assistants revêtirent alors cette lividité spectrale que l'imagination prête aux fantômes. Ces nègres, ivres d'avance, se mirent à crier, à gesticuler, et se prenant par la main, formèrent une immense ronde autour du roi de Kazonndé.

Alvez, muni d'une énorme louche de métal, remuait le liquide, qui jetait de larges éclats blafards sur ces singes en délire.

Moini Loungga s'avança. Il saisit la louche des mains du traitant, la plongea dans la bassine, puis, la retirant pleine de punch en flammes, il l'approcha de ses lèvres.

Quel cri poussa alors le roi de Kazonndé !

Un fait de combustion spontanée venait de se produire. Le roi avait pris feu comme une bonbonne de pétrole. Ce feu développait peu de chaleur, mais il n'en dévorait pas moins.

A ce spectacle, la danse des indigènes s'était subitement arrêtée.

Un ministre de Moini Loungga se précipita sur son souverain pour l'éteindre ; mais, non moins alcoolisé que son maître, il prit feu à son tour.

A ce compte, la cour de Moini Loungga était en péril de brûler tout entière.

Alvez et Negoro ne savaient comment porter secours à Sa Majesté. Les femmes épouvantées avaient pris la fuite. Quant à Coïmbra, il détala rapidement, connaissant bien sa nature inflammable.

Le roi et le ministre, qui étaient tombés sur le sol, se tordaient en proie à d'affreuses souffrances.

Dans les corps si profondément alcoolisés, la combustion ne produit qu'une flamme légère et bleuâtre que l'eau ne saurait éteindre. Même étouffée à l'extérieur, elle continuerait encore à brûler intérieurement. Quand les liqueurs ont pénétré tous les tissus, il n'existe aucun moyen d'arrêter la combustion.

Quelques instants après, Moini Loungga et son fonctionnaire avaient succombé, mais ils brûlaient encore. Bientôt, à la place où ils étaient tombés, on ne trouvait plus que quelques charbons légers, un ou deux morceaux de colonne vertébrale, des doigts, des orteils que le feu ne consume pas dans les cas de combustion spontanée, mais qu'il recouvre d'une suie infecte et pénétrante.

C'était tout ce qui restait du roi de Kazonndé et de son ministre.

CHAPITRE XII

UN ENTERREMENT ROYAL.

Le lendemain, 29 mai, la ville de Kazonndé présentait un aspect inaccoutumé. Les indigènes, terrifiés, se tenaient enfermés dans leurs huttes. Ils n'avaient jamais vu ni un roi qui se disait d'essence divine, ni un simple ministre mourir de cette horrible mort. Ils n'étaient pas sans avoir brûlé déjà quelques-uns de leurs semblables, et les plus vieux ne pouvaient oublier certains préparatif culinaires relatifs au cannibalisme. Ils savaient donc combien l'incinération d'un corps humain s'opère difficilement, et voilà que leur roi et son ministre avaient brûlé comme tout seuls ! Cela leur paraissait et devait, en effet, leur paraître inexplicable !

José-Antonio Alvez se tenait coi dans sa maison. Il pouvait craindre qu'on ne le rendît responsable de l'accident. Negoro lui avait fait comprendre ce qui s'était passé, en l'avertissant de prendre garde à lui-même. Mettre la mort de Moini Loungga à son compte, eût été une mauvaise affaire dont il ne se fût peut-être pas tiré sans dommage.

Mais Negoro eut une bonne idée. Par ses soins, Alvez fit répandre le bruit que cette mort du souverain de Kazonndé était surnaturelle, que le grand Manitou ne la réservait qu'à ses élus, et les indigènes, si enclins à la superstition, ne répugnèrent point à accepter cette bourde. Le feu qui sortait des corps du roi et de son ministre devint un feu sacré. Il n'y avait plus qu'à honorer Moini Loungga par des funérailles dignes d'un homme élevé au rang des dieux.

Ces funérailles, avec tout le cérémonial qu'elles comportent chez les peuplades africaines, c'était l'occasion offerte à Negoro d'y faire jouer un rôle à Dick Sand. Ce qu'allait coûter de sang cette mort du roi Moini Loungga, on le croirait difficilement, si les voyageurs de l'Afrique centrale, le lieutenant Cameron, entre autres, n'avaient relaté des faits qui ne peuvent être mis en doute.

L'héritière naturelle du roi de Kazonndé était la reine Moina. En procédant sans retard aux cérémonies funèbres, elle faisait acte d'autorité souveraine, et pouvait ainsi distancer les compétiteurs, entre autres ce roi de l'Oukousou, qui tendait à empiéter sur les droits des souverains du Kazonndé. En outre, Moina, par cela même qu'elle devenait reine, évitait le sort cruel réservé aux autres épouses du défunt, et, en même temps, elle se débarrassait des plus jeunes dont elle, première en date, avait nécessairement eu à se plaindre. Ce résultat convenait particulièrement au tempérament féroce de cette mégère. Elle fit donc annoncer, à son de cornes de coudou et de marimebas, que les funérailles du roi défunt s'accompliraient le lendemain soir avec tout le cérémonial d'usage.

Aucune protestation ne fut faite, ni à la cour, ni dans la plèbe indigène. Alvez et les autres traitants n'avaient rien à craindre de l'avénement de cette reine Moina. Avec quelques présents, quelques flatteries, ils la soumettraient aisément à leur influence. Donc, l'héritage royal se transmit sans difficultés. Il n'y eut de terreur qu'au harem, et non sans raison.

Les travaux préparatoires des funérailles furent commencés le jour même. A l'extrémité de la grande rue de Kazonndé, coulait un ruisseau profond et torrentueux, affluent du Coango. Ce ruisseau, il s'agissait de le détourner, afin de mettre son lit à sec; c'est dans ce lit que devait être creusée la fosse royale ; après l'ensevelissement, le ruisseau serait rendu à son cours naturel.

Les indigènes s'employèrent activement à construire un barrage qui obligeât le ruisseau à se frayer un lit provisoire à travers la plaine de Kazonndé. Au dernier tableau de la cérémonie funèbre, ce barrage serait rompu, et le torrent reprendrait son ancien lit.

Negoro destinait Dick Sand à compléter le nombre des victimes qui devaient être sacrifiées sur la tombe du roi. Il avait été témoin de l'irrésistible mouvement de colère du jeune novice, lorsque Harris lui avait appris la mort de Mrs. Weldon et du petit Jack. Negoro, lâche coquin, ne se fût pas exposé à subir le même sort que son complice. Mais maintenant, en face d'un prisonnier solidement attaché des pieds et des mains, il supposa qu'il n'avait rien à craindre, et il résolut de lui rendre visite. Negoro était un de ces misérables auxquels il ne suffit pas de torturer leurs victimes: il faut encore qu'ils jouissent de leurs souffrances.

Il se rendit donc, vers le milieu de la journée, au baracon où Dick Sand était gardé à vue par un havildar; là, étroitement garrotté, gisait le jeune novice, presque entièrement privé de nourriture depuis vingt-quatre heures, affaibli par les misères passées, torturé par ces liens qui entraient dans ses chairs, pouvant à peine se retourner, attendant la mort, si cruelle qu'elle dût être, comme un terme à tant de maux.

Cependant, à la vue de Negoro, tout son être frémit. Il fit un effort instinctif pour briser les liens qui l'empêchaient de se jeter sur ce misérable et d'en avoir raison. Mais Hercule lui-même ne fût pas parvenu à les rompre. Il comprit que c'était un autre genre de lutte qui allait s'engager entre eux deux, et s'armant de calme, Dick Sand se borna à regarder Negoro bien en face, décidé à ne pas lui faire l'honneur d'une réponse, quoi qu'il pût dire.

« J'ai cru de mon devoir, lui dit Negoro pour débuter, de venir saluer une dernière fois mon jeune capitaine et de lui faire savoir combien je regrette pour lui qu'il ne commande plus ici comme il commandait à bord du *Pilgrim*.

Et voyant que Dick Sand ne répondait pas:

« Eh quoi, capitaine, est-ce que vous ne reconnaissez pas votre ancien cuisinier ? Il vient cependant prendre vos ordres et vous demander ce qu'il devra vous servir à votre déjeuner. »

En même temps, Negoro poussait brutalement du pied le jeune novice étendu sur le sol.

« J'aurais en outre, ajouta-t-il, une autre question à vous adresser, mon jeune capitaine. Pourriez-vous enfin m'expliquer comment, voulant accoster le littoral américain, vous êtes venu à bout d'arriver à l'Angola où vous êtes ? »

Dick Sand n'avait certes plus besoin des paroles du Portugais pour comprendre qu'il avait deviné juste, quand il avait enfin reconnu que le compas du *Pilgrim* avait dû être faussé par ce traître. Mais la question de Negoro était un aveu. Il n'y répondit encore que par un méprisant silence.

« Vous avouerez, capitaine, reprit Negoro, qu'il est heureux pour vous qu'il se soit trouvé à bord un marin, un vrai celui-là. Où serions-nous sans lui, grand Dieu ! Au lieu de périr sur quelque brisant où la tempête vous aurait jeté, vous êtes arrivé, grâce à lui, dans un port ami, et si c'est à quelqu'un que vous devez d'être enfin en lieu sûr, c'est à ce marin que vous avez eu le tort de dédaigner, mon jeune maître ! »

La ville de Kazonndé présentait un aspect inaccoutumé. (Page 293.)

En parlant ainsi, Negoro, dont le calme apparent n'était que le résultat d'un immense effort, avait approché sa figure de Dick Sand; sa face, devenue subitement féroce, le touchait de si près, qu'on eût cru qu'il allait le dévorer. La fureur de ce coquin ne put se contenir plus longtemps :

« A chacun son tour! s'écria-t-il soudain dans le paroxysme de la fureur que surexcitait en lui le calme de sa victime. Aujourd'hui, c'est moi qui suis le capitaine, moi qui suis le maître! Ta vie de mousse manqué est dans mes mains.

— Prends-la, lui répondit Sand sans s'émouvoir. Mais sache-le, il est au ciel un Dieu vengeur de tous les crimes, et ta punition n'est pas loin!

— Si Dieu s'occupe des humains, il n'est que temps qu'il s'occupe de toi!

« Misérable ! » s'écria le Portugais. (Page 298.)

— Je suis prêt à paraître devant le Juge suprême, répondit froidement Dick Sand, et la mort ne me fera pas peur !

— C'est ce que nous verrons ! hurla Negoro. Tu comptes peut-être sur un secours quelconque ! Un secours à Kazonndé, où Alvez et moi sommes tout-puissants, tu es fou ! Tu te dis peut-être que tes compagnons sont encore là, ce vieux Tom et les autres ! Détrompe-toi ! Il y a longtemps qu'ils sont vendus et partis pour Zanzibar, trop heureux s'ils ne crèvent pas en route !

— Dieu a mille moyens de rendre sa justice, répliqua Dick Sand. Le moindre instrument peut lui suffire. Hercule est libre.

— Hercule ! s'écria Negoro en frappant la terre du pied, il y a longtemps qu'il a péri sous la dent des lions et des panthères, et je ne regrette qu'une chose, c'est que ces bêtes féroces aient devancé ma vengeance.

— Si Hercule est mort, répondit Dick Sand, Dingo est vivant, lui. Un chien comme celui-là, Negoro, c'est plus qu'il n'en faut pour avoir raison d'un homme de ta sorte. Je te connais à fond, Negoro, tu n'es pas brave. Dingo te cherche, il saura te retrouver, tu mourras un jour sous sa dent.

— Misérable ! s'écria le Portugais exaspéré. Misérable ! Dingo est mort d'une balle que je lui ai envoyée ! Il est mort comme mistress Weldon et son fils, mort comme mourront tous les survivants du *Pilgrim !...*

— Et comme tu mourras toi-même avant peu ! » répondit Dick Sand, dont le regard tranquille faisait blémir le Portugais.

Negoro, hors de lui, fut sur le point de passer de la parole aux gestes et d'étrangler de ses mains son prisonnier désarmé. Déjà il s'était jeté sur lui et il le secouait avec fureur, quand une réflexion soudaine l'arrêta. Il comprit qu'il allait tuer sa victime, que tout serait fini, et que ce serait lui épargner les vingt-quatre heures de torture qu'il lui ménageait. Il se redressa donc, dit quelques mots à l'havildar demeuré impassible, lui recommanda de veiller sévèrement sur le prisonnier, et sortit du baracon.

Au lieu de l'abattre, cette scène avait rendu à Dick Sand toute sa force morale. Son énergie physique en subit l'heureux contre-coup et reprit en même temps le dessus. Negoro, en s'accrochant à lui dans sa rage, avait-il quelque peu desserré les liens qui jusque-là lui avaient rendu tout mouvement impossible? C'est probable, car Dick Sand se rendit compte que ses membres avaient plus de jeu qu'avant l'arrivée de son bourreau. Le jeune novice, se sentant soulagé, se dit qu'il lui serait peut-être possible de dégager ses bras sans trop d'efforts. Gardé comme il l'était dans une prison solidement close, ce ne serait sans doute qu'une gêne, qu'un supplice de moins; mais il est tel moment dans la vie où le plus petit bien-être est inappréciable.

Certes, Dick Sand n'espérait rien. Aucun secours humain n'eût pu lui venir que du dehors, et d'où lui fût-il venu? Il était donc résigné. Pour dire le vrai, il ne tenait même plus à vivre! Il songeait à tous ceux qui l'avaient devancé dans la mort et n'aspirait qu'à les rejoindre. Negoro venait de lui répéter ce que lui avait dit Harris : Mrs. Weldon et le petit Jack avaient succombé! Il n'était que trop vraisemblable, en effet, qu'Hercule, exposé à tant de dangers, avait dû périr, lui aussi, et d'une mort cruelle! Tom et ses compagnons étaient au loin, à jamais perdus pour lui, Dick Sand devait le croire. Espérer autre chose que la fin de ses maux par une mort qui ne pouvait être plus terrible que sa vie, eût été une insigne folie. Il se préparait donc à mourir, s'en remettant à Dieu du surplus, et lui demandant le courage d'aller jusqu'au bout sans faiblesse. Mais c'est une bonne et noble pensée que celle de Dieu. Ce n'est pas en vain qu'on élève son âme jusqu'à Celui qui peut tout, et quand Dick Sand eut fait son sacrifice tout entier, il se trouva que si l'on eût été jusqu'au fond de son cœur, on y eût peut-être découvert une dernière lueur d'espérance, cette lueur qu'un souffle d'en haut peut changer, en dépit de toutes les probabilités, en lumière éclatante.

Les heures s'écoulèrent. La nuit vint. Les rayons du jour qui filtraient à travers le chaume du baracon s'effacèrent peu à peu. Les derniers bruits de la tchitoka, qui, pendant cette journée-là, avait été bien silencieuse, après l'effroyable brouhaha de la veille, ces derniers bruits s'éteignirent. L'ombre se fit, très-profonde à l'intérieur de l'étroite prison. Bientôt tout reposa dans la ville de Kazonndé.

Dick Sand s'endormit d'un sommeil réparateur qui dura deux heures. Après quoi il se réveilla, encore raffermi. Il parvint à dégager de ses liens un de ses bras, déjà un peu dégonflé, et ce fut comme un délice pour lui de pouvoir l'étendre et le détendre à volonté.

La nuit devait être à demi écoulée. L'havildar dormait d'un lourd sommeil dû à une bouteille d'eau-de-vie dont sa main crispée serrait encore le goulot. Le sauvage l'avait vidée jusqu'à la dernière goutte. Dick Sand eut alors l'idée de s'emparer des armes de son geôlier, qui pourraient lui être d'un grand secours en cas d'évasion ; mais il crut, en ce moment, entendre un léger grattement à la partie inférieure de la porte du baracon. S'aidant de son bras, il parvint à ramper jusqu'au seuil sans avoir réveillé l'havildar.

Dick Sand ne s'était pas trompé. Le grattement continuait à se produire, et d'une manière plus distincte. Il semblait que de l'extérieur on fouillât le sol au-dessous de la porte. Était-ce un animal ? était-ce un homme ?

« Hercule ! si c'était Hercule ! » se dit le jeune novice.

Ses yeux se fixèrent sur son gardien ; il était immobile et sous l'influence d'un sommeil de plomb. Dick Sand, approchant ses lèvres du seuil de la porte, crut pouvoir se risquer à murmurer le nom d'Hercule. Un gémissement, tel qu'eût été un aboiement sourd et plaintif, lui répondit.

« Ce n'est pas Hercule, se dit Sand, mais c'est Dingo ! Il m'a senti jusque dans ce baracon ! M'apporterait-il encore un mot d'Hercule ? Mais si Dingo n'est pas mort, Negoro a menti, et peut-être... »

En ce moment, une patte passa sous la porte. Dick Sand la saisit et reconnut la patte de Dingo. Mais, s'il avait un billet, ce billet ne pouvait être attaché qu'à son cou. Comment faire? Était-il possible d'agrandir assez ce trou pour que Dingo pût y passer la tête? En tout cas, il fallait l'essayer.

Mais à peine Dick Sand avait-il commencé à creuser le sol avec ses ongles, que des aboiements qui n'étaient pas ceux de Dingo retentissaient sur la place. Le fidèle animal venait d'être dépisté par les chiens indigènes, et il n'eut plus sans doute qu'à prendre la fuite. Quelques détonations éclatèrent. L'havildar se réveilla à moitié. Dick Sand, ne pouvant plus songer à s'évader, puisque l'éveil était donné, dut alors se rouler de nouveau dans son coin, et, après une mortelle attente, il vit reparaître ce jour qui devait être sans lendemain pour lui!

Pendant toute cette journée, les travaux des fossoyeurs furent poussés avec activité. Un grand nombre d'indigènes y prirent part, sous la direction du premier ministre de la reine Moina. Tout devait être prêt à l'heure dite, sous peine de mutilation, car la nouvelle souveraine promettait de suivre de point en point les errements du défunt roi.

Les eaux du ruisseau ayant été détournées, ce fut dans le lit mis à sec que la vaste fosse se creusa à une profondeur de dix pieds, sur cinquante de long et dix de large.

Vers la fin du jour, on commença à la tapisser, au fond et le long des parois, de femmes vivantes, choisies parmi les esclaves de Moini Loungga. D'ordinaire, ces malheureuses sont enterrées toutes vives. Mais, à propos de cette étrange et peut-être miraculeuse mort de Moini Loungga, il avait été décidé qu'elles seraient noyées près du corps de leur maître [1].

La coutume est aussi que le roi défunt soit revêtu de ses plus riches habits, avant d'être couché dans sa tombe. Mais cette fois, puisqu'il ne restait que quelques os calcinés de la personne royale, il fallut procéder autrement. Un mannequin d'osier fut fabriqué, qui représentait suffisamment, peut-être avantageusement, Moini Loungga, et on y enferma les débris que la combustion avait épargnés. Le mannequin fut revêtu alors des vêtements royaux, — on sait que cette défroque ne valait pas cher, — et on n'oublia pas de l'orner des fameuses lunettes du cousin Bénédict. Il y avait dans cette mascarade quelque chose d'un comique terrible.

La cérémonie devait se faire aux flambeaux, et avec grand apparat. Toute la population de Kazonndé, indigène ou non, y devait assister.

1. On ne se figure pas ce que sont ces horribles hécatombes, lorsqu'il s'agit d'honorer dignement la mémoire d'un puissant chef chez ces tribus du centre de l'Afrique. Cameron dit que plus de cent victimes furent ainsi sacrifiées aux funérailles du père du roi de Kassonngo.

Lorsque le soir fut venu, un long cortége descendit la principale rue depuis la tchitoka jusqu'au lieu d'inhumation. Cris, danses funèbres, incantations des magiciens, fracas des instruments, détonations des vieux mousquets de l'arsenal, rien n'y manquait.

José-Antonio Alvez, Coïmbra, Negoro, les traitants arabes, leurs havildars, avaient grossi les rangs du peuple de Kazonndé. Nul n'avait encore quitté le grand lakoni. La reine Moina ne l'aurait pas permis, et il n'eût pas été prudent d'enfreindre les ordres de celle qui s'essayait au métier de souveraine.

Le corps du roi, couché dans un palanquin, était porté aux derniers rangs du cortége. Il était entouré de ses épouses de second ordre, dont quelques-unes allaient l'accompagner au delà de la vie. La reine Moina, en grande tenue, marchait derrière ce qu'on pouvait appeler le catafalque. Il faisait absolument nuit lorsque tout le monde arriva sur les berges du ruisseau; mais les torches de résine, secouées par les porteurs, jetaient sur la foule de grands éclats de lumière.

La fosse apparut distinctement alors. Elle était tapissée de corps noirs, et vivants, car ils remuaient sous les chaînes qui les assujétissaient au sol. Cinquante esclaves attendaient là que le torrent se refermât sur elles, la plupart de jeunes indigènes, les unes résignées et muettes, les autres jetant quelques gémissements.

Les épouses, toutes parées comme pour une fête, et qui devaient périr, avaient été choisies par la reine.

L'une de ces victimes, celle qui portait le titre de seconde épouse, fut courbée sur les mains et sur les genoux, pour servir de fauteuil royal, ainsi qu'elle faisait du vivant du roi, et la troisième épouse vint soutenir le mannequin, pendant que la quatrième se couchait à ses pieds en guise de coussin.

Devant le mannequin, à l'extrémité de la fosse, un poteau, peint de rouge, sortait de terre. A ce poteau était attaché un blanc, qui allait compter, lui aussi, parmi les victimes de ces sanglantes funérailles.

Ce blanc, c'était Dick Sand. Son corps, à demi nu, portait les marques des tortures qu'on lui avait déjà fait subir par ordre de Negoro. Lié à ce poteau, il attendait la mort, en homme qui n'a plus d'espoir qu'en une autre vie !...

Cependant, le moment n'était pas encore arrivé, auquel le barrage devait être rompu.

Sur un signal de la reine, la quatrième épouse, celle qui était placée au pied du roi, fut égorgée par l'exécuteur de Kazonndé, et son sang coula dans la fosse. Ce fut le commencement d'une épouvantable scène de boucherie. Cinquante esclaves tombèrent sous le couteau des égorgeurs. Le lit de la rivière roula des flots de sang.

Pendant une demi-heure, les cris des victimes se mêlèrent aux vociférations des assistants, et on eût vainement cherché dans cette foule un sentiment de répulsion ou de pitié !

Enfin, la reine Moina fit un geste, et le barrage, qui retenait les eaux supérieures, commença à s'ouvrir peu à peu. Par un raffinement de cruauté, on laissa filtrer le courant d'amont, au lieu de le précipiter par une rupture instantanée de la digue. La mort lente au lieu de la mort rapide !

L'eau noya d'abord le tapis d'esclaves qui couvrait le fond de la fosse. Il se fit d'horribles soubresauts de ces vivantes qui luttaient contre l'asphyxie. On vit Dick Sand, submergé jusqu'aux genoux, tenter un dernier effort pour rompre ses liens.

Mais l'eau monta. Les dernières têtes disparurent sous le torrent qui reprenait son cours, et rien n'indiqua plus qu'au fond de cette rivière se creusait une tombe où cent victimes venaient de périr en l'honneur du roi de Kazonndé.

La plume se refuserait à peindre de tels tableaux, si le souci de la vérité n'imposait pas le devoir de les décrire dans leur réalité abominable. L'homme en est encore là dans ces tristes pays. Il n'est plus permis de l'ignorer.

CHAPITRE XIII

L'INTÉRIEUR D'UNE FACTORERIE.

Harris et Negoro avaient menti en disant que Mrs. Weldon et le petit Jack étaient morts. Elle, lui et le cousin Bénédict se trouvaient alors à Kazonndé.

Après l'assaut de la fourmilière, ils avaient été entraînés au delà du campement de la Coanza par Harris et Negoro qu'accompagnaient une douzaine de soldats indigènes.

Un palanquin, « la kitanda » du pays, reçut Mrs. Weldon et le petit Jack. Pourquoi ces soins de la part d'un homme tel que Negoro? Mrs. Weldon n'osait se l'expliquer.

La route de la Coanza à Kazonndé se fit rapidement et sans fatigue.

Cousin Bénédict, sur qui les misères ne semblaient avoir aucune prise, marchait d'un bon pas. Comme on le laissait butiner à droite et à gauche, il ne songeait point à se plaindre. La petite troupe arriva donc à Kazonndé huit jours avant la caravane d'Ibn Hamis. Mrs. Weldon fut enfermée avec son enfant et cousin Bénédict dans l'établissement d'Alvez.

Il faut se hâter de dire que le petit Jack se trouvait beaucoup mieux. En quittant la contrée marécageuse où il avait gagné la fièvre, son état s'était peu à peu amélioré, et, maintenant, il allait bien. Supporter les fatigues de la caravane, ni sa mère ni lui ne l'auraient pu sans doute. Mais, dans les conditions où s'était fait ce voyage, pendant lequel certains soins ne leur avaient point été refusés, ils se trouvaient dans un état satisfaisant, physiquement du moins.

Quant à ses compagnons, Mrs. Weldon n'en avait plus eu de nouvelles. Après avoir vu Hercule s'enfuir dans la forêt, elle ignorait ce qu'il était devenu. Quant à Dick Sand, puisque Harris et Negoro n'étaient plus là pour le torturer, elle espérait que sa qualité d'homme blanc lui épargnerait peut-être quelque mauvais traitement. Pour Nan, Tom, Bat, Austin, Actéon, c'étaient des noirs, et il était trop certain qu'ils seraient traités comme tels! Pauvres gens, qui n'auraient jamais dû fouler cette terre d'Afrique, et que la trahison venait d'y jeter!

Lorsque la caravane d'Ibn Hamis fut arrivée à Kazonndé, Mrs. Weldon, n'ayant aucune communication avec le dehors, ne put en être instruite.

Les bruits du lakoni ne lui apprirent rien non plus. Elle ne sut pas que Tom et les siens avaient été vendus à un traitant d'Oujiji et qu'ils allaient partir prochainement. Elle ne connut ni le supplice d'Harris, ni la mort du roi Moini Loungga, ni rien des funérailles royales qui avaient joint Dick Sand à tant d'autres victimes. La malheureuse femme se trouvait donc seule à Kazonndé, à la merci des traitants, au pouvoir de Negoro, et, pour lui échapper, elle ne pouvait même pas songer à mourir, puisque son enfant était avec elle!

Le sort qui l'attendait, Mrs. Weldon l'ignorait donc absolument. Pendant toute la durée du voyage de la Coanza à Kazonndé, Harris et Negoro ne lui avaient pas adressé une parole. Depuis son arrivée, elle ne les avait revus ni l'un ni l'autre, et ne pouvait quitter l'enceinte qui fermait l'établissement particulier du riche traitant.

Est-il nécessaire de dire, maintenant, que Mrs. Weldon n'avait trouvé aucune aide dans son grand enfant, cousin Bénédict? Cela se comprend de reste.

Lorsque le digne savant apprit qu'il n'était pas sur le continent américain,

La fosse apparut alors distinctement. (Page 301.)

comme il le croyait, il ne s'inquiéta pas du tout de savoir comment cela avait pu se faire. Non! Son premier mouvement fut un mouvement de dépit. En effet, ces insectes qu'il s'imaginait avoir été le premier à découvrir en Amérique, ces tsétsés et autres n'étaient que de simples hexapodes africains, que tant de naturalistes avaient trouvés avant lui sur leurs lieux d'origine. Adieu donc la gloire d'attacher son nom à ces découvertes! En effet, que pouvait-il y avoir d'étonnant à ce que cousin Bénédict eût collectionné des insectes africains, puisqu'il était en Afrique!

Mais, le premier dépit passé, cousin Bénédict se dit que la « Terre des Pharaons », — il en était encore à l'appeler ainsi, — possédait d'incomparables

Cousin Bénédict pouvait aller et venir dans l'établissement. (Page 306.)

richesses entomologiques, et que, pour ne point être sur la « Terre des Incas », il ne perdrait pas au change.

« Eh! se répétait-il, et répétait-il même à Mrs. Weldon, qui ne l'écoutait guère, c'est ici la patrie des manticores, ces coléoptères à longues pattes velues, aux élytres soudées et tranchantes, aux énormes mandibules, et dont la plus remarquable est la manticore tuberculeuse! C'est le pays des calosomes à pointe d'or; des goliaths de Guinée et du Gabon, dont les pattes sont garnies d'épines; des anthidies tachetées, qui déposent leurs œufs dans la coquille vide des limaçons; des ateuchus sacrés, que les Égyptiens de la haute Égypte vénéraient comme des dieux! C'est ici que sont nés ces sphinx à tête de mort, maintenant répandus sur toute l'Europe, et ces « Idias Bigoti », dont les Sénégaliens de la côte redoutent particulièrement la piqûre! Oui! il y a ici de superbes trouvailles à faire, et je les ferai, si ces braves gens veulent bien le permettre! »

On sait qui étaient ces « braves gens » dont cousin Bénédict ne songeait aucunement à se plaindre. D'ailleurs, on l'a dit, l'entomologiste avait joui, dans la compagnie de Negoro et d'Harris, d'une demi-liberté, dont Dick Sand l'avait absolument privé pendant le voyage de la côte à la Coanza. Le naïf savant avait été très-touché de cette condescendance.

Enfin, cousin Bénédict eût été le plus heureux des entomologistes, s'il n'avait subi une perte à laquelle il était extrêmement sensible. Il possédait toujours sa boîte de fer-blanc, mais ses lunettes ne se dressaient plus sur son nez, sa loupe ne pendait plus à son cou! Or, un naturaliste sans loupe et sans lunettes, cela n'existe plus. Cousin Bénédict était pourtant destiné à ne jamais revoir ces deux appareils d'optique, puisqu'ils avaient été ensevelis avec le mannequin royal. Aussi, lorsqu'il trouvait quelque insecte, en était-il réduit à se le fourrer dans les yeux pour en distinguer les particularités les plus élémentaires. Ah! c'était là un gros chagrin pour cousin Bénédict, et il eût payé cher une paire de besicles, mais cet article n'était pas courant sur les lakonis de Kazonndé. Quoi qu'il en soit, cousin Bénédict pouvait aller et venir dans l'établissement de Jose-Antonio Alvez. On le savait incapable de chercher à s'enfuir. D'ailleurs, une haute palissade séparait la factorerie des autres quartiers de la ville, et elle n'eût pas été facile à franchir.

Mais, s'il était bien entouré, cet enclos ne mesurait pas moins d'un mille de circonférence. Des arbres, des buissons d'essences particulières à l'Afrique, de grandes herbes, quelques ruisseaux, les chaumes des baracons et des huttes, c'était plus qu'il ne fallait pour recéler les plus rares insectes du continent, et faire, sinon la fortune, du moins le bonheur de cousin Bénédict. En fait, il découvrit quelques hexapodes, et faillit même perdre sa vue à vouloir les étudier sans lunettes, mais enfin il accrut sa précieuse collection, et jeta les bases d'un grand ouvrage sur l'entomologie africaine. Que son heureuse étoile lui fît découvrir un insecte nouveau, auquel il attacherait son nom, et il n'aurait plus rien à désirer en ce monde!

Si l'établissement d'Alvez était suffisamment grand pour les promenades scientifiques de cousin Bénédict, il semblait immense au petit Jack, qui pouvait s'y promener en toute liberté. Mais cet enfant recherchait peu les plaisirs si naturels à son âge. Il quittait rarement sa mère, qui n'aimait pas à le laisser seul et redoutait toujours quelque malheur. Le petit Jack parlait souvent de son père, qu'il n'avait pas vu depuis si longtemps! Il demandait à retourner près de lui. Il s'informait de tous, de la vieille Nan, de son ami Hercule, de Bat, d'Austin, d'Actéon ou de Dingo, qui paraissait, lui aussi, l'avoir abandonné. Il voulait revoir son camarade Dick Sand. Sa jeune imagination, très-attendrie, ne vivait que dans ces souvenirs. A ses questions, Mrs. Weldon ne pouvait répondre qu'en le pressant sur sa poitrine, en le couvrant de baisers! Tout ce qu'elle pouvait faire, c'était de ne pas pleurer devant lui!

Cependant, Mrs. Weldon n'avait pas été sans observer que, si les mauvais traitements lui avaient été épargnés pendant le voyage de la Coanza, rien n'indiquait, à l'établissement d'Alvez, que l'on dût changer de conduite à son égard. Il n'y avait plus dans la factorerie que les esclaves au service du traitant. Tous les autres, qui faisaient l'objet de son commerce, avaient été parqués dans les baracons de la tchitoka, puis vendus aux courtiers de l'intérieur. Maintenant, les magasins de l'établissement regorgeaient d'étoffes et d'ivoire, les étoffes destinées à être échangées dans les provinces du centre, l'ivoire à être exporté sur les principaux marchés du continent.

Donc, en somme, peu de monde à la factorerie. Mrs. Weldon occupait avec Jack une hutte à part; cousin Bénédict, une autre. Ils ne communiquaient point avec les serviteurs du traitant. Ils mangeaient en commun. La nourriture, viande de chèvre ou de mouton, légumes, manioc, sorgho, fruits du pays, était suffisante. Halima, une jeune esclave, spécialement au service de Mrs. Weldon, lui témoignait même, à sa manière et comme elle le pouvait, une sorte d'affection sauvage, mais certainement sincère.

Mrs. Weldon voyait à peine Jose-Antonio Alvez, qui occupait la maison principale de la factorerie, et ne voyait pas du tout Negoro, logé au dehors, dont l'absence était assez inexplicable. Cette réserve ne cessait de l'étonner et de l'inquiéter à la fois.

« Que veut-il? Qu'attend-il? se demandait-elle. Pourquoi nous avoir entraînés à Kazonndé! »

Ainsi s'étaient écoulés les huit jours qui précédèrent l'arrivée de la caravane d'Ibn Hamis, c'est-à-dire les deux jours avant la cérémonie des funérailles, et enfin les six jours qui suivirent.

Au milieu de tant d'anxiétés, Mrs. Weldon ne pouvait oublier que son mari devait être en proie au plus affreux désespoir, en ne voyant revenir ni sa femme ni son fils à San-Francisco. Mr. Weldon ne pouvait savoir que sa femme avait eu cette idée funeste de prendre passage à bord du *Pilgrim*, et il devait croire qu'elle s'était embarquée sur l'un des steamers de la compagnie transpacifique. Or, ces steamers arrivaient régulièrement, et ni Mrs. Weldon, ni Jack, ni cousin Bénédict ne s'y trouvaient. En outre, le *Pilgrim* lui-même aurait déjà dû être de retour au port. Or, il ne reparaissait pas, et James W. Weldon devait maintenant le ranger dans la catégorie des navires supposés perdus par absence de nouvelles. Et quel coup terrible, le jour où il avait dû recevoir de ses correspondants d'Auckland avis du départ du *Pilgrim* et de l'embarquement de Mrs. Weldon. Qu'avait-il fait? Avait-il refusé de croire que son fils et elle eussent péri en mer? Mais alors, où devait-il pousser ses recherches? Évidemment sur les îles du Pacifique, peut-être sur le littoral américain. Mais jamais, non, jamais, il ne lui viendrait cette pensée qu'elle avait pu être jetée sur la côte de cette funeste Afrique?

Ainsi songeait Mrs. Weldon. Mais que pouvait-elle tenter? Fuir? Comment? On la surveillait de près! Et puis, fuir, c'était s'aventurer dans ces épaisses forêts, au milieu de mille dangers, tenter un voyage de plus de deux cents milles pour atteindre la côte! Et cependant, Mrs. Weldon était décidée à le faire, si aucun autre moyen ne lui était offert de recouvrer sa liberté. Mais, auparavant, elle voulait connaître au juste les desseins de Negoro.

Elle les connut enfin.

Le 6 juin, trois jours après l'enterrement du roi de Kazonndé, Negoro entra dans la factorerie, où il n'avait pas encore mis le pied depuis son retour, et il alla droit à la hutte occupée par sa prisonnière.

Mrs. Weldon était seule. Cousin Bénédict faisait une de ses promenades scientifiques. Le petit Jack, sous la surveillance de l'esclave Halima, se promenait dans l'enceinte de l'établissement.

Negoro poussa la porte de la hutte, et sans autre préambule :

« Mistress Weldon, dit-il, Tom et ses compagnons ont été vendus pour les marchés d'Oujiji.

— Dieu les protége! dit Mrs. Weldon en essuyant une larme.

— Nan est morte en route, Dick Sand a péri...

— Nan morte! Et Dick!... s'écria Mrs. Weldon.

— Oui, il était juste que votre capitaine de quinze ans payât de sa vie le meurtre d'Harris, reprit Negoro. Vous êtes seule, à Kazonndé, mistress, seule au pouvoir de l'ancien cuisinier du *Pilgrim*, absolument seule, entendez-vous! »

Ce que disait Negoro n'était que trop vrai, même en ce qui concernait Tom et les siens. Le vieux noir, son fils Bat, Actéon et Austin étaient partis la veille avec la caravane du traitant d'Oujiji, sans avoir eu la consolation de revoir Mrs. Weldon, sans même savoir que leur compagne de misère se trouvait à Kazonndé, dans l'établissement d'Alvez. Ils étaient partis pour la contrée des lacs, un voyage qui se chiffre par centaines de milles, que bien peu accomplissent et dont bien peu reviennent!

« Eh bien! murmura Mrs. Weldon, regardant Negoro sans répondre.

— Mistress Weldon, reprit le Portugais d'une voix brève, je pourrais me venger sur vous des mauvais traitements que j'ai subis à bord du *Pilgrim!* Mais la mort de Dick Sand suffira à ma vengeance! Maintenant, je redeviens marchand, et voici quels sont mes projets à votre égard! »

Mrs. Weldon le regardait toujours sans prononcer une parole.

« Vous, reprit le Portugais, votre enfant et cet imbécile qui court après des mouches, vous avez une valeur commerciale que je prétends utiliser. Aussi, je vais vous vendre!

— Je suis de race libre, répondit Mrs. Weldon d'un ton ferme.

— Vous êtes une esclave, si je le veux.

— Et qui achèterait une blanche?

— Un homme qui la payera ce que je lui en demanderai! »

Mrs. Weldon baissa un instant la tête, car elle savait que tout était possible dans cet affreux pays.

« Vous m'avez entendu? reprit Negoro.

— Quel est cet homme à qui vous prétendez me vendre? répondit Mrs. Weldon.

— Vous vendre ou vous revendre!... Du moins, je le suppose! ajouta le Portugais en ricanant.

— Le nom de cet homme? demanda Mrs. Weldon.

— Cet homme... c'est James W. Weldon, votre mari!

— Mon mari! s'écria Mrs. Weldon, qui ne pouvait croire ce qu'elle venait d'entendre.

— Lui-même, mistress Weldon, votre mari, à qui je veux, non pas rendre, mais faire payer sa femme, son enfant, et son cousin par-dessus le marché! »

Mrs. Weldon se demanda si Negoro ne lui tendait pas un piége. Cependant, elle crut comprendre qu'il parlait très-sérieusement. A un misérable pour qui l'argent est tout, il semble qu'on pourrait se fier, quand il s'agit d'une affaire. Or, ceci était une affaire.

« Et quand vous proposez-vous de faire cette opération? reprit Mrs. Weldon.

— Le plus tôt possible.

— Où?

— Ici même. James Weldon n'hésitera certes pas à venir jusqu'à Kazonndé chercher sa femme et son fils.

— Non! il n'hésitera pas! — Mais qui le préviendra?

— Moi! J'irai à San-Francisco trouver James Weldon. L'argent ne me manquera pas pour ce voyage.

— L'argent volé à bord du *Pilgrim?*

— Oui... celui-là... et d'autre encore, répondit impudemment Negoro. Mais, si je veux vous vendre vite, je veux aussi vous vendre cher. Je pense que James Weldon ne regardera pas à cent mille dollars...

— Il n'y regardera pas, s'il peut les donner, répondit froidement Mrs. Weldon. Seulement, mon mari, à qui vous direz sans doute que je suis retenue prisonnière à Kazonndé, dans l'Afrique centrale...

— Précisément!

— Mon mari ne vous croira pas sans preuves, et il ne sera pas assez imprudent pour venir sur votre seule parole à Kazonndé.

— Il y viendra, reprit Negoro, si je lui apporte une lettre écrite par vous, qui lui dira votre situation, qui me peindra comme un serviteur fidèle, échappé des mains de ces sauvages...

— Jamais ma main n'écrira cette lettre! répondit plus froidement encore Mrs. Weldon.

— Vous refusez? s'écria Negoro.

— Je refuse! »

La pensée des dangers que courrait son mari en venant jusqu'à Kazonndé, le peu de fonds qu'il fallait faire sur les promesses du Portugais, la facilité qu'aurait celui-ci de retenir James Weldon, après avoir touché la rançon convenue, toutes ces raisons firent que, dans un premier mouvement, Mrs. Weldon, ne voyant qu'elle, oubliant jusqu'à son enfant, refusa net la proposition de Negoro.

« Vous écrirez cette lettre!... reprit celui-ci.

— Non... répondit encore Mrs. Weldon.

— Ah! prenez garde! s'écria Negoro. Vous n'êtes pas seule ici! Votre enfant est, comme vous, en mon pouvoir, et je saurai bien!.. »

Mrs. Weldon aurait voulu répondre que cela lui eût été impossible. Son cœur battait à se rompre; elle était sans voix.

« Mistress Weldon! dit Negoro, vous réfléchirez à l'offre que je vous ai faite. Dans huit jours, vous m'aurez remis une lettre à l'adresse de James Weldon ou vous vous en repentirez! »

Et, cela dit, le Portugais se retira, sans avoir donné cours à sa colère; mais il était aisé de voir que rien ne l'arrêterait pour contraindre Mrs. Weldon à lui obéir.

CHAPITRE XIV

QUELQUES NOUVELLES DU DOCTEUR LIVINGSTONE

Mrs. Weldon, demeurée seule, ne s'attacha, tout d'abord, qu'à cette pensée, c'est que huit jours s'écouleraient avant que Negoro ne revînt lui demander une réponse définitive. C'était le temps de réfléchir et de prendre un parti. De la probité du Portugais, il ne pouvait être question, mais de son intérêt. La « valeur marchande » qu'il attribuait à sa prisonnière devait évidemment sauvegarder celle-ci, et la prémunir, momentanément au moins, contre toute tentative qui pourrait la mettre en danger. Peut-être trouverait-elle un moyen terme qui lui permettrait d'être rendue à son mari, sans que James Weldon fût obligé de venir à Kazonndé. Sur une lettre de sa femme, elle le savait bien, James Weldon partirait, il braverait les périls de ce voyage dans les plus dangereuses contrées de l'Afrique. Mais, une fois à Kazonndé, lorsque Negoro aurait entre les mains cette fortune de cent mille dollars, quelle garantie James W. Weldon, sa femme, son enfant, cousin Bénédict, auraient-ils qu'on les laisserait repartir? Un caprice de la reine Moina ne pouvait-il les en empêcher? Cette « livraison » de Mrs. Weldon et des siens ne se ferait-elle pas dans de meilleures conditions, si elle s'opérait à la côte, en un point déterminé, ce qui épargnerait à James W. Weldon et les dangers du voyage à l'intérieur, et les difficultés, pour ne pas dire les impossibilités, du retour?

C'est à quoi réfléchissait Mrs. Weldon. C'est pourquoi elle avait refusé tout d'abord d'accéder à la proposition de Negoro et de lui donner une lettre pour son mari. Elle pensa aussi que si Negoro avait remis sa seconde visite à huit

Et qui achèterait une blanche ? (Page 309.)

jours, c'était sans doute parce qu'il lui fallait ce temps pour préparer son voyage, sinon il fût revenu plus vite lui forcer la main.

« Voudrait-il véritablement me séparer de mon enfant ? » murmura-t-elle.

En ce moment, Jack entra dans la hutte, et, par un mouvement instinctif, sa mère le saisit, comme si Negoro eût été là prêt à le lui arracher.

« Tu as un gros chagrin, mère ? demanda le petit garçon.

— Non, mon Jack, non ! répondit Mrs. Weldon. Je pensais à ton papa ! Tu serais bien aise de le revoir ?

— Oh ! oui, mère ! Est-ce qu'il va venir ?

— Non... non ! Il ne faut pas qu'il vienne !

DAVID LIVINGSTONE.

- Alors, nous irons le retrouver?

— Oui, mon Jack!

— Avec mon ami Dick... et Hercule... et le vieux Tom?

— Oui... oui!... répondit Mrs. Weldon, en baissant la tête pour cacher ses larmes.

— Est-ce que papa t'a écrit? demanda le petit Jack.

— Non, mon chéri.

— Alors, tu vas lui écrire, mère?

— Oui... oui... peut-être!.... » répondit Mrs. Weldon.

Et, sans le savoir, le petit Jack intervenait directement dans la pensée de sa mère, qui, pour ne pas lui répondre autrement, le couvrit de baisers.

Il convient de dire maintenant qu'aux divers motifs qui avaient poussé Mrs. Weldon à résister aux injonctions de Negoro, se joignait un autre motif, qui n'était pas sans valeur. Mrs. Weldon avait peut-être une chance très-inattendue d'être rendue à la liberté sans l'intervention de son mari et même contre le gré de Negoro. Ce n'était qu'une lueur d'espoir, bien vague encore, mais c'en était une.

En effet, quelques mots d'une conversation, surpris par elle plusieurs jours auparavant, lui avaient fait entrevoir un secours possible dans un terme rapproché, on pourrait dire un secours providentiel.

Alvez et un métis d'Oujiji causaient à quelques pas de la hutte qu'occupait Mrs. Weldon. On ne s'étonnera guère que le sujet de la conversation de ces estimables négociants fût précisément la traite des noirs. Les deux courtiers de chair humaine parlaient affaires. Ils discutaient l'avenir réservé à leur commerce et s'inquiétaient des efforts que faisaient les Anglais pour le détruire, non-seulement à l'extérieur, par les croisières, mais à l'intérieur du continent par leurs missionnaires et leurs voyageurs.

José-Antonio Alvez trouvait que les explorations de ces hardis pionniers ne pouvaient que nuire à la liberté des opérations commerciales. Son interlocuteur partageait absolument sa manière de voir, et pensait que tous ces visiteurs, civils ou religieux, devraient être reçus à coups de fusil.

C'était bien un peu ce qui se faisait; mais, au grand déplaisir des négociants, si l'on tuait quelques-uns de ces curieux, il en passait quelques autres. Or, ceux-ci, de retour dans leur pays, racontaient « en exagérant », disait Alvez, les horreurs de la traite, et cela nuisait énormément à ce commerce, beaucoup trop déconsidéré déjà.

Le métis en convenait et le déplorait, surtout en ce qui concernait les marchés de N'yangwé, d'Oujiji, de Zanzibar et de toute la région des grands lacs. Là étaient successivement venus Speke, Grant, Livingstone, Stanley et autres. C'était un envahissement! Bientôt, toute l'Angleterre et toute l'Amérique auraient occupé la contrée!

Alvez plaignait sincèrement son confrère, et il avouait que les provinces de l'Afrique occidentale avaient été jusqu'ici moins maltraitées, c'est-à-dire moins visitées; mais l'épidémie de voyageurs commençait à se répandre. Si Kazonndé avait été épargnée, il n'en était pas ainsi de Cassange et de Bihé, où

Alvez possédait des factoreries. On se rappelle même qu'Harris avait parlé à Negoro d'un certain lieutenant Cameron qui pourrait bien avoir l'outrecuidance de traverser l'Afrique d'une côte à l'autre, et, après y être entré par Zanzibar, d'en sortir par l'Angola.

Le traitant avait raison de craindre, en effet, et l'on sait que, quelques années après, Cameron au sud, Stanley au nord, allaient explorer ces provinces peu connues de l'ouest, décrire les monstruosités permanentes de la traite, dévoiler les complicités coupables des agents étrangers, et en faire retomber la responsabilité sur qui de droit.

Cette exploration de Cameron et de Stanley, ni Alvez ni le métis n'en pouvaient rien connaître encore; mais, ce qu'ils savaient, ce qu'ils dirent, ce que Mrs. Weldon entendit, et ce qui était d'un si grand intérêt pour elle, en un mot, ce qui l'avait soutenue dans son refus de souscrire immédiatement aux demandes de Negoro, c'était ceci:

Avant peu, très-probablement, le docteur David Livingstone arriverait à Kazonndé.

Or, l'arrivée de Livingstone avec son escorte, la grande influence dont le grand voyageur jouissait en Afrique, le concours des autorités portugaises de l'Angola qui ne pouvait lui manquer, cela pouvait amener la mise en liberté de Mrs. Weldon et des siens, malgré Negoro, malgré Alvez! C'était peut-être leur rapatriement dans un délai rapproché, et sans que James W. Weldon eût eu à risquer sa vie dans un voyage dont le résultat ne pouvait qu'être déplorable.

Mais y avait-il quelque probabilité que le docteur Livingstone dût prochainement visiter cette partie du continent? Oui, car, en suivant cet itinéraire, il allait compléter l'exploration de l'Afrique centrale.

On sait quelle a été l'existence héroïque du fils du petit marchand de thé de Blantyre, village du comté de Lanark. Né le 13 mars 1813, David Livingstone, le second de six enfants, devenu à force d'études théologien et médecin, après avoir fait son noviciat dans la «London missionary Society», débarquait au Cap en 1840, avec l'intention de rejoindre le missionnaire Moffat dans l'Afrique méridionale.

Du Cap, le futur voyageur se rendit au pays des Béchuanas qu'il explora pour la première fois, revint à Kuruman, épousa la fille de Moffat, cette vaillante compagne qui devait être digne de lui, et, en 1843, il fondait une mission dans la vallée de Mabotsa.

Quatre ans plus tard, on le retrouve établi à Kolobeng, deux cent vingt-cinq milles au nord de Kuruman, dans la contrée des Béchuanas.

Deux ans après, en 1849, Livingstone quittait Kolobeng avec sa femme, ses trois enfants, et deux amis, MM. Oswell et Murray. Le 1er août de la même année, il découvrait le lac N'gami, et revenait à Kolobeng, en descendant le cours du Zouga.

Pendant ce voyage, Livingstone, arrêté par le mauvais vouloir des indigènes, n'avait pu dépasser le N'gami. Une seconde tentative ne fut pas plus heureuse. Une troisième devait réussir. Reprenant alors la route du nord avec sa famille et M. Oswell, après des misères effroyables, manque de vivres, manque d'eau, qui pensèrent lui coûter la vie de ses enfants, il atteignait, le long du Chobé, affluent du Zambèze, le pays des Makalolos. Leur chef, Sébituané, le rejoignait à Linyanti. A la fin de juin 1851, le Zambèze était découvert, et le docteur revenait au Cap pour rapatrier sa famille en Angleterre.

En effet, l'intrépide Livingstone voulait être seul à risquer sa vie dans l'audacieux voyage qu'il allait entreprendre.

Il s'agissait, cette fois, en partant du Cap, de traverser obliquement l'Afrique du sud à l'ouest, de manière à gagner Saint-Paul de Loanda.

Le docteur partit avec quelques indigènes, le 3 juin 1852. Il arriva à Kuruman et longea le désert du Kalahari. Le 31 décembre, il entrait à Litoubarouba et retrouvait le pays des Béchuanas ravagé par les Boers, anciens colons hollandais, qui étaient maîtres du Cap avant la prise de possession qui fut faite par les Anglais.

Livingstone quitta Litoubarouba le 15 janvier 1853, pénétra au centre du pays des Bamangouatos, et, le 23 mai, il arriva à Linyanti, où le jeune souverain des Makalolos, Sékélétou, le reçut avec grand honneur.

Là, le docteur, retenu par des fièvres intenses, s'adonna à étudier les mœurs de la contrée, et, pour la première fois, il put constater les ravages que faisait la traite en Afrique.

Un mois après, il descendait le cours du Chobé, atteignait le Zambèze, entrait à Naniélé, visitait Katonga et Libonta, arrivait au confluent du Zambèze et du Leeba, formait le projet de remonter par ce cours d'eau jusqu'aux possessions portugaises de l'ouest, et revenait, pour s'y préparer, à Linyanti, après neuf semaines d'absence.

Le 11 novembre 1853, le docteur, accompagné de vingt-sept Makalolos, quitta Linyanti, et, le 27 décembre, il atteignit l'embouchure du Leeba. Ce cours d'eau fut remonté jusqu'au territoire des Balondas, là où il reçoit le Makondo, qui vient de l'est. C'était la première fois qu'un homme blanc pénétrait dans cette région.

Le 14 janvier, Livingstone entrait à la résidence de Shinté, le plus puissant souverain des Balondas, qui lui faisait bon accueil, et, le 26 du même mois, après avoir traversé le Leeba, il arrivait chez le roi Katéma. Là, bonne réception encore, et départ de la petite troupe, qui, le 20 février, campa sur les bords du lac Dilolo.

A partir de ce point, pays difficile, exigences des indigènes, attaques des tribus, révolte de ses compagnons, menaces de mort, tout conspira contre Livingstone, et un homme moins énergique eût abandonné la partie. Le docteur résista, et, le 4 avril, il atteignait les rives du Coango, vaste cours d'eau qui forme la frontière est des possessions portugaises, et va se jeter au nord dans le Zaire.

Six jours après, Livingstone entrait à Cassange, où le traitant Alvez l'avait vu à son passage, et, le 31 mai, il arrivait à Saint-Paul de Loanda. Pour la première fois et après deux ans de voyage, l'Afrique venait d'être obliquement traversée du sud à l'ouest.

Ce fut le 24 septembre de la même année que David Livingstone quitta Loanda. Il longea la rive droite de cette Coanza qui avait été si funeste à Dick Sand et aux siens, parvint au confluent du Lombé, croisant de nombreuses caravanes d'esclaves, repassa par Cassange, en partit le 20 février, traversa le Coango et atteignit le Zambèze à Kawawa. Le 8 juin, il retrouvait le lac Dilolo, revoyait Shinté, descendait le Zambèze et rentrait à Linyanti, qu'il quittait le 3 novembre 1855.

Cette seconde partie du voyage, qui allait ramener le docteur vers la côte orientale, devait lui faire achever complétement cette traversée de l'Afrique de l'ouest à l'est.

Après avoir visité les fameuses chutes Victoria, la « fumée tonnante », David Livingstone abandonna le Zambèze pour prendre la direction du nord-est. Passage à travers le territoire des Batokas, indigènes abrutis par l'inhalation du chanvre, visite à Sémalemboué, chef puissant de la région, traversée du Kafoué, reprise du Zambèze, visite au roi Mbourouma, vue des ruines de Zumbo, ancienne ville portugaise, rencontre du chef Mpendé, le 17 janvier 1856, alors en guerre avec les Portugais, enfin arrivée à Tété, sur les bords du Zambèze, le 2 mars, tels furent les principales étapes de cet itinéraire.

Le 22 avril, Livingstone quittait cette station, riche autrefois, descendait jusqu'au delta du fleuve, et arrivait à Quilimané, à son embouchure, le 20 mai, quatre ans après avoir quitté le Cap. Le 12 juillet, il s'embarquait pour Maurice, et, le 22 décembre, il était de retour en Angleterre, après seize ans d'absence.

Prix de la Société de Géographie de Paris, grande médaille de la Société de Géographie de Londres, réceptions brillantes, rien ne manqua à l'illustre voyageur. Un autre eût peut-être pensé que le repos lui était bien dû. Le docteur ne le pensa pas, et parti le 1er mars 1858, accompagné de son frère Charles, du capitaine Bedindfield, des docteurs Kirk et Meller, de MM. Thornton et Baines, il arriva en mai sur la côte de Mozambique, ayant pour objectif de reconnaître le bassin du Zambèze.

Tous ne devaient pas revenir de ce voyage.

Un petit steamer, le *Ma-Robert*, permit aux explorateurs de remonter le grand fleuve par la bouche de Kongoné. Ils arrivèrent à Tété le 8 septembre. Reconnaissance du bas cours du Zambèze et du Chiré, son affluent de gauche, en janvier 1859, visite du lac Chiroua en avril, exploration du territoire des Manganjas, découverte du lac Nyassa, le 10 septembre, retour aux chutes Victoria le 9 août 1860, arrivée de l'évêque Mackensie et de ses missionnaires à l'embouchure du Zambèze le 31 janvier 1861, exploration du Rovouma sur le *Pionnier* en mars, retour au lac Nyassa en septembre 1861, et résidence jusqu'à la fin d'octobre; arrivée, le 30 janvier 1862, de Mme Livingstone et d'un second steamer, le *Lady Nyassa*, tels furent les faits qui marquèrent les premières années de cette nouvelle expédition. A ce moment, l'évêque Mackensie et l'un des missionnaires avaient déjà succombé aux intempéries du climat, et, le 27 avril, Mme Livingstone mourait dans les bras de son mari.

En mai, le docteur tenta une seconde reconnaissance du Rovouma, puis, à la fin de novembre, il rentrait dans le Zambèze, remontait le Chiré, perdait, en avril 1863, son compagnon Thornton, renvoyait en Europe son frère Charles et le docteur Kirk, épuisés par les maladies, et le 10 novembre, pour la troisième fois, il revoyait le Nyassa, dont il complétait l'hydrographie. Trois mois après, il se retrouvait à l'embouchure du Zambèze, passait à Zanzibar, et, le 20 juillet 1864, après cinq ans d'absence, il arrivait à Londres, où il publiait son ouvrage intitulé : *Exploration du Zambèze et de ses affluents.*

Le 28 janvier 1866, Livingstone débarquait de nouveau à Zanzibar. C'était son quatrième voyage qui commençait!

Le 8 août, après avoir assisté aux horribles scènes que provoquait la traite des esclaves dans cette contrée, le docteur, n'emmenant, cette fois, que quelques cipayes et quelques nègres, se retrouvait à Mokalaosé, sur les bords du Nyassa. Six semaines plus tard, la plupart des hommes de l'escorte prenaient la fuite, revenaient à Zanzibar, et y répandaient faussement le bruit de la mort de Livingstone.

Lui, cependant, ne reculait pas. Il voulait visiter le pays compris entre le Nyassa et le lac Tanganyîka. Le 10 décembre, guidé par quelques indigènes, il traversa la rivière Loangoua, et, le 2 avril 1867, il découvrit le lac Liemmba. Là, il resta un mois entre la vie et la mort. A peine rétabli, le 30 août, il atteignit le lac Moéro, dont il visita la rive septentrionale, et, le 21 novembre, il entrait dans la ville de Cazembé, où il demeura quarante jours, pendant lesquels il renouvela deux fois son exploration du lac Moéro.

De Cazembé, Livingstone pointa vers le nord, dans le dessein d'atteindre l'importante ville d'Oujiji, sur le Tanganyîka. Surpris par des crues, abandonné de ses guides, il dut revenir à Cazembé, redescendit au sud, le 6 juin, et, six semaines après, gagna le grand lac Bangouéolo. Il y resta jusqu'au 9 août et chercha alors à remonter vers le Tanganyîka.

Quel voyage! A partir du 7 janvier 1869, la faiblesse de l'héroïque docteur était telle qu'il fallait le porter. En février, il atteignit enfin le lac et arriva à Oujiji, où il trouvait quelques objets envoyés à son adresse par la compagnie orientale de Calcutta.

Livingstone n'avait plus qu'une idée alors, gagner les sources ou la vallée du Nil en remontant le Tanganyîka. Le 21 septembre, il était à Bambarré, dans le Manyouéma, contrée des cannibales, et arrivait au Loualâba, — ce Loualâba que Cameron allait soupçonner et Stanley découvrir n'être que le haut Zaire ou Congo. A Mamohéla, le docteur fut quatre-vingts jours malade, n'ayant que trois serviteurs. Le 21 juillet 1871, il repartait enfin pour le Tanganyîka, et, le 23 octobre seulement, il rentrait à Oujiji. Ce n'était plus qu'un squelette.

Cependant, avant cette époque, on était depuis longtemps sans nouvelles du voyageur. En Europe, on pouvait le croire mort. Lui-même avait presque perdu l'espoir d'être jamais secouru.

Onze jours après sa rentrée à Oujiji, le 3 novembre, des coups de fusil éclatent à un quart de mille du lac. Le docteur arrive. Un homme, un blanc, est devant lui.

Leurs mains se serrèrent avec effusion. (Page 320.)

« Le docteur Livingstone, je présume?

— Oui, » répondit celui-ci en soulevant sa casquette, et avec un bienveillant sourire.

Leurs mains se serrèrent avec effusion.

« Je remercie Dieu, reprit l'homme blanc, de ce qu'il m'a permis de vous rencontrer.

— Je suis heureux, dit Livingstone, d'être ici pour vous recevoir. »

Le blanc était l'Américain Stanley, reporter du *New-York Herald*, que M. Bennett, directeur du journal, venait d'envoyer à la recherche de David Livingstone.

Pourquoi prenait-il cette direction ? (Page 325.)

Au mois d'octobre 1870, cet Américain, sans une hésitation, sans une phrase, simplement, en héros, s'était embarqué à Bombay pour Zanzibar, et, reprenant à peu près l'itinéraire de Speke et Burton, après des misères sans nombre, sa vie plusieurs fois menacée, il arrivait à Oujiji.

Les deux voyageurs, devenus deux amis, firent alors une expédition au nord du Tanganyîka. Ils s'embarquèrent, poussèrent jusqu'au cap Magala, et, après une minutieuse exploration, furent d'avis que le grand lac avait pour déversoir un affluent du Loualâba. C'est ce que Cameron et Stanley lui-même allaient absolument déterminer quelques années après. Le 12 décembre, Livingstone et son compagnon étaient de retour à Oujiji.

Stanley se prépara à partir. Le 27 décembre, après huit jours de navigation, le docteur et lui arrivèrent à Ourimba, puis, le 23 février, ils entraient à Kouihara.

Le 12 mars fut le jour des adieux.

« Vous avez accompli, dit le docteur à son compagnon, ce que peu d'hommes auraient fait, et beaucoup mieux que certains grands voyageurs. Je vous en suis bien reconnaissant. Dieu vous conduise, mon ami, et qu'il vous bénisse !

— Puisse-t-il, dit Stanley, s'emparant de la main de Livingstone, vous ramener sain et sauf parmi nous, cher docteur. »

Stanley s'arracha vivement à cette étreinte, et se détourna pour ne pas montrer ses larmes.

« Adieu, docteur, cher ami, dit-il, d'une voix étouffée.

— Adieu ! » répondit faiblement Livingstone.

Stanley partit, et, le 12 juillet 1872, il débarquait à Marseille.

Livingstone allait reprendre ses recherches. Le 25 août, après cinq mois passés à Kouihara, accompagné de ses domestiques noirs, Souzi, Chouma et Amoda, de deux autres serviteurs, de Jacob Wainwright, et de cinquante-six hommes envoyés par Stanley, il se dirigea vers le sud du Tanganyîka.

Un mois après, la caravane arrivait à M'oura, au milieu d'orages provoqués par une sécheresse extrême. Puis vinrent les pluies, le mauvais vouloir des indigènes, la perte des bêtes de somme, tombant sous les piqûres de la tsétsé. Le 24 janvier 1873, la petite troupe était à Tchitounkoué. Le 27 avril, après avoir contourné à l'est le lac Bangouéolo, elle se dirigeait vers le village de Tchitambo.

Voilà le point où quelques traitants avaient laissé Livingstone. Voilà ce que savaient par eux Alvez et son collègue d'Oujiji. On était très-sérieusement fondé à croire que le docteur, après avoir exploré le sud du lac, s'aventurerait à travers le Loanda, et viendrait chercher dans l'ouest des contrées inconnues. De là à remonter vers l'Angola, à visiter ces régions infestées par la traite, à pousser jusqu'à Kazonndé, l'itinéraire semblait tout indiqué, et il était vraisemblable que Livingstone le suivrait.

C'est donc sur l'arrivée prochaine du grand voyageur que pouvait compter Mrs. Weldon, puisqu'au commencement de juin, il y avait plus de deux mois qu'il devait avoir atteint le sud du lac Bangouéolo.

Or, le 13 juin, la veille du jour où Negoro devait revenir réclamer à

Mrs. Weldon la lettre qui devait mettre cent mille dollars entre ses mains, une triste nouvelle se répandit, dont Alvez et les traitants n'eurent qu'à se réjouir.

Le 1er mai 1873, à l'aube naissante, le docteur David Livingstone était mort!

En effet, le 29 avril, la petite caravane avait atteint le village de Tchitambo, au sud du lac. On y apportait le docteur sur une civière. Le 30, dans la nuit, « sous l'influence d'une douleur excessive, il exhala cette plainte qu'on entendit à peine. « Oh! dear! dear! », et il retomba dans l'assoupissement.

Au bout d'une heure, il rappelait son serviteur Souzi, demandait quelques médicaments, puis murmurait d'une voix faible :

« C'est bien! Maintenant, vous pouvez vous en aller. »

Vers quatre heures du matin, Souzi et cinq hommes de l'escorte entraient dans la hutte du docteur.

David Livingstone, agenouillé près de son lit, la tête appuyée sur les mains, semblait être en prière.

Souzi lui posa doucement le doigt sur la joue : elle était froide.

David Livingstone n'était plus.

Neuf mois après, son corps, transporté par ses fidèles serviteurs au prix de fatigues inouïes, arrivait à Zanzibar, et, le 12 avril 1874, il était inhumé dans l'abbaye de Westminster, au milieu de ceux de ses grands hommes que l'Angleterre honore à l'égal de ses rois.

CHAPITRE XV

OU PEUT CONDUIRE UNE MANTICORE.

A quelle planche de salut un malheureux ne se raccroche-t-il pas! Quelle lueur d'espoir, si vague qu'elle soit, les yeux du condamné ne cherchent-ils pas à surprendre!

Il en avait été ainsi de Mrs. Weldon, et l'on comprendra ce qu'elle dut éprouver, lorsqu'elle apprit, de la bouche même d'Alvez, que le docteur Livingstone venait de succomber dans un petit village du Bangouéolo. Il lui sembla qu'elle était plus isolée que jamais, qu'une sorte de lien qui la rattachait au voyageur, et avec lui au monde civilisé, venait de se rompre. La planche de salut fuyait sous sa main, la lueur d'espoir s'éteignait à ses yeux. Tom et ses compagnons avait quitté Kazonndé pour la région des lacs. D'Hercule, pas la moindre nouvelle. Mrs. Weldon ne pouvait décidément compter sur personne... Il lui fallait donc en revenir à la proposition de Negoro, en essayant de l'amender et d'en assurer le résultat définitif.

Le 14 juin, au jour fixé par lui, Negoro se présentait à la hutte de Mrs. Weldon.

Le Portugais fut, comme toujours, ainsi qu'il le disait, parfaitement pratique. Il n'eut rien à céder d'ailleurs sur l'importance de la rançon que sa prisonnière ne discuta même pas. Mais Mrs. We'don se montra très-pratique aussi en lui disant :

« Si vous voulez faire une affaire, ne la rendez pas impossible par des conditions inacceptables. L'échange de notre liberté contre la somme que vous exigez peut s'obtenir sans que mon mari vienne dans un pays où vous voyez ce qu'on peut faire d'un blanc! Or, à aucun prix je ne veux qu'il y vienne! »

Après quelque hésitation, Negoro se rendit, et Mrs. Weldon finit pas obtenir que James Weldon ne s'aventurerait pas jusqu'à Kazonndé. Un navire le déposerait à Mossamédès, petit port de la côte au sud de l'Angola, ordinairement fréquenté par les négriers et très-connu de Negoro. C'est là que le Portugais amènerait James W. Weldon, et, à une époque déterminée, les agents d'Alvez y conduiraient Mrs. Weldon, Jack et le cousin Bénédict. La somme serait versée à ces agents contre la remise des prisonniers, et Negoro, qui aurait joué vis-à-vis de James Weldon le rôle d'un parfait honnête homme, disparaîtrait à l'arrivée du navire.

C'était un point très-important qu'avait obtenu Mrs. Weldon. Elle évitait à son mari les dangers d'un voyage à Kazonndé, les risques d'y être retenu, après avoir versé la rançon exigée, ou les périls du retour. Quant aux six cents milles qui séparaient Kazonndé de Mossamédès, à les faire dans les conditions où elle avait voyagé en quittant la Coanza, Mrs. Weldon ne devait redouter qu'un peu de fatigue, et d'ailleurs, l'intérêt d'Alvez, — car il était dans l'affaire, — voulait que les prisonniers arrivassent sains et saufs.

Les choses ainsi convenues, Mrs. Weldon écrivit à son mari dans ce sens, laissant provisoirement à Negoro le soin de se poser en serviteur dévoué, qui avait pu échapper aux indigènes. Negoro prit la lettre, qui ne permettait pas à James Weldon d'hésiter à le suivre jusqu'à Mossamédès, et, le lendemain, escorté d'une vingtaine de noirs, il remontait vers le nord. Pourquoi prenait-il cette direction? Negoro avait-il donc l'intention d'aller s'embarquer sur un des navires qui fréquentent les bouches du Congo et d'éviter par là les stations portugaises, ainsi que les pénitenciers dont il avait été l'hôte involontaire? C'est probable. Ce fut, du moins, la raison qu'il donna à Alvez.

Après son départ, Mrs. Weldon dut donc arranger son existence de manière à passer le moins mal possible le temps que durerait son séjour à Kazonndé. C'étaient trois ou quatre mois, en admettant les chances les plus favorables. L'aller et le retour de Negoro n'exigeaient pas moins.

L'intention de Mrs. Weldon n'était point de quitter la factorerie. Son enfant, cousin Bénédict et elle s'y trouvaient relativement en sûreté. Les bons soins d'Halima adoucissaient un peu les rigueurs de cette séquestration. Il était d'ailleurs vraisemblable que le traitant ne lui aurait pas permis d'abandonner l'établissement. La grosse prime que devait lui procurer le rachat de la prisonnière valait bien la peine qu'on la gardât sévèrement. Il se trouvait même heureux qu'Alvez ne fût pas obligé de quitter Kazonndé pour visiter ses deux autres factoreries de Bihé et de Cassange. Coïmbra était allé le remplacer dans l'expédition de nouvelles razzias, et il n'y avait aucun motif pour regretter la présence de cet ivrogne.

Au surplus, Negoro, avant de partir, avait fait à Alvez les plus pressantes recommandations au sujet de Mrs. Weldon. Il importait de la surveiller rigoureusement. On ne savait ce qu'était devenu Hercule. S'il n'avait pas péri dans cette redoutable province de Kazonndé, peut-être tenterait-il de se rapprocher de la prisonnière et de l'arracher aux mains d'Alvez. Le traitant avait parfaitement compris une situation qui se chiffrait par un bon nombre de dollars. Il répondait de Mrs. Weldon comme de sa propre caisse.

La vie monotone de la prisonnière, pendant les premiers jours de son arrivée à la factorerie, se continua donc. Ce qui se passait dans cette enceinte reproduisait très-exactement les divers actes de l'existence indigène au dehors. Alvez ne suivait pas d'autres usages que ceux des natifs de Kazonndé. Les femmes de l'établissement travaillaient comme elles l'eussent fait dans la ville pour le plus grand agrément de leurs époux ou de leurs maîtres. Le riz à préparer à grands coups de pilons dans des mortiers de bois jusqu'à parfaite décortication; le mondage et le vannage du maïs, et toutes les manipulations nécessaires à en retirer une substance granuleuse qui sert à composer ce potage nommé « mtyellé » dans le pays; la récolte du sorgho, espèce de grand millet, dont la déclaration de maturité venait d'être solennellement faite à cette époque; l'extraction de cette huile odorante des drupes du « mpafou », sortes d'olives dont l'essence forme un parfum recherché des indigènes; le filage du coton, dont les fibres sont tordues au moyen d'un fuseau long d'un pied et demi auquel les fileuses impriment un rapide mouvement de rotation; la fabrication au maillet d'étoffes d'écorce; l'extraction des racines de manioc, et la préparation de la terre pour les divers produits de la contrée : cassave, farine que l'on retire du manioc, fèves dont les gousses, longues de quinze pouces, nommées « mositsanés », viennent sur des arbres hauts de vingt pieds, arachides destinées à faire de l'huile, pois vivaces d'un bleu clair, connus sous le nom de « tchilobés », dont les fleurs relèvent le goût un peu fade de la bouillie de sorgho, café indigène, cannes à sucre, dont le jus se réduit en sirop, oignons, goyaves, sésame, concombres, dont les graines se font griller comme des châtaignes; préparation des boissons fermentées, le « malofou », fait avec des bananes, le « pombé » et autres liqueurs; soins des animaux domestiques, de ces vaches qui ne se laissent traire qu'en présence de leur petit ou d'un veau empaillé, de ces génisses de petite race, à courtes cornes, dont quelques-unes ont une bosse, de ces chèvres qui, dans la contrée où leur chair sert à l'alimentation, sont un important objet d'échange, on pourrait dire une monnaie courante comme l'esclave; enfin entretien des volailles, porcs, moutons, bœufs, etc.; — cette longue énumération montre quels rudes labeurs incombent au sexe faible dans ces régions sauvages du continent africain.

Pendant ce temps, les hommes fument le tabac ou le chanvre, chassent l'éléphant ou le buffle, se louent au compte des traitants pour les razzias. Récolte de maïs ou d'esclaves, c'est toujours une récolte qui se fait en des saisons déterminées.

De ces diverses occupations, Mrs. Weldon ne connaissait donc à la factorerie d'Alvez que la part dévolue aux femmes. Quelquefois, elle s'arrêtait, les regardant, pendant que celles-ci, il faut bien le dire, ne lui répondaient que par des grimaces peu engageantes. Un instinct de race portait ces malheureuses à haïr une blanche, et, dans leur cœur, on n'eût trouvé aucune commisération pour elle. La seule Halima faisait exception, et Mrs. Weldon, ayant retenu certains mots de la langue indigène, arriva bientôt à pouvoir échanger quelques paroles avec la jeune esclave.

Le petit Jack accompagnait souvent sa mère, lorsque celle-ci se promenait dans l'enceinte, mais il aurait bien voulu aller au dehors. Il y avait là, pourtant, dans un énorme baobab, des nids de marabouts, formés de quelques baguettes, et des nids de « souimangas », à plastron et à gorge écarlates, qui ressemblent à ceux des tisserins; puis des « veuves », qui dépouillaient les chaumes au profit de leur famille; des « calaos », dont le chant était agréable; des perroquets gris clair à queue rouge, qui, dans le Manyema, s'appellent « rouss », et donnent leur nom aux chefs des tribus; des « drougos » insectivores, semblables à des linottes grises qui auraient un gros bec rouge. Çà et là, voltigeaient aussi des centaines de papillons d'espèces différentes, surtout dans le voisinage des ruisseaux qui traversaient la factorerie; mais c'était plutôt l'affaire de cousin Bénédict que celle du petit Jack, et celui-ci regrettait bien de ne pas être plus grand, afin de regarder par-dessus les murs. Hélas! où était son pauvre ami Dick Sand, lui qui l'emmenait si haut dans la mâture du *Pilgrim!* Comme il l'eût suivi sur les branches de ces arbres dont la cime s'élevait à plus de cent pieds! Quelles bonnes parties ils auraient faites ensemble!

Cousin Bénédict, lui, se trouvait toujours très-bien où il était, pourvu que les insectes ne lui fissent pas défaut. Il avait heureusement découvert à la factorerie, — et il étudiait, autant qu'il le pouvait, sans loupe ni lunettes, — une abeille minuscule qui formait ses alvéoles entre les vermoulures du bois, et un « sphex » qui pond ses œufs dans des cellules qui ne sont pas à lui, comme fait le coucou dans le nid des autres. Les moustiques ne manquaient pas non plus, au bord des rivulettes, et ils le tatouaient de piqûres au point de le rendre méconnaissable. Et lorsque Mrs. Weldon lui reprochait de se laisser ainsi dévorer par ces malfaisants insectes :

« C'est leur instinct, cousine Weldon, lui répondait-il en se grattant jusqu'au sang, c'est leur instinct, et il ne faut pas leur en vouloir! »

Enfin, un jour, — c'était le 17 juin, — cousin Bénédict fut sur le point d'être le plus heureux des entomologistes. Mais cette aventure, qui eut des conséquences inattendues, veut être racontée avec quelques détails.

Il était environ onze heures du matin. Une insoutenable chaleur avait obligé les habitants de la factorerie à se tenir dans leurs huttes, et l'on n'eût pas même rencontré un seul indigène dans les rues de Kazonndé.

Mrs. Weldon était assoupie près du petit Jack, qui dormait.

Mrs. Weldon était assoupie près du petit Jack qui dormait. (Page 327.)

Cousin Bénédict, lui-même, subissant l'influence de cette température tropicale, avait renoncé à ses chasses favorites, – ce qui ne laissait pas de lui être très-sensible, car, dans ces rayons du soleil de midi, il entendait bruire tout un monde d'insectes. Il s'était donc réfugié, à son grand regret, au fond de sa hutte, et, là, le sommeil commençait à s'emparer de lui dans cette sieste involontaire.

Soudain, comme ses yeux se fermaient à demi, il entendit un frémissement, c'est-à-dire un de ces insupportables bourdonnements d'insectes, dont quelques-uns peuvent donner quinze ou seize mille battements d'ailes à la seconde.

« Un hexapode! » s'écria cousin Bénédict, mis aussitôt en éveil, et passant de la position horizontale à la position verticale.

Il s'arrêta à l'extrémité même de son appendice nasal. (Page 331.)

Que ce fût un hexapode qui bourdonnait dans sa hutte, il n'y avait point à en douter. Mais si cousin Bénédict était très-myope, il avait du moins l'ouïe très-fine, à ce point même qu'il pouvait reconnaître un insecte d'un autre rien qu'à l'intensité de son bourdonnement, et il lui sembla que celui-ci lui était inconnu, bien qu'il ne pût être produit que par un géant de l'espèce.

« Quel est cet hexapode? » se demanda cousin Bénédict.

Et le voilà, cherchant à apercevoir l'insecte, ce qui était bien difficile à ses yeux sans lunettes, mais essayant surtout de le reconnaître au frémissement de ses ailes.

Son instinct d'entomologiste l'avertit qu'il y avait là quelque beau coup à faire, et que l'insecte, si providentiellement entré dans sa hutte, ne devait pas être le premier venu.

Cousin Bénédict, dressé sur son séant, ne bougeait plus. Il écoutait. Quelques rayons de soleil pénétraient jusqu'à lui. Ses yeux découvrirent alors un gros point noir qui voltigeait, mais qui ne passait point assez près pour qu'il pût le reconnaître. Il retenait sa respiration, et, s'il se sentait piqué en quelque endroit de la figure ou des mains, il était décidé à ne pas faire un seul mouvement qui pût mettre son hexapode en fuite.

Enfin, l'insecte bourdonnant, après avoir tourné longtemps autour de lui, vint se poser sur sa tête. La bouche de cousin Bénédict s'élargit un instant, comme pour ébaucher un sourire, et quel sourire! Il sentait le léger animal courir sur ses cheveux. Une envie irrésistible d'y porter la main le saisit un instant; mais il y résista et fit bien.

« Non, non! pensa-t-il; je le manquerais, ou, ce qui serait pis, je lui ferais du mal. Laissons-le venir plus à portée! Le voilà qui marche! Il descend. Je sens ses pattes mignonnes courir sur mon crâne! Ce doit être un hexapode de belle taille. Mon Dieu! faites seulement qu'il descende sur le bout de mon nez, et là, en louchant un peu, je pourrai peut-être le voir, et déterminer à quel ordre, genre, espèce ou variété il appartient! »

Ainsi pensait cousin Bénédict. Mais il y avait loin de son crâne, qui était assez pointu, au bout de son nez, qui était fort long. Que d'autres chemins le capricieux insecte pouvait prendre, du côté des oreilles, du côté du sinciput, chemins qui l'écarteraient des yeux du savant, sans compter qu'à chaque instant il pouvait reprendre son vol, quitter la hutte, se perdre dans ces rayons solaires où se passait sa vie, sans doute, et au milieu du bruissement de ses congénères, qui devaient l'attirer au dehors!

Cousin Bénédict se dit tout cela. Jamais, dans toute sa vie d'entomologiste, il n'avait passé de plus émouvantes minutes. Un hexapode africain, d'espèce ou tout au moins de variété, ou même de sous-variété nouvelle, était là sur sa tête, et il ne pouvait le reconnaître qu'à la condition qu'il daignât se promener à moins d'un pouce de ses yeux.

Cependant, la prière de cousin Bénédict devait être exaucée. L'insecte, après avoir cheminé sur cette chevelure à demi hérissée, comme au sommet de quelque buisson inculte, commença à descendre les revers frontaux de cousin Bénédict, et celui-ci put concevoir enfin l'espérance qu'il s'aventurerait au sommet de son nez. Une fois arrivé à ce sommet, pourquoi ne descendrait-il pas vers les bases?

« Moi, à sa place, je descendrais, » pensait le digne savant.

Ce qui est plus vrai, c'est qu'à la place du cousin Bénédict, tout autre se fût appliqué une violente claque sur le front, afin d'écraser l'agaçant insecte, ou tout au moins de le mettre en fuite. Sentir six pattes se démener sur sa peau, sans parler de la crainte d'être piqué, et ne pas faire un geste, on conviendra que c'était tout bonnement de l'héroïsme. Le Spartiate se laissant dévorer la poitrine par un renard, le Romain gardant entre ses doigts des charbons ardents, n'étaient pas plus maîtres d'eux-mêmes que Cousin Bénédict, qui descendait incontestablement de ces deux héros.

L'insecte, après vingt petits circuits, arriva au sommet du nez. Il y eut là un instant d'hésitation qui fit affluer à son cœur tout le sang de cousin Bénédict. L'hexapode remonterait-il au delà de la ligne des yeux ou descendrait-il au-dessous?

Il descendit. Cousin Bénédict sentit ses pattes velues se développer vers les bases de son nez. L'insecte ne prit ni à droite ni à gauche. Il demeura entre les deux ailes frémissantes, sur l'arête légèrement busquée de ce nez de savant, si bien disposé pour porter des lunettes. Il franchit le petit creux produit par l'usage incessant de cet instrument d'optique qui manquait tant au pauvre cousin, et il s'arrêta à l'extrémité même de son appendice nasal.

C'était la meilleure place que cet hexapode pût choisir. A cette distance, les deux yeux du cousin Bénédict, en faisant converger leur rayon visuel, pouvaient, comme deux lentilles, darder sur l'insecte leur double regard.

« Dieu tout puissant! s'écria cousin Bénédict, qui ne put retenir un cri, la manticore tuberculeuse! »

Or, il ne fallait pas le crier, il fallait le penser seulement! Mais n'eût-ce pas été trop demander au plus enthousiaste des entomologistes?

Avoir sur le bout de son nez une manticore tuberculeuse à larges élytres, un insecte de la tribu des Cicindélètes, échantillon très-rare dans les collections, qui semble spécial à ces parties méridionales de l'Afrique, et ne pas pousser un cri d'admiration, cela est au-dessus des forces humaines!

Malheureusement, la manticore entendit ce cri, qui fut presque aussitôt suivi d'un éternument, lequel secoua l'appendice sur lequel elle reposait. Cousin Bénédict voulut s'en emparer, tendit la main, la ferma violemment, et ne parvint à saisir que le bout de son propre nez.

« Malédiction! » s'écria-t-il.

Mais alors il montra un sang-froid remarquable.

Il savait que la manticore tuberculeuse ne fait que volcter, pour ainsi dire, qu'elle marche plutôt qu'elle ne vole. Il se mit donc à genoux et parvint à apercevoir, à moins de dix pouces de ses yeux, le point noir qui glissait rapidement dans un rayon de soleil.

Mieux valait, évidemment, l'étudier dans cette allure indépendante. Seulement, il ne fallait pas le perdre de vue.

« Saisir la manticore, ce serait risquer de l'écraser! se dit cousin Bénédict. Non! Je la suivrai! Je l'admirerai! J'ai tout le temps de la prendre! »

Cousin Bénédict avait il tort? Quoi qu'il en soit, le voilà donc à quatre pattes, le nez au sol, comme un chien qui sent une piste, et suivant à sept ou huit pouces en arrière le superbe hexapode. Un instant après, il était hors de sa hutte, sous le soleil de midi, et, quelques minutes plus tard, au pied de la palissade qui fermait l'établissement d'Alvez.

En cet endroit, la manticore allait-elle d'un bond franchir l'enceinte, et mettre un mur entre son adorateur et elle? Non, ce n'eût pas été dans sa nature, et cousin Bénédict le savait bien. Aussi était-il toujours là, rampant comme une couleuvre, trop loin pour reconnaître entomologiquement l'insecte, — d'ailleurs, c'était fait, — mais assez près pour toujours apercevoir ce gros point mouvant qui cheminait sur le sol.

La manticore, arrivée près de la palissade, avait rencontré le large boyau d'une taupinière qui s'ouvrait au pied de l'enceinte. Là, sans hésiter, elle fila dans cette galerie souterraine, car il est dans ses habitudes de rechercher ces conduits obscurs. Cousin Bénédict crut qu'il allait la perdre de vue. Mais, à sa grande surprise, le boyau était large de deux pieds au moins, et la taupinière formait une sorte de galerie où son long corps maigre put s'engager. Il mettait, d'ailleurs, à cette poursuite l'ardeur d'un furet, et ne s'aperçut pas même qu'en se « terrant » ainsi, il passait au-dessous de la palissade. En effet, la taupinière établissait une communication naturelle entre le dedans et le dehors. En une demi-minute, cousin Bénédict fut hors de la factorerie. Ce n'était pas là de quoi le préoccuper. Il était tout à son admiration pour l'élégant insecte qui le guidait. Mais celui-ci, sans doute, avait assez de cette longue marche. Ses élytres s'écartèrent, ses ailes se déployèrent. Cousin Bénédict sentit le danger, et, de sa main retournée, il allait faire à la manticore une prison provisoire, quand, frrrr!... elle s'envola.

Quel désespoir! Mais la manticore ne pouvait aller loin. Cousin Bénédict se leva, il regarda, il s'élança les deux mains tendues et ouvertes...

L'insecte voletait au-dessus de sa tête, et il n'apercevait plus qu'un gros point noir, sans forme appréciable pour lui.

La manticore viendrait-elle se reposer de nouveau à terre, après avoir tracé quelques cercles capricieux autour du chef hérissé de cousin Bénédict? Toutes les présomptions étaient pour qu'il en fût ainsi.

Malheureusement pour l'infortuné savant, cette partie de l'établissement d'Alvez, qui était situé à l'extrémité nord de la ville, confinait à une vaste forêt, qui couvrait le territoire de Kazonndé sur un espace de plusieurs milles carrés. Si la manticore gagnait le couvert des arbres, et si, là, elle se mettait à voleter de branche en branche, il fallait renoncer à tout espoir de la faire figurer dans la fameuse boîte de fer-blanc, dont elle eût été le plus précieux joyau.

Hélas! ce fut ce qui arriva. La manticore avait repris son point d'appui sur le sol. Cousin Bénédict, ayant eu l'inespérée chance de la revoir, se précipita aussitôt la face contre terre. Mais la manticore ne marchait plus. Elle procédait par petits sauts.

Cousin Bénédict, épuisé, les genoux et les ongles en sang, sauta aussi. Ses deux bras, mains ouvertes, se détendaient à droite, à gauche, suivant que le point noir bondissait ici ou là. On eût dit qu'il tirait sa coupe sur ce sol brûlant, comme fait un nageur à la surface de l'eau.

Peine inutile! Ses deux mains se refermaient toujours à vide. L'insecte lui échappait en se jouant, et bientôt, arrivé sous la fraîche ramure, il s'éleva, après avoir lancé à l'oreille du cousin Bénédict, qu'il frôla, le bourdonnement plus intense, mais plus ironique aussi, de ses ailes de coléoptère.

« Malédiction! s'écria une seconde fois cousin Bénédict! Elle m'échappe! Ingrat hexapode! Toi à qui je réservais une place d'honneur dans ma collection! Eh bien, non! je ne t'abandonnerai pas! Je te poursuivrai jusqu'à ce que je t'atteigne!... »

Il oubliait, le déconfit cousin, que ses yeux de myope ne lui permettaient pas d'apercevoir la manticore au milieu du feuillage. Mais il ne se possédait plus. Le dépit, la colère le rendaient fou. C'était à lui, et rien qu'à lui qu'il devait s'en prendre de sa mésaventure! S'il se fût d'abord emparé de l'insecte, au lieu de le suivre « dans son allure indépendante », rien de tout cela ne serait arrivé, et il posséderait cet admirable échantillon des manticores africaines, dont le nom est celui d'un animal fabuleux qui aurait une tête d'homme et un corps de lion!

Cousin Bénédict avait perdu la tête. Il ne se doutait guère que la plus imprévue des circonstances venait de le rendre à la liberté. Il ne songeait pas que cette taupinière, dans laquelle il s'était engagé, lui avait ouvert une issue, et qu'il venait de quitter l'établissement d'Alvez. La forêt était là, et sous les arbres, sa manticore envolée! A tout prix, il voulait la ravoir.

Le voilà donc courant à travers cette épaisse forêt, n'ayant plus même conscience de ce qu'il faisait, s'imaginant toujours voir le précieux insecte, battant l'air de ses grands bras comme un gigantesque faucheux! Où il allait, comment il reviendrait, et s'il reviendrait, il ne se le demandait même pas, et, pendant un bon mille, il s'enfonça ainsi, au risque d'être rencontré par quelque indigène ou attaqué par quelque fauve.

Soudain, comme il passait près d'un hallier, un être gigantesque bondit et s'abattit sur lui. Puis, comme cousin Bénédict eût fait de la manticore, cet être le saisit d'une main à la nuque, de l'autre au bas du dos, et, sans avoir eu le temps de se reconnaître, il fut emporté à travers la futaie.

Vraiment, cousin Bénédict avait perdu ce jour-là une belle occasion de pouvoir se proclamer le plus heureux entomologiste des cinq parties du monde!

CHAPITRE XVI

UN MGANNGA

Lorsque Mrs. Weldon, dans cette journée du 17, ne vit pas reparaître cousin Bénédict à l'heure accoutumée, elle fut prise de la plus vive inquiétude. Ce qu'était devenu son grand enfant, elle ne pouvait se l'imaginer. Qu'il fût parvenu à s'échapper de la factorerie, dont l'enceinte était absolument infranchissable, ce n'était pas admissible. D'ailleurs, Mrs. Weldon connaissait son cousin. On eût proposé à cet original de s'enfuir, en abandonnant sa boîte de fer-blanc et sa collection d'insectes africains, qu'il aurait refusé sans l'ombre d'une hésitation. Or, la boîte était là, dans la hutte, intacte, contenant tout ce que le savant avait pu recueillir depuis son arrivée sur le continent. Supposer qu'il s'était volontairement séparé de ses trésors entomologiques, c'était inadmissible.

Et, cependant, cousin Bénédict n'était plus dans l'établissement de José Antonio Alvez !

Pendant toute cette journée, Mrs. Weldon le chercha obstinément. Le petit Jack et l'esclave Halima se joignirent à elle. Ce fut inutile.

Mrs. Weldon fut alors forcée d'adopter cette hypothèse peu rassurante : c'est que le prisonnier avait été enlevé par ordre du traitant et pour des motifs qui lui échappaient. Mais alors, qu'en avait fait Alvez? L'avait-il incarcéré dans un des baracons de la grande place? Pourquoi cet enlèvement, venant après la convention faite entre Mrs. Weldon et Negoro, convention qui comprenait cousin Bénédict au nombre des prisonniers que le traitant devait conduire à Mossamédès pour être remis, contre rançon, entre les mains de James W. Weldon?

Si Mrs. Weldon avait pu être témoin de la colère d'Alvez, lorsque celui-ci apprit la disparition du prisonnier, elle eût compris que cette disparition s'était bien faite contre son gré. Mais alors, si cousin Bénédict s'était évadé volontairement, pourquoi ne l'avait-il pas mise dans le secret de son évasion?

Toutefois, les recherches d'Alvez et de ses serviteurs, qui furent faites avec le plus grand soin, amenèrent la découverte de cette taupinière, qui mettait la factorerie en communication directe avec la forêt voisine. Le traitant ne mit plus en doute que le « coureur de mouches » ne se fût envolé par cette étroite ouverture. On juge donc de sa fureur, quand il se dit que cette fuite serait sans doute mise à son compte et diminuerait d'autant la prime qu'il devait toucher dans l'affaire.

« Il ne valait pas grand'chose, cet imbécile, pensait-il, et, cependant, on me le fera payer cher ! Ah! si je le reprends !... »

Mais, malgré les recherches qui furent faites à l'intérieur, et bien que les bois eussent été battus dans un large rayon, il fut impossible de retrouver aucune trace du fugitif. Mrs. Weldon dut se résigner à la perte de son cousin, et Alvez faire son deuil du prisonnier. Comme on ne pouvait admettre que celui-ci eût établi des relations avec le dehors, il parut évident que le hasard seul lui avait fait découvrir l'existence de cette taupinière, et qu'il avait pris la fuite, sans plus penser à ceux qu'il laissait derrière lui que s'ils n'avaient jamais existé.

Mrs. Weldon fut forcée de s'avouer qu'il devait en être ainsi, mais elle ne songea même pas à en vouloir à ce pauvre homme, parfaitement inconscient de ses actes.

« Le malheureux ! que sera-t-il devenu ? » se demandait-elle.

Il fut emporté à travers la futaie. (Page 334.)

Il va sans dire que, le jour même, la taupinière avait été bouchée avec le plus grand soin, et que la surveillance redoubla au dedans comme au dehors de la factorerie.

La vie monotone des prisonniers se continua donc pour Mrs. Weldon et son enfant.

Cependant, un fait climatérique, très-rare à cette époque de l'année, s'était produit dans la province. Des pluies persistantes commencèrent vers le 19 juin, bien que la période de la masika, qui finit en avril, fût passée. En effet, le ciel s'était couvert, et des averses continuelles inondaient le territoire de Kazonndé.

Le Mgannga fit d'abord le tour de la grande place. (Page 339.)

Ce qui ne fut qu'un désagrément pour Mrs. Weldon, puisqu'elle dut renoncer à ses promenades à l'intérieur de la factorérie, devint un malheur public pour les indigènes. Les bas terrains, couverts de moissons déjà mûres, furent entièrement submergés. Les habitants de la province, auxquels la récolte manquait soudain, se virent bientôt aux abois. Tous les travaux de la saison étaient compromis, et la reine Moina, pas plus que ses ministres, ne savait comment faire face à la catastrophe.

On eut alors recours aux magiciens, mais non à ceux dont le métier est de guérir les malades par leurs incantations et sorcelleries, ou qui disent la bonne aventure aux indigènes. Il s'agissait là d'un malheur public, et les meilleurs

« mganngas », qui ont le privilége de provoquer ou d'arrêter les pluies, furent priés de conjurer le péril.

Ils y perdirent leur latin. Ils eurent beau entonner leur chant monotone, agiter leur double grelot et leurs clochettes, employer leurs plus précieuses amulettes, et plus particulièrement une corne, pleine de boue et d'écorces, dont la pointe se termine par trois petits cornillons, exorciser en lançant de petites boules de fiente ou en crachant à la face des plus augustes personnages de la cour, ils ne parvinrent point à chasser les mauvais esprits qui président à la formation des nuages.

Or, les choses allaient de mal en pis, lorsque la reine Moina eut la pensée de faire venir un célèbre mgannga qui se trouvait alors dans le nord de l'Angola. C'était un magicien de premier ordre, dont le savoir était d'autant plus merveilleux qu'on ne l'avait jamais mis à l'épreuve dans cette contrée où il n'était jamais venu. Mais il n'était question que de ses succès à l'endroit des masikas.

Ce fut le 25 juin, dans la matinée, que le nouveau mgannga annonça bruyamment son arrivée à Kazonndé avec de grands tintements de clochettes.

Ce sorcier vint tout droit à la tchitoka, et aussitôt la foule des indigènes de se précipiter vers lui. Le ciel était un peu moins pluvieux, le vent indiquait une tendance à changer, et ces symptômes de rassérénement, coïncidant avec l'arrivée du mgannga, prédisposaient les esprits en sa faveur.

C'était d'ailleurs un homme superbe, un noir de la plus belle eau. Il mesurait au moins six pieds et devait être extraordinairement vigoureux. Cette prestance imposa déjà à la foule.

Ordinairement, les sorciers se réunissent à trois, quatre ou cinq, lorsqu'ils parcourent les villages, et un certain nombre d'acolytes ou de compères leur font cortége. Ce mgannga était seul. Toute sa poitrine était zébrée de bigarrures blanches, faites à la terre de pipe. La partie inférieure de son corps disparaissait sous un ample jupon d'étoffe d'herbe, dont la « traîne » n'eût pas déparé une élégante moderne. Un collier de crânes d'oiseaux au cou, sur la tête une sorte de casque de cuir à plumets ornés de perles, autour des reins une ceinture de cuivre à laquelle pendaient quelques centaines de clochettes, plus bruyantes que le sonore harnachement d'une mule espagnole, ainsi était vêtu ce magnifique échantillon de la corporation des devins indigènes.

Tout le matériel de son art se composait d'une sorte de panier dont une calebasse formait le fond, et que remplissaient des coquilles, des amulettes, de petites idoles en bois et autres fétiches, plus une notable quantité de boules de fiente, accessoire important des incantations et pratiques divinatoires du centre de l'Afrique.

Une particularité qui fut bientôt reconnue de la foule, c'est que ce mgannga était muet; mais cette infirmité ne pouvait qu'accroître la considération dont on se disposait à l'entourer. Il ne faisait entendre qu'un son guttural, bas et traînant, qui n'avait aucune signification. Raison de plus pour être bien compris en matière de sortilége.

Le mgannga fit d'abord le tour de la grande place, exécutant une sorte de pavane qui mettait en branle tout son carillon de sonnettes. La foule le suivait en imitant ses mouvements. On eût dit une troupe de singes suivant un gigantesque quadrumane. Puis, soudain, le sorcier, enfilant la rue principale de Kazonndé, se dirigea vers la résidence royale.

Dès que la reine Moina eut été prévenue de l'arrivée du nouveau devin, elle parut, suivie de ses courtisans.

Le mgannga s'inclina jusque dans la poussière et releva la tête en déployant sa taille superbe. Ses bras s'étendirent alors vers le ciel, que sillonnaient rapidement des lambeaux de nuages. Ces nuages, le sorcier les désigna de la main; il imita leurs mouvements dans une pantomime animée; il les montra fuyant dans l'ouest, mais revenant à l'est par un mouvement de rotation qu'aucune puissance ne pouvait enrayer.

Puis, soudain, à la grande surprise de la ville et de la cour, ce sorcier prit par la main la redoutable souveraine de Kazonndé. Quelques courtisans voulurent s'opposer à cet acte contraire à toute étiquette; mais le vigoureux mgannga, saisissant le plus rapproché par la peau du cou, l'envoya rouler à quinze pas.

La reine ne parut point désapprouver cette fière façon d'agir. Une sorte de grimace, qui devait être un sourire, fut adressée au devin, lequel entraîna la reine d'un pas rapide, pendant que la foule se précipitait sur ses traces.

Cette fois, ce fut vers l'établissement d'Alvez que se dirigea le sorcier. Il en atteignit bientôt la porte, qui était fermée. Un simple coup de son épaule la jeta par terre, et il fit entrer la reine subjuguée dans l'intérieur de la factorerie.

Le traitant, ses soldats, ses esclaves étaient accourus pour châtier l'impudent qui se permettait de jeter bas les portes sans attendre qu'on les lui ouvrît. Toutefois, à la vue de la souveraine, qui ne protestait pas, ils s'arrêtèrent dans une attitude respectueuse.

Alvez, sans doute, allait demander à la reine ce qui lui procurait l'honneur de sa visite; mais le magicien ne lui en donna pas le temps, et, faisant reculer la foule de manière à laisser un large espace libre autour de lui, il recommença sa pantomime avec une animation plus grande encore. Il montra les nuages de la main, il les menaça, il les exorcisa, il fit le geste de les arrêter d'abord, de les écarter ensuite. Ses énormes joues se gonflèrent, et il souffla sur cet amas de lourdes vapeurs, comme s'il eût eu la force de les dissiper. Puis, se redressant, il sembla vouloir les arrêter dans leur course, et on eût dit que sa gigantesque taille allait lui permettre de les saisir.

La superstitieuse Moina, « empoignée », c'est le mot, par le jeu de ce grand comédien, ne se possédait plus. Des cris lui échappaient. Elle délirait à son tour et répétait instinctivement les gestes du mgannga. Les courtisans, la foule faisaient comme elle, et les sons gutturaux du muet se perdaient alors au milieu de ces chants, cris et hurlements, que fournit avec tant de prodigalité le langage indigène.

Les nuages cessèrent-ils de se lever sur l'horizon oriental et de voiler ce soleil des tropiques? S'évanouirent-ils devant les exorcismes du nouveau devin? Non. Et précisément, lorsque la reine et son peuple s'imaginaient réduire les esprits malfaisants qui les abreuvaient de tant d'averses, voilà que le ciel, un peu dégagé depuis l'aube, s'obscurcit plus profondément. De larges gouttes d'une pluie d'orage tombèrent en crépitant sur le sol.

Alors, un revirement se fit dans la foule. On s'en prit à ce mgannga qui ne valait pas mieux que les autres, et, à certain froncement de sourcils de la reine, on comprit qu'il risquait au moins ses oreilles. Les indigènes avaient resserré le cercle autour de lui; les poings le menaçaient, et on allait lui faire un mauvais parti, quand un incident imprévu changea le cours de ces dispositions hostiles.

Le mgannga, qui dominait de la tête toute cette foule hurlante, venait d'étendre le bras vers un point de l'enceinte. Ce geste fut si impérieux que tous se retournèrent.

Mrs. Weldon, le petit Jack, attirés par ce tumulte et ces clameurs, venaient de quitter leur hutte. C'était eux que le magicien, dans un mouvement de colère, désignait de la main gauche, tandis que sa droite se levait vers le ciel.

Eux, c'était eux! C'était cette blanche, c'était son enfant, qui causaient tout le mal! De là venait la source des maléfices! Ces nuages, ils les avaient amenés de leurs contrées pluvieuses pour inonder les territoires de Kazonndé!

On le comprit. La reine Moina, montrant Mrs. Weldon, fit un geste de menace. Les indigènes, proférant des cris plus terribles, se précipitèrent vers elle.

Mrs. Weldon se crut perdue, et saisissant son fils entre ses bras, elle demeura immobile comme une statue devant cette foule surexcitée.

Le mgannga alla vers elle. On s'écarta devant ce devin, qui, avec la cause du mal, semblait en avoir trouvé le remède.

Le traitant Alvez, pour qui la vie de la prisonnière était précieuse, s'approcha aussi, ne sachant trop que faire.

Le mgannga avait saisi le petit Jack, et, l'arrachant des bras de sa mère, il le tendit vers le ciel. On put croire qu'il allait lui briser la tête contre le sol pour apaiser les dieux!

Mrs. Weldon poussa un cri terrible, et tomba à terre, évanouie.

Mais le mgannga, après avoir adressé à la reine un signe, qui sans doute la rassura sur ses intentions, avait relevé la malheureuse mère, et il l'emportait avec son enfant, tandis que la foule, absolument dominée, s'écartait pour lui faire place.

Alvez, furieux, ne l'entendait pas ainsi. Après avoir perdu un prisonnier sur trois, puis voir s'échapper le dépôt confié à sa garde, et, avec le dépôt, la grosse prime que lui réservait Negoro, jamais, dût tout le territoire de Kazonndé s'abîmer sous un nouveau déluge! Il voulut s'opposer à cet enlèvement.

Ce fut contre lui alors que s'ameutèrent les indigènes. La reine le fit saisir par ses gardes, et, sachant ce qu'il pourrait lui en coûter, le traitant dut se tenir coi, tout en maudissant la stupide crédulité des sujets de l'auguste Moina.

Ces sauvages, en effet, s'attendaient à voir les nuages disparaître avec ceux qui les avaient attirés, et ils ne doutaient pas que le magicien ne voulût éteindre dans le sang des étrangers les pluies dont ils avaient tant souffert.

Cependant, le mgannga emportait ses victimes, comme un lion eût fait d'un couple de chevreaux qui ne pèse pas à sa gueule puissante, le petit Jack épouvanté, Mrs. Weldon sans connaissance, tandis que la foule, au dernier degré de la fureur, le suivait de ses hurlements; mais il sortit de l'enceinte, traversa Kazonndé, rentra sous la forêt, marcha pendant près de trois milles, sans que son pied faiblît un instant, et seul enfin, — les indigènes ayant compris qu'il ne voulait pas être suivi davantage, — il arriva près d'une rivière, dont le rapide courant fuyait vers le nord.

Là, au fond d'une large cavité, derrière les longues herbes pendantes d'un buisson qui cachaient la berge, était amarrée une pirogue, recouverte d'une sorte de chaume.

Le mgannga y descendit son double fardeau, repoussa du pied l'embarcation que le courant entraîna rapidement, et alors, d'une voix bien nette :

« Mon capitaine, dit-il, mistress Weldon et le petit Jack que je vous présente! En route, et que tous les nuages du ciel crèvent maintenant sur ces idiots de Kazonndé! »

CHAPITRE XVII

A LA DÉRIVE

C'était Hercule, méconnaissable sous son attifement de magicien, qui parlait ainsi, et c'était à Dick Sand qu'il s'adressait, — à Dick Sand, assez faible encore pour avoir besoin de s'appuyer sur le cousin Bénédict, près duquel Dingo était couché.

Mrs. Weldon, qui avait repris connaissance, ne put que prononcer ces mots :

« Toi! Dick! toi! »

Le jeune novice se releva, mais déjà Mrs. Weldon le pressait dans ses bras, et Jack lui prodiguait ses caresses.

« Mon ami Dick! mon ami Dick! » répétait le petit garçon.

Puis, se retournant vers Hercule :

« Et moi, ajouta-t-il, qui ne t'ai pas reconnu!

— Hein! quel déguisement! répondit Hercule, en se frottant la poitrine pour en effacer les bigarrures qui la zébraient.

— Tu étais trop vilain! dit le petit Jack.

— Dame! j'étais le diable, et le diable n'est pas beau!

— Hercule! dit Mrs. Weldon, en tendant sa main au brave noir.

— Il vous a délivrée, ajouta Dick Sand, comme il m'a sauvé, bien qu'il ne veuille pas en convenir.

— Sauvés! sauvés! Nous ne le sommes pas encore! répondit Hercule! Et, d'ailleurs, sans monsieur Bénédict qui est venu nous apprendre où vous étiez, mistress Weldon, nous n'aurions rien pu faire! »

C'était Hercule, en effet, qui, cinq jours avant, avait bondi sur le savant, au moment où, après avoir été entraîné à deux milles de la factorerie, celui-ci courait à la poursuite de sa précieuse manticore. Sans cet incident, ni Dick Sand ni le noir n'auraient connu la retraite de Mrs. Weldon, et Hercule n'eût pu s'aventurer à Kazonndé sous la défroque d'un magicien.

Pendant que la barque dérivait avec rapidité dans cette partie resserrée de la rivière, Hercule raconta ce qui s'était passé depuis sa fuite au campement de la Coanza; comment il avait suivi, sans se laisser voir, la kitannda où se trouvaient Mrs. Weldon et son fils; comment il avait retrouvé Dingo blessé; comment tous deux étaient arrivés aux environs de Kazonndé; comment un billet d'Hercule, porté par le chien, avait appris à Dick Sand ce qu'était devenue Mrs. Weldon; comment, après l'arrivée inattendue du cousin Bénédict, il avait essayé vainement de pénétrer dans la factorerie, plus sévèrement gardée que jamais; comment, enfin, il avait trouvé cette occasion d'arracher sa prisonnière à cet horrible José-Antonio Alvez. Or, cette occasion s'était offerte ce jour même. Un mgannga, en tournée de sorcellerie, — ce célèbre magicien si impatiemment attendu, — vint à passer à travers cette forêt dans laquelle Hercule rôdait chaque nuit, épiant, guettant, prêt à tout. Sauter sur le mgannga, le dépouiller de son attirail et de son vêtement de magicien, l'attacher au pied d'un arbre avec des nœuds de liane que les Davenport eux-mêmes n'auraient pu défaire, se peindre le corps en prenant le sorcier pour modèle, et jouer son rôle afin de conjurer les pluies, tout cela avait été l'affaire de quelques heures, mais il avait fallu l'incroyable crédulité des indigènes pour s'y laisser prendre.

Dans ce récit, rapidement fait par Hercule, il n'avait point été question de Dick Sand.

« Et toi, Dick? demanda Mrs. Weldon.

— Moi, mistress Weldon! répondit le jeune novice, je ne puis rien vous dire. Ma dernière pensée avait été pour vous, pour Jack!... J'ai vainement voulu rompre les liens qui m'attachaient au poteau... L'eau a dépassé ma tête... J'ai perdu connaissance... Lorsque je suis revenu à moi, un trou perdu dans les papyrus de cette berge me servait d'abri, et Hercule, à genoux, me prodiguait ses soins!

— Dame! puisque je suis médecin, répondit Hercule, devin, sorcier, magicien, diseur de bonne aventure!...

— Hercule, demanda Mrs. Weldon, dites-moi comment avez-vous pu sauver Dick Sand?

— Est-ce bien moi, mistress Weldon? répondit Hercule. Le courant n'a-t-il

Mrs. Weldon et son petit Jack que je vous présente. » (Page 342.)

pu briser le poteau auquel était lié notre capitaine, et, au milieu de la nuit, l'entraîner sur cette poutre où je l'ai recueilli à demi mort? D'ailleurs, était-il donc si difficile, dans ces ténèbres, de se glisser parmi les victimes qui tapissaient la fosse, d'attendre la rupture du barrage, de filer entre deux eaux, et, avec un peu de vigueur, d'arracher en un tour de main et notre capitaine et le poteau auquel ces coquins l'avaient lié! Il n'y avait là rien de bien extraordinaire! Le premier venu en eût fait tout autant. Tenez, monsieur Bénédict lui-même, ou Dingo! Au fait, pourquoi ne serait-ce pas Dingo?... »

Un jappement se fit entendre, et Jack, prenant la grosse tête du chien, lui donna de bonnes petites tapes d'amitié. Puis :

Deux heures après le barrage avait cédé. (Page 319.)

« Dingo, demanda-t il, est-ce toi qui as sauvé notre ami Dick ? »

Et, en même temps, il fit aller la tête du chien de gauche à droite.

« Il dit non, Hercule ! reprit Jack. Tu vois bien que ce n'est pas lui. — Dingo, est-ce Hercule qui a sauvé notre capitaine ? »

Et le petit garçon força la bonne tête de Dingo à se mouvoir cinq ou six fois de bas en haut.

« Il dit oui, Hercule ! Il dit oui ! s'écria le petit Jack. Tu vois donc bien que c'est toi !

— Ami Dingo, répondit Hercule en caressant le chien, c'est mal ! Tu m'avais promis, pourtant, de ne pas me trahir ! »

Oui! c'était bien Hercule qui avait joué sa vie pour sauver celle de Dick Sand. Mais, il était ainsi fait, et sa modestie ne lui permettait pas d'en convenir. D'ailleurs, il trouvait la chose toute simple, et il répéta que pas un de ses compagnons n'eût hésité à agir comme il avait agi en cette circonstance.

Cela amena Mrs. Weldon à parler du vieux Tom, de son fils, d'Actéon, de Bat, ses infortunés compagnons!

Ils étaient partis pour la région des lacs. Hercule les avait vus passer avec la caravane d'esclaves. Il les avait suivis, mais aucune occasion ne s'était offerte de pouvoir communiquer avec eux. Ils étaient partis! Ils étaient perdus!

Et au bon rire d'Hercule avaient succédé de grosses larmes qu'il ne cherchait point à retenir.

« Ne pleurez pas, mon ami, lui dit Mrs. Weldon. Qui sait si Dieu ne nous fera pas la grâce de les revoir un jour! »

Quelques mots instruisirent alors Dick Sand de tout ce qui s'était passé pendant le séjour de Mrs. Weldon à la factorerie d'Alvez.

« Peut-être, ajouta-t-elle, eût-il mieux valu demeurer à Kazonndé...

— Maladroit que je suis! s'écria Hercule.

— Non, Hercule, non! répondit Dick Sand. Ces misérables auraient trouvé moyen d'attirer monsieur Weldon dans quelque piége! Fuyons tous ensemble et sans retard! Nous serons arrivés à la côte avant que Negoro soit de retour à Mossamédès! Là, les autorités portugaises nous donneront aide et protection, et quand Alvez se présentera pour toucher les cent mille dollars...

— Cent mille coups de bâton sur le crâne de ce vieux coquin! s'écria Hercule, et je me charge de lui régler son compte! »

Cependant, c'était là une complication, bien que Mrs. Weldon, évidemment, ne pût songer à retourner à Kazonndé. Il s'agissait donc de devancer Negoro. Tous les projets ultérieurs de Dick Sand devaient tendre à ce but.

Dick Sand avait enfin mis à exécution ce plan qu'il avait depuis longtemps imaginé, de gagner le littoral en utilisant le courant d'une rivière ou d'un fleuve. Or, le cours d'eau était là, sa direction le portait au nord, et il était possible qu'il se jetât dans le Zaire. En ce cas, au lieu d'atteindre Saint-Paul de Loanda, ce serait aux bouches de ce grand fleuve qu'arriveraient Mrs. Weldon et les siens. Peu importait, d'ailleurs, puisque les secours ne leur manqueraient pas dans ces colonies de la Guinée inférieure.

La première pensée de Dick Sand, décidé à descendre le courant de cette rivière, avait été de s'embarquer sur l'un de ces radeaux herbeux, sortes d'îlots flottants [1] qui dérivent en grand nombre à la surface des fleuves africains.

Mais Hercule, en rôdant pendant la nuit sur la berge, avait eu la chance de trouver une embarcation qui s'en allait en dérive. Dick Sand n'aurait pu en souhaiter une meilleure, et le hasard l'avait bien servi. En effet, ce n'était point une de ces étroites barques dont les indigènes font le plus ordinairement usage. La pirogue, trouvée par Hercule, était de celles dont la longueur dépasse trente pieds, la largeur quatre, et que de nombreux pagayeurs enlèvent rapidement sur les eaux des grands lacs. Mrs. Weldon et ses compagnons pourraient donc s'y installer à l'aise, et il suffirait de la maintenir dans le fil de l'eau au moyen d'une godille pour descendre le courant du fleuve.

Tout d'abord, Dick Sand, voulant passer sans être vu, avait formé le projet de ne voyager que la nuit. Mais, à ne dériver que douze heures sur vingt-quatre, c'était doubler la durée d'un trajet qui pouvait être long. Très-heureusement, Dick Sand eut l'idée de faire recouvrir la pirogue d'un dôme de longues herbes que soutenait une perche, élongée de l'avant à l'arrière, et qui, pendant sur les eaux, cachaient même la longue godille. On eût dit un amas herbeux qui dérivait au fil de l'eau, au milieu des îlots mouvants. Telle était même l'ingénieuse disposition de ce chaume que les oiseaux s'y méprenaient, et, voyant là des graines à picorer, mouettes à becs rouges, « arrhinngas » noirs de plumage, alcyons gris et blancs, venaient s'y poser fréquemment.

En outre, ce toit verdoyant formait un abri contre les ardeurs du soleil. Un voyage exécuté dans ces conditions pouvait donc s'accomplir à peu près sans fatigue, mais non sans danger.

En effet, le trajet devait être long, et il serait nécessaire de se procurer la nourriture de chaque jour. De là, nécessité de chasser sur les rives, si la pêche ne suffisait pas, et Dick Sand n'avait pour toute arme à feu que le fusil emporté par Hercule, après l'attaque de la fourmilière. Mais il comptait bien ne pas perdre un seul de ses coups. Peut-être même, en passant son fusil à travers le chaume de l'embarcation, pourrait-il tirer plus sûrement, comme un huttier à travers les trous de sa hutte.

Cependant la pirogue dérivait sous l'action d'un courant que Dick Sand n'estimait pas à moins de deux milles à l'heure. Il espérait donc faire une cinquantaine de milles entre deux levers de soleil. Mais, en raison même de la rapidité de ce courant, il fallait une surveillance continuelle pour éviter les obstacles,

1. Cameron parle souvent de ces îlots flottants.

roches, troncs d'arbres, hauts-fonds du fleuve. De plus, il y avait à craindre que ce courant ne se changeât en rapides, en cataractes, ce qui est fréquent sur les rivières africaines.

Dick Sand, auquel la joie d'avoir revu Mrs. Weldon et son enfant avait rendu ses forces, s'était posté à l'avant de la pirogue. A travers les longues herbes, son regard observait le cours en aval, et, soit de la voix, soit du geste, il indiquait à Hercule, dont la vigoureuse main tenait la godille, ce qu'il fallait faire pour se maintenir en bonne direction.

Mrs. Weldon, étendue au centre, sur une litière de feuilles sèches, s'absorbait dans ses pensées. Cousin Bénédict, taciturne, fronçant le sourcil à la vue d'Hercule, auquel il ne pardonnait pas son intervention dans l'affaire de la manticore, songeant à sa collection perdue, à ses notes d'entomologiste dont les indigènes de Kazonndé n'apprécieraient pas la valeur, était là, les jambes allongées, les bras croisés sur la poitrine, et, parfois, il faisait le geste instinctif de relever sur son front les lunettes que son nez ne supportait plus. Quant au petit Jack, il avait compris qu'il ne fallait pas faire de bruit ; mais, comme remuer n'était pas défendu, il imitait son ami Dingo et courait à quatre pattes d'un bout de l'embarcation à l'autre.

Pendant les deux premiers jours, la nourriture de Mrs. Weldon et de ses compagnons se prit sur les réserves qu'Hercule avait pu se procurer avant le départ. Dick Sand ne s'arrêta donc que pendant quelques heures de nuit, afin de se donner un peu de repos. Mais il ne débarqua pas, ne voulant le faire que lorsque la nécessité de renouveler les provisions l'y obligerait.

Nul incident ne marqua ce début du voyage sur cette rivière inconnue, qui ne mesurait pas, en moyenne, plus de cent cinquante pieds de large. Quelques îlots dérivaient à sa surface et marchaient avec la même vitesse que l'embarcation. Donc, nulle crainte de les aborder, si quelque obstacle ne les arrêtait pas.

Les rives, d'ailleurs, semblaient être désertes. Évidemment, ces portions du territoire de Kazonndé étaient peu fréquentées par les indigènes.

Sur les berges, nombre de plantes sauvages se reproduisaient à profusion et les relevaient des plus vives couleurs. Asclépias, glaïeuls, lis, clématites, balsamines, ombellifères, aloès, fougères arborescentes, arbustes odoriférants, formaient une bordure d'un incomparable éclat. Quelques forêts venaient aussi tremper leur lisière dans ces eaux rapides. Des arbres à copal, des acacias à feuilles raides, des « bauhinias » à bois de fer, dont le tronc avait revêtu une fourrure de lichens du côté exposé aux vents les plus froids, des figuiers qui s'élevaient sur des racines disposées en forme de pilotis comme des mangliers, et autres arbres de magnifique venue, se penchaient sur la rivière. Leurs hautes cimes, se rejoignant à cent pieds au-dessus, formaient alors un berceau que les rayons solaires ne pouvaient percer. Souvent, aussi, ils jetaient un pont de lianes d'une rive à l'autre, et, dans la journée du 27, le petit Jack, non sans grande admiration, vit une bande de singes traverser une de ces passerelles végétales, en se tenant par la queue pour le cas où elle se fût rompue sous leur poids.

Ces singes, de cette espèce de petits chimpanzés qui a reçu le nom de «sokos», dans l'Afrique centrale, sont d'assez vilains échantillons de la gent simiesque, front bas, face d'un jaune clair, oreilles haut placées. Ils vivent par bandes d'une dizaine, aboient comme feraient des chiens courants, et sont redoutés des indigènes, dont ils enlèvent quelquefois les enfants pour les égratigner ou les mordre. En passant le pont de lianes, ils ne se doutaient guère que sous cet amas d'herbes que le courant entraînait, il y avait précisément un petit garçon dont ils eussent fait leur amusement. L'appareil, imaginé par Dick Sand, était donc bien disposé, puisque ces bêtes perspicaces s'y trompaient.

Vingt milles plus loin, dans cette même journée, l'embarcation fut soudain arrêtée dans sa marche.

« Qu'y a-t-il ? demanda Hercule, toujours posté à sa godille.

— Un barrage, répondit Dick Sand, mais un barrage naturel.

— Il faut le briser, monsieur Dick !

— Oui, Hercule, et à coups de hache. Quelques îlots ont dérivé sur lui, et il a résisté !

— A l'ouvrage, mon capitaine ! A l'ouvrage ! » répondit Hercule, qui vint se placer sur le devant de la pirogue.

Ce barrage était formé par l'entrelacement de cette herbe tenace à feuilles lustrées, qui se feutre d'elle-même en se pressant et devient très-résistante. On l'appelle « tikatika », et elle permet de traverser des cours d'eau à pied sec, si l'on ne craint pas d'enfoncer d'une douzaine de pouces dans son tablier herbeux. De magnifiques ramifications de lotus recouvraient la surface de ce barrage.

Il faisait déjà sombre. Hercule put, sans trop d'imprudence, quitter l'embarcation, et il mania si adroitement sa hache, que, deux heures après, le barrage avait cédé, le courant repliait sur les rives ses deux moitiés rompues, et la pirogue reprenait le fil de l'eau.

Faut-il l'avouer ! Ce grand enfant de cousin Bénédict avait un instant espéré qu'on ne passerait pas. Un pareil voyage lui paraissait fastidieux. Il en était à regretter la factorerie de José-Antonio Alvez et la hutte où sa précieuse boîte d'entomologiste se trouvait encore. Son chagrin était très-réel, et, au fond, le pauvre homme faisait peine à voir. Pas un insecte, non! pas un seul à recueillir !

Quelle fut donc sa joie, quand Hercule, — « son élève » après tout, — lui rapporta une horrible petite bête qu'il venait de recueillir sur un brin de cette tikatika. Chose singulière, le brave noir semblait même un peu confus en la lui remettant.

Mais, quelles exclamations cousin Bénédict poussa, lorsque cet insecte, qu'il tenait entre l'index et le pouce, il l'eut approché le plus près possible de ses yeux de myope, auxquels ni lunette ni loupe ne pouvaient maintenant venir en aide.

« Hercule! s'écria-t-il, Hercule! Ah! voilà qui te vaut ton pardon! Cousine Weldon! Dick! Un hexapode unique en son genre et d'origine africaine! Celui-là, du moins, on ne me le contestera pas, et il ne me quittera qu'avec la vie!

— C'est donc bien précieux? demanda Mrs. Weldon.

— Si cela est précieux! s'écria cousin Bénédict. Un insecte qui n'est ni un coléoptère, ni un névroptère, ni un hyménoptère, qui n'appartient à aucun des dix ordres reconnus par les savants, et qu'on serait tenté de ranger plutôt dans la seconde section des arachnides! Une sorte d'araignée, qui serait araignée, si elle avait huit pattes, et qui est pourtant un hexapode, puisqu'elle n'en a que six? Ah! mes amis, le ciel me devait cette joie, et j'attacherai enfin mon nom à une découverte scientifique! Cet insecte-là, ce sera l'« Hexapodes Benedictus! »

L'enthousiaste savant était si heureux, il oubliait tant de misères passées et à venir en chevauchant son dada favori, que ni Mrs. Weldon, ni Dick Sand ne lui épargnèrent les félicitations.

Pendant ce temps, la pirogue filait sur les eaux sombres de la rivière. Le silence de la nuit n'était troublé que par le cliquetis d'écailles des crocodiles ou le ronflement des hippopotames qui s'ébattaient sur les berges.

Puis, à travers les brindilles du chaume, la lune, apparaissant derrière les cimes d'arbres, projeta ses douces lueurs jusqu'à l'intérieur de l'embarcation.

Soudain, sur la rive droite, il se fit un lointain brouhaha, puis un bruit sourd, comme si des pompes géantes eussent fonctionné dans l'ombre.

C'étaient plusieurs centaines d'éléphants, qui, rassasiés des racines ligneuses qu'ils avaient dévorées pendant le jour, venaient se désaltérer avant l'heure du repos. On eût vraiment pu croire que toutes ces trompes, s'abaissant et se relevant par un même mouvement automatique, allaient assécher la rivière !

CHAPITRE XVIII

DIVERS INCIDENTS

Pendant huit jours, l'embarcation dériva, sous l'impulsion du courant, dans les conditions qui ont été relatées. Aucun incident de quelque importance ne se produisit. Sur un espace de plusieurs milles, la rivière baignait la lisière de forêts superbes ; puis, le pays, dépouillé de ces beaux arbres, laissait les jungles s'étendre jusqu'aux limites de l'horizon.

Si les indigènes manquaient à cette contrée, — ce dont Dick Sand ne songeait nullement à se plaindre, — les animaux du moins y foisonnaient. C'étaient des zèbres qui jouaient sur les rives, des élans, des « caamas », sortes d'antilopes extrêmement gracieuses, qui disparaissaient avec la nuit pour faire place aux léopards, dont on entendait les hurlements, et même aux lions, qui bondissaient dans les hautes herbes. Jusqu'alors, les fugitifs n'avaient aucunement eu à souffrir de ces féroces carnassiers, ni de ceux de la forêt, ni de ceux de la rivière.

Cependant, chaque jour, le plus ordinairement dans l'après-midi, Dick Sand se rapprochait d'une rive ou de l'autre, l'accostait, y débarquait et explorait les parties voisines de la berge.

Il fallait, en effet, renouveler la nourriture quotidienne. Or, dans ce pays privé de toute culture, on ne pouvait compter sur le manioc, le sorgho, le maïs, les fruits, qui forment l'alimentation végétale des tribus indigènes. Ces végétaux ne poussaient là qu'à l'état sauvage et n'étaient point comestibles. Dick Sand était donc forcé de chasser, bien que la détonation de son fusil pût lui attirer quelque mauvaise rencontre.

On faisait du feu en faisant tourner un bâtonnet dans une baguette de figuier

Les Éléphants venaient se désaltérer. (Page 351.)

sauvage, à la mode indigène, ou même à la mode simiesque, puisqu'on affirme que certains gorilles se procurent du feu de cette façon. Puis, on cuisait pour plusieurs jours un peu de chair d'élan ou d'antilope. Dans la journée du 4 juillet, Dick Sand parvint même à tuer d'une seule balle un « pokou », qui lui donna une bonne réserve de venaison. C'était un animal long de cinq pieds, muni de longues cornes garnies d'anneaux, jaune-rouge de robe, ocellé de points brillants, blanc de ventre, et dont la chair fut trouvée excellente.

Il s'ensuivit donc qu'en tenant compte de ces débarquements presque quotidiens et des heures de repos qu'il fallait prendre pendant la nuit, le parcours, au 8 juillet, ne devait pas être estimé à plus de cent milles.

Le lion regardait Dick Sand. (Page 354.)

C'était considérable, pourtant, et déjà Dick Sand se demandait jusqu'où l'entraînerait cette rivière interminable, dont le cours n'absorbait encore que de minces tributaires et qui ne s'élargissait pas sensiblement. Quant à sa direction générale, après avoir été longtemps nord, elle s'infléchissait alors vers le nord-ouest.

En tout cas, cette rivière fournissait aussi sa part de nourriture. De longues lianes, armées d'épines en guise d'hameçon, rapportèrent quelques-uns de ces « sandjikas », très-délicats au goût, qui, une fois boucanés, se transportent aisément dans toute cette région, des « usakas » noirs assez estimés, des « monndés » à têtes larges, dont les gencives ont pour dents des crins de brosse, des petits « dagalas », amis des eaux courantes, appartenant au genre clupe, et qui rappellent les « whitebaits » de la Tamise.

Dans la journée du 9 juillet, Dick Sand eut à faire preuve d'un extrême sang-froid. Il était seul à terre, à l'affût d'un caama dont les cornes se montraient au-dessus d'un taillis, et il venait de le tirer, lorsque bondit, à trente pas, un formidable chasseur, qui sans doute venait réclamer sa proie et n'était pas d'humeur à l'abandonner.

C'était un lion de grande taille, de ceux que les indigènes appellent « karamos », et non de cette espèce sans crinière, dite « lion du Nyassi ». Celui-là mesurait cinq pieds de haut, — une bête formidable.

Du bond qu'il avait fait, le lion était tombé sur le caama que la balle de Dick Sand venait de jeter à terre, et qui, plein de vie encore, palpitait en criant sous la patte du terrible animal.

Dick Sand, désarmé, n'avait pas eu le temps de glisser une seconde cartouche dans son fusil.

Du premier coup, le lion l'avait aperçu, mais il se contenta d'abord de le regarder.

Dick Sand fut assez maître de lui pour ne pas faire un mouvement. Il se souvint qu'en pareille circonstance l'immobilité peut être le salut. Il ne tenta pas de recharger son arme, il n'essaya même pas de fuir.

Le lion le regardait toujours de ses yeux de chat, rouges et lumineux. Il hésitait entre deux proies, celle qui remuait et celle qui ne remuait pas. Si le caama ne se fût pas tordu sous la griffe du lion, Dick Sand eût été perdu.

Deux minutes s'écoulèrent ainsi. Le lion regardait Dick Sand, et Dick Sand regardait le lion, sans même remuer ses paupières.

Et alors, d'un superbe coup de gueule, le lion, enlevant le caama tout pantelant, l'emporta comme un chien eût fait d'un lièvre, et, battant les arbustes de sa formidable queue, il disparut dans le haut taillis.

Dick Sand demeura immobile quelques instants encore, puis quitta la place, et ayant rejoint ses compagnons, il ne leur dit rien du danger auquel son sang-froid lui avait permis d'échapper. Mais si, au lieu de dériver à ce rapide courant, les fugitifs avaient dû passer à travers les plaines et les forêts fréquentées par de semblables fauves, peut-être, à l'heure qu'il est, ne compterait-on plus un seul des naufragés du *Pilgrim*.

Cependant, si le pays était inhabité alors, il ne l'avait pas toujours été. Plus d'une fois, sur certaines dépressions du terrain, on aurait pu retrouver des traces d'anciens villages. Un voyageur habitué à parcourir ces régions, ainsi que l'a fait David Livingstone, ne s'y fût pas trompé. A voir ces hautes palissades d'euphorbes qui survivaient aux huttes de chaume, et ce figuier sacré, isolément dressé au milieu de l'enceinte, il eût affirmé qu'une bourgade s'était élevée là. Mais, suivant les usages indigènes, la mort d'un chef avait suffi pour obliger les habitants à abandonner leur demeure, et à la transporter en un autre point du territoire.

Peut-être aussi, dans cette contrée que traversait la rivière, des tribus vivaient-elles sous terre comme en d'autres parties de l'Afrique. Ces sauvages, placés au dernier degré de l'humanité, n'apparaissent que la nuit hors de leurs trous comme des animaux hors de leur tanière, et les uns eussent été aussi redoutables à rencontrer que les autres.

Quant à douter que ce fût bien ici le pays des anthropophages, Dick Sand ne le pouvait pas. Trois ou quatre fois, dans quelque clairière, au milieu de cendres à peine refroidies, il trouva des ossements humains à demi calcinés, restes de quelque horrible repas. Or, ces cannibales du haut Kazonndé, une funeste chance pouvait les amener sur ces berges, au moment où Dick Sand y débarquait. Aussi ne s'arrêtait-il plus sans grande nécessité, et non sans avoir fait promettre à Hercule qu'à la moindre alerte l'embarcation serait repoussée au large. Le brave noir l'avait promis, mais, lorsque Dick Sand prenait pied sur la rive, ce n'était pas sans peine qu'il cachait sa mortelle inquiétude à Mrs. Weldon.

Pendant la soirée du 10 juillet, il fallut redoubler de prudence. Sur la droite de la rivière s'élevait un village d'habitations lacustres. L'élargissement du lit avait formé là une sorte de lagon, dont les eaux baignaient une trentaine de huttes bâties sur pilotis. Le courant s'engageait sous ces huttes, et l'embarcation devait l'y suivre, car, vers la gauche, la rivière, semée de roches, n'était pas praticable.

Or, le village était habité. Quelques feux brillaient au-dessous des chaumes. On entendait des voix qui semblaient tenir du rugissement. Si par malheur, ainsi que cela arrive fréquemment, des filets étaient tendus entre les pilotis, l'éveil pourrait être donné pendant que la pirogue chercherait à forcer le passage.

Dick Sand, à l'avant, baissant la voix, donnait des indications pour éviter tout choc contre ces substructions vermoulues. La nuit était claire. On y voyait assez pour se diriger, mais assez aussi pour être vu.

Il y eut un terrible instant. Deux indigènes, qui causaient à voix haute, étaient accroupis au ras de l'eau sur des pilotis, entre lesquels le courant entraînait l'embarcation, dont la direction ne pouvait être modifiée à travers une passe fort étroite. Or, ne la verraient-ils pas, et, à leurs cris, ne devait-on pas craindre que toute la bourgade ne s'éveillât?

Un espace de cent pieds au plus restait à parcourir, lorsque Dick Sand entendit les deux indigènes s'interpeller plus vivement. L'un montrait à l'autre l'amas herbeux qui dérivait, et menaçait de déchirer les filets de lianes qu'ils étaient occupés à tendre en ce moment.

Aussi, tout en les relevant en grande hâte, appelèrent-ils, afin qu'on vînt les aider.

Cinq ou six autres noirs dégringolèrent aussitôt le long des pilotis et se postèrent sur les poutres transversales qui les reliaient, en jetant des clameurs dont on ne peut se faire une idée.

Dans la pirogue, au contraire, silence absolu, si ce n'est quelques ordres de Dick Sand donnés à voix basse; immobilité complète, si ce n'est un mouvement de va-et-vient du bras droit d'Hercule, manœuvrant la godille; parfois, un grondement sourd de Dingo, dont Jack comprimait les deux mâchoires avec ses petites mains; au dehors, le murmure du courant qui se brisait aux pilotis; puis, au-dessus, les cris de bêtes fauves des cannibales.

Les indigènes, cependant, halaient rapidement leurs filets. S'ils étaient relevés à temps, l'embarcation passerait, sinon elle s'y embarrasserait, et c'en était fait de tous ceux qui dérivaient avec elle! Quant à modifier ou à suspendre sa marche, Dick Sand le pouvait d'autant moins que le courant, plus fort sous cette substruction rétrécie, l'entraînait plus rapidement.

En une demi-minute, la pirogue fut engagée entre les pilotis. Par une chance inouïe, un dernier effort des indigènes avait relevé les filets.

Mais, en passant, ainsi que l'avait craint Dick Sand, l'embarcation fut dépouillée d'une partie des herbes qui flottaient sur son flanc droit.

Un des indigènes poussa un cri. Avait-il eu le temps de reconnaître ce que cachait ce chaume, et venait-il d'avertir ses camarades?... C'était plus que probable.

Dick Sand et les siens étaient déjà hors de portée, et, en quelques instants, sous l'impulsion de ce courant transformé en une sorte de rapide, ils avaient perdu de vue la bourgade lacustre.

« A la rive gauche! commanda Dick Sand par prudence. Le lit est redevenu praticable!

— A la rive gauche, » répondit Hercule, en donnant un vigoureux coup de godille.

Dick Sand vint se placer près de lui et observa la surface des eaux que la lune éclairait vivement. Il ne vit rien de suspect. Pas une pirogue ne s'était mise à sa poursuite. Peut être ces sauvages n'en avaient-ils pas, et, lorsque le jour se leva, aucun indigène n'apparaissait, ni sur la rivière, ni sur ses berges. Toutefois, et par surcroît de précaution, l'embarcation tint constamment la rive gauche.

Pendant les quatre jours suivants, du 11 au 14 juillet, Mrs. Weldon et ses compagnons ne furent pas sans remarquer que cette portion du territoire s'était modifiée sensiblement. Ce n'était plus seulement un pays désert, mais le désert lui-même, et on aurait pu le comparer à ce Kalahari, exploré par Livingstone pendant son premier voyage. Le sol aride ne rappelait en rien les fertiles campagnes de la haute contrée.

Et toujours cette interminable rivière, à laquelle on pouvait bien donner le nom de fleuve, puisqu'il semblait qu'elle dût aboutir à l'Atlantique même !

La question de nourriture, en cet aride pays, devint difficile à résoudre. Il ne restait plus rien des réserves précédentes. La pêche donnait peu, la chasse ne rapportait plus rien. Élans, antilopes, pokous et autres animaux n'auraient pas trouvé à vivre dans ce désert, et avec eux avaient aussi disparu les carnassiers.

Aussi les nuits ne retentissaient-elles plus des rugissements accoutumés. Ce qui troublait uniquement leur silence, c'était ce concert des grenouilles, que Cameron compare au bruit des calfats qui calfatent, des riveurs qui rivent, des foreurs qui forent dans un chantier de construction navale.

La campagne, sur les deux rives, était plate et dépouillée d'arbres jusqu'aux lointaines collines qui la limitaient dans l'est et dans l'ouest. Les euphorbes y poussaient seuls et à profusion, — non de ces euphorbiacées qui produisent la cassave ou farine de manioc, mais de celles dont on ne tire qu'une huile qui ne peut servir à l'alimentation.

Il fallait, cependant, pourvoir à la nourriture. Dick Sand ne savait comment faire, quand Hercule lui rappela fort à propos que les indigènes mangeaient souvent de jeunes pousses de fougères et cette moelle que contient la tige du papyrus. Lui-même, pendant qu'il suivait à travers la forêt la caravane d'Ibn Hamis, avait été plus d'une fois réduit à cet expédient pour apaiser sa faim. Très-heureusement, les fougères et les papyrus abondaient le long des berges, et la moelle, dont la saveur est sucrée, fut appréciée de tous, — du petit Jack plus particulièrement.

Ce n'était qu'une substance peu réconfortante cependant ; mais, le lendemain, grâce au cousin Bénédict, on fut mieux servi.

Depuis la découverte de l' « Hexapodes Benedictus », qui devait immortaliser son nom, cousin Bénédict avait repris ses allures. L'insecte mis en lieu sûr, c'est-à-dire piqué dans la coiffe de son chapeau, le savant s'était remis en quête pendant les heures de débarquement. Ce fut ce jour-là, en furetant dans les hautes herbes, qu'il fit lever un oiseau dont le ramage attira son attention. Dick Sand allait le tirer, lorsque cousin Bénédict s'écria :

« Ne tirez pas, Dick, ne tirez pas ! Un oiseau pour cinq personnes, ce serait insuffisant !

— Il suffira à Jack, répondit Dick Sand, en ajustant une seconde fois l'oiseau qui ne se hâtait pas de s'envoler.

— Non ! non ! reprit cousin Bénédict ! Ne tirez pas. C'est un indicateur, et il va nous procurer du miel en abondance ! »

Dick Sand abaissa son fusil, estimant, en somme, que quelques livres de miel valaient mieux qu'un oiseau, et, aussitôt cousin Bénédict et lui de suivre l'indicateur, qui, se posant et s'envolant tour à tour, les invitait à l'accompagner.

Ils n'eurent pas à aller loin, et, quelques minutes après, de vieux troncs cachés entre les euphorbes apparaissaient au milieu d'un intense bourdonnement d'abeilles.

Cousin Bénédict eût peut-être voulu ne pas dépouiller ces industrieux hyménoptères « du fruit de leur travail » — ce fut ainsi qu'il s'exprima. Mais Dick Sand ne l'entendit pas ainsi. Il enfuma les abeilles avec des herbes sèches, et s'empara d'une quantité considérable de miel. Puis, abandonnant à l'indicateur les gâteaux de cire, qui forment sa part de profit, cousin Bénédict et lui revinrent à l'embarcation.

Le miel fut bien reçu, mais c'eût été peu, en somme, et tous auraient cruellement souffert de la faim, si, dans la journée du 12, la pirogue ne se fût pas arrêtée près d'une crique où pullulaient les sauterelles. C'était par myriades, sur deux et trois rangs, qu'elles couvraient le sol et les arbustes. Or, cousin Bénédict, n'ayant pas manqué de dire que les indigènes se nourrissent fréquemment de ces orthoptères, — ce qui était parfaitement exact, — on fit main-basse sur cette manne. Il y avait de quoi en charger dix fois l'embarcation, et, grillées au-dessus d'un feu doux, ces sauterelles comestibles eussent paru excellentes, même à des gens moins affamés. Cousin Bénédict, pour sa part, en mangea une notable quantité, — en soupirant, il est vrai, — mais enfin il en mangea.

Néanmoins, il était temps que cette longue série d'épreuves morales et physiques prît fin. Bien que la dérive, sur cette rapide rivière, ne fût pas fatigante comme l'avait été la marche dans les premières forêts du littoral, la chaleur excessive du jour, les buées humides de la nuit, les attaques incessantes des moustiques, tout rendait très-pénible encore cette descente du cours d'eau. Il était temps d'arriver, et, cependant, Dick Sand ne pouvait encore assigner aucun terme à ce voyage! Durerait-il huit jours ou un mois? rien ne l'indiquait. Si la rivière eût couru franchement dans l'ouest, on se fût déjà trouvé sur la côte nord de l'Angola ; mais la direction générale avait été plutôt nord, et l'on pouvait aller longtemps ainsi avant d'atteindre le littoral.

Dick Sand était donc extrêmement inquiet, lorsqu'un changement de direction se produisit soudain, dans la matinée du 14 juillet.

Le petit Jack était à l'avant de l'embarcation, et regardait à travers les chaumes, lorsqu'un grand espace d'eau apparut à l'horizon.

« La mer ! » s'écria-t-il.

A ce mot, Dick Sand tressaillit et vint près du petit Jack.

« La mer! répondit-il. Non, pas encore, mais du moins un fleuve qui court vers l'ouest, et dont cette rivière n'était qu'un affluent! Peut-être est-ce le Zaire lui-même !

—Dieu t'entende, Dick! » répondit Mrs. Weldon.

Oui! car, si c'était ce Zaire ou Congo que Stanley devait reconnaître quelques années plus tard, il n'y avait plus qu'à descendre son cours pour atteindre les bourgades portugaises de l'embouchure. Dick Sand espéra qu'il en serait ainsi, et il était fondé à le croire.

Pendant les 15, 16, 17 et 18 juillet, au milieu d'un pays moins aride, l'embarcation dériva sur les eaux argentées du fleuve. Toutefois, mêmes précautions prises, et ce fut toujours un amas d'herbes que le courant sembla entraîner à la dérive.

Encore quelques jours, sans doute, et les survivants du *Pilgrim* verraient le terme de leurs misères. La part de dévouement serait alors faite à chacun,et si le jeune novice n'en revendiquait pas la plus grande, Mrs. Weldon saurait bien la revendiquer pour lui.

Mais, le 18 juillet, pendant la nuit, il se produisit un incident, qui allait compromettre le salut de tous.

Les indigènes, cependant, halaient rapidement leurs filets. (Page 356.)

Vers trois heures du matin, un bruit lointain, très-sourd encore, se fit entendre dans l'ouest. Dick Sand, très-anxieux, voulut savoir ce qui produisait ce bruit. Pendant que Mrs. Weldon, Jack et cousin Bénédict dormaient au fond de l'embarcation, il appela Hercule à l'avant et lui recommanda d'écouter avec la plus grande attention.

La nuit était calme. Pas un souffle n'agitait les couches atmosphériques.

« C'est le bruit de la mer ! dit Hercule, dont les yeux brillèrent de joie.

— Non, répondit Dick Sand, qui secoua la tête.

— Qu'est-ce donc ? demande Hercule.

— Attendons le jour, mais veillons avec le plus grand soin. »

« Un homme est mort dans cette hutte. » (Page 363.)

Sur cette réponse, Hercule retourna à l'arrière.

Dick Sand resta posté à l'avant. Il écoutait toujours. Le bruit s'accroissait. Ce fut bientôt comme un mugissement éloigné.

Le jour parut, presque sans aube. En aval, au dessus du fleuve, à un demi-mille environ, une sorte de nuage flottait dans l'atmosphère. Mais ce n'étaient pas là des vapeurs, et cela ne fut que trop évident, lorsque, sous les premiers rayons solaires qui se réfractèrent en les traversant, un admirable arc-en-ciel se développa d'une berge à l'autre.

« A la rive ! s'écria Dick Sand, dont la voix réveilla Mrs. Weldon. Il y a des cataractes ! Ces nuages ne sont que de l'eau pulvérisée ! A la rive, Hercule ! »

Dick Sand ne se trompait pas. En aval, le sol manquait de plus de cent pieds au lit du fleuve, dont les eaux se précipitaient avec une superbe mais irrésistible impétuosité. Un demi-mille encore, et l'embarcation eût été entraînée dans l'abîme.

CHAPITRE XIX

S. V.

Hercule, d'un vigoureux coup de godille, s'était lancé vers la rive gauche. Le courant, d'ailleurs, n'était pas accéléré en cet endroit, et le lit du fleuve conservait jusqu'aux chutes sa pente normale. C'était, on l'a dit, le sol qui manquait subitement, et l'attraction ne se faisait sentir que trois ou quatre cents pieds en amont de la cataracte.

Sur la rive gauche s'élevaient de grands bois, très-épais. Aucune lumière ne filtrait à travers leur impénétrable rideau. Dick Sand ne regardait pas sans terreur ce territoire, habité par les cannibales du Congo inférieur, qu'il faudrait maintenant traverser, puisque l'embarcation ne pouvait plus en suivre le cours. Quant à la transporter au-dessous des chutes, il n'y fallait pas songer. C'était donc là un coup terrible qui frappait ces pauvres gens, à la veille peut-être d'atteindre les bourgades portugaises de l'embouchure. Ils s'étaient bien aidés, cependant! Le ciel ne leur viendrait-il donc pas en aide?

La barque eut bientôt atteint la rive gauche du fleuve. A mesure qu'elle s'en approchait, Dingo avait donné d'étranges marques d'impatience et de douleur à la fois.

Dick Sand, qui l'observait, — car tout était danger, — se demanda si quelque fauve ou quelque indigène n'était pas tapi dans les hauts papyrus de la berge. Mais il reconnut bientôt que ce n'était pas un sentiment de colère qui agitait l'animal.

« On dirait qu'il pleure! » s'écria le petit Jack, en entourant Dingo de ses deux bras.

Dingo lui échappa, et, sautant dans l'eau, lorsque la pirogue n'était plus qu'à vingt pieds de la rive, il atteignit la berge et disparut dans les herbes.

Ni Mrs. Weldon, ni Dick Sand, ni Hercule ne savaient que penser.

Ils abordaient, quelques instants après, au milieu d'une écume verte de conferves et d'autres plantes aquatiques. Quelques martins-pêcheurs, poussant un sifflet aigu, et de petits hérons, blancs comme la neige, s'envolèrent aussitôt. Hercule amarra fortement l'embarcation à une souche de manglier, et tous gravirent la berge, au-dessus de laquelle se penchaient de grands arbres.

Nul sentier frayé dans cette forêt. Cependant, les mousses foulées du sol indiquaient que cet endroit avait été récemment visité par les indigènes ou les animaux.

Dick Sand, le fusil armé, Hercule, la hache à la main, n'avaient pas fait dix pas qu'ils retrouvaient Dingo. Le chien, le nez à terre, suivait une piste, faisant toujours entendre des aboiements. Un premier pressentiment inexplicable l'avait attiré sur cette partie de la rive, un second l'entraînait alors dans les profondeurs du bois. Cela fut nettement visible pour tous.

« Attention! dit Dick Sand. Mistress Weldon, monsieur Bénédict, Jack, ne nous quittez pas! — Attention, Hercule! »

En ce moment, Dingo relevait la tête, et, par petits bonds, il invitait à le suivre.

Un instant après, Mrs. Weldon et ses compagnons le rejoignaient au pied d'un vieux sycomore, perdu au plus épais du bois.

Là s'élevait une hutte délabrée, aux ais disjoints, devant laquelle Dingo aboyait lamentablement.

« Qui donc est là? » s'écria Dick Sand.

Il entra dans la hutte.

Mrs. Weldon et les autres le suivirent.

Le sol était jonché d'ossements, déjà blanchis sous l'action décolorante de l'atmosphère.

« Un homme est mort dans cette hutte! dit Mrs. Weldon.

— Et cet homme, Dingo le connaissait! répondit Dick Sand. C'était, ce devait être son maître! Ah! voyez! »

Dick Sand montrait au fond de la hutte le tronc dénudé du sycomore.

Là apparaissaient deux grandes lettres rouges, presque effacées déjà, mais qu'on pouvait distinguer encore.

Dingo avait posé sa patte droite sur l'arbre, et il semblait les indiquer...

« S. V.! s'écria Dick Sand. Ces lettres que Dingo a reconnues entre toutes! Ces initiales qu'il porte sur son collier!... »

Il n'acheva pas, et se baissant, il ramassa une petite boîte de cuivre tout oxydée, qui se trouvait dans un coin de la hutte.

Cette boîte fut ouverte, et il s'en échappa un morceau de papier, sur lequel Dick Sand lut ces quelques mots :

« *Assassiné... volé par mon guide Negoro...* 3 *décembre* 1871... *ici... à* 120 *milles de la côte... Dingo!... à moi!...*

« *S. Vernon.* »

Le billet disait tout. Samuel Vernon, parti avec son chien Dingo pour explorer le centre de l'Afrique, était guidé par Negoro. L'argent qu'il emportait avait excité la convoitise du misérable qui résolut de s'en emparer. Le voyageur français, arrivé sur ce point des rives du Congo, avait établi son campement dans cette hutte. Là, il fut mortellement frappé, volé, abandonné... Le meurtre accompli, Negoro prit la fuite sans doute, et ce fut alors qu'il tomba entre les mains des Portugais. Reconnu comme un des agents du traitant Alvez, conduit à Saint-Paul de Loanda, il fut condamné à finir ses jours dans un des pénitenciers de la colonie. On sait qu'il parvint à s'évader, à gagner la Nouvelle-Zélande, et comment il s'embarqua sur le *Pilgrim* pour le malheur de ceux qui y avaient pris passage. Mais qu'était-il arrivé après le crime? rien qui ne fût facile à comprendre! L'infortuné Vernon, avant de mourir, avait évidemment eu le temps d'écrire le billet qui, avec la date et le mobile de l'assassinat, donnait le nom de l'assassin. Ce billet, il l'avait enfermé dans cette boîte où, sans doute, se trouvait l'argent volé, et, dans un dernier effort, son doigt ensanglanté avait tracé comme une épitaphe les initiales de son nom... Devant ces deux lettres rouges, Dingo avait dû rester bien des jours! Il avait appris à les connaître! Il ne devait plus les oublier! Puis, revenu à la côte, il avait été recueilli par le capitaine du *Waldeck* et enfin à bord du *Pilgrim*, où il se retrouvait avec Negoro. Pendant ce temps, les ossements du voyageur blanchissaient au fond de cette forêt perdue de l'Afrique centrale, et il ne revivait plus que dans le souvenir de son chien. Oui! les choses avaient dû se passer ainsi, et Dick Sand et Hercule se disposaient à donner une sépulture chrétienne aux restes de Samuel Vernon, lorsque Dingo, poussant un hurlement de rage, cette fois, s'élança hors de la hutte.

Presque aussitôt, des cris horribles se firent entendre à courte distance. Évidemment, un homme était aux prises avec le vigoureux animal.

Hercule fit ce qu'avait fait Dingo. Il bondit à son tour hors de la hutte, et Dick Sand, Mrs. Weldon, Jack, Bénédict, suivant ses traces, le virent se précipiter sur un homme qui se roulait à terre, tenu à la gorge par les redoutables crocs du chien.

C'était Negoro.

En se rendant à l'embouchure du Zaire, afin de s'embarquer pour l'Amérique, ce coquin, après avoir laissé son escorte en arrière, était venu à l'endroit même où il avait assassiné le voyageur qui s'était confié à lui.

Mais ce n'était pas sans raison, et tous le comprirent, quand ils aperçurent quelques poignées d'or français qui brillait dans un trou récemment creusé au pied d'un arbre. Il était donc évident qu'après le meurtre et avant de tomber aux mains des Portugais, Negoro avait caché le produit du vol avec l'intention de revenir un jour le reprendre, et il allait s'emparer de tout cet or, lorsque Dingo, le dépistant, lui sauta à la gorge. Le misérable, surpris, avait tiré son coutelas et frappé le chien, au moment où Hercule se jetait sur lui en criant :

« Ah! coquin! Je vais donc enfin t'étrangler! »

Ce n'était plus à faire! Le Portugais ne donnait plus signe de vie, frappé, on peut le dire, par la justice divine, et sur le lieu même ou le crime avait été commis. Mais le fidèle chien avait reçu un coup mortel, et, se traînant jusqu'à la hutte, il vint mourir là où était mort Samuel Vernon.

Hercule enterra profondément les restes du voyageur, et Dingo, pleuré de tous, fut mis dans la même fosse que son maître.

Negoro n'était plus, mais les indigènes qui l'accompagnaient depuis Kazonndé ne pouvaient être loin. En ne le revoyant pas, ils le chercheraient évidemment du côté du fleuve. C'était là un danger très-sérieux.

Dick Sand et Mrs. Weldon tinrent donc conseil sur ce qu'il convenait de faire, et de faire sans perdre un instant.

Un fait acquis, c'est que ce fleuve était le Congo, celui que les indigènes appellent Kwango ou Ikoutou ya Kongo, et qui est le Zaire sous une longitude, le Loualâba sous une autre.

C'était bien cette grande artère de l'Afrique centrale à laquelle l'héroïque Stanley a imposé le nom glorieux de « Livingstone », mais que les géographes auraient peut-être dû remplacer par le sien.

Mais, s'il n'y avait plus à douter que ce fût le Congo, le billet du voyageur français marquait que son embouchure était encore à cent vingt milles de ce point, et, malheureusement, en cet endroit, il n'était plus praticable. D'imposantes chutes, — très-probablement les chutes de Ntamo, — en interdisaient la descente à toute embarcation. Donc, nécessité de suivre l'une ou l'autre rive, au moins jusqu'en aval des cataractes, soit pendant un ou deux milles, quitte à construire un radeau pour se laisser encore une fois aller à la dérive.

« Il reste donc, dit en concluant Dick Sand, à décider, si nous descendrons la rive gauche où nous sommes, ou la rive droite du fleuve. Toutes deux, mistress Weldon, me paraissent dangereuses, et les indigènes y sont redoutables. Cependant, sur cette rive, il semble que nous risquons davantage, puisque nous avons à craindre de rencontrer l'escorte de Negoro.

— Passons sur l'autre rive, répondit Mrs. Weldon.

— Est-elle praticable? fit observer Dick Sand. Le chemin des bouches du Congo est plutôt sur la rive gauche, puisque Negoro la suivait. N'importe! Il n'y a pas à hésiter. Mais, avant de traverser le fleuve avec vous, mistress Weldon, il faut que je sache si nous pouvons le descendre jusqu'au-dessous des chutes. »

C'était agir prudemment, et Dick Sand voulut à l'intant même mettre son projet à exécution

Le fleuve, en cet endroit, ne mesurait pas plus de trois à quatre cents pieds, et le traverser était facile pour le jeune novice, habitué à manier la godille. Mrs. Weldon, Jack et cousin Bénédict devaient rester sous la garde d'Hercule en attendant son retour.

Ces dispositions prises, Dick Sand allait partir, lorsque Mrs. Weldon lui dit :

« Tu ne crains pas d'être entraîné vers les chutes, Dick?

— Non, mistress Weldon. Je passerai à quatre cents pieds au-dessus!

— Mais sur l'autre rive?...

— Je ne débarquerai pas, si je vois le moindre danger.

— Emporte ton fusil.

— Oui, mais n'ayez aucune inquiétude pour moi.

— Peut-être vaudrait-il mieux ne pas nous séparer, Dick, ajouta Mrs. Weldon, comme si elle eût été poussée par quelque pressentiment.

— Non .. laissez-moi aller seul... répondit Dick Sand. Il le faut pour la sécurité de tous! Avant une heure, je serai de retour. Veillez bien, Hercule! »

Sur cette réponse, l'embarcation, démarrée, emporta Dick Sand vers l'autre côté du Zaire.

Mrs. Weldon et Hercule, blottis dans les massifs de papyrus, la suivaient du regard.

Dick Sand eut bientôt atteint le milieu du fleuve. Le courant, sans être très-fort, s'y accentuait un peu par l'attraction des chutes. A quatre cents pieds en aval, l'imposant mugissement des eaux emplissait l'espace, et quelques embruns, enlevés par le vent d'ouest, arrivaient jusqu'au jeune novice. Il frémissait à la pensée que la pirogue, si elle eût été moins surveillée pendant la dernière nuit, se fût perdue dans ces cataractes, qui n'auraient rendu que des cadavres! Mais cela n'était plus à craindre, et, en ce moment, la godille, habilement manœuvrée, suffisait à la maintenir dans une direction un peu oblique au courant.

Un quart d'heure après, Dick Sand avait atteint la rive opposée et se préparait à sauter sur la berge...

En ce moment, des cris éclatèrent, et une dizaine d'indigènes se précipitaient sur l'amas d'herbes qui cachait encore l'embarcation.

C'étaient les cannibales du village lacustre. Pendant huit jours, ils avaient suivi la rive droite de la rivière. Sous ce chaume, qui s'était déchiré aux pilotis de leur bourgade, ils avaient découvert les fugitifs, c'est-à-dire une proie assurée pour eux, puisque le barrage des chutes obligerait tôt ou tard ces infortunés à débarquer sur l'une ou l'autre rive.

Dick Sand se vit perdu, mais il se demanda si le sacrifice de sa vie ne pourrait pas sauver ses compagnons. Maître de lui, debout sur l'avant de l'embarcation, son fusil épaulé, il tenait les cannibales en respect.

Cependant, ceux-ci avaient arraché tout le chaume sous lequel ils croyaient trouver d'autres victimes. Lorsqu'ils virent que le jeune novice était seul tombé entre leurs mains, ce fut un désappointement qui se traduisit par d'épouvantables vociférations. Un garçon de quinze ans pour dix!

Mais alors, un de ces indigènes se releva, son bras se tendit vers la rive gauche, et il montra Mrs. Weldon et ses compagnons qui, ayant tout vu, ne sachant quel parti prendre, venaient de remonter la berge!

Dick Sand, ne songeant pas même à lui, attendait du ciel une inspiration qui pût les sauver.

L'embarcation allait été poussée au large. Les cannibales allaient passer la rivière. Devant le fusil braqué sur eux, ils ne bougeaient pas, connaissant l'effet des armes à feu. Mais l'un d'eux avait saisi la godille, il la manœuvrait en homme qui savait s'en servir, et la pirogue traversait obliquement le fleuve. Bientôt, elle ne fut plus qu'à cent pieds de la rive gauche.

Dingo, le dépistant, lui sauta à la gorge. (Page 365.)

« Fuyez ! cria Dick Sand à Mrs. Weldon. Fuyez ! »

Ni Mrs. Weldon, ni Hercule ne bougèrent. On eût dit que leurs pieds étaient attachés au sol.

Fuir ! A quoi bon, d'ailleurs ! Avant une heure, ils seraient tombés aux mains des cannibales !

Dick Sand le comprit. Mais, alors, cette inspiration suprême qu'il demandait au ciel, lui fut envoyée. Il entrevit la possibilité de sauver tous ceux qu'il aimait en faisant le sacrifice de sa propre vie !... Il n'hésita pas à le faire.

« Dieu les protége, murmura-t-il, et que, dans sa bonté infinie, il ait pitié de moi ! »

A l'instant même, Dick Sand dirigea son fusil vers celui des indigènes qui manœuvrait l'embarcation, et la godille, brisée par une balle, volait en éclats.

Les cannibales jetèrent un cri d'épouvante.

En effet, la pirogue, n'étant plus maintenue par la godille, avait pris le fil de l'eau. Le courant l'entraîna avec une vitesse croissante, et, en quelques instants, elle ne fut plus qu'à cent pieds des chutes.

Mrs. Weldon, Hercule, avaient tout compris. Dick Sand tentait de les sauver en précipitant les cannibales avec lui dans l'abîme. Le petit Jack et sa mère, agenouillés sur la berge, lui envoyaient un dernier adieu. La main impuissante d'Hercule se tendait vers lui !...

En ce moment, les indigènes, voulant essayer de gagner la rive gauche à la nage, se jetèrent hors de l'embarcation qu'ils firent chavirer.

Dick Sand n'avait rien perdu de son sang-froid en face de la mort qui le menaçait. Une dernière pensée lui vint alors, c'est que cette barque, par cela même qu'elle flottait la quille en l'air, pouvait servir à le sauver.

En effet, deux dangers étaient à redouter au moment où Dick Sand serait engagé dans la cataracte : l'asphyxie par l'eau, l'asphyxie par l'air. Or, cette coque renversée, c'était comme une boîte dans laquelle il pourrait peut-être maintenir sa tête hors de l'eau, en même temps qu'il serait à l'abri de l'air extérieur qui l'eût certainement étouffé dans la rapidité de sa chute. Dans ces conditions, il semble qu'un homme aurait quelque chance d'échapper à la double asphyxie, même en descendant les cataractes d'un Niagara !

Dick Sand vit tout cela comme dans un éclair. Par un dernier instinct, il s'accrocha au banc qui reliait les deux bords de l'embarcation, et, la tête hors de l'eau sous la coque renversée, il sentit l'irrésistible courant l'entraîner, et la chute presque perpendiculaire se produire...

La pirogue s'enfonça dans l'abîme creusé par les eaux au pied de la cataracte, et, après avoir plongé profondément, revint à la surface du fleuve. Dick Sand, bon nageur, comprit que son salut était maintenant dans la vigueur de ses bras... Un quart d'heure après, il atteignait la rive gauche, et il y retrouvait Mrs. Weldon, le petit Jack et cousin Bénédict, qu'Hercule y avait conduits en toute hâte.

Mais déjà les cannibales avaient disparu dans le tumulte des eaux. Eux que l'embarcation chavirée ne protégeait pas avaient cessé de vivre même avant d'avoir atteint les dernières profondeurs de l'abîme, et leurs corps allaient se déchirer à ces roches aiguës auxquelles se brisait le courant inférieur du fleuve.

CHAPITRE XX

CONCLUSION

Deux jours après, le 20 juillet, Mrs. Weldon et ses compagnons rencontraient une caravane qui se dirigeait vers Emboma, à l'embouchure du Congo. Ce n'étaient point des marchands d'esclaves, mais d'honnêtes négociants portugais qui faisaient le commerce de l'ivoire. Un excellent accueil fut fait aux fugitifs, et la dernière partie de ce voyage s'accomplit dans des conditions supportables.

La rencontre de cette caravane avait vraiment été une faveur du ciel. Dick Sand n'aurait pu reprendre sur un radeau la descente du Zaire. Depuis les chutes de Ntamo jusqu'à Yellala, le fleuve n'est plus qu'une suite de rapides et de cataractes. Stanley en a compté soixante-deux, et aucune embarcation ne peut s'y engager. C'est à l'embouchure du Coango que l'intrépide voyageur allait, quatre ans plus tard, soutenir le dernier des trente-deux combats qu'il dut livrer aux indigènes. C'est plus bas, dans les cataractes de Mbélo, qu'il ne devait échapper que par miracle à la mort.

Le 11 août, Mrs. Weldon, Dick Sand, Jack, Hercule et le cousin Bénédict arrivaient à Emboma, où MM. Motta Viega et Harrisson les recevaient avec une généreuse hospitalité. Un steamer était en partance pour l'isthme de Panama. Mrs. Weldon et ses compagnons s'y embarquèrent et atteignirent heureusement la terre américaine.

Une dépêche, lancée à San-Francisco, apprit à James W. Weldon le retour inespéré de sa femme et de son enfant, dont il avait en vain cherché la trace sur tous les points où il pouvait croire que s'était jeté le *Pilgrim*.

Le 25 août, enfin, le rail-road déposait les naufragés dans la capitale de la Californie! Ah! si le vieux Tom et ses compagnons eussent été avec eux!...

Que dire maintenant de Dick Sand et d'Hercule? L'un devint le fils, l'autre l'ami de la maison. James Weldon savait tout ce qu'il devait au jeune novice, tout ce qu'il devait au brave noir. Il était heureux, vraiment, que Negoro ne fût pas arrivé jusqu'à lui, car il aurait payé de toute sa fortune le rachat de sa femme et de son fils! Il serait parti pour la côte d'Afrique, et là, qui peut dire à quels dangers, à quelles perfidies il eût été exposé!

Un seul mot sur cousin Bénédict. Le jour même de son arrivée, le digne savant, après avoir serré la main de James Weldon, s'était renfermé dans son cabinet et remis au travail, comme s'il eût continué une phrase interrompue la veille. Il méditait un énorme ouvrage sur l'« Hexapodes Benedictus », un des *desiderata* de la science entomologique.

Là, dans son cabinet tapissé d'insectes, cousin Bénédict trouva tout d'abord une loupe et des lunettes... Juste ciel! Quel cri de désespoir il poussa, la première fois qu'il s'en servit pour étudier l'unique échantillon que lui eût fourni l'entomologie africaine!

L'« Hexapodes Benedictus » n'était point un hexapode! C'était une vulgaire araignée! Et si elle n'avait que six pattes au lieu de huit, c'est que les deux pattes de devant lui manquaient! Et si elles lui manquaient, ces pattes, c'est qu'en la prenant, Hercule les avait malencontreusement cassées! Or, cette mutilation réduisait le prétendu « Hexapodes Benedictus », à l'état d'invalide et le reléguait dans la classe des arachnides les plus communes, — ce que la myopie de cousin Bénédict l'avait empêché de reconnaître plus tôt! Il en fit une maladie, dont il guérit heureusement.

Trois ans après, le petit Jack avait huit ans, et Dick Sand lui faisait répéter ses leçons, tout en travaillant rudement pour son compte. En effet, à peine à terre, comprenant tout ce qui lui avait manqué, il s'était jeté dans l'étude avec une sorte de remords, — celui de l'homme qui, faute de science, s'était trouvé au-dessous de sa tâche!

« Oui! répétait-il souvent. Si, à bord du *Pilgrim*, j'avais su tout ce qu'un marin devait savoir, que de malheurs auraient été épargnés! »

Ainsi parlait Dick Sand. Aussi, à dix-huit ans, avait-il terminé avec distinction ses études hydrographiques, et, muni d'un brevet par faveur spéciale, il allait commander pour la maison James W. Weldon.

Voilà où en était arrivé par sa conduite, par son travail, le petit orphelin recueilli sur la pointe de Sandy-Hook. Il était, malgré sa jeunesse, entouré de l'estime, on pourrait dire du respect de tous; mais la simplicité et la modestie lui étaient si naturelles, qu'il ne s'en doutait guère. Il ne soupçonnait même pas, bien qu'on ne pût lui attribuer ce qu'on appelle des actions d'éclat, que la fermeté, le courage, la constance déployés dans ses épreuves, avaient fait de lui une sorte de héros.

Cependant, une pensée l'obsédait. Dans les rares loisirs que lui laissaient ses études, il songeait toujours au vieux Tom, à Bat, à Austin, à Actéon, du malheur desquels il se prétendait responsable. C'était aussi un sujet de réelle tristesse pour Mrs. Weldon, que la situation actuelle de ses anciens compagnons de misère! Aussi, James Weldon, Dick Sand et Hercule remuèrent-ils ciel et terre pour retrouver leurs traces. Ils y réussirent enfin, grâce aux correspondants que le riche armateur avait dans le monde entier. C'était à Madagascar, — où l'esclavage, d'ailleurs, allait être bientôt aboli, — que Tom et ses compagnons avaient été vendus. Dick Sand voulait consacrer ses petites économies à les racheter, mais James W. Weldon ne l'entendit pas ainsi. Un de ses correspondants négocia l'affaire, et un jour, le 15 novembre 1877, quatre noirs frappaient à la porte de son habitation.

C'étaient le vieux Tom, Bat, Actéon, Austin. Les braves gens, après avoir échappé à tant de dangers, faillirent être étouffés, ce jour-là, sous les embrassements de leurs amis.

Il ne manquait donc que la pauvre Nan à ceux que le *Pilgrim* avait jetés sur cette funeste côte d'Afrique. Mais, la vieille servante, on ne pouvait la rendre à la vie, non plus que Dingo. Et, certes, c'était miracle que ces deux êtres seulement eussent succombé en de telles aventures!

Ce jour-là, cela va sans dire, il y eut fête dans la maison du négociant californien, et le meilleur toast, que tous acclamèrent, ce fut celui que porta Mrs. Weldon à Dick Sand, « au capitaine de quinze ans! »

FIN DE LA DEUXIÈME ET DERNIÈRE PARTIE.

SAINT-CLOUD. — IMPRIMERIE BELIN FRÈRES.

www.ingramcontent.com/pod-product-compliance
Lightning Source LLC
Chambersburg PA
CBHW070257030726
47505CB00004B/845

* 9 7 8 2 0 1 3 6 8 5 8 2 5 *